**Kohlhammer
Urban**
-Taschenbücher

Band 598

Matthias Springer

Die Sachsen

Verlag W. Kohlhammer

Umschlagmotiv:
Lebuinuskelch *(Utrecht, Museum Catharijneconvent)*

Alle Rechte vorbehalten
© 2004 W. Kohlhammer GmbH Stuttgart
Umschlag: Data Images GmbH
Gesamtherstellung:
W. Kohlhammer Druckerei GmbH + Co. Stuttgart
Printed in Germany

ISBN 3-17-016588-7

Inhaltsverzeichnis

Vorwort 9

1	Die sächsische Frühzeit und der Sachsenname	11
1.1	Wie fassen wir die Sachsen der Frühzeit?	11
1.2	Lehrreiche Beispiele: Die Schicksale des Namens *Sachsen* nach 1180	13
1.3	Die angeblich früheste Nennung des Namens der Sachsen	17
1.4	Waren die Sachsen den Römern schon in der Zeit um Christi Geburt bekannt?	21
1.5	Sind die Sachsen in der Zeit zwischen Tacitus und Ptolemäus der römischen Welt bekannt geworden?	22
1.6	Die ptolemäischen Sachsen als das Ergebnis einer Textverderbnis	27
1.7	Die ptolemäischen Sachsen und die Lehre von den Stammesverbänden oder Großstämmen	29
1.8	Zusammenfassung	31
2	Der Sachsenname und seine Träger während des späten Altertums bis in die vierziger Jahre des 5. Jahrhunderts	32
2.1	Der Sachsenname im Allgemeinen	32
2.2	Das Litus Saxonicum und die Ala Saxonum	42
2.3	Zusammenfassung	46
3	Der Sachsenname und seine Träger von den vierziger Jahren des 5. Jahrhunderts bis zum Beginn des 6. Jahrhunderts	47
3.1	Die Anfänge des Angelsachsentums	47
3.2	Ein weltberühmter Träger des Sachsennamens? ...	52
3.3	Zusammenfassung	55

4	Geschichte oder Sage? Die Sachsen und der Untergang des Thüringerreichs	57
4.1	Die Lehre von der sächsischen Eroberung	57
4.2	Der Untergang des Thüringerreichs in den Quellen der Merowingerzeit	60
4.3	Die Quellen, die von einer sächsischen Beteiligung an der Eroberung des Thüringerreichs erzählen	63
4.3.1	Vorbemerkungen	63
4.3.2	Zu den Begriffen der Sage und der Stammessage ..	65
4.3.3	Zum frühmittelalterlichen Literaturbetrieb	67
4.3.4	Rudolf von Fulda und die Übertragung der Gebeine des heiligen Alexander	68
4.3.5	Die Sachsengeschichte des Widukind von Corvey .	75
4.3.6	Die Jahrbücher von Quedlinburg	90
4.4	Zusammenfassung	94
5	*Saxones*, Sachsen und das Merowingerreich	97
5.1	Chlothar I. und Sachsen	97
5.2	*Saxones* an der gallischen Atlantikküste und die Verbündeten des Königs Alboin	100
5.3	*Saxones*, Sachsen und die Merowinger nach Sigiberts I. Tod	111
5.4	Zusammenfassung	120
6	Die Deutung des Sachsennamens und „der" Sax	122
7	Die inneren Zustände Sachsens vor Karl dem Großen	131
7.1	Beda über die politischen Verhältnisse Sachsens ...	131
7.2	Die älteste Lebensbeschreibung des heiligen Liafwin/Lebuin als Quelle der ursächsischen Verfassung und die angebliche Versammlung zu Marklo	135
7.3	Die angeblichen weiteren Zeugnisse für die Versammlung von Marklo	150
7.4	Zusammenfassung	151

8	Das sächsische Heidentum	153
8.1	Vorbemerkungen	153
8.2	Die Taufgelöbnisse	153
8.3	Ein Verzeichnis abergläubischer Handlungen	157
8.4	Heidnische Handlungen in der Capitulatio de partibus Saxoniae	160
8.5	Die Irminsäule	162
8.6	Zusammenfassung	165

9	Karl der Große und die Sachsen	166
9.1	Vorgeschichte: Die älteren Arnulfinger und die Sachsen	166
9.2	Die Sachsenkriege Karls des Großen	175
9.2.1	Vorbemerkungen	175
9.2.2	Die Quellen	175
9.2.3	Der Beginn, die Hintergründe und der erste Abschnitt der Sachsenkriege (772–776/77)	178
9.2.4	Die Sachsenkriege von 778 bis 785	185
9.2.5	Widukind	195
9.2.6	Die Sachsen nach 785 und der dritte Abschnitt der Sachsenkriege (792 bis 804)	200
9.2.7	Geiseln und andere Verschleppte	211
9.2.8	Der angebliche Friede von Salz	213
9.3	Sachsen in der Spätzeit Karls des Großen	216
9.4	Karls des Großen Gesetzgebung für Sachsen	219
9.4.1	Vorbemerkungen	219
9.4.2	Die Capitulatio de partibus Saxoniae	221
9.4.3	Das Capitulare Saxonicum	230
9.4.4	Die Lex Saxonum	233
9.4.5	Die sächsischen Stände	242
9.5	Die Landesteile	250
9.5.1	Die Dreiteilung Sachsens	250
9.5.2	Das Ostfalenproblem	254
9.5.3	Die sogenannten Heerschaften	255
9.5.4	Kleinere Landschaften	258
9.5.5	Etymologie	259
9.6	Schlussbetrachtung	259

10	Anhang: Der Stellingaaufstand	262

Anmerkungen 271

Abkürzungen 282

Zeichenerklärung 283

Quellen 284

Ausgewählte Darstellungen 288

Karten

Karte 1: Die bei Ptolemäus aufgeführten Flüsse, Gebirge und Orte Germaniens (Nach: Griechische und lateinische Quellen zur Frühgeschichte Mitteleuropas, hrsg. von Joachim Herrmann. Dritter Teil: Von Tacitus bis Ausonius, Karte 2b. Akademie Verlag, Berlin 1991) 24

Karte 2: Das Kartenbild, das Tacitus wahrscheinlich hatte (Nach: Griechische und lateinische Quellen zur Frühgeschichte Mitteleuropas, hrsg. von Joachim Herrmann. Zweiter Teil: Tacitus. Germania. Lateinisch und deutsch von Gerhard Perl. Nachsatzkarte. Akademie Verlag, Berlin 1991) 25

Karte 3: Nach: S. Karte 2, Vorsatzkarte 26

Karte 4: Sachsen zur Zeit Karls des Großen (Nach: Putzger, Historischer Weltatlas, 101. Auflage, 2. Druck, Cornelsen Verlag, Berlin 1991, Karte I, S. 38–39) ... 176

Stammtafeln

Stammtafel 1: Die im Text erwähnten Merowinger 296

Stammtafel 2: Die im Text erwähnten Arnulfinger oder Kardinger 297

Stammtafel 3: Vermutete Nachkommen des Herzogs Widukind 298

Namenverzeichnis 299

Vorwort

„Gewisse Bücher scheinen geschrieben zu sein, nicht damit man daraus lerne, sondern damit man wisse, dass der Verfasser etwas gewusst hat," heißt es bei Goethe. Weil dieser Satz einprägsam ist, habe ich mich bemüht, eine Darstellung zu geben, aus der man etwas lernen kann. Einem Wissenschaftler wird es ohnehin nicht gelingen, seinesgleichen davon zu überzeugen, dass er etwas wisse.

Auch habe ich danach gestrebt, möglichst wenig vorauszusetzen und möglichst viel zu erklären, denn ich halte ein Buch für einen höchst unbequemen Gegenstand, wenn der Leser (oder die Leserin) immerzu anderswo nachsehen muss, um zu verstehen, wovon der Verfasser überhaupt redet. Außerdem bilde ich mir nicht ein, dass die Leser sich meinetwegen einer solchen Mühe unterziehen.

Eine Darstellung der Geschichte soll zu den Quellen führen. Sie hat zugleich die Pflicht, den Unterschied zwischen dem klar zu machen, was gegeben ist, und dem, was die Geschichtsforschung erschlossen hat. Daher habe ich versucht, in einem vertretbaren Maß die Quellen zu Wort kommen zu lassen, und zwar so, dass möglichst der literarische Zusammenhang erkennbar wird, in den die verwendeten Nachrichten gehören. Andererseits war ich bemüht, darzulegen, wie die neuzeitlichen Forscher zu ihren Ansichten gelangt sind.

Wer sich mit der Geschichte der Sachsen beschäftigt, bekommt es häufiger als bei anderen Gegenständen damit zu tun, dass die Wissenschaft Ereignisse und Zustände auf der Grundlage erzählender Quellen schildern will, die lange nach den zu untersuchenden Gegebenheiten entstanden sind und die keineswegs auf einer (inzwischen verlorenen) schriftlichen Überlieferung beruhen. Besonders trifft das für Darstellungen zu, die ein Bild von der sächsischen Geschichte des 6. Jahrhunderts geben wollen und zu diesem Zweck Geschichtswerke des 9. und 10. Jahrhunderts ausbeuten. Zwangsläufig haben sich die Schöpfer dieser jüngeren Quellen die Frühzeit so vorgestellt wie die ihnen bekannte Gegenwart. Die verzerrende Sicht der späteren Geschichtsschreiber ist nicht immer in ausreichendem Maße berücksichtigt worden.

Eigentlich müsste man die Geschichte der Sachsen nach der zeitlichen Aufeinanderfolge der Quellen erzählen und nicht nach der Aufeinanderfolge der Begebenheiten, von denen diese Quellen berichten oder zu berichten scheinen. Aber das könnte erhebliche Verwirrung anrichten.

Schilderungen der sächsischen Geschichte kranken oftmals daran, dass die Schicksale, die der Sachsenname seit 1180 erlitten hat, als Sonderfall angesehen werden. Die vermeintlichen Besonderheiten haben eine Betrachtungsweise nach sich gezogen, die auch in der sächsischen Frühzeit lauter Ungewöhnlichkeiten zu erblicken geneigt ist. Es wird sich nicht vermeiden lassen, einigen eingewurzelten Meinungen zu widersprechen, die aus dieser Sicht der Dinge erwachsen sind.

Die Fachwelt wird in meinen Ausführungen das Wort *Ethnogenese* vermissen. Ich gebrauche es deshalb nicht, weil ich völlig die Bedenken und Einwände teile, die Ch. Bowlus gegen dieses Wort und gegen den Begriff vorgetragen hat, den es bezeichnet.[1] Auch drängt sich mir der Eindruck auf, dass jeder Verfasser etwas anderes meint, wenn er von der Ethnogenese spricht – so wertvoll die betreffenden Veröffentlichungen sonst sein mögen. Überdies haben schon andere Leute festgestellt, dass es nicht die Aufgabe der Wissenschaft ist, unverständliche Wörter zu erfinden, sondern bisher Unverstandenes verständlich zu machen.

Die zeitlichen Grenzen der Darstellung bilden einerseits die frühesten Nennungen des Sachsennamens und andererseits die Sachsenkriege Karls des Großen. Außerhalb der Betrachtung bleiben die Einführung der karolingischen Verwaltungsgliederung und die Aufteilung Sachsens in Bistümer.

Gewissermaßen in einem Anhang behandle ich den Stellingaaufstand, der sowohl als ungewöhnliches Ereignis als auch wegen des Bestrebens der Aufständischen Beachtung verdienen kann, Zustände wiederherzustellen, die vor Karl dem Großen geherrscht haben.

Die Anmerkungen enthalten lediglich Verweise auf die Quellen und die Darstellungen. In ihnen finden sich keine Angaben, die zum Verständnis der laufenden Ausführungen erforderlich wären.

1 Die sächsische Frühzeit und der Sachsenname

1.1 Wie fassen wir die Sachsen der Frühzeit?

Wer den Freistaat Sachsen lateinisch bezeichnet, nennt das Land *Saxonia* und seine Einwohner, also die Sachsen, *Saxones*. Dasselbe galt für die Vorläufer des Freistaats, das Königreich und das Kurfürstentum Sachsen, und deren Bewohner. Nun ist das lateinische Wort *Saxones* aber viel älter als das Königreich und auch als das Kurfürstentum Sachsen.

Das Königreich bestand seit 1806. Vom Kurfürstentum Sachsen kann man seit dem 13. Jh. sprechen – einerlei wie sich seine Grenzen im Laufe der Zeit entwickelt haben. Aber das Wort *Saxones* kommt mit Sicherheit seit dem 4. Jh. n.Chr. vor. Aus den letzten Jahrzehnten desselben Jahrhunderts stammt der früheste Beleg des Ländernamens *Saxonia*.

Nach der herrschenden Meinung wurde der Sachsenname jedoch nicht erst im 4. Jh., sondern schon im 2. Jh. n.Chr. genannt, und zwar in seiner griechischen Form Σάξονες (*Sáxones*).

Unter dem Sachsennamen wollen wir gleichermaßen das deutsche Wort (*die*) *Sachsen* verstehen wie dessen Entsprechungen in anderen Sprachen, z.B. das lateinische *Saxones* oder das griechische *Sáxones*.

Zugleich sei festgestellt, dass wir im Folgenden das deutsche Wort (*die*) *Sachsen* als Völkernamen bezeichnen. Ebenso verfahren wir mit den Wörtern (*die*) *Franken*, (*die*) *Schwaben*, (*die*) *Baiern* usw. Die Personengruppen, die mit diesen Wörtern bezeichnet werden, wollen wir Völker nennen. Beides tun wir aber nur aus Bequemlichkeit. Bei näherer Betrachtung stößt man nämlich darauf, dass die Sachsen oder andere germanische Personengruppen der Völkerwanderungszeit und des Frühmittelalters von den Gelehrten der Neuzeit bald als Völker, bald als Teilvölker, bald als Stämme, Stammesverbände, Großstämme, Stammesschwärme oder „*Gentes*" angesehen werden. Das letzte Wort (Einzahl: *Gens*) ist heute in wissenschaftlichen Darstellungen sehr gebräuchlich.

Vom lateinischen Wort *Saxones* oder dem griechischen *Sáxones* dürfen wir im Unterschied zum deutschen Wort (die) *Sachsen* nicht ohne weiteres behaupten, dass sie Völkernamen wären. Zwar können sie es sein; aber sie müssen es nicht. Im Latein des späten Altertums konnte *Saxones* als Sammelbezeichnung von Küstenräubern gebraucht werden. Es spielte dieselbe Rolle wie viele Jahrhunderte später das Wort *Wikinger*. Im Frühmittelalter wurde das lateinische Wort mitunter so gebraucht, wie wir heute *Skandinavier* oder *Südeuropäer* verwenden: nicht als Völkername, sondern als bloße Einwohnerbezeichnung.

Es scheint nahe liegend, dass wir uns bei der Suche nach den Sachsen der Frühzeit einfach der Führung anvertrauen, die uns das lateinische *Saxones* und das griechische *Sáxones* bieten. Aber auch dann, wenn die beiden Wörter immer Völkernamen wären, müssten wir auf diesem Weg in die Irre geraten: Zumindest das lateinische Wort vermag nämlich auch Völker zu bezeichnen, die nach unserer Auffassung keineswegs zu den Sachsen gehören oder gehört haben. Die Aussage trifft zum Beispiel auf die Deutschen in Siebenbürgen und die germanischen Bewohner des frühmittelalterlichen Englands zu. Zwar nennen wir die einen *Siebenbürger Sachsen* und die anderen *Angelsachsen*. Doch die zeitgenössischen lateinischen Schriftwerke haben einfach von *Saxones* gesprochen. Dieses Wort allein reicht also nicht aus, die Sachsen zu fassen.

Um der Sachsen habhaft zu werden, brauchen wir eine bestimmte räumliche Zuordnung der Namenträger. Es gilt Folgendes: Die *Saxones* unserer lateinischen Quellen können wir dann als Sachsen ansehen, wenn sie im alten Sachsen beheimatet waren. Unter dem alten Sachsen ist das Gebiet zu verstehen, das seit der Zeit Karls des Großen (reg. 768–814) bis zum Jahre 1180 als *Saxonia* ‚(das Land) Sachsen' bezeichnet wurde oder wenigstens so genannt werden konnte.

Wenn wir die heutigen erdkundlichen Begriffe zugrundelegen, können wir sagen, dass das alte Sachsen annähernd denjenigen Teil des rechtsrheinischen Norddeutschlands umfasste, der im Norden und Osten durch die Nordsee sowie durch die Elbe und die Saale begrenzt wird. Je nach den Machtverhältnissen konnten auch Länder auf dem rechten Ufer der Elbe dazu gerechnet werden. Besonders gilt das für das Gebiet des heutigen Holsteins, aber kaum für Schleswig. Im 10. Jh. kam östlich der Saale das Sorbenland hinzu. Wo das alte Sachsen im Süden und Westen aufhörte, kann einstweilen auf sich beruhen.

Auch diejenigen *Saxones* können als Sachsen angesehen werden, die vor der Zeit Karls des Großen in dem fraglichen Gebiet beheimatet waren – unabhängig davon, mit welchem Ländernamen es versehen wurde.

Im Laufe unserer Darstellung werden wir immer wieder auf Grenzen zu sprechen kommen. Daher sei Folgendes bemerkt: Im Frühmittelalter (etwa 500 – etwa 1050) und im frühen Hochmittelalter verstand man unter den Grenzen weltlicher Herrschaftsgebiete zumindest auf dem Gebiet rechts des Rheins keine Linien, sondern unbewohntes oder unregiertes Land. Auch Flussgrenzen, sofern es sie überhaupt gab, haben in Wirklichkeit keine Linien ergeben. Überschwemmungs- und Sumpfgebiete ließen an den Ufern unbewohnte Flächen entstehen, die sich weit ins Land erstrecken und Grenzen im Sinne des Mittelalters, das heißt leere Räume, bilden konnten.

Seit der Zeit Karls des Großen wurden allerdings geistliche Bezirke, z.B. Bistümer, durch Flüsse umgrenzt. Solche Festlegungen folgten römischen Vorbildern. Sie griffen nur sehr langsam auf den weltlichen Bereich über.

1.2 Lehrreiche Beispiele: Die Schicksale des Namens *Sachsen* nach 1180

Warum haben wir das alte Sachsen bis 1180 gerechnet? Weil in jenem Jahr politische Ereignisse eintraten, die letzten Endes dazu führten, dass der heutige Landesname *Sachsen* ein anderes Gebiet bezeichnet als vor tausend Jahren der Landesname *Saxonia* und weil die heutigen Sachsen anderswo zu finden sind als die Sachsen des Frühmittelalters.

Dass wir unter dem Land Sachsen das Gebiet von Dresden, Leipzig und Chemnitz verstehen und dass seine Einwohner die Sachsen im heutigen Sinne sind, ist eine späte Folge des Sturzes Heinrichs des Löwen, der Herzog von Sachsen und Baiern war. Im Jahre 1180 verlor dieser Fürst die beiden Würden und die damit verbundenen Besitzungen. Das Herzogtum Sachsen wurde aufgeteilt.

Seine östlichen Gebiete mit dem Titel des Herzogs von Sachsen erhielt der Graf Bernhard von Aschersleben (oder von Anhalt), der dem Geschlecht der Askanier angehörte. Das Herzogtum Sachsen war nunmehr stark verkleinert und sein Name auf den Osten seines ursprünglichen Geltungsbereichs abgedrängt. Die westlichen Gebiete wurden nicht mehr als Sachsen bezeichnet.

Nachdem Bernhard 1212 gestorben war, trat sein jüngerer Sohn Albrecht I. die Nachfolge als Herzog von Sachsen und in einem Teil der altaskanischen Lande an, während der ältere Sohn namens Heinrich von diesen die größere Menge erbte. Albrechts I. († 1261) Sohn Albrecht II. teilte die Hinterlassenschaft seines Vaters 1295 mit den Söhnen seines bereits 1286 verstorbenen Bruders. Dadurch entstanden die Herzogtümer Sachsen-Wittenberg und Sachsen-Lauenburg, wie man sie später nannte.

1422 starb der wittenbergische Zweig der Askanier aus. Der deutsche König Sieg(is)mund übertrug nun 1423 ihr Herzogtum mit der Kurwürde dem damaligen Markgrafen von Meißen. Das war Friedrich der Streitbare aus dem Haus der Wettiner. Alle folgenden Kurfürsten und Könige von Sachsen waren seine Nachkommen.

1485 teilten Friedrichs des Streitbaren Enkel Ernst und Albrecht die wettinischen Lande. Nach den beiden Ahnherren unterscheidet man fortan die ernestinischen und die albertinischen Wettiner. Albert ist eine andere Form des Namens Albrecht. Das Gebiet um Wittenberg mit der Kurwürde blieb zunächst bei den Ernestinern, kam aber 1547 infolge des Schmalkaldischen Kriegs an die Albertiner. Diese stellten nunmehr bis 1806 die Kurfürsten und fortan bis 1918 die Könige von Sachsen. Sie hatten ihren Sitz in Dresden.

Bis 1918 gab es in Deutschland aber noch andere Staaten als das Königreich, die den Namen *Sachsen* führten. Der ernestinische Ast des wettinischen Stammes hatte sich stark verzweigt. Zuletzt bestanden von den ernestinischen Staaten noch das Großherzogtum Sachsen mit der Hauptstadt Weimar sowie die Herzogtümer „Sachsen-Coburg und Gotha", Sachsen-Meiningen und Sachsen-Altenburg. Diese wandelten sich 1918 in Freistaaten um und vereinigten sich 1920 mit den republikanischen Nachfolgestaaten der schwarzburgischen und der reußischen Fürstentümer zum Freistaat Thüringen. Coburg allerdings schloss sich an Bayern an. Übrigens führte das Großherzogtum Sachsen seit 1877 amtlich diesen Namen und hieß nicht mehr „Großherzogtum Sachsen-Weimar". Es unterschied sich vom Königreich Sachsen also nur noch durch die Bezeichnung *Großherzogtum*.

In der frühen Neuzeit wurden zu Sachsen auch Gebiete gerechnet, die nach dem Verständnis weder des späteren Mittelalters noch der letzten 180 Jahre dazu gehört hatten oder gehören. Nach dem Sprachgebrauch, der am Ende des 18. Jhs. herrschte, lag Weimar in Sachsen. Das Thüringen-Bewusstsein lebte erst nach 1800 wieder auf,[2] wie überhaupt im frühen 19. Jh. eine größere Anzahl vergessener Ländernamen zu neuem Leben erweckt wurde. Das nächstliegende Beispiel bildet die Staatsbezeichnung *Belgien*.

Ländernamen und Völkernamen können also im Laufe der Zeit ihre Geltung verändern: Sie vermögen Gebiete oder Personengruppen zu erfassen, auf die sie sich anfänglich nicht erstreckt hatten. Umgekehrt können sie ihren ursprünglichen Anwendungsbereich verengen oder ihn völlig verlassen. Mitunter kommen sie ganz außer Gebrauch.

Keine der Veränderungen, die der Geltungsbereich des Sachsennamens seit 1180 innerhalb Deutschlands erlebte, war auf Wanderungen der Bevölkerung zurückzuführen. Wenn er nach jenem Jahr auf den Osten des alten Herzogtums Sachsen beschränkt wurde, so folgt daraus nicht, dass die Bevölkerung aus dem Westen des Landes vertrieben worden wäre und sich nach Osten zurückgezogen hätte.

Ebenso wenig heißen die Bewohner Dresdens und Leipzigs deshalb Sachsen, weil die beiden Städte von Braunschweigern oder Paderbornern besiedelt worden wären. Die heutigen Träger eines Völkernamens brauchen durchaus nicht von dessen ehemaligen Trägern abzustammen.

Auch ist von der Ausbreitung eines Namens keineswegs darauf zu schließen, dass seine ursprünglichen Inhaber erobernd vorgedrungen wären, obwohl das in einzelnen Fällen möglich ist. Die Richtung, in der sich eine Macht ausbreitet, kann sogar entgegengesetzt zu der sein, in der die Ausbreitung des Namens erfolgt, mit dem das neue Machtgebiet bezeichnet wird: Die Markgrafen von Meißen haben ihre Macht nach Wittenberg erweitert; aber der Name *Sachsen* hat sich von Wittenberg nach Meißen ausgedehnt. Dasselbe gilt z. B. auch für den Namen *Preußen*: Die Kurfürsten von Brandenburg, die ihren Sitz in Berlin hatten, haben die Herrschaft über Königsberg gewonnen; aber der Name Preußen griff von Königsberg nach Berlin über.

Diese Gegebenheiten müssen hervorgehoben werden, weil man häufig auf die Meinung trifft, die Geschichte des Namens *Sachsen* stelle gewissermaßen eine Verkehrung der Natur dar: Die heutigen Sachsen wären keine „richtigen" Sachsen, weil sie nicht von den alten Sachsen abstammen. So kann man lesen, dass „der alte Name" mit dem heutigen Sachsen „nur indirekt zu tun" habe, weil er „auf rein dynastischem Wege erst im hohen Mittelalter übertragen" wurde „und nicht etwa durch eine ethnische Verlagerung."[3] Eine „direkte" Übertragung müsste nach dieser Meinung also eine „ethnische Verlagerung", das heißt, eine Art von Völkerwanderung voraussetzen. Obendrein klingt es so, als ob eine „direkte" Übertragung nur vor dem Hochmittelalter möglich gewesen sei.

Wenn nur diejenigen Namenübertragungen als solche gelten dürften, die auf einer „ethnischen Verlagerung" beruhen, blieben nicht viele übrig. Die Schicksale des Namens *Sachsen* bilden nämlich keine Besonderheit. Die oben genannten Möglichkeiten, dass Völkernamen oder Ländernamen ihre Verbreitungsgebiete verengen oder erweitern oder ihren ursprünglichen Geltungsbereich ganz verlassen, ohne dass diesen Vorgängen irgendwelche Bevölkerungsverschiebungen zugrunde lägen, lassen sich auch bei den Namen *Franken, Schwaben, Baiern* und sehr vielen anderen beobachten.

Völkernamen können auch das Ergebnis obrigkeitlicher Zuweisungen sein. Auf diesem Wege sind die deutschen Bewohner Siebenbürgens zum Namen *Sachsen* gekommen: Der König Andreas II. von Ungarn hatte die deutschen Neusiedler in seinem Reich 1206 als *Saxones* bezeichnet.[4] Das deutsche Wort *Sachsen* ist zur Selbstbezeichnung ihrer Nachkommen geworden. Von *Siebenbürger* Sachsen redet man nur dort, wo der Sprachgebrauch den Namen *Sachsen* als Bezeichnung der Bewohner des Freistaats Sachsen oder seiner Vorgänger festgelegt hat. Im alten Königreich Ungarn, zu dem Siebenbürgen gehörte, war das nicht der Fall. Da hießen die Siebenbürger Sachsen einfach *Sachsen*. Das Sächsische Nationalarchiv befand sich in Hermannstadt (rum. Şibiu, ung. Nagyszeben) und nicht etwa in Dresden.

Nachdem wir unseren Blick für die Schicksale von Völkernamen und Ländernamen geschärft haben, können wir uns den frühesten Bezeugungen des Sachsennamens zuwenden.

1.3 Die angeblich früheste Nennung des Namens der Sachsen

Nach der herrschenden Meinung findet sich die früheste Nennung des Namens der Sachsen bei dem vielseitigen Gelehrten Ptolemäus, und zwar in demjenigen seiner Werke, das gewöhnlich „Die Geographie des Ptolemäus" genannt wird. Ptolemäus lebte in der Stadt Alexandria in Ägypten und starb zur Zeit des römischen Kaisers Mark Aurel (reg. 161–180 n.Chr.). Der griechische Wissenschaftler wollte mit der „Geographie" die Voraussetzungen dafür schaffen, dass Landkarten auf mathematisch-astronomischer Grundlage geschaffen werden konnten. In seinem Werk verzeichnete er aber auch die Namen von Völkern. Doch ging es Ptolemäus nicht darum, die Lebensweise der Genannten oder deren Beziehungen zueinander zu beschreiben – was Tacitus in seiner „Germania" getan hatte. Die Namen dienten dem gelehrten Griechen lediglich als „Datenmaterial für geographische Lagebestimmungen."[5]

Wir wollen uns jetzt einfach in einer deutschen Übersetzung die Mitteilungen des Ptolemäus anhören, aus denen die neuzeitliche Wissenschaft die frühesten Nennungen der Sachsen und zugleich ihr ursprüngliches Siedlungsgebiet erschlossen hat. Zum besseren Verständnis sei Folgendes vorausgeschickt:

Unter *Germanien* ist das Land zwischen dem Rhein, dem „germanischen Ozean", der Donau und der Weichsel zu verstehen. Beim „germanischen Ozean" hat man an den Norden des Atlantiks unter Einschluss der Nord- und Ostsee zu denken. Von diesen Meeren und ihren Küsten hatte das Altertum eine sehr unklare Vorstellung. Die Kimbrische Halbinsel, von der gleich die Rede sein wird, umfasste nach heutigen Begriffen Schleswig-Holstein und Jütland (das dänische Festland).

Die Stellen der „Geographie" des Ptolemäus, an denen der Name der Sachsen angeblich fällt, lauten folgendermaßen:

Nr. 1: „Das Land am Ozean bewohnen oberhalb der Brukterer die Friesen bis zur Ems. Hinter diesen ‚*sitzen*' die kleinen Chauken bis zur Weser, dann die großen Chauken bis zur Elbe, anschließend bis zur Landenge der Kimbrischen Halbinsel die Sachsen. <Das Wort *sitzen* stammt von den Übersetzern. M.S.> Die Halbinsel selbst bewohnen oberhalb der Sachsen die Sigulonen im Westen, dann die Sabalingier, dann die Kobander, oberhalb von diesen die Chaler, ferner oberhalb von diesen mehr im Westen die

Funusier, mehr im Osten die Charuden, am nördlichsten von allen aber die Kimbern. Hinter den Sachsen wohnen vom Chalusos bis zum ‚*Syebos*' die Farodiner, dann die Sidiner bis zum Viaduas und oberhalb von ihnen die Rutiklier bis zur Weichsel."[6]

Nr. 2: „<...> zwischen den Sachsen und den Sueben <befinden sich> die Teutonoarer und Viruner <...>."[7]

Nr. 3: „Folgende Inseln liegen oberhalb Germaniens: bei der Elbmündung die drei sogenannten Sachseninseln."[8]

Es finden sich also, wie es scheint, fünf Nennungen des Sachsennamens bei Ptolemäus (drei unter Nr. 1 sowie je eine unter Nr. 2 und Nr. 3).

Die Angaben, die der griechische Geograph unter Nr. 1 über die sächsischen Grenzen macht, scheinen ganz genau zu sein. Bei näherer Betrachtung bereiten sie der Deutung jedoch erhebliche Schwierigkeiten:

Indem Ptolemäus den Völkern Germaniens Flussgrenzen zuschrieb, bewegte er sich innerhalb der Vorstellungswelt des Mittelmeerraums. Den Menschen im wasserreichen Mitteleuropa ist es nicht eingefallen, Gewässer als politische Grenzen anzusehen. Die Rede ist hier natürlich nicht von den Verhältnissen im kleinen Raum, wo Felder oder Gemarkungen voneinander geschieden werden sollten. Politische Flussgrenzen nördlich der Alpen waren Schöpfungen des römischen Staats, der nach „nassen Grenzen" strebte.

Wenn Ptolemäus für ein Gebiet, das die römische Verwaltung nicht erfasst hatte, kleine Flüsse als Grenzen angibt, haben wir es mit Phantasiegebilden zu tun. Mit den großen Strömen steht es wenig besser. Allerdings schufen diese, wie oben bemerkt, durch ihre Überschwemmungsgebiete und ihre wechselnden Läufe das unbesiedelte Land, das als politische Grenze wirken konnte. Doch brauchte ein Fluss wie die Elbe keineswegs eine solche Scheidewand zu bilden. Im Sommerhalbjahr war der Strom wegen seiner vielen Furte leicht zu überschreiten, und zwar auch im Unterlauf.[9] Es ist geradezu behauptet worden, dass die Elbe im Altertum „niemals zu einer Kulturgrenze" geworden sei.[10]

Die neuzeitlichen Wissenschaftler haben in ihrer Mehrheit aus den Mitteilungen des Ptolemäus geschlossen, dass die ursprünglichen „Sitze" der Sachsen (nach heutigen Begriffen) entweder auf Schleswig-Holstein oder Teile des Landes beschränkt gewesen wären oder aber nicht bloß dieses Gebiet umfasst, sondern sich darüber hinaus nach Osten oder Südosten erstreckt und Teile Mecklenburgs oder weitere Gebiete eingeschlossen hätten.

Die geringsten Unklarheiten scheint die Südgrenze zu bieten, denn nach der unter Nr. 1 wiedergegebenen Übersetzung fällt sie mit der Elbe zusammen; und die meisten Wissenschaftler teilen diese Deutung. Allerdings sind Stimmen laut geworden, die meinten, bei dem an dieser Stelle genannten Fluss *Albis* habe es sich nicht um die Elbe gehandelt.[11] Es gibt nämlich Gewässer, die mit unserer Elbe namengleich sind; und das altnordische Wort *elfr* hat einfach ‚Fluss' bedeutet. Die urgermanische Entsprechung dieses Wortes konnte mit dem Namen der Elbe verwechselt werden. Die Fragen, die entstehen, wenn der Fluss *Albis* an der fraglichen Stelle nicht der große Strom war, wollen wir beiseite lassen.

Streng genommen ergibt die Elbe nur die Südwestgrenze des genannten Gebiets. Sofern es im Osten nicht von einer Linie begrenzt wurde, die von dem Strom nach Norden ging, muss man fragen, wo seine Südostgrenze verlief.

In Bezug auf die Nordgrenze herrschen große Meinungsverschiedenheiten. Aus älteren Übersetzungen wird der Leser unmittelbar gar keine Nordgrenze erschließen können, denn in ihnen stand, die Sachsen hätten „*auf* dem Nacken" der Kimbrischen Halbinsel „gesessen". Eine solche Wiedergabe des griechischen Textes ist gewiss falsch. Es muss „*bis zum* Nacken" heißen, wie die gegenwärtigen Übersetzungen wörtlich oder sinngemäß schreiben. Beim „Nacken (gr. *auchēn*) der Kimbrischen Halbinsel" denkt die heutige Wissenschaft an eine Landenge. Das muss nicht falsch sein. Doch konnte das griechische Wort auch ein enges Tal oder eine Meerenge bezeichnen.

Strittig ist auf jeden Fall, was man sich unter „der" Landenge der Kimbrischen Halbinsel vorzustellen hat. (Ptolemäus hat nicht von *einer* Landenge gesprochen.) Einige Forscher denken an „die Linie Husum-Schleswig."[12] Sicher ist die Deutung keineswegs. Es kommen auch andere Landengen Schleswig-Holsteins oder Jütlands in Betracht.

Andere Wissenschaftler haben die Angabe „bis zum Nacken der kimbrischen Halbinsel" so verstanden, dass das sächsische Siedlungsgebiet durch die „Linie von der Elbmündung zur Lübecker Bucht" begrenzt war. „Damit fallen das nördliche Holstein, insbesondere aber Dithmarschen für das Sachsengebiet aus."[13]

Die Westgrenze bildete nach der herrschenden Auffassung die Nordsee. Im Widerspruch dazu befindet sich die eben genannte Auffassung, nach der Dithmarschen nicht zum sächsischen Gebiet gehörte.

In Bezug auf die Ostgrenze besteht auch nach der herrschenden Meinung völlige Unsicherheit. Es bleibt nämlich unklar, was mit dem *Chalusos* gemeint ist, der als die östliche Begrenzung des sächsischen Gebiets angesehen wird. „Es gibt kaum einen Fluss zwischen Elbe und Oder, der nicht mit ihm identifiziert worden ist."[14] Bevorzugt wird die Warnow. Für sie spricht sich zum Beispiel G.-Ch. Hansen aus.[15] H.-W. Goetz und K.-W. Welwei sind dagegen für die Trave, allerdings nur unter Vorbehalt. Sie lassen auch die Warnow und die Recknitz gelten.[16] Die Trave kommt als Ostgrenze in ihrem Lauf allerdings nur bis Bad Oldesloe infrage. Von dort bis zur Mündung hätte sie die Nordgrenze oder die Südgrenze bilden müssen, was das Bild von den „Sitzen" der Sachsen völlig verschiebt.

Die meisten Darstellungen nehmen auf die Unsicherheiten keinen Bezug. Gewöhnlich vermitteln sie ein Bild, das die ptolemäischen Sachsen als Bewohner des heutigen Holsteins, vor allem des westlichen Holsteins und besonders des Landes Dithmarschen zeigt. Somit werden die Sachsen vor allem mit der Nordseeküste zwischen Elbe und Eider in Verbindung gebracht.[17] Dass ihr Gebiet sich nach Osten und Südosten erstreckte, wie die Worte des Ptolemäus nahe legen, ist der Wissenschaft ziemlich gleichgültig, solange sie sich bloß mit seinen Nachrichten über die Sachsen beschäftigt und nicht mit den Angaben der „Geographie" über Germanien im Allgemeinen.

Wenn man den Fluss *Chalusos* für die Recknitz hält, wäre Mecklenburg bis zur pommerschen Grenze sächsisches Land gewesen; und die Sachsen hätten ihren Schwerpunkt kaum an der Nordsee gehabt. In noch stärkerem Maße gilt die Aussage, falls es sich bei dem rätselhaften Fluss um die Peene gehandelt haben sollte.[18]

Die Neigung, das Gebiet der ptolemäischen Sachsen auf die holsteinische Westküste zu beschränken, folgt aus der Annahme, dass die Sachsen sich später zur See ins Gebiet des heutigen Niedersachsens und nach Britannien ausgebreitet hätten. Worauf diese Meinung beruht, haben wir unten zu behandeln.

Zunächst ist zu klären, auf welche Zeit sich die Angaben des Ptolemäus über die Sachsen beziehen. Damit hängt die Frage zusammen, woher der Gelehrte in Alexandria seine Kenntnisse hatte, denn er ist niemals in Germanien gewesen.

Nach der einen Auffassung stammen die Mitteilungen, die Ptolemäus über die Sachsen macht, aus der Zeit um Christi Geburt; nach der anderen gehören sie in die Lebenszeit des Geographen.

1.4 Waren die Sachsen den Römern schon in der Zeit um Christi Geburt bekannt?

Lässt man die Meinung gelten, dass die betreffenden Angaben des Ptolemäus aus der Zeit um Christi Geburt stammen, so bleibt unerklärlich, warum keine Quelle vor Ptolemäus die Sachsen nennt. Sie wurden nicht einmal von Tacitus erwähnt. Dieser römische Geschichtsschreiber hat mit seiner „Germania" das wichtigste Werk über das Germanien des ersten nachchristlichen Jahrhunderts geschaffen. Die Schrift wurde wohl im Jahre 98 n.Chr. veröffentlicht – jedenfalls nicht eher. Tacitus erhob den Anspruch, ein vollständiges Bild der Bewohner Germaniens zu liefern.

Die Angaben des Ptolemäus über die Völker des nordwestlichen germanischen Binnenlands führen in die Zeit zurück, die vor dem Jahre 8 v.Chr. oder gar vor dem Jahre 16 v.Chr. liegt.[19] Der alexandrinische Geograph hat hier also ein Bild gemalt, das zu seiner Zeit völlig veraltet war. Was die Nordseeküste im Unterschied zum Binnenland angeht, dürften sich seine Mitteilungen auf eine zwar jüngere, aber nur wenig jüngere Zeit als 8 v.Chr. beziehen.

Im Jahre 5 n.Chr. hatte nämlich eine römische Flotte die jütische Küste befahren. Sie mag die Sigulonen, Sabalinger, Kobander, Chaler, Funusier, Farodiner, Sidiner und Rutiklier kennen gelernt haben, die Ptolemäus scheinbar in einem Atemzug mit den Sachsen aufzählt. Sonst sind all diese Völker (außer den Sachsen) völlig unbekannt. Sie werden weder in literarischen Werken noch in Inschriften genannt – vielleicht mit Ausnahme der Chaler, deren mögliches Vorkommen in einer Inschrift sich jedoch nicht auf die Kimbrische Halbinsel bezieht.[20] Weil auch Tacitus die genannten Völker mit keinem Wort erwähnt, könnte man folgern, dass sie schon zu der Zeit untergegangen waren, die er schildert. Ptolemäus hätte also auch hier längst veraltete Zustände beschrieben.

Im Falle der Sachsen müsste man jedoch folgern, dass sie sowohl der vortaciteischen als auch der nachtaciteischen Zeit bekannt waren, aber dem Tacitus gerade nicht. Ein solcher Schluss wird von den meisten Forschern abgelehnt. Vielen erscheint es geradezu als „unzulässig", die Kenntnis des Namens der Sachsen der Zeit um Christi Geburt zuzusprechen.[21] Sie nehmen an, dass der Name der Sachsen der römischen Welt erst nach Tacitus bekannt geworden sei.

1.5 Sind die Sachsen in der Zeit zwischen Tacitus und Ptolemäus der römischen Welt bekannt geworden?

Wenn die Sachsen der römischen Welt erst nach der Zeit des Tacitus bekannt geworden sind, besteht an diesem Punkt gar kein Widerspruch zwischen dem lateinischen Geschichtsschreiber und dem griechischen Geographen, denn Tacitus konnte in seiner Germania keine Namen erwähnen, die 98 n.Chr. noch unbekannt waren.

Die herrschende Meinung geht von dieser Voraussetzung aus. Mehr noch, sie behauptet sogar, dass sich die Sachsen überhaupt erst im 2. Jh. n.Chr. herausgebildet hätten. Die Kenntnis von diesem neuen Volk habe Ptolemäus aus Wegeverzeichnissen römischer Kaufleute gewonnen.

Es sind einige römische Wegeverzeichnisse überliefert, allerdings keine von Kaufleuten. Doch erscheint es ganz unwahrscheinlich, dass Ptolemäus für die Beschreibung der Kimbrischen Halbinsel solche Quellen benutzt hätte – unabhängig davon, wie es mit anderen Teilen Germaniens steht. Das Gerüst dieser Schriftwerke bildete nämlich die Aneinanderreihung von Ortsnamen. Für das innere Germanien kann man dabei an Handelsplätze denken. Ortsnamen fehlen aber in der ptolemäischen Beschreibung der Kimbrischen Halbinsel und folglich auch des angeblich sächsischen Gebiets völlig.

Dass Ptolemäus über andere neue Nachrichten aus diesem Raum verfügt hätte, ist gleichfalls ganz unwahrscheinlich. Römische Erkundungsfahrten längs der jütischen Küste oder Flottenunternehmen, die von der Mündung der Elbe nordwärts geführt hätten, haben während des 2. nachchristlichen Jhs. nicht stattgefunden, übrigens auch nicht im späten 1. Jh. Tacitus hat geklagt, dass der Name des Flusses zu seiner Zeit kaum noch bekannt sei, während er einstmals in aller Munde war. Auch wenn man diesen Satz für eine rednerische Übertreibung hält, bleibt die Tatsache bestehen, dass römische Heere und Feldherren zur Zeit des Geschichtsschreibers seit Jahrzehnten die Elbe nicht mehr gesehen hatten.

Unter dem Kaiser Mark Aurel sind römische Truppen während der sogenannten Markomannenkriege in ein Gebiet vorgedrungen, das nach heutigen Begriffen in der Tschechischen Republik liegt. Sie kamen aber von der Donau her, so dass etwaige Kenntnisse aus dem Land rechts der Elbe, die dem Ptolemäus in seinen letzten Lebensjahren bekannt geworden sein könnten, nichts mit der Kimbrischen Halbinsel zu tun gehabt hätten. Außerdem hat die Elbe in der Überlieferung der Markomannenkriege keine Spur hinterlassen.[22]

Noch unwahrscheinlicher wird die Herausbildung der Sachsen in den Jahren zwischen Tacitus und Ptolemäus, sobald man nach dem Zeitpunkt fragt, *bis* zu dem sie erfolgt sein müsste. Es leuchtet ein, dass die von Ptolemäus beschriebenen Zustände, wenn sie während seiner Zeit gegeben waren, spätestens dann bestanden haben müssen, als der Geograph sein Werk abschloss. Nimmt man an, er habe die Bücher 2–7 seiner „Geographie" während der Jahre 135 und 142 niedergeschrieben – was behauptet wird,[23] dann müssen die geschilderten Verhältnisse spätestens im letztgenannten Jahr bestanden haben. Man neigt aber eher zu der Ansicht, dass die verarbeiteten Mitteilungen, wenn man sie für nachtaciteisch hält, nicht jünger sind als das Jahr 114 n.Chr.[24] Da müssten sich die Sachsen zwischen 98 n.Chr. und 114 herausgebildet haben.

Hinzu kommt Folgendes: Wenn die Sachsen ein im 2. Jh. n.Chr. entstandenes Volk wären, dann müsste es erlaubt sein, hinter den Namen *Sigulonen*, *Sabalingier* usw. ebenfalls neue Völker zu vermuten. Schließlich hören wir vor Ptolemäus von solchen Leuten auch nichts. Die *Sigulonen*, *Sabalingier* usw. müssten aber gleich wieder untergegangen sein, denn sie werden in der Zeit nach Ptolemäus ebenso wenig erwähnt wie vor seinen Tagen. So kurzlebig dürften die Völker dann doch wohl nicht sein.

In welche Zeit man die ptolemäischen Sachsen auch versetzt: Es ergeben sich unerklärliche Widersprüche. Die Lösung der Schwierigkeiten hat U. Kahrstedt schon 1934 gefunden: Ptolemäus hat den Namen der Sachsen gar nicht gekannt. Das Wort ist durch eine Textverderbnis in seine „Geographie" geraten.

Karte 1: Die bei Ptolemäus aufgeführten Flüsse, Gebirge und Orte Germaniens. Man beachte die Leere des Raums nördlich der Elbmündung.

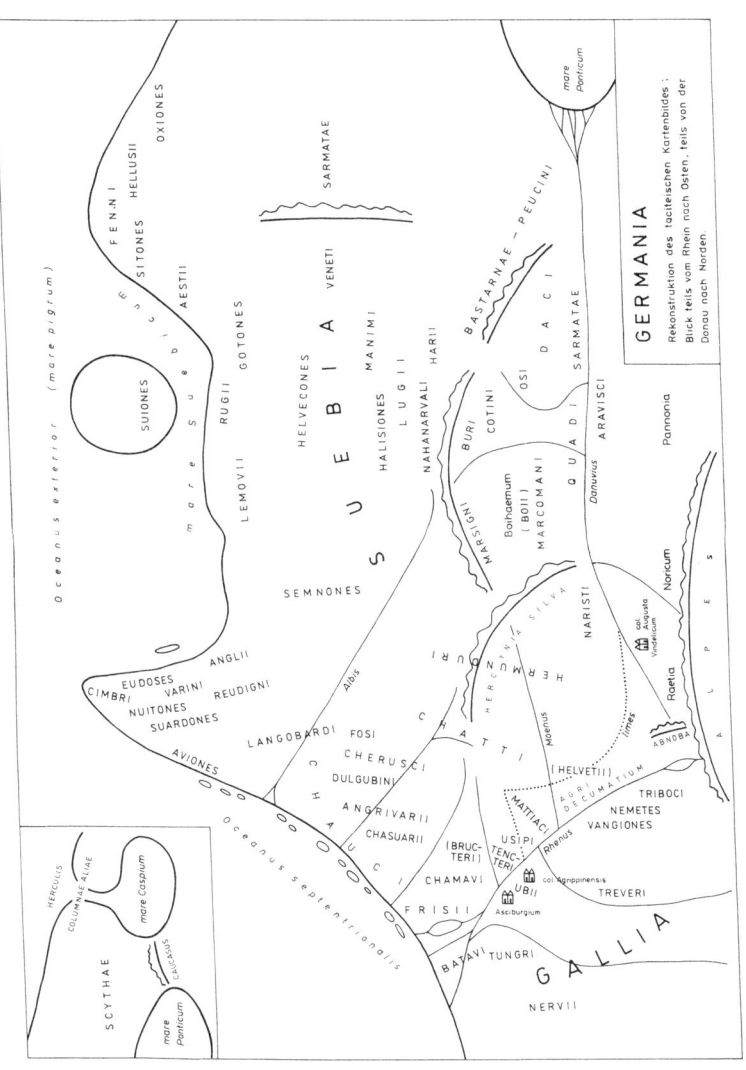

Karte 2: Das Kartenbild, das Tacitus wahrscheinlich hatte.

Karte 3: Die Umdeutung der taciteischen Nachrichten über die Bewohner Germaniens ins heutige Kartenbild. Man beachte, dass bei Tacitus keine Sachsen vorkommen.

1.6 Die ptolemäischen Sachsen als das Ergebnis einer Textverderbnis

Von den literarischen Werken des Altertums ist keines in der ursprünglichen Niederschrift erhalten. Sie alle kennen wir nur aus Abschriften, die in den meisten Fällen sehr lange nach der Entstehungszeit des Buches angefertigt worden sind. In einigen Fällen handelt es sich bei den ältesten Textzeugen sogar um Drucke. Das heißt, die Überlieferung bestimmter Werke des Altertums setzt erst in der Mitte des 15. Jhs. ein.

Die älteste Handschrift, die uns die „Geographie" des Ptolemäus überliefert, ist annähernd 1100 Jahre nach dem Tode des Gelehrten entstanden. Wenn zwischen der Urschrift eines Werkes und dem frühesten Textzeugen ein so langer Zwischenraum klafft, muss der Text im Laufe der Jahrhunderte mehrmals abgeschrieben worden sein. Nun entstanden bei jeder Abschrift Fehler und mit jeder weiteren Abschrift weitere Fehler. Die Wissenschaft bezeichnet die von Abschreibern verursachten Fehler als Textverderbnisse. Das wissenschaftliche Verfahren, das mit dem Ziel betrieben wird, die Textverderbnisse zu beseitigen und den ursprünglichen Text herzustellen, ist die Textkritik.

Namen waren der Verderbnis besonders ausgesetzt. Die Richtigkeit dieses Satzes geht uns sofort auf, wenn wir einen Brief lesen, der nicht besonders deutlich geschrieben ist: Auch wir werden Schwierigkeiten haben, Namen zu entziffern, die uns nicht geläufig sind. Zugleich können wir aus der Selbstbeobachtung die Erkenntnis gewinnen, dass wir unleserliche Namen unbewusst durch solche ersetzen, die uns bekannt sind.

Kahrstedt hat nun mit den Mitteln der Textkritik dargetan, dass Ptolemäus nicht *ΣΑΞΟΝΕΣ* (sprich: *Sáxones*) geschrieben hatte, sondern *ΑΒΙΟΝΕΣ* (sprich: *Avíones*). Das Wort wurde im Zuge der handschriftlichen Überlieferung zuerst zu einem Unnamen „*ΑΞΟΝΕΣ*" (sprich: *Áxones*) verlesen und dann zu *ΣΑΞΟΝΕΣ* (*Sáxones*) verschlimmbessert, wie der Fachausdruck lautet. *Áxones* (und nicht etwa *Sáxones*) steht in der Mehrzahl der Handschriften. Die Einzelheiten der Beweisführung erfordern Grundkenntnisse des griechischen Schriftwesens und sollen deshalb hier nicht dargelegt werden.[25]

Die Avionen (*Aviones*) wurden von Tacitus im Zusammenhang mit dem Gebiet der unteren Elbe genannt. Man vermutet, dass sie auf der Kimbrischen Halbinsel gelebt haben.[26] Sie kommen also dort vor, wo bei Ptolemäus die angeblichen Sachsen erscheinen. Es gibt demnach keine sachlichen Gründe, die dagegen sprächen, *Axones/Sáxones* bei Ptolemäus für den verderbten Namen der *Aviones* zu halten. Ein mittelalterlicher Abschreiber der „Geographie" der nichts von den Avionen wusste, hat den Namen zu *Axones* verballhornt, ein weiterer dieses Unwort zu *Sáxones* verschlimmbessert.

Verschlimmbesserungen seltener Namen oder auch nur solcher Namen, die einem einzelnen Abschreiber nicht geläufig waren, kommen häufig vor. So finden wir zum Beispiel die lateinische Namenform *Saxones* in Handschriften, die das Werk des Dichters Lukan († 65 n.Chr.) überliefern, das unter dem Titel *Pharsalia* läuft. Den Gegenstand des Gedichts bildete der Krieg, den Caesar und Pompeius während der vierziger Jahre des 1. Jhs. v.Chr. gegeneinander geführt hatten. Damals war von *Saxones* noch gar keine Rede. Die richtige Lesung des verderbten Namens lautet *Suessones*, ‚die Leute von Soissons'.

Ganz absonderlich ist eine angebliche Insel namens *Saxona* im Ionischen Meer.[27] Von ihr redet der Geograph von Ravenna, der im 9. (nicht im 8.) Jh. n.Chr. auf Grund einer älteren Vorlage eine Erdbeschreibung verfasst hat. Stünde nicht fest, dass wir es mit dem Meer vor der griechischen Westküste zu tun haben, dann würde die Wissenschaft vielleicht in Versuchung geführt, hinter dem Namen *Saxona* des Geographen von Ravenna die vermeintlichen Sachseninseln des Ptolemäus zu suchen.

Dagegen, dass Ptolemäus den Namen der Sachsen niedergeschrieben hätte, spricht auch der Text des griechischen Geographen Markianos (zwischen 200 n.Chr. und 530). Die Hauptquelle des Markian bildete die „Geographie" des Ptolemäus. Jedenfalls heißt es bei Markian: „Die Landenge der Halbinsel bewohnt der Stamm der Axonen". Die Vorlage dieser Bemerkung hat wohl Ptolemäus geliefert. Markian scheint also in seinem Ptolemäus-Text nicht *Sáxones* gelesen zu haben. Allerdings kommen die „Sachseninseln" bei ihm unter diesem Namen vor. Nur liegen sie bei Markian mindestens 147 km von der Elbmündung entfernt.[28] Diese Mitteilung muss aus einer anderen Quelle als der „Geographie" des Ptolemäus stammen.

Nicht nur die Sachsen sind durch Textverderbnisse in Schriften geraten, in denen sie nichts verloren hatten. Den Franken und anderen Völkern ging es keineswegs besser: Cicero († 43 v.Chr.) hat in einem seiner Briefe die *Fangones* erwähnt. Von diesem Volk ist selten die Rede. In der handschriftlichen Überlieferung ist das Wort *Fangones* über den Unnamen *Frangones* zu *Francones* entstellt worden, was „die Franken" heißt. Nach Ciceros Tod sollten mehr als dreihundert Jahre vergehen, bevor die Franken tatsächlich im lateinischen Schrifttum auftauchten. Im selben Brief des Cicero haben einige Handschriften die Lesart *Suevos* („die Sueben" oder „die Schwaben"), wo es *Scaevas* heißen muss.[29]

1.7 Die ptolemäischen Sachsen und die Lehre von den Stammesverbänden oder Großstämmen

Die herrschende Meinung, die davon ausgeht, dass die Sachsen von Ptolemäus genannt worden wären, sträubt sich dagegen, das Vorhandensein dieses Volkes für die Zeit um Christi Geburt anzunehmen und hält die Sachsen für eine Neubildung des 2. Jhs., obwohl die Angaben des griechischen Gelehrten, die sich auf die Kimbrische Halbinsel beziehen, offensichtlich aus der Zeit um Christi Geburt und nicht aus dem 2. Jh. stammen. Das Sträuben rührt daher, dass viele Wissenschaftler die Sachsen als einen der germanischen „Stammesverbände," „Stammesbünde" oder „Großstämme" ansehen.[30] Diese Sicht der Dinge führt abermals zu Widersprüchen.

Von den „Stammesverbänden" oder „Großstämmen" wird sonst nämlich behauptet, dass sie durch Völkernamen bezeugt wären, die frühestens seit dem 3. Jh. vorkommen, aber nicht schon im 2. Jh. oder gar noch eher.[31] Die „Stammesverbände" seien größer gewesen als die im 1. Jh. n.Chr. genannten Völker. Die älteren Gebilde werden als „Kleinstämme" angesehen. Man stellt sich vor, dass diese sich zu den sogenannten Großstämmen oder Stammesverbänden zusammengeschlossen hätten.

Die meisten germanischen Personengruppen, die wir aus der Literatur des 1. Jhs. n.Chr. kennen, werden in der Völkerwanderungszeit nicht mehr genannt. Für die Zwischenzeit fehlen die Nachrichten weitgehend oder ganz. Am Rande sei darauf hingewiesen, dass in der Literatur des ausgehenden Altertums und auch der des Mittelalters die Unsitte verbreitet war, Namen der Vergangenheit zur Bezeichnung von Völkern der Gegenwart zu verwenden. Wenn zum Beispiel während des 5. Jhs. n.Chr. in Gedichten der Name der Cherusker vorkommt, heißt das nicht, dass es zu jener Zeit noch Cherusker gegeben hätte.

Von den neuen Namen, aus denen die Bildung von „Stammesverbänden" erschlossen wird, erscheint derjenige der Alemannen am frühesten. Daraus hat man gefolgert, dass mit ihm der erste „Stammesverband" überhaupt bezeugt sei.[32] Nun ist von Alemannen zum ersten Mal im Jahre 289 die Rede. Die ehemals herrschende Ansicht, dass sie der römischen Welt schon 213 bekannt gewesen wären, hat sich als unhaltbar erwiesen.[33]

Da auch behauptet wird, dass sich die neuen Völker ungefähr ein Menschenalter vor der ersten Nennung ihres Namens herausgebildet hätten,[34] müsste der früheste „Stammesverband" in Gestalt der Alemannen während der ersten Hälfte des 3. Jhs. entstanden sein. Vor diesem Hintergrund ist die oben genannte Äußerung zu verstehen, es sei „unzulässig", das Vorhandensein der Sachsen für die Zeit um Christi Geburt anzunehmen. Dann müsste die erste „Großstammbildung" nämlich etwa 300 Jahre früher erfolgt sein, als die herrschende Meinung es zulässt.

Die ptolemäischen Sachsen passen aber auch dann nicht zur Lehre von den Stammesverbänden, wenn sie sich während der ersten Hälfte des 2. Jhs. n.Chr. herausgebildet hätten; oder man müsste den Mut aufbringen, die Sachsen und nicht die Alemannen als den ersten „Stammesverband" anzusehen.

Da man gewöhnlich das holsteinische Land zwischen der Elbe und der Ostsee als das Siedlungsgebiet der ptolemäischen Sachsen betrachtet, hätten diese allerdings einen recht kleinen Großstamm abgegeben. Dagegen wurde der Name der Franken auf die Germanen jenseits des Niederrheins angewendet und derjenige der Alemannen auf die Germanen jenseits des Oberrheins. Beide Bezeichnungen galten demnach für einen großen Raum – wie es sich für „Großstämme" auch gehören sollte.

Schließlich müsste es auf der Kimbrischen Halbinsel von Großstämmen nur so gewimmelt haben. Wenn nämlich der Name der Sachsen ein im 2. Jh. n.Chr. neues Volk bezeichnet hätte, dann läge der Schluss nahe, dass die vor Ptolemäus nicht bezeugten Namen *Sigulonen, Sabalingier* usw. auch neue Völker und folglich Stammesverbände bezeichnet hätten.

Nun ist die Vorstellung von den Großstämmen oder Stammesverbänden mit der Nebenvorstellung verbunden, dass es das Hauptstreben dieser Schöpfungen gewesen wäre, mit wilder Lust über das friedliebende römische Reich herzufallen. Davon könnte in Bezug auf die Sachsen für das 2. Jh. und den größten Teil des 3. Jhs. beim besten Willen nicht die Rede sein – vorausgesetzt, dass es sie gegeben hätte.

1.8 Zusammenfassung

Der Name der Sachsen war dem griechischen Geographen Ptolemäus offensichtlich unbekannt. Das Wort *Sáxones* ist anscheinend durch eine Textverderbnis in seine „Geographie" eingedrungen. Die richtige Lesart ist wohl *Aviones* gewesen.

Falls Ptolemäus aber den Namen der Sachsen gekannt hätte, müsste diese Kenntnis auf Berichte zurückgehen, die aus der Zeit um Christi Geburt stammten. Es ist so gut wie ausgeschlossen, dass der griechische Geograph über Nachrichten von der Kimbrischen Halbinsel verfügte, die sich auf Zustände des 2. nachchristlichen Jahrhunderts bezogen hätten.

2 Der Sachsenname und seine Träger während des späten Altertums bis in die vierziger Jahre des 5. Jahrhunderts

2.1 Der Sachsenname im Allgemeinen

Wir haben am Anfang darauf hingewiesen, dass wir unter den *Saxones* der lateinischen Quellen dann Sachsen verstehen können, wenn die Namenträger im Gebiet des alten Sachsens beheimatet waren. Für den Zeitraum, den wir in diesem Abschnitt betrachten, sind wir weitgehend der Mühe enthoben, nach der Heimat der *Saxones* zu forschen.

Aus welchem Land sie kamen, können wir nämlich nicht feststellen, denn sie werden lediglich dann fassbar, wenn sie zu Schiff von der Nordsee her südwärts fuhren und an den Küsten Galliens und Britanniens landeten. Vermutlich waren unter diesen Scharen Leute aus dem Gebiet des alten Sachsens. Sie mögen sogar die Mehrzahl der *Saxones* gebildet haben. Doch müssen wir damit rechnen, dass ein anderer Teil dieser kriegerischen Seefahrer seine Heimat in Nordeuropa oder in mitteleuropäischen Gebieten hatte, die nie zu Sachsen gezählt worden sind. Vorsichtshalber sprechen wir in diesem Abschnitt daher von *Saxones*.

Jedenfalls stammen aus dem späten Altertum die frühesten Nennungen des Sachsennamens, von denen feststeht, dass sie ihr Dasein nicht dem Irrtum eines Abschreibers verdanken.[35]

Zu unterscheiden ist zwischen dem Jahr, *zu* dem ein Name genannt wurde, und dem Jahr, *in* dem ein Name genannt wurde. Unsere Kenntnis – sagen wir: des dritten Jahrhunderts n.Chr. – beruht weitgehend auf Geschichtswerken, die aus dem vierten Jahrhundert n.Chr. oder einer noch jüngeren Zeit stammen. Das heißt, die uns überlieferten Nachrichten *zu* einem Jahr des 3. Jhs. sind vielfach erst *in* einem Jahr des 4. oder 5. Jhs. niedergeschrieben worden.

Oben sind wir auf die Unsitte der spätantiken (und auch der mittelalterlichen) Literatur gestoßen, die Namen vergangener Völker zur Beschreibung der Gegenwart zu benutzen. Jetzt lernen wir eine andere Quelle des Irrtums kennen: Die Geschichtsschreiber des Altertums – nicht nur der Spätantike – hatten die Eigenheit, Völkernamen ihrer Gegenwart zur Beschreibung einer Vergangenheit zu verwenden, der diese Namen noch nicht bekannt waren. Wir heutigen Menschen gehen mit Ländernamen in derselben Weise um.

Die Vorverlegung eines Völkernamens birgt die Gefahr, bei den Lesern die Vorstellung zu erwecken, dass das mit ihm benannte Volk schon gelebt hätte, als es in Wirklichkeit noch gar nicht vorhanden war.

Das früheste Jahr, *zu* dem der Sachsenname genannt wird, ist (annähernd) das Jahr 285 n.Chr. (natürlich unter Beiseitelassung der „Geographie" des Ptolemäus). Aber die Nennung stammt erst aus der Zeit zwischen 365 und 378. Sie findet sich nämlich bei dem lateinischen Geschichtsschreiber Eutrop, der während jener Jahre einen Abriss der römischen Geschichte verfasst hat.

Über die Frühzeit des Kaisers Diokletian (reg. 285–306) erzählt Eutrop unter anderem Folgendes: Der Feldherr Carausius bekam den Auftrag, das Meer bei Boulogne zu befrieden, „das die Franken und *Saxones* unsicher machten." Carausius geriet aber in den Verdacht, nichts dagegen zu tun, dass diese Räuber die Küsten heimsuchten. Vielmehr hieß es, er pflege die Barbaren bei ihrer Rückfahrt durch den Ärmelkanal abzufangen, ihnen die Beute zu entreißen und sich daran zu bereichern. Deswegen befahl Diokletians Mitkaiser Maximian, den Carausius zu töten. Der setzte nach Britannien über und regierte auf der Insel als (Gegen)kaiser.[36] Dort behauptete er sich bis zu seiner Ermordung im Jahre 293.

Noch ein zweiter Geschichtsschreiber nennt *Saxones* im Zusammenhang mit Carausius. Das ist Orosius (zu ihm unten S. 40). Doch kommt seiner Mitteilung kein selbständiger Wert zu, da er sie unmittelbar aus dem Werk des Eutrop geschöpft hat.[37]

Dem Eutrop war der Sachsenname also geläufig. Nach den eben geäußerten Gesichtspunkten ist aber zu fragen, ob das Wort *Saxones* bereits den römischen Zeitgenossen des Kaisers Diokletian bekannt war. Die Antwort muss lauten, dass eine solche Kenntnis höchst unwahrscheinlich ist.

Der Sachsenname kommt in den Quellen des 3. Jhs. nämlich nicht vor, und zwar nicht einmal in denen, die in Gallien entstanden sind. Bei diesen handelt es sich um Lobreden („Panegyrici") auf die dort regierenden Kaiser. Natürlich werden in den Ansprachen die Feinde genannt, die Gallien von der See oder zu Lande bedroht hatten und die von den Herrschern besiegt worden waren. Die betreffenden Reden sind als Bestandteile einer Sammlung überliefert, die man „Die zwölf lateinischen Lobreden" nennt (*Duodecim Panegyrici Latini*).

Innerhalb der betreffenden Ansprachen findet sich im Jahr 289 die früheste Nennung der *Alamanni* und im Jahr 291 die früheste der *Franci*. Aber nichts wissen diese Schöpfungen und andere literarische Werke im 3. Jh. und während der ersten Hälfte des 4. Jhs. von *Saxones*. Vorgreifend sei darauf hingewiesen, dass von den „Zwölf lateinischen Lobreden" erst die jüngste das Wort *Saxo* enthält (Einzahl von *Saxones*). Sie stammt aus dem Jahre 389 und ist das Werk eines Mannes namens Pacatus, der in Bordeaux beheimatet war.[38]

Nicht aus dem späten 3. Jh., sondern aus jüngerer Zeit stammen die Nennungen des Sachsennamens im Text des Grammatikers Marius Plotius Sacerdos.[39]

Ebenso wenig ins 3. Jh. gehört die Nennung des Sachsennamens im Anhang zum „Provinzenverzeichnis aus Verona", dem sogenannten *Laterculus Veronensis*.[40]

Zweifelsfrei zur Bezeichnung von Zeitgenossen kommt der Sachsenname erstmals im Jahre 356 vor, und zwar in einer griechischen Rede, die der nachmalige Kaiser Julian (reg. 361–363) auf seinen Vetter, den Kaiser Constantius II. (reg. 337–361), gehalten hat. Die *Sáxones* werden hier im selben Atemzug mit den Franken als Bundesgenossen des Magnentius genannt, der sich in Gallien zum Kaiser aufgeschwungen hatte und von 350 bis 353 herrschte. 351 erlitt er gegen Constantius II. bei Mursa (Osjek in Kroatien) eine Niederlage.

Vom Anmarsch des Gegenkaisers vor der Schlacht von Mursa spricht Julian, wenn er in seiner Rede sagt: „Es folgten ihm aber wegen der gemeinsamen Herkunft als bereitwilligste Bundesgenossen Franken und *Sáxones*, die streitbarsten Völker am Rhein und am westlichen Meer."[41] Die Anspielung auf die gemeinsame Herkunft sollte besagen, dass Magnentius als Kriegsgefangener aus Germanien ins Römische Reich gebracht worden sei (einerlei, ob die Behauptung den Tatsachen entsprach).

Julian hatte seit dem Dezember des Jahres 355 in Gallien geweilt, nachdem er von Constantius II. zum Unterkaiser („Caesar") erhoben worden war. In Gallien wird Julian den Sachsennamen kennen gelernt haben. Auffällig ist, dass der junge Herrscher die Franken und *Sáxones* in einem Atemzug nennt und zwischen ihnen nicht zu unterscheiden weiß. Dasselbe gilt für die Nachrichten des Eutrop, die einige Jahre später niedergeschrieben worden sind. Sowohl die Franken als auch die *Saxones* erscheinen zunächst als Feinde, die Gallien und Britannien vom Meer aus heimsuchen.

Auf die Zeit Julians bezog sich während der ersten Jahre des 6. Jhs. der griechische Geschichtsschreiber Zosimos, als er den Namen der Sachsen an zwei Stellen erwähnte. Zum besseren Verständnis sei hinzugefügt, dass Zosimos der heidnischen Religion anhing. Weil Julian der letzte Heide auf dem römischen Kaiserthron war, wurde er von dem gleichgesinnten Geschichtsschreiber sehr verehrt.

Jedenfalls hob Zosimos hervor, dass Gallien den Einfällen der Franken, Alemannen und *Sáxones* schutzlos preisgegeben war, bevor Julian im Lande erschien.[42] Daran ist nichts Bemerkenswertes. Im Zusammenhang mit Ereignissen, die sich im Gebiet des Niederrheins während der späten fünfziger Jahre des 4. Jhs. abspielten, führt Zosimos jedoch Folgendes aus: „Die *Sáxones*, die sich selbst wegen ihres Mutes, ihrer Kraft und ihrer Ausdauer im Kampf für die Tapfersten aller dort wohnenden Barbaren hielten," schickten „die Quaden, die ein Teil von ihnen waren, in das von den Römern beherrschte Land." Da die Quaden von den Franken am Durchzug gehindert worden wären, „bauten sie Schiffe, umfuhren auf dem Rhein das von den Franken besetzte Gebiet" und „landeten auf Batavia." Batavia sei die größte Flussinsel, die es überhaupt gebe. „Sie vertrieben den Stamm der Salier, die zu den Franken gehören und aus ihrem eigenen Land von den *Sáxones* auf diese Insel abgedrängt worden waren." Zosimos schildert dann Streifzüge der Quaden in Gallien und führt schließlich aus, wie Julian die Räuber überwältigte.[43]

Eines ist gewiss: Quaden hat es am Niederrhein nie gegeben. Sie sind mit dem Raum der mittleren und der unteren Donau in Verbindung zu bringen. Daraus folgt aber nicht, dass der Name der Quaden bei Zosimos unbedingt auf eine Textverderbnis zurückgeführt werden müsse, obwohl das nahe liegend erscheint. Der Geschichtsschreiber hatte nämlich völlig verwirrte Vorstellungen von der Erdkunde.

Trotzdem nimmt man gewöhnlich an, dass *Quaden* eine Textverderbnis darstelle und *Chamaven* zu lesen sei. Für die sächsische Geschichte ist uns damit jedoch nicht geholfen. Dann hätten die Chamaven nämlich ein Teil der *Sáxones* gebildet, sofern wir dem

Zosimos sonst glauben wollen. Aber gewöhnlich meint man, die Chamaven hätten zu den Franken gehört.

Während der neunziger Jahre des 4. Jhs. hat in der Stadt Rom der Geschichtsschreiber Ammianus Marcellinus seine Römische Geschichte (*Res gestae*) verfasst. Die überlieferten Bücher des Werkes behandeln die Zeit von 353 bis 378. Ammian erwähnt den Sachsennamen an vier Stellen: So redet der Verfasser von den *Saxones* neben den Pikten, Schotten und *Attacotti*, indem er die Völker aufzählt, die Britannien heimsuchten. An der betreffen Stelle des Geschichtswerks sind Ereignisse aus der Zeit von 364 bis 378 zusammengefasst.[44]

In Bezug auf die Jahre 367/68 heißt es bei Ammian, dass die „gallischen Landstriche" von *Franci et Saxones* heimgesucht würden, „die in ihrer Nachbarschaft wohnen". Die Leute seien, wo sie gekonnt hätten, zu Lande und zu Wasser eingedrungen.[45]

Hier müssen wir andere Quellen einfügen: 389 hielt der uns bekannte Pacatus in der Stadt Rom seine schon erwähnte Ansprache, und zwar vor dem Kaiser Theodosius I. (reg. 379–395). Unter anderem führte er aus, dass des Kaisers gleichnamiger Vater in Seegefechten die *Saxones* (oder eine Anzahl von ihnen) vernichtend geschlagen habe.

Aus Ammianus Marcellinus erfahren wir nun, dass der ältere Theodosius 368/69 den Oberbefehl in Britannien geführt hat.[46] Pacatus spielte demnach auf jene Zeit an. Die Ereignisse haben sich sogar in einer Inschrift niedergeschlagen, die in Stoiboi (Makedonien) errichtet worden ist. In ihr wird der Feldherr Theodosius, also der Vater des Kaisers, als „der große Schrecken Sachsens" gerühmt (μέγα δῖμα <so! M. S.> Σαξονείης).[47] Der ältere Theodosius hat auch an der unteren Donau gekämpft, weshalb erklärlich ist, dass ihm in Makedonien eine Inschrift gesetzt wurde. Meines Wissens bildet sie den ersten Beleg für den Ländernamen *Saxonia*. Daraus folgt aber nicht, dass die Leute, die den Feldherrn mit der Inschrift ehren wollten, eine Vorstellung von der Lage dieses Landes gehabt hätten.

Nun kann eine literarische Schöpfung mit der Inschrift von Stoiboi um den Ruhm streiten, den frühesten Beleg des Ländernamens *Saxonia* zu enthalten. Dieses literarische Werk wird nach seinem vermeintlichen Verfasser einfach als „Hegesippus" zitiert. Es stellt eine lateinische Bearbeitung der Geschichte des Aufstands der Juden gegen die Römer dar (66 n.Chr. – 70), die Flavius Iosephus (37/38 n.Chr. – etwa 100) in griechischer Sprache verfasst hatte. Der „Hegesippus" ist im 4. oder 5. Jh. entstanden.

Flavius Iosephus war einer der Führer der Aufständischen, geriet noch während des Krieges in Gefangenschaft und wurde vom Kaiser Vespasian begnadigt. Nach „Hegesippus" hätte er im Jahre 70 vom Land Sachsen (*Saxonia*) gesprochen, und zwar in einer Rede, mit der er die Juden von Jerusalem zur Aufgabe des Widerstands gegen die Römer veranlassen wollte: Flavius Iosephus hätte gesagt, dass auch Sachsen vor der römischen Macht zittere.[48]

Die betreffende Ansprache steht im Geschichtswerk des Iosephus; doch ist im griechischen Urtext vom Land Sachsen oder den Sachsen mit keiner Silbe die Rede. Der Sachsenname kommt bei Iosephus überhaupt nicht vor. Die von „Hegesippus" angefertigte lateinische Bearbeitung zeigt, wie die antiken Schriftsteller Völker- und Ländernamen auf völlig unzulässige Weise in die Vergangenheit versetzten.

Falls „Hegesippus" das Wort *Saxonia* niedergeschrieben hat, bevor die Inschrift zu Stoiboi angefertigt wurde, stammt der früheste Beleg des Ländernamens „Sachsen" von ihm. Doch lässt sich keine Entscheidung fällen, welcher Quelle der Vorrang gebührt.

Die Taten des älteren Theodosius haben auch in der Dichtung ihren Widerhall hinterlassen. Des seinerzeit errungenen Erfolges gedachte nämlich der Dichter Claudius Claudianus während der Jahre 398 bis 400, als er in mehreren Werken den Kaiser Honorius, einen Enkel des älteren Theodosius, sowie den Stilicho pries, den Feldherrn und Schwiegervater des jungen Kaisers.[49] Bei Claudian treten die *Saxones* durchweg als Leute auf, die das Meer oder die Küsten unsicher machten.[50]

Die Bemerkung des Ammianus Marcellinus, man fürchte die *Saxones* wegen ihres plötzlichen Auftretens, legt den Gedanken nahe, dass sie sich so verhielten wie ein halbes Jahrtausend später die Normannen oder Wikinger. Mit den *Saxones* vergleicht der Geschichtsschreiber auch syrische Räuber, die zwar keineswegs zur See kamen, aber „sich treiben ließen, wohin sie der Wind wehte."[51]

Die Ähnlichkeit mit den Normannen oder Wikingern drängt sich in noch stärkerem Maße bei einer ausführlichen Schilderung auf, die Ammian von einem Einfall des Jahres 370 gibt. Eine der Raubscharen begnügte sich nicht damit, das unmittelbar an der Küste liegende Gebiet heimzusuchen, sondern schweifte ins Landesinnere. Der Streifzug endete für die *Saxones* verderblich: Obwohl sie einen Waffenstillstand mit den römischen Befehlshabern geschlossen und freien Abzug erhalten hatten, wurden sie überfallen und niedergemacht.[52] Leider geht aus der Schilderung des

Ammianus Marcellinus nicht eindeutig hervor, ob sich die Begebenheiten auf gallischem oder auf britischem Boden abgespielt haben. Zu den Bedingungen des erwähnten Waffenstillstands hatte es übrigens gehört, dass eine Anzahl der Eindringlinge in römische Dienste trat. Solche Vereinbarungen waren nichts Ungewöhnliches. Das spätrömische Heer bestand weitgehend aus Barbaren. Einen Truppenteil, der den Sachsennamen trug, werden wir kennen lernen.

Als bedrohliche Feinde treten die *Saxones* in einem Brief auf, den der Bischof Ambrosius von Mailand im Jahre 388 an den Kaiser Theodosius I. geschrieben hat.[53] Ambrosius (wohl 333/34–397) gehörte zu den namhaftesten Persönlichkeiten der zweiten Hälfte des 4. Jhs. und verfügte über großen Einfluss auf Theodosius I.

Der Kaiser hatte angeordnet, eine Synagoge in dem syrischen Ort Callinicum (heute Raqqa) wieder aufzubauen, die von Christen niedergebrannt worden war. Der unduldsame Kirchenmann Ambrosius wollte Theodosius I. von seinem Vorhaben abbringen, indem er Folgendes ausführte: Der (Gegen)kaiser Magnus Maximus (reg. 383–388) hatte befohlen, die öffentliche Ordnung wiederherzustellen, nachdem in der Stadt Rom eine Synagoge in Brand gesetzt worden war. Die göttliche Strafe für den Frevel (ein jüdisches Gotteshaus wieder instand zu setzen) habe nicht auf sich warten lassen: Gleich nach seiner Untat sei Magnus Maximus von den Franken und *Saxones* und schließlich „überall in der Welt" besiegt worden. Ob der eifernde Bischof in seinem Schreiben eine bestimmte Begebenheit vor Augen hatte, ist fraglich. Bei römischen Niederlagen in Gallien dachte er eben an Kämpfe gegen Franken und *Saxones*.

Schließlich hören wir im Jahre 393 von *Saxones*, die sich in der Stadt Rom befanden, nämlich als Gladiatoren. Von ihnen spricht Symmachus (etwa 345–402), der sich bei seinen Zeitgenossen ebenso großer Berühmtheit erfreute wie Ambrosius, aber kein Christ, sondern ein Heide war. Symmachus erwähnt in einem Brief öffentliche Kampfspiele, die er veranstaltet hatte und bei denen am ersten Tag neunundzwanzig *Saxones* gefallen waren. Eine noch größere Anzahl von ihnen hätte auftreten sollen, war jedoch vorher umgekommen.[54]

In dieselbe Zeit, genauer in die Jahre zwischen 386 und 390 fällt die erste Nachricht, die dazu dienen könnte, den Saxones „Sitze" zuzuweisen (sofern wir Ptolemäus nicht gelten lassen). Sie findet sich in der Lebensbeschreibung des Hilarion, die der Kirchenvater Hieronymus (um 347–419) verfasst hat, der Schöpfer der amtlichen lateinischen Bibelübersetzung. Bei Hilarion handelte es sich wahrscheinlich um eine von Hieronymus erfundene Gestalt. Auch wenn der Heilige tatsächlich gelebt haben sollte, sind die Mitteilungen, die sich in der Lebensbeschreibung finden, ereignisgeschichtlich wertlos.

Es gehörte zu den Aufgaben eines Heiligen, Wunder zu wirken. So hatte Hilarion unter anderem einem Leibwächter des Kaisers Constantius II. einen bösen Geist ausgetrieben. Über die Herkunft des vom Teufel Besessenen teilt Hieronymus Folgendes mit: „Seine Heimat (*gens*) liegt zwischen den *Saxones* und den Alemannen. Sie erstreckt sich nicht weithin, ist aber bedeutend. Bei den Geschichtsschreibern hieß sie *Germania*. Jetzt wird sie *Francia* genannt."[55]

Man könnte meinen, in die politische Welt des 10. und 11. Jhs. geraten zu sein. Da hätte man vielleicht schreiben können, dass Franken (*Francia*) zwischen Schwaben (*Alamannia*) und Sachsen (*Saxonia*) liege. Aber die Übertragung der Vorstellungen des Mittelalters ins vierte Jahrhundert wäre ganz unzulässig.

Die Erzählung ist berühmt-berüchtigt, weil Hieronymus ausführt, das Heimatland des besessenen Franken heiße bei den Geschichtsschreibern (der Vergangenheit) *Germania*, nunmehr jedoch *Francia*. Hier wird ein Sprachgebrauch der Spätantike fassbar, bei dem *Germania* soviel bedeutete wie ‚Frankenland'.

Jedenfalls hat Hieronymus unter der *Germania* nicht das Land zwischen dem Nordmeer, dem Rhein, der Donau und der Weichsel verstanden. Folglich sind die Wohnstätten der *Saxones* weder in Skandinavien noch in Osteuropa zu suchen, wenn sie außerhalb der spätantiken *Germania* lagen. Vielmehr dachte der Kirchenvater beim Lande der *Saxones* wohl an ein Gebiet auf dem rechten Ufers des Niederrheins, das aber weiter flussabwärts liegen musste als das Land der Franken. Möglicherweise stellte er sich auch vor, dass die *Saxones* nicht am Ufer des Rheins, sondern entfernt vom Fluss im Binnenland wohnten.

Die Ansicht des Hieronymus, die *Saxones* seien jenseits des Frankenlandes zu Hause, wird in einem anderen seiner Werke fassbar: 380/81 übersetzte er in Konstantinopel die Weltchronik des Eusebios aus dem Griechischen und führte das Werk bis zum Jahre 378 weiter. Eusebios von Cäsarea (vor 264/65–339/40) hatte seine Schilderung mit dem Jahre 324 abgeschlossen. Die griechische Urschrift der Weltchronik hat sich nicht erhalten. Hieronymus strebte ebenso wenig wie Eusebios nach einer zusammenhängenden Erzählung. Vielmehr nannte er zu jedem Jahr Ereignisse, ohne zwischen ihnen einen Zusammenhang herzustellen oder sie mit denen der vorhergehenden und der folgenden Jahre zu verknüpfen.

Zum Jahr 373 ist Folgendes zu lesen: „Eunomios ist als Schüler des Aëtios in Konstantinopel bekannt. Von ihm rührt die eunomianische Ketzerei her. *Saxones* werden in Deuso im Gebiet der Franken niedergemacht. Ungefähr achtzigtausend Burgunder ziehen an den Rhein, was niemals zuvor geschehen war. Klearchos ist als Stadtpräfekt in Konstantinopel bekannt. Von ihm wird das erforderliche und lang ersehnte Wasser in die Stadt geleitet. Als zwanzigster Bischof von Alexandria wird Petrus geweiht. Nach dem Untergang des Valens war er so großzügig bei der Aufnahme von Ketzern, dass einige den Verdacht fassten, er habe sich bestechen lassen."[56]

Ein Teil der Wissenschaftler meint, die Nachricht von der Niedermetzelung der *Saxones* beziehe sich auf die Ereignisse, die Ammianus Marcellinus erzählt hat und die ins Jahre 370 gehörten (oben S. 37): Bei dem fränkischen Gebiet, in dem die *Saxones* niedergemacht worden seien, hätte es sich um die Landschaft Tox(i)andria gehandelt (zwischen Schelde, Dyle, Demer und Maas). Dort nämlich habe der nachmalige Kaiser Julian während der fünfziger Jahre des 4. Jhs. eine Gruppe von Franken angesiedelt. Bei dem sonst unbekannten Ort Deuso denkt man heute an Diessen in Nordbrabant, Doesburg an der Ijssel oder Diest am Demer.[57] Früher wurde Deuso gern mit Duisburg gleichgesetzt.

Wahrscheinlich sind die Begebenheiten des Jahres 373 von denen des Jahres 370 zu unterscheiden. Sie entsprechen wohl der Mitteilung des Ammianus Marcellinus, dass der Kaiser Valentinian I. (reg. 364–375) höchstpersönlich einen Erfolg über eine Schar von *Saxones* errungen habe (und nicht seine Feldherren).[58] Auch scheint die Annahme nicht gut begründet, dass Hieronymus bei dem fränkischen Gebiet an Tox(i)andrien gedacht habe. Jedenfalls hat ein berühmter Verfasser des 5. Jhs. ihn anders verstanden. Dieser Mann war Orosius. Er hat im Auftrag des heiligen Augustinus eine „Geschichte gegen die Heiden" verfasst. Das Werk ist spätestens 418 vollendet worden.

Mit seiner Geschichtsschreibung verfolgte Orosius das Ziel, die Heiden zu widerlegen, nach deren Meinung der Abfall von den alten Göttern die Übel der Jetztzeit herbeigeführt habe. Orosius wollte beweisen, dass es in früheren Zeiten weit schlimmer zugegangen sei als in der Gegenwart.

Als Stoffsammlung benutzte Orosius unter anderem die Chronik des Hieronymus, den er 415 in Bethlehem kennen gelernt hatte. Er verstand die Nachricht seiner Vorlage von der Niederlage der Sachsen im Jahre 373 so, dass diese einen großen Einfall „in römisches Gebiet" beabsichtigt hätten, aber von Valentinian I. im „Gebiet der Franken" besiegt worden wären.[59] Das hätte er kaum sagen können, wenn er Tox(i)andrien vor Augen gehabt hätte, das doch auf römischem Reichsboden lag.

Hieronymus hatte 408/409 übrigens den Sachsennamen benutzt, um „die wilden Stämme" aufzuzählen, „die von ganz Gallien Besitz ergriffen hätten." Der Ausdruck bezieht sich darauf, dass am 30. oder 31. Dezember des Jahres 406 (aber schwerlich in der Silvesternacht) Vandalen und andere Barbaren den Rhein überschritten hatten, möglicherweise bei Mainz, jedenfalls nicht weiter flussabwärts. Jedoch waren *Saxones* an diesem Unternehmen gewiss nicht beteiligt. Ein namentlich nicht bekannter Geschichtsschreiber, der in Gallien um die Mitte des 5. Jhs. wirkte und der uns noch beschäftigen wird, erzählt von den Begebenheiten der Jahre 407 und 408, dass Britannien von den *Saxones*, Gallien jedoch von den Vandalen und Alanen heimgesucht worden sei.[60] Bei ihm ist also keine Rede davon, dass *Saxones* am Einfall vom Jahresende 406 teilgenommen hätten.

Hieronymus zählte die wilden Stämme auch nicht in seiner Eigenschaft als Geschichtsschreiber auf, sondern als Verfasser eines Briefes, mit dem er eine junge Witwe vom Gedanken an eine neue Heirat abbringen wollte. Im Feuereifer, der den Kirchenvater bei diesem Tun beseelte, kam die Wirklichkeit etwas zu kurz. Neben den *Saxones* nannte Hieronymus nämlich weitere Völker, von denen wir im Zusammenhang mit dem Rheinübergang sonst nichts hören. Überhaupt strotzt seine Schilderung von Übertreibungen.[61]

In der Dichtung waren inhaltsleere Aneinanderreihungen von Völkernamen beliebt. Dabei wurde Gegenwärtiges und Vergangenes bunt durcheinandergewürfelt. In einem solchen Zusammenhang treten *Saxones* bei Prudentius (348 – nach 405) in seinem Gedicht „Gegen Symmachus" auf. Das zweite Buch dieses Werkes stammt aus dem Jahre 402.[62] Hier heißt es, dass die Daker, Sarmaten, Vandalen, Hunnen, Gaetuler, Garamanten, Alemannen, *Saxones* und „Galauler" ebenso wie die Römer die Erde bevölkerten.[63]

Solche nichts sagenden Häufungen von Namen kommen ab und zu auch in der Prosa vor. So zählt Salvian (etwa 400 – etwa 480) in seinem Werk „Von der Regierung Gottes" die *Saxones*, Franken, Gepiden und Hunnen als Beispiele für heidnische Barbaren auf (im Unterschied zu ketzerischen). An einer anderen Stelle heißt es „Der Stamm der Goten ist treulos, aber sittenrein, der der Alanen sittenlos, aber weniger treulos, die Franken sind verlogen, aber gastfrei, die Saxones grausam und roh, doch wegen ihrer Keuschheit zu bewundern.[64] Das muss eine schöne Keuschheit gewesen sein, die grausam und roh war. Man sieht, wie diese Literatur in hohler Rederei versank.

Wir haben uns den vierziger Jahren des 5. Jhs. genähert, der zeitlichen Grenze dieses Abschnitts. Offensichtlich war das lateinische Wort *Saxones* bis zu jener Zeit weder ein Einwohnername noch ein Völkername, sondern diente als eine Sammelbezeichnung für Raubscharen, die übers Meer fuhren und die Küsten Galliens und Britanniens heimsuchten. Dieselbe Aufgabe hatte ursprünglich der Frankenname erfüllt, der jedoch etwa sechzig Jahre früher als der Sachsenname bezeugt ist. Eine Zeit lang vermochten die Römer anscheinend nicht zwischen den Bezeichnungen *Franci* und *Saxones* zu unterscheiden. Daraus folgt nicht, dass die Bezeichneten die germanischen Entsprechungen der genannten Wörter in ihrer Muttersprache unterschiedslos verwendet hätten.

Die Römer, die von *Saxones* sprachen, werden gar nicht gewußt haben, in welchen Gebieten Germaniens die einzelnen Scharen beheimatet waren, die sie mit diesem Namen bedachten. Die Feststellung wäre auch dann gültig, wenn Ptolemäus den Namen der Sachsen verwendet hätte, denn wir dürfen keinesfalls annehmen, dass den Lateinern des späten Altertums die wissenschaftliche Geographie der Griechen bekannt gewesen wäre. Das erdkundliche Wissen der Römer war gering.

2.2 Das Litus Saxonicum und die Ala Saxonum

Das lateinische Wort *litus* bedeutet ‚die Küste'. *Litus Saxonicum* könnte man also als ‚die sächsische Küste' verstehen. Aber das ergäbe ein ganz falsches Bild. Das *litus Saxonicum* war nämlich nicht etwa die Küste Sachsens. Die Wortgruppe bezeichnete vielmehr je einen Kommandobezirk in Gallien und in Britannien. Beide waren zur Abwehr der *Saxones* errichtet.

Jedenfalls hieß das jeweilige *Litus Saxonicum* nicht deshalb so, weil es von Sachsen besiedelt worden wäre. Ehemals hat man das allerdings geglaubt.

Das Litus Saxonicum war zur Abwehr aller Küstenräuber bestimmt, auch der fränkischen. Das Hauptwort *Saxones* und das davon abgeleitete Eigenschaftswort *Saxonicus* konnten eben als Sammelbezeichnung benutzt werden. Die richtige Wiedergabe der Wortgruppe *litus Saxonicum* müsste lauten „Verteidigungsbezirk zur Abwehr der Küstenräuber".

Vom gallischen wie vom britischen Litus Saxonicum ist in einer einzigen Quelle die Rede, nämlich der Notitia dignitatum. Den vollständigen Titel dieser Schrift kann man so wiedergeben: „Ein Verzeichnis aller Ämter, sowohl der zivilen als auch der militärischen im Osten wie im Westen (des Römischen Reichs)". Außer den Ämtern oder den Titeln der Amtsinhaber verzeichnet die Notitia dignitatum auch die ihnen unterstellten Heeresverbände, Flotteneinheiten und Befestigungen sowie andere Dinge.

Der gallische Küstenverteidigungsbezirk wird nicht als solcher beschrieben. Vom ihm hören wir nur insofern, als dem Militärbefehlshaber (*dux*) des *Tractus Armoricanus* neben anderen Untergebenen der Anführer (*tribunus*) einer Kohorte „zu *Grannona* im Litus Saxonicum" unterstand, während der Militärbefehlshaber (*dux*) der Provinz *Belgica Secunda* unter anderem über eine Reitereinheit „zu *Marcis* im Litus Saxonicum" gebot.[65]

Unter dem Tractus Armoricanus ist annähernd das Gebiet der Bretagne zu verstehen. Die Provinz Belgica Secunda umfasste den Raum um die Stadt Reims. Die beiden Befehlshaber werden sonst nirgendwo erwähnt.[66]

Etwas besser als mit dem gallischen sieht es mit dem britischen Litus Saxonicum aus, denn die Notitia dignitatum spricht ausdrücklich vom „Befehlshaber des Litus Saxonicum in Britannien" (*comes litoris Saxonici per Britanniam*). Auch zählt sie neun Kastelle auf, die ihm unterstehen und nennt die dortigen Kommandanten mit ihren Truppen (Notitia dignitatum 1876, 180 f.).[67] Das britische Litus Saxonicum wird im Unterschied zum gallischen also als selbstständige Einrichtung fassbar. Die Lage von acht der neun Kastelle hat sich bestimmen lassen. Man kann daraus ableiten, dass das britische Litus Saxonicum von der Bucht, die the Wash heißt, annähernd bis Portsmouth ging.[68]

Man möchte gern wissen, von wann bis wann die beiden Verteidigungsbezirke bestanden haben. Da tappen wir aber im Dunkeln. Fest steht natürlich, dass sie vor der Niederschrift der Notitia dignitatum errichtet worden sind. Daraus folgt aber nicht, dass sie noch bestanden haben müssten, als das Verzeichnis angefertigt wurde.

„Die Erklärung der Notitia dignitatum gehört zu den verzwicktesten Problemen der Spätantike."[69] Die Mitteilungen des Werkes beziehen sich nämlich auf verschiedenen Zeiten. Was es als gleichzeitig hinstellt, hat in seiner Gesamtheit nicht nebeneinander bestanden, sondern allenfalls nacheinander. Daraus folgt, dass einige Angaben der Notitia dignitatum nicht mehr den tatsächlichen Verhältnissen entsprachen, als die Schrift angefertigt wurde. Obendrein ist strittig, wann die Verzeichnisse in der vorliegenden Form abgeschlossen worden sind. Die jüngsten Eintragungen in dem Teil der Notitia dignitatum, der den Westen behandelt, werden in die Zeit des Kaisers Valentinian III. gesetzt, der von 424 bis 455 regierte. Da dürfte es aber keinen Küstenverteidigungsbezirk in Britannien mehr gegeben haben, denn nach der herrschenden Meinung hatten die letzten römischen Truppen die Insel schon um 410 verlassen.[70]

Wahrscheinlich wurde der britische Küstenverteidigungsbezirk um 300 geschaffen, nachdem im Jahre 297 der in Britannien regierende Gegenkaiser Allectus gestürzt worden war.[71] Die Namen einiger Truppen, die in den Kastellen des Litus Saxonicum lagen, schließen jedenfalls aus, dass die betreffenden Einheiten vor Diokletian gebildet worden sind. Dies oder jenes Kastell mag noch jünger sein.[72] Eine andere Frage ist die, seit wann die Anlage als *Litus Saxonicum* bezeichnet wurde. Vielleicht war das gar kein amtlicher Name.

Das britische Litus Saxonicum ist durch Ausgrabungen der Kastelle gut erforscht. Die Darstellung der Ergebnisse gehört jedoch in eine Geschichte des Römischen Reichs und nicht in eine solche der Sachsen. Durch die archäologischen Forschungen hat sich übrigens herausgestellt, dass die römische Verwaltung schon am Ende des 2. Jhs. n. Chr. beiderseits der Kanalküste Befestigungen anlegen ließ.[73] Ferner befanden sich solche Anlagen auch außerhalb der Gebiete, die zum gallischen oder britischen Litus Saxonicum gehörten.

In der Bezeichnung eines der Truppenteile, die in der Notitia dignitatum aufgezählt werden, ist der Sachsenname enthalten. Es handelt sich um die *Ala prima Saxonum* „die erste sächsische Schwadron."[74] Die Ordnungszahlen dienten den Römern nicht dazu, die einzelnen Truppenteile durchzuzählen; vielmehr gab es mehrere Einheiten mit derselben Ordnungszahl. Um einen Truppenteil zu bestimmen, musste seine vollständige Benennung aufgeführt werden.

In der Notitia dignitatum kommen zahlreiche Einheiten vor, deren Bezeichnungen germanische Völkernamen enthalten: *Cohors Francorum* oder *Ala Alamannorum* usw. Der Sachsenname jedoch erscheint in der entsprechenden Verwendung nur an der eben aufgeführten Stelle.

In der Mehrzahl der Fälle hatten die so benannten Truppeneinheiten ursprünglich aus Angehörigen der Völker bestanden, nach denen sie hießen. Die Bezeichnung blieb erhalten, auch wenn sich die Mannschaften in späterer Zeit aus Leuten ganz anderer Herkunft ergänzten. Zum Beispiel werden in Ägypten im späten 6. Jh. „Franken" erwähnt. Das waren Soldaten oder Polizisten, die nach einer *ala* oder *cohors Francorum* hießen. Die Einheit war unter Diokletian nach Ägypten gekommen. Im 6. Jh. bestand sie längst aus Einheimischen.[75]

Unsere *Ala Saxonum* hatte ihren Standort in Phönikien, also nach heutigen Begriffen im Gebiet des Libanons oder Nordisraels. Im unmittelbaren Zusammenhang mit ihr werden ein „fränkischer" und zwei „alemannische" Truppenteile erwähnt. Wann die Einheiten nach Phönikien gekommen sind, wissen wir nicht. Vielleicht sind sie von Constantius II. aus dem Heer des Magnentius übernommen worden. Es war nichts Ungewöhnliches, dass Truppen des Besiegten unter dem Sieger weiterdienten. Ebenso gut können die Leute auch mit dem Kaiser Julian auf die arabische Halbinsel gekommen sein, als er 363 die Perser angriff.

Aus Bodenfunden zwischen der Ems und der Niederelbe wird geschlossen, dass Söldner, die aus diesem Gebiet stammten, während des 4. und 5. Jhs. im römischen Heer gedient haben.[76] So mag die Ala Saxonum am Anfang ihres Bestehens aus „echten" Sachsen bestanden haben.

2.3 Zusammenfassung

Bis in die vierziger Jahre des 5. Jhs. n.Chr. wurde das lateinische Wort *Saxones* weder als Einwohnername noch als Völkername gebraucht, sofern wir von leicht erklärbaren Ausnahmen absehen. Vielmehr diente es als eine Sammelbezeichnung für Raubscharen, die übers Meer fuhren und die Küsten Galliens und Britanniens heimsuchten.

Die Römer, die von *Saxones* sprachen, werden gar nicht gewußt haben, in welchen Gebieten Germaniens die Leute beheimatet waren, die sie mit diesem Namen bedachten. Die Feststellung wäre auch dann richtig, wenn Ptolemäus den Namen der Sachsen verwendet hätte, denn wir dürfen keinesfalls annehmen, dass den Lateinern des späten Altertums das Werk des griechischen Geographen bekannt gewesen wäre.

Zur Abwehr der Küstenräuber wurde in Gallien und in Britannien je ein Verteidigungsbezirk namens *Litus Saxonicum* eingerichtet. Die Bezeichnung geht nicht darauf zurück, dass Sachsen sich in den betreffenden Gebieten dauerhaft niedergelassen hätten.

Die römische Truppeneinheit, die *Ala prima Saxonum* hieß („die erste sächsische Schwadron"), hat zur Zeit ihrer Aufstellung wahrscheinlich aus *Saxones* bestanden. Bei einer Anzahl dieser Krieger mag es sich sogar um Personen gehandelt haben, die nach unseren Begriffen Sachsen waren. Die Schwadron behielt ihren Namen, als die Mannschaften sich in späterer Zeit aus der Bevölkerung Phöniziens ergänzten, wo die Truppeneinheit ihren Standort hatte. Der gleiche Vorgang lässt sich bei anderen römischen Truppeneinheiten beobachten, deren Bezeichnungen germanische Völkernamen enthalten.

Der Ländername *Saxonia* ist erstmals im späten 4. Jh. bezeugt. Doch hatten die Zeitgenossen keine oder lediglich eine höchst unklare Vorstellung davon, wo das mit diesem Namen bezeichnete Land lag.

3 Der Sachsenname und seine Träger von den vierziger Jahren des 5. Jahrhunderts bis zum Beginn des 6. Jahrhunderts

3.1 Die Anfänge des Angelsachsentums

Spätestens seit den vierziger Jahren des 5. Jhs. hat es *Saxones* gegeben, deren Heimat die britische Hauptinsel war und nicht das europäische Festland. Sie gehörten also nicht zu „den" Sachsen. Oftmals nennt man sie *Angelsachsen*. Diese Bezeichnung kam jedoch erst in der Zeit Karls des Großen auf.

Das Wort oder Wortpaar *Anglisaxones* oder *Angli Saxones* ist wahrscheinlich von Paulus Diáconus (720/30–790/99) erfunden worden.[77] Paulus Diaconus war ein langobardischer Geschichtsschreiber, der während der achtziger Jahre des 8. Jhs. längere Zeit am Hof Karls des Großen lebte. *Anglisaxones* könnte man als „die englischen Sachsen" wiedergeben. Es ist eine Bildung wie „die Siebenbürger Sachsen". Die „richtigen" Sachsen waren für Karl den Großen und seine Umgebung die Bewohner des alten Sachsens, wie für uns die „richtigen" Sachsen die Bewohner des Freistaats Sachsen sind.

Anglisaxones stellte also eine künstliche lateinische Wortschöpfung dar und entstammte nicht etwa der Sprache der von uns so genannten Angelsachsen.

Mindestens bis ins 9. Jh. hießen die germanischen Bewohner Britanniens in den lateinischen Schriften des Festlands gewöhnlich *Saxones*; und auch später wurde diese Bezeichnung nicht durchgängig vom Namen *Anglisaxones* verdrängt.

Auf lateinisch konnten die alten Engländer auch *Angli* genannt werden; aber das geschah auf dem Festland nicht sonderlich häufig, jedenfalls nicht während der Frühzeit. Das Wort war vor allem in England gebräuchlich. *Angli* ist die lateinische Entsprechung des germanischen Völkernamens *Angeln*, der im Ländernamen *England* lebt.

Doch auch Verfasser, die auf der Insel lateinisch schrieben, gebrauchten den Namen *Saxones*. Zum Beispiel tat das Aldhelm (um 650–709), ein wichtiger frühmittelalterlicher Schriftsteller. In ihrer Eigenschaft, die Gesamtheit der alten Engländer zu bezeichnen, schlossen die Wörter *Angli* und *Saxones* einander mit einiger Regelmäßigkeit aus: Zu diesem Zweck benutzte man entweder *Angli* oder *Saxones*.

Die berühmteste Schöpfung der altenglischen Literatur ist das große Gedicht, das vom Helden Beowulf erzählt und das zu einem Zeitpunkt entstanden ist, der wohl zwischen 685 und 825 lag.[78] Das Werk nennt etliche germanische Völker; aber der Sachsenname ist ihm völlig fremd.

Innerhalb des Gedichts *Widsith* („Der Weitgereiste"), einer anderen altenglischen Literaturschöpfung, lautet eine Stelle: *Mid Seaxum ic wæs* ‚Bei den Sachsen war ich'. Man glaubt, dass der Erzähler die Bewohner des alten Sachsens gemeint habe.

Davon unterschieden werden die Bildungen *Essex, Wessex, Sussex* und *Middlesex* (die man als Ost-, West-, Süd- und Mittelsachsen verstehen könnte) und die dazu gehörenden Personenbezeichnungen. Sie beziehen sich auf englische Landschaften und deren Bewohner.

Wieso kann man nun behaupten, dass gerade seit den vierziger Jahren des 5. Jhs. *Saxones* ihre Heimat in Britannien hatten? Weil ein unbekannter Geschichtsschreiber in Gallien Folgendes bemerkt hat: *Britanniae ... in dicionem Saxonum rediguntur*.[79] Die Nachricht bezieht sich auf das Jahr 441/42 und kann so wiedergegeben werden: „Britannien gerät unter die Herrschaft von Saxones." Falsch oder wenigstens irreführend ist die Übersetzung „Britannien gerät unter die Herrschaft *der* Sachsen." Das müsste nämlich bedeuten, dass seit den vierziger Jahren des 5. Jhs. die Sachsen vom Festland aus über Britannien regiert hätten. Der unbekannte gallische Geschichtsschreiber gebrauchte das Wort *Saxones* eindeutig als Sammelbezeichnung und nicht als Namen eines bestimmten Volkes.

Es steht fest, dass Germanen sich in Britannien sesshaft gemacht haben, die verschiedenen Völkern angehörten und nicht den Sachsen allein.

An welches Ereignis der unbekannte Geschichtsschreiber bei seiner Mitteilung zu den Jahren 441/42 gedacht hat, entzieht sich unserer Kenntnis. Britannien geriet nämlich nicht auf einen Schlag unter die Gewalt der neuen Herren. Auch wird ein Teil von ihnen schon einige Jahrzehnte vor 441 auf der Insel sesshaft gewesen sein. Aber dieses Jahr ist eben als Einschnitt bequem zu benutzen.

Den Kaisern des Westreichs, die in Italien ihren Sitz hatten, war zu Beginn des 5. Jhs. die Herrschaft über Britannien entglitten. Der Machtverfall trat vor allem in ihrem Unvermögen zutage, das römische Herrschaftsgebiet auf der Insel vor Einfällen der Pikten und Schotten zu bewahren. 410 hatte der Kaiser Honorius die römischen Bewohner der Insel aufgefordert, diese Aufgabe selber wahrzunehmen. Jedenfalls hat das der uns bekannte Geschichtsschreiber Zosimos einhundert Jahre später behauptet. In Britannien geschah nun dasselbe wie anderswo im römischen Reich: Die Machthaber nahmen germanische Söldner in ihren Dienst. Deren Führer schwangen sich nach einiger Zeit zu selbstständigen Herren auf.

Die Zustände in Britannien entwickelten sich aber auf besondere Weise, weil zunächst das römische Gebiet in etliche kleine Herrschaften zerfiel und weil dann jahrhundertelang mehrere kleinräumige Königreiche nebeneinander bestanden. In Gallien oder Spanien hatten solche Verhältnisse, wenn überhaupt, nur vorübergehend geherrscht.[80] England, wie wir das Land nennen dürfen, seitdem es germanische Herren hatte, bildete erst seit dem Beginn des 9. Jhs. ein einheitliches Königreich und das nicht etwa im strengen Sinn des Wortes.

Als die einheimischen Machthaber Britanniens germanische Söldner einstellten, griffen sie zwangsläufig auf Scharen zurück, die verfügbar waren. Bei denen handelte es sich um die Personengruppen, die bisher als Küstenräuber aufgetreten waren und die vermutlich an der britischen und mehr noch an der gallischen Küste ihre Schlupfwinkel hatten.

Man darf sich nicht vorstellen, dass eigens Leute aus Schleswig-Holstein herbeigeholt worden wären und dass die *Saxones*, deren in England lebenden Nachkommen der Name *Angelsachsen* zugewiesen wurde, ihren Weg quer über die Nordsee nach Britannien eingeschlagen hätten. Leider vermitteln viele Darstellungen einen solchen Eindruck. Sie stehen im Bann des Glaubens, dass Ptolemäus das ursprüngliche sächsische Siedlungsgebiet beschrieben habe und dass die Sachsen um 400 immer noch auf diesen Raum beschränkt gewesen wären.

Umgekehrt hat die Vorstellung, die germanischen Neuankömmlinge wären von Schleswig-Holstein quer über die See nach Britannien gesegelt, dazu geführt, das angebliche ptolemäische Ursachsen auf die Westküste Holsteins zu beschränken: Nur so wirken die Pfeile überzeugend, mit denen unsere geschichtlichen Landkarten die sächsische Überfahrt nach Britannien veranschaulichen. Die Pfeile verlieren ihre Überzeugungskraft, wenn das ursächsische Siedlungsgebiet einen großen Teil der südlichen Ostseeküste einschloss.

Auch wenn es Sachsen in der Zeit um Christi Geburt gegeben hätte und wenn diese nördlich der Elbe gelebt hätten, bliebe es eine befremdliche Vorstellung, dass die germanische Besiedlung Britanniens im 5. Jh. n.Chr. von Holstein ihren Ausgang genommen hätte. Im Widerspruch dazu wird nämlich behauptet, dass die Sachsen sich bereits vor dem 5. Jh. über die Elbe hinweg ausgebreitet hätten. Einen Hinweis auf ihr Vordringen sieht man zum Beispiel in der Angabe des Zosimos, die Salier seien von einem Teil der Sachsen verdrängt worden (oben, S. 35). Demnach wären die Sachsen um 355 an der Rheinmündung angekommen, hätten aber achtzig Jahre später darauf verzichtet, den bequemen Weg von der gallischen Küste nach England zu nehmen.

Es ist also davon auszugehen, dass die *Saxones*, die im 5. Jh. nach Britannien kamen, über die Straße von Dover oder den Ärmelkanal dorthin gelangt sind. Sie handelten nicht anders als die Reisenden oder die Kriegsleute früherer oder späterer Zeit, die aus Mittel- oder Westeuropa auf die Insel kamen.

Dass die germanische Besiedlung Britanniens von Schleswig-Holstein aus erfolgt wäre, wird durch das Zeugnis der Ortsnamen widerlegt. Neusiedler haben nur in wenigen Fällen „sinnvolle Neubenennungen" geschaffen, sondern „meist ihnen teure Namen aus der Heimat mitgebracht" und sie an den neuen Ort verpflanzt.[81] Die germanischen Ortsnamen, die auf dem Boden Englands vorkommen, finden ihre festländischen Entsprechungen am ehesten im westlichen Niedersachsen und in Flandern.[82] „Schleswig-Holstein und Dänemark scheiden als Basis der germanischen Besiedler Englands aus, der Weg führte vielmehr über die Niederlande (vor allem durch deren südliche Provinzen) und Nordbelgien nach Flandern und Nordfrankreich <und> überwand den Kanal an seiner engsten Stelle <...>."[83]

Das braucht nun nicht zu bedeuten, dass niemand vom Gebiet Schleswig-Holsteins nach Britannien gelangt wäre. Es ist vielmehr anzunehmen, dass unter den „sächsischen" Seefahrern der Völkerwanderungszeit auch Leute aus diesem Land und sogar aus Nordeuropa waren. Die Kriegszüge unter erfolgreichen Anführern lockten beutelustige Männer aus entfernten Gegenden an. Auf englischem Boden haben die berühmten Ausgrabungen zu Sutton

Hoo in Suffolk zu der Vermutung geführt, dass auch Schweden sich auf der Insel niedergelassen hatten.[84] Ebenso sind Norweger nach England gekommen.[85]

Die lateinischen Verfasser des 5. Jhs. haben sich nicht darum gekümmert, woher die neuen Herren Britanniens stammten, sondern sie einfach unter dem Namen *Saxones* zusammengefasst. Auch uns braucht die Frage nach ihrer Herkunft nicht weiter zu beschäftigen. Auf eines sei aber hingewiesen: Es hat lange Zeit die Meinung geherrscht, dass Britannien von „Angeln, Sachsen und Jüten" besiedelt worden sei – mit dem Nebengedanken, dass jedem der drei Völker ein Teil Englands als Niederlassungsgebiet zugewiesen werden könne: den Angeln der Norden, den Sachsen die Mitte und den Jüten der Süden. So, wie sich das auf wissenschaftlichen Karten darstellt, müssten die drei Völker Britannien in Besatzungszonen aufgeteilt haben, bevor sie übers Meer fuhren.[86]

Die genannte Meinung hat ihre Stütze an einer gewichtigen Quelle: Beda „der Ehrwürdige" (Venerabilis), der von 673/74 bis 735 lebte, hat neben anderen Werken eine „englische Kirchengeschichte" verfasst, natürlich in lateinischer Sprache. Darin steht unter der Jahreszahl 449 geschrieben, dass Kriegsleute aus den drei stärksten Völkern Germaniens nach Britannien gekommen seien, nämlich aus den Völkern der Sachsen, Angeln und Jüten. Beda führt auch aus, dass die *Saxones* „aus dem Gebiet gestammt hätten, „das heute das Gebiet der *Antiqui Saxones* (der „Altsachsen") genannt wird."[87]

Nun werden unter den germanischen Neuankömmlingen gewiss Männer gewesen sei, die als Sachsen, Angeln oder Jüten bezeichnet werden konnten. Nur dürfte sich neben diesen eine beträchtliche Anzahl anderer Leute befunden haben. In Bedas Aufzählung vermisst man vor allem die Friesen. Daraus ergibt sich die Frage, wie seine Dreizahl zustandegekommen ist: Offensichtlich schöpfte Beda aus einer Dichtung in altenglischer Sprache. Dabei braucht es sich nur um Merkverse gehandelt zu haben: *Angle ond Iote/ond Ealdseaxe* („Angeln und Jüten und Altsachsen") bilden „ein gutes Verspaar."[88] Es handelt sich um einen Stabreim. Bei dieser Kunstform reimen die Wörter miteinander, die denselben Anlaut haben, wobei die Selbstlaute gleich gelten.

Die Dreizahl „Angeln, Jüten und Sachsen" ist dichterisch. Sie findet sich schon in urgermanischer Zeit in Gestalt der Ingwäonen, Erminonen und Istwäonen. Eine Dichtung verfolgt nicht das Ziel, vollständige Aufzählungen zu liefern, sondern wählt nach den ihr eigenen Regeln aus und bildet auch eigene Wörter. Bedas

Mitteilung beweist also nicht, dass nur Angeln, Jüten und Sachsen nach England gekommen wären.

Die sogenannte angelsächsische Chronik, ein Geschichtswerk in altenglischer Sprache, sagt, dass 449 Leute auf die Insel gelangt seien *of Ealdseaxum, of Anglum, of Iotum*: „von den Altsachsen, den Angeln und den Jüten." Die ältesten Fassungen der angelsächsischen Chronik stammen aus dem späten 9. Jh. Die Jahreszahl 449 geht auf Beda zurück. Jedenfalls zeigt der Vermerk, dass es in der altenglischen Literatur das Wort *Ealdseaxum* (Dativ !) gegeben hat. Mit diesem Namen ebenso wie mit seiner lateinischen Entsprechung *Antiqui Saxones* konnten demnach in England die Leute bezeichnet werden, die nach unserem Sprachgebrauch die „richtigen" Sachsen des Frühmittelalters waren. Eine andere Frage ist die, ob es sich bei der altenglischen Entsprechung des Worts *Altsachsen* um eine künstliche Bezeichnung handelte, die der Alltagssprache fremd war. Man könnte zum Vergleich auf das sonderbare Wort „Obersachsen" verweisen, das einige Leute gebrauchen, das aber der lebendigen Sprache fremd und geradezu unverständlich ist.

Wenn also seit den vierziger Jahren des 5. Jhs. eine Quelle von *Saxones* redet, ist stets zu prüfen, ob sie Leute meint, die ihre Heimat in England hatten und die folglich keine Sachsen, sondern Engländer waren. Ebenso ist in jedem Fall zu prüfen, ob sich hinter dem Ländernamen *Saxonia* England oder Sachsen verbirgt. Daneben finden sich im beginnenden Mittelalter wie im späten Altertum Aussagen, bei denen *Saxones* weder Sachsen noch Engländer bezeichnete.

3.2 Ein weltberühmter Träger des Sachsennamens?

Möglicherweise gehört eine der bekanntesten Gestalten der Weltgeschichte zu den Trägern des Sachsennamens. Die Rede ist von Odowakar, der im Jahre 476 den weströmischen Kaiser Romulus Augustulus absetzte. Viele Leute erblicken in dieser Handlung das Ende des Weströmischen Reichs. Eine solche Sicht der Dinge ist wahrscheinlich unberechtigt. Aber folgenreich blieb Odowakars Tat allemal.

Die Möglichkeit, dass der berühmte Söldnerführer zu den Trägern des Sachsennamens gerechnet werden könnte, ergibt sich aus einem Sachverhalt, den der Bischof Gregor von Tours († um 594) überliefert. Gregor war der bedeutendste Geschichtsschreiber des Merowingerreichs. Sein folgender Bericht bezieht sich auf die Mitte der sechziger Jahre des 5. Jhs. Er stützt sich wahrscheinlich auf eine jahrbuchartige Quelle, die bloß Ereignisse aufzählte und keinen Bezug zwischen ihnen herstellte. Zumindest lässt die betreffende Erzählung des Gregor von Tours den Zusammenhang vermissen.

Ein Odowakar sei „mit Saxones nach Angers gekommen." (Der Ort liegt an der unteren Loire.) Dieser Mann habe nach dem Tode des Aegidius († 464) „von Angers und anderen Orten Geiseln" empfangen. „Als Odowakar nach Angers gekommen war, traf am nächsten Tag der König Childerich ein und brachte die Stadt in seine Gewalt, nachdem der *Comes* Paulus getötet worden war." (Der Titel *comes* bezeichnete im spätrömischen Reich hohe Würdenträger. Im Mittelalter gab er das deutsche Wort *Graf* wieder.) „Danach wurde zwischen den Römern und den Saxones eine Schlacht geschlagen. Die Saxones wandten sich zur Flucht. Die Römer verfolgten die Fliehenden und metzelten viele von ihnen nieder. Ihre Inseln wurden von den Franken eingenommen und verheert, wobei viel Volk getötet wurde. In jenem Jahr bebte während des neunten Monats die Erde. Odowakar schloss mit Childerich ein Bündnis, und sie unterwarfen die Alemannen, die Italien durchzogen hatten."[89]

Damit verschwindet der genannte Odowakar aus dem Geschichtswerk des Gregor von Tours. Childerich († 482) war der Vater des berühmten Königs Chlodwig I. († 511). Seit Chlodwigs I. Regierung rechnet man das Merowingerreich. Aegidius wiederum war der Vater des Syagrius. Syagrius wurde von Chlodwig I. besiegt, wodurch der fränkische König die Obermacht in Nordgallien gewann.

Ein namentlich nicht bekannter Verfasser des 7. Jhs., den man zu Unrecht „Fredegar" nennt, hat Gregors Erzählung so verstanden, dass Odowakar König der Sachsen (oder der Engländer?) gewesen sei und im Kampf gegen Childerich bei Orleans eine Niederlage erlitten habe.[90] Dagegen machte im 8. Jh. ein gleichfalls unbekannter Geschichtsschreiber den Odowakar zum Herzog der Sachsen.[91] Das Werk dieses Verfassers wird als „Das Buch der fränkischen Geschichte" bezeichnet (*Liber historiae Francorum*).

Wenn der um 464 in Angers auftretende Odowakar derselbe war wie der Söldnerführer, der 476 den Romulus Augustulus stürzte, wird man den berühmten Mann zumindest deswegen zu den Trägern des Sachsennamens rechnen können, weil er an der Spitze von *Saxones* erscheint. In der Tat gewinnt seit zwanzig Jahren die Meinung an Boden, dass es sich um ein und dieselbe Persönlichkeit gehandelt habe.[92]

Man hat sich mit dieser Gleichsetzung früher nicht befreunden können, weil der Odowakar von 476 allen möglichen Völkern zugeordnet worden ist, bloß keinen Sachsen. Die Widersprüche der Quellen, die über Odowakars Herkunft berichten, lösen sich auf, wenn wir den unterschiedlichen Sprachgebrauch der einzelnen Schriftwerke berücksichtigen. Wir brauchen uns bloß vor Augen zu halten, dass dieselben Leute nach dem einen Sprachgebrauch als *Saxones* und nach dem anderen als *Angli* bezeichnet wurden.

Nun gibt es zwei Quellenaussagen, die zwar nicht durchschlagend sind, die man jedoch eher dafür als dagegen ins Feld führen könnte, dass der Odowakar, der 476 den Romulus Augustulus stürzte, ein Dutzend Jahre zuvor an der gallischen Atlantikküste *Saxones* angeführt hatte. Wir betrachten sie umgekehrt zu der Reihenfolge, in der sie niedergeschrieben worden sind.

Die eine Aussage findet sich in einem griechischen Nachschlagewerk des 10. Jhs., das den Titel *Suda* („Schanzwerk") trägt. Hier heißt es unter dem Stichwort „Onóulfos": „Onoulfus stammte väterlicherseits von den Thüringern ab und mütterlicherseits von den Skiren."[93] Von der Eintragung wird angenommen, dass sie aus dem Geschichtswerk des Malchus stammt, der um 500 gewirkt hatte. Von seinem Schaffen sind nur Bruchstücke überliefert.

Bei diesem „Onoulfus" handelt es sich um den Bruder des Odowakar, was mindestens aus der Lebensbeschreibung des heiligen Severin († 482) hervorgeht, die Eugippius 511 verfasst hat.[94] „Onoulfus" gibt den Namen *Onwulf* wieder < urgerman. **Aunwulf*.[95] Wenn nun Odowakar und Onwulf einen thüringischen Vater hatten, konnten sie als Thüringer angesehen werden. Diese Feststellung führt zu einer anderen Quelle:

In der Mitte des 6. Jhs. hat Jordanes eine römische und eine gotische Geschichte verfasst. Er schreibt in seiner römischen Geschichte, Odowakar habe Scharen von „Thorkilingern", Skiren und Herulern nach Italien geführt. In seiner gotischen Geschichte nennt Jordanes den Odowakar *rex Torcilingorum* „König der Torkilinger."[96] Sonst ist nirgendwo auf der Welt von „Torkilingern" die

Rede. Man hat daher vermutet, dass dieses Wort das Ergebnis einer Textverderbnis sei und in Wirklichkeit *rex Thoringorum* („König der Thüringer") gelesen werden müsse.

Die Mitteilung der Suda erlaubt es, Odowakar mit dem Thüringertum in Verbindung zu bringen. Von Jordanes wird Odowakar ausdrücklich mit dem Thüringertum in Verbindung gebracht, sofern die Veränderung des Textes von *Torcilingorum* zu *Thoringorum* erlaubt ist. Nun konnte unter Thüringen während der Völkerwanderungszeit und auch im Frühmittelalter ein viel größeres Gebiet verstanden werden als heute. So findet sich beim Geographen von Ravenna die auffällige Mitteilung, „Thüringen habe in alter Zeit Germanien geheißen."[97]

Von einem Thüringen dieses Ausmaßes war es nicht weit zur Nordseeküste und zur Teilnahme an Raubfahrten, die dort begannen. Das Thüringen im weiteren Sinne hat vielleicht sogar bis zur Küste gereicht. Nach dem römischen Brauch, Leute, die zu Schiff von Norden kamen, als *Saxones* zu bezeichnen, konnten Männer mit diesem Namen bedacht werden, deren Heimat in Thüringen lag. Dieselben Leute wurden folglich nach dem einen Einteilungsgrundsatz als Thüringer und nach dem anderen als *Saxones* bezeichnet. Eine vergleichbare Verwirrung herrschte im 9. und 10. Jh. bei den Namen *Dänen* und *Normannen*. Jedenfalls mag das Thüringertum des Söldnerführers Odowakar einen Anhaltspunkt dafür bieten, ihn für denselben Mann zu halten wie den Anführer der Scharen von *Saxones* an der gallischen Küste.

3.3 Zusammenfassung

Spätestens seit den vierziger Jahren des 5. Jhs. n.Chr. vermochte das Wort *Saxones* Bewohner Britanniens zu bezeichnen, nämlich die alten Engländer. Die neuzeitliche Wissenschaft nennt diese Personengruppe gewöhnlich *Angelsachsen*. Doch ist dieses Wort (in seiner lateinischen Gestalt *Anglisaxones*) erst um 800 aufgekommen. Sogar in späterer Zeit blieb *Saxones* als Name der Engländer zum Teil noch gebräuchlich. Wenn also vom 5. bis wenigstens ins 9. Jh. die lateinischen Quellen von *Saxones* sprechen, muss jeweils geprüft werden, ob Sachsen oder Engländer gemeint sind. Entsprechendes gilt vom Ländernamen *Saxonia*. Er konnte sowohl das alte Sachsen als auch England bezeichnen.

Seit einiger Zeit gewinnt die Meinung an Boden, dass der berühmte Odowakar, der 476 den Romulus Augustulus stürzte, derselbe Mann gewesen sei, wie der Odowakar, der laut Gregor von Tours an der Spitze von *Saxones* um 460 bei Angers in Gallien tätig war. Wenn die Gleichsetzung richtig ist, gehörte eine der berühmtesten Gestalten der Weltgeschichte zu den *Saxones* und möglicherweise sogar zu den Sachsen. Dass die Gleichsetzung der beiden Männer erlaubt ist, wird sich weder beweisen noch widerlegen lassen.

4 Geschichte oder Sage? Die Sachsen und der Untergang des Thüringerreichs

4.1 Die Lehre von der sächsischen Eroberung

Wie der Glaube an die Sachsen des Ptolemäus die Vorstellung entstehen ließ, dass die germanischen Besiedler Britanniens von der holsteinischen Westküste ausgezogen wären, so haben nicht wenige Forscher einen unmittelbaren Zusammenhang zwischen den Sachsen des 8. Jhs. und den angeblichen ptolemäischen Ursachsen hergestellt: Vom Gebiet Schleswig-Holsteins aus wären die Sachsen bis an die Grenzen des Frankenreichs vorgedrungen, indem sie entweder mit den ursprünglichen Bewohnern der Länder südlich der Elbe einen Bund geschlossen oder die dort lebenden Völker unterworfen hätten. Der „sächsische Stammesstaat", wie er vor Karl dem Großen bestanden habe, sei folglich entweder ein „Eroberungsstaat" oder ein „Bündnisstaat" gewesen.[98]

Seit etwa vierzig Jahren werden beide Meinungen oftmals verschmolzen.[99] Der Klarheit ist diese Vermischung der Ansichten keineswegs dienlich. Auch läuft es bei näherer Betrachtung immer darauf hinaus, dass die Sachsen andere Völker unterworfen hätten, so dass sich die Lehre vom „Bündnisstaat" eigentlich in Luft aufgelöst hat. Es bleibt beim „Eroberungsstaat".

Die Lehre von der Eroberung wurde mitunter in der Weise abgewandelt, dass nicht die Sachsen als Volk, sondern in Gestalt eines „Traditionskerns", der „vor allem aus dem Adel und seinem Gefolge" bestanden hätte, „aus dem Land nördlich der Elbe" vorgedrungen wären.[100] Diese Vorstellung hat sich jedoch nicht durchsetzen können.

Während des ersten Drittels des 20. Jhs. war die Lehre von der sächsischen Eroberung in den Hintergrund getreten, bis sie um 1930 von Martin Lintzel (1901–1955) wiederbelebt wurde. Auf anderen Gebieten der Geschichtswissenschaft hat Lintzel verdienstvoll gewirkt.

In den Jahren 1956/57 beschäftigte sich Hermann Stöbe in einem bedeutenden Aufsatz mit der bewussten Lehre sowie ihren Grundlagen und unterzog sie einer eingehenden Kritik. Seine Ausführungen haben nicht die gebührende Beachtung gefunden, was zum Teil daran lag, dass der Verfasser gewissermaßen zwischen den Stühlen saß. Stöbe hatte nämlich darauf hingewiesen, dass die Vorstellung von den erobernden Sachsen ihr Dasein reaktionären politischen Bestrebungen des 19. Jhs. verdankte. Sie wurde 1821 von Heinrich Leo (1799-1878) aufgebracht, der zwar in den Burschenschaften hervorgetreten war, jedoch 1820 eine Art von Bekehrungserlebnis hatte und sich fortan als Gegner der freiheitlichen Bestrebungen betätigte.

Seit seinem Gesinnungswechsel war Leo nach den Begriffen schon des 19. Jhs. reaktionär. Wer ihn so nennt, bedient sich also keineswegs der wohlfeilen Abwertungen, die heutzutage beliebt sind. Ansichten, nach denen ein Universitätsprofessor diesem oder jenem Zeitgeist verfallen sein könne, wurden 1956/57 in westlichen Gefilden jedoch als Tempelschändung verfolgt. Die Ideologiekritik kam erst ein Dutzend Jahre später in Schwang. Den maßgeblichen östlichen Stellen konnte Stöbes Darstellung ebenso wenig gefallen, wenn sie auch anderes auszusetzen hatten als den Gebrauch des Wortes *reaktionär*.

Nun war die Lehre von der sächsischen Eroberung von ihrem Schöpfer ganz anders dargelegt worden, als sie heute erscheint. Leo ließ nämlich die Sachsen, Dänen und Jüten von den Saken, Dakern und Geten auf der Balkanhalbinsel herstammen: Sie wären über Ostpreußen und Rügen an die Elbe gewandert.[101] Es bleibe dahingestellt, ob einige der neueren Ausprägungen derselben Lehre weniger absonderlich sind.

Jedenfalls sind sich ihre verschiedenen Vertreter darin einig, dass die Sachsen eine politische Einheit gebildet hätten, eben den sächsischen Staat. Merkwürdigerweise wird dieser Staat aber als das Ergebnis der Eroberung angesehen und nicht als ihr Träger. Es kommt immer so heraus, als ob das sächsische Volk oder zumindest seine Oberschicht wandernd und erobernd vorgedrungen wäre, ohne überhaupt eine Machtgrundlage zu haben – nicht in Gestalt eines räumlichen Mittelpunkts und nicht in Gestalt von Königen. Im Gegenteil: Obwohl Holstein als das Ausgangsgebiet der sächsischen Eroberung angesehen wird und diese zur Bildung eines großflächigen Staats geführt haben soll, erscheint das Land gerade nicht als der Schwerpunkt des „sächsischen Stammesstaats"; und ein erobernder sächsischer König lässt sich beim besten Willen nicht entdecken und wird noch nicht einmal vermutet. Die Errichtung „des sächsischen Stammesstaats" erscheint wie die Bildung des römischen Weltreichs ohne Rom oder des Karlsreichs ohne Karl.

Alle heutigen Lehren vom sächsischen Bündnis- oder Eroberungsstaat sind dem Bedürfnis entsprungen, zu erklären, warum die Sachsen der Zeit Karls des Großen in einem anderen und einem viel größeren Gebiet erscheinen als die angeblichen Sachsen des Ptolemäus. Fallen die ptolemäischen Ursachsen weg, dann braucht man auch nicht ihre angebliche Ausbreitung über die Elbe zu erklären.

Aber auch wenn es richtig wäre, dass Ptolemäus Sachsen in Holstein erwähnt hätte, wäre der Schluss unzulässig, dass die Ausdehnung des Sachsennamens auf die Bewohner des nordwestlichen Deutschlands deshalb erfolgt sein müsse, weil die ursprünglichen Träger dieses Namens andere Völker unterworfen oder mit ihnen einen Bund begründet oder beides zugleich getan hätten. Wir haben im Abschnitt 1.2 gelernt, dass der Sachsenname seit dem 12. Jh. fremde Gebiete auf ganz andere Weise erfasst hat.

Einer der berühmtesten Völkernamen der Weltgeschichte, und zwar einer, der tatsächlich von Nord nach Süd vorgedrungen ist, hätte vor der stillschweigenden Folgerung warnen müssen, die Verbreitung von Völkernamen zwangsläufig auf Wanderungen oder Eroberungen seiner ersten Träger zurückzuführen. Ich rede vom Namen *Hellenen*, der als Selbstbezeichnung der Griechen in die Geschichte eingegangen ist. Das Wort *Hellenen* kommt schon bei Homer im 8. Jh. v.Chr. vor, ebenso wie der Ländername *Hellas*. So hieß damals eine kleine Landschaft in Nordgriechenland. Die Hellenen waren ihre Bewohner. Jahrhunderte später war *Hellas* jedoch zum Namen ganz Griechenlands, ja sogar aller von den Griechen bewohnten Gebiete geworden; und *Hellenes* bezeichnete schließlich die Griechen insgesamt. Nun sind die ursprünglichen Träger des Hellenennamens keineswegs erobernd aus Nordgriechenland vorgedrungen. Ebenso wenig haben sie mit den anderen Griechen einen Bund geschlossen und ihn mit ihrem Namen benannt. Wie es dazu kam, dass die Namen *Hellas* und *Hellenen* das ganze Griechenland und noch viel mehr erfassten, geht uns hier nichts an. Das Beispiel soll nur dazu dienen, vor unzulässigen Schlüssen bei der Ausbreitung von Namen zu warnen.

In ihrer heutigen Fassung besagt die Lehre von der sächsischen Eroberung gewöhnlich, dass die Sachsen „spätestens" seit dem „3. nachchr. Jh." aus dem „heutigen Schleswig-Holstein ... südostwärts" vorgedrungen wären.[102] Im Jahre 531 hätten sie die Unstrut erreicht.

Die Himmelsrichtung erklärt sich daraus, dass die betreffenden Gelehrten die Ursachsen bewusst oder unbewusst an die holsteinische Westküste versetzen. Ließe man das angebliche ptolemäische Ursachsen wenigstens in den Grenzen gelten, die der griechische Geograph ihm scheinbar zugewiesen hatte, dann käme man schwerlich auf den Gedanken, eine Ausbreitung der Sachsen nach Südosten anzunehmen. Es wäre viel eher ihre Ausdehnung nach Südwesten zu vermuten.

Nun gibt es in der Tat mittelalterliche Schriftwerke, die von einer sächsischen Eroberung auf deutschem Boden erzählen: Die Sachsen hätten im Verein mit den Franken das Thüringerreich vernichtet und sich dessen Gebiet ganz oder zum Teil unterworfen. Jedoch sagt keines dieser Schriftwerke, dass die Sachsen aus Holstein und über die Elbe gekommen wären.

Das Thüringerreich fand 531/33 den Untergang. Die herrschende Lehre folgert, dass seitdem die Unstrut die Grenze zwischen Sachsen und Thüringen gebildet hätte. Damit sei die sächsische Eroberung im Wesentlichen abgeschlossen gewesen. Spätere Erweiterungen des sächsischen Gebiets werden zwar angenommen, erscheinen aber als geringfügig (siehe unten, S. 116–121). Wo die sächsisch-thüringische Grenze vor 531 verlaufen sein soll, erfährt man nicht.

Jedenfalls erscheint nach der herrschenden Auffassung der Untergang des Thüringerreichs als der Dreh- und Angelpunkt der Geschichte der Sachsen. Er erfordert daher eine ausführliche Erörterung.

4.2 Der Untergang des Thüringerreichs in den Quellen der Merowingerzeit

Das Thüringerreich wurde von den merowingischen Königen Theuderich I. (reg. 511–533) und seinem Halbbruder Chlothar I. (reg. 511–561) zerstört. Wie bereits bemerkt, fallen die betreffenden Begebenheiten in den Beginn der dreißiger Jahre des 6. Jhs.

Unsere Hauptquelle für die Merowinger jenes Jahrhunderts sind die „Zehn Bücher Geschichte" des schon genannten Bischofs Gregor von Tours. Auch das wissen wir schon.

Gregor erwähnt unter anderem eine Schlacht in der Nähe der Unstrut, in der der letzte Thüringerkönig Irminfrid geschlagen wurde. Das Ereignis gehört wahrscheinlich ins Jahr 531. Wie Gregor weiter ausführt, hätten die Franken den Fluss überschritten und „dieses Gebiet" in Besitz genommen. Gemeint ist anscheinend das Land beiderseits der Unstrut. Davon, dass der Fluss eine Grenze gebildet hätte, sagt Gregor kein Wort. Irminfrid fand erst später, aber noch zu Lebzeiten Theuderichs I. durch einen Mordanschlag in Zülpich den Tod.

Gregors Geschichtswerk bietet nicht den geringsten Anhaltspunkt dafür, dass die Sachsen an der Niederwerfung der Thüringer beteiligt gewesen wären.[103] Übrigens lautet der Name des letzten Thüringerkönigs bei Gregor von Tours *Hermenefred(us)*. Um Einheitlichkeit zu erzielen, schreibe ich durchgehend *Irminfrid*.

Im 7. Jh. erzählt die Chronik des sog. Fredegar und im 8. Jh. das „Buch der fränkischen Geschichte" vom Ende des Thüringerreichs. Die beiden Berichte weichen zum Teil von dem des Gregor von Tours ab; aber von einer Teilnahme der Sachsen an diesen Begebenheiten wissen auch sie nichts.

Chlothar I. hatte nach 540 die thüringische Königstochter Radegunde (520/25–587) geheiratet, deren Vater nicht Irminfrid, sondern dessen Bruder Berthachar war. Radegunde stand in freundschaftlichen Beziehungen zum lateinischen Dichter Venantius Fortunatus (530/40–nach 600), der unter anderem ein Gedicht über den Untergang des Thüringerreichs verfasst hat. Von einer Beteiligung der Sachsen an diesem Ereignis ist darin mit keiner Silbe die Rede, obwohl ihm seine Gönnerin doch Nachrichten aus erster Hand zukommen lassen konnte.

Der griechische Geschichtsschreiber Prokop († nach 555) teilt ausdrücklich mit, dass die Franken „alle" Thüringer unterworfen hätten. Von irgendwelchen Bundesgenossen oder Hilfstruppen der Sieger oder einer Teilung des Landes weiß er nichts.[104]

Prokop war über die Vorgänge besser unterrichtet, als man denken mag. Das kam so: Irminfrids Witwe Amalaberga hatte mit ihren Kindern in Italien bei ihrem Bruder, dem Ostgotenkönig Theudehad, Zuflucht gesucht. Von dort brachte der oströmische Feldherr Belisar die Königin und ihren Sohn Amalafrid, der ihrer Ehe mit Irminfrid entstammte, im Jahre 540 nach Konstantinopel.

Amalafrid wurde vom Kaiser Justinian I. als Feldherr verwendet.[105] Prokop hatte zu Belisars unmittelbarem Gefolge gehört, war also vielleicht mit dem thüringischen Königssohn persönlich bekannt. Ganz unabhängig davon wusste die Regierung in Konstantinopel über die Kriege im Westen Bescheid. Somit ist nicht einzusehen, warum Prokop es hätte verschweigen sollen, wenn andere als die Franken an der Zerstörung des Thüringerreichs beteiligt gewesen wären.

Meine umständliche Ausdrucksweise „andere als die Franken" ist aus folgendem Grund erforderlich: Der Sachsenname kommt in Prokops Wortschatz überhaupt nicht vor – weder dann, wenn von Britannien die Rede ist, noch dann, wenn es um die Nachbarn der Franken auf dem Festland geht. Die Bewohner Britanniens, das Prokop *Britia* nennt, heißen bei ihm *Angeln*, *Friesen* und *Briten*. Als die östlichen Nachbarn der Franken nennt er einmal die Thüringer, die Burgunder sowie „die Schwaben und Alemannen" und ein anderes Mal die Warnen, „die von der Donau bis zum nördlichen Ozean wohnen und deren Grenze zu den Franken der Rhein bildet."[106]

Mit seiner Unkenntnis des Sachsennamens bildet der griechische Geschichtsschreiber ein merkwürdiges Gegenstück zu dem unbekannten altenglischen Dichter, der den Beowulf verfasst hat. Jedenfalls wäre denkbar, dass Prokop die angeblichen Bundesgenossen der Franken mit einem anderen Namen als dem der Sachsen bezeichnet hätte, wenn solche Bundesgenossen vorhanden gewesen wären. Doch nennt Prokop eben überhaupt keine Bundesgenossen oder Hilfstruppen, die sich an der Zerstörung des Thüringerreichs beteiligt hätten. Es waren die Franken allein, die dieses Werk vollbrachten.

Auch sonst spricht keine Quelle des 6., 7. oder 8. Jhs. davon, dass die Sachsen 531 dem fränkischen König Theuderich I. geholfen hätten, als er gegen den Thüringerkönig zog, und dass ihnen als Belohnung ein Teil des unterworfenen Landes zugefallen wäre.

4.3 Die Quellen, die von einer sächsischen Beteiligung an der Eroberung des Thüringerreichs erzählen

4.3.1 Vorbemerkungen

Auf drei Quellen stützt sich die herrschende Meinung, wenn sie behauptet, die Sachsen hätten an der Vernichtung des Thüringerreichs teilgenommen.[107] Das sind in zeitlicher Reihenfolge:

1. Der Bericht von der Übertragung der Gebeine des heiligen Alexander von Rom nach Wildeshausen oder genauer derjenige Teil dieser Schrift, der aus der Feder des Rudolf von Fulda stammt (und der zwischen 850 und 865 entstanden ist),
2. die Sachsengeschichte des Widukind von Corvey (aus dem Jahre 968),
3. die Jahrbücher von Quedlinburg (aus dem ersten Drittel des 11. Jhs.).

Es gibt jüngere mittelalterliche Schriftwerke, die Ähnliches erzählen wie diese drei Quellen, z.B. die Bischofsgeschichte der Hamburger Kirche, die Adam von Bremen während der siebziger und achtziger Jahren des 11. Jhs. verfasst hat, oder der Sachsenspiegel des Eike von Repgow († nach 1235). Aber diese jüngeren Quellen werden von der Forschung nicht allzu oft berücksichtigt, sofern es um den hier zu behandelnden Gegenstand geht.

Diejenigen Abschnitte all dieser Werke, die sich auf das Ende des Thüringerreichs beziehen, sind nach einhelliger Meinung sagenhaft, also erdichtet. Um sie trotzdem als Quellen für die Geschichte des 6. Jhs. benutzen zu können, schreibt man den betreffenden Schilderungen „einen geschichtlichen Kern" zu: „Um einen ‚wahren Kern'" hätten „sich in der mündlichen Geschichtsüberlieferung nach und nach weitere Begebenheiten gelagert ..., so dass sich am Ende mit der schriftlichen Fixierung eine in sich geschlossene Stammessage ergab."[108]

Wie man das Wahre an dieser „Stammessage" vom Erdichteten unterscheiden kann, bleibt im Dunkeln. Bei näherer Betrachtung ergibt sich immer, dass „der geschichtliche Kern" das ist, was den heutigen Historikern gerade passt.

In der Geschichtswissenschaft gilt sonst der Grundsatz, wesentlich jüngere Erzählungen für erdichtet zu halten, wenn sie im Widerspruch zu Aussagen stehen, die den Ereignissen näher sind, und wenn nicht wahrscheinlich gemacht werden kann, dass die jüngeren Nachrichten auf einer zuverlässigen (seitdem verlorenen) Überlieferung beruhen. Dieser Grundsatz wird missachtet, wenn man die Angaben des 9. Jhs. und der jüngeren Zeit über die sächsische Eroberung Thüringens für glaubwürdig erklärt, obwohl sie im Gegensatz zu den Quellen des 6. Jhs. stehen.

Im Falle der angeblichen sächsischen Beteiligung am Ende des Thüringerreichs wird sogar die Einsicht außer Kraft gesetzt, dass Erzählungen durch die mündliche Weitergabe verzerrt werden. Für die „sächsische Stammessage" scheint umgekehrt zu gelten, dass sie deshalb wahr sein müsse, weil sie 330 oder 500 Jahre weitererzählt worden wäre. Wenn man schon glaubt, dass Rudolf von Fulda, Widukind von Corvey und die Jahrbücher von Quedlinburg mündlich überlieferte Sagen aufgezeichnet hätten, dann sollte man bei der Auswertung dieser Erzählungen wenigstens die Ergebnisse der Erzählforschung berücksichtigen.

Es dürfte sich aus dem gesamten Gebiet der Geschichtswissenschaft nur mit Mühe ein zweites Beispiel dafür finden lassen, dass märchenhafte Schilderungen, die ein Dritteljahrtausend oder mehr nach dem geschilderten Ereignis entstanden sind, die sich im Widerspruch zu den zeitgenössischen Quellen befinden und deren fälschende Zielsetzung klar zutage tritt, in solcher Weise für bare Münze genommen werden wie die Berichte von der sächsischen Beteiligung am Untergang des Thüringerreichs. Die herrschende Lehre hat sich nämlich keineswegs damit begnügt, „den geschichtlichen Kern" aus ihnen herauszuschälen, sondern glaubt den „drei Fassungen der sächsischen Stammessage" in allen möglichen Einzelheiten, und zwar auch dann, wenn die Einzelheiten einander ausschließen.

Die Anhänger der herrschenden Lehre bestreiten, dass die Jahrbücher von Quedlinburg auf Widukinds „Sachsengeschichte" beruhen und Widukinds Erzählung wiederum auf Rudolfs Werk. Statt dessen wird behauptet, alle drei Verfasser hätten verschiedene Fassungen der sächsischen Stammessage „aufgezeichnet", also Gehörtes niedergeschrieben, ohne etwas hinzuzufügen oder wegzulassen. Für die betreffenden Teile ihrer Werke wird den Geschichtsschreibern die Eigenschaft abgesprochen, über eigene Gedanken verfügt zu haben. Vielmehr erscheinen sie als lebende Tonbänder.

Davon, dass Rudolf, Widukind und der Quedlinburger Verfasser mündliche Berichte „aufgezeichnet" hätten, kann schon deswegen keine Rede sein, weil die Sachsen ihre Sagen nicht auf lateinisch verbreitet haben. Die drei Geschichtsschreiber hätten allenfalls lateinische Nacherzählungen liefern können, falls sie sächsische Sagen wiedergegeben hätten.

Gewinnen wir „die verschiedenen Fassungen der sächsischen Stammessage" in ihrer sprachlichen Urgestalt, wenn wir die lateinischen Ausführungen Rudolfs, Widukinds oder der Jahrbücher von Quedlinburg ins Altsächsische übertragen? Es gab Wissenschaftler, die zwar nicht im vorliegenden Fall, aber aus anderen lateinischen Texten altgermanische Lieder hergestellt haben (z.B. unten S. 148). Diesen sprachkundigen Gelehrten ist wenig Dank zuteil geworden, obwohl sie Lob verdient hätten: Wenn die Sicherheit besteht, dass ein Geschichtsschreiber des Mittelalters Gehörtes auf lateinisch „aufgezeichnet" hat, muss es sich durch eine Rückübersetzung annähernd wiederherstellen lassen.

Die verbreitete Annahme, Rudolf, Widukind und die Jahrbücher von Quedlinburg hätten verschiedene Fassungen einer Sage „aufgezeichnet," ist ungefähr so, als wenn man behaupten wollte, Goethe (1749–1832) und Lenau (1802–1850) hätten verschiedene Fassungen der Faustsage „aufgezeichnet". (Wer will, kann noch Thomas Mann hinzufügen.) Nein, die beiden Dichter haben aus demselben Stoff zwei verschiedene Werke geformt. Der jüngere kannte natürlich die Schöpfung des älteren. Die mittelalterlichen Dichter und Schriftsteller waren genauso fähig wie ihre neuzeitlichen Nachfolger, Stoffe und Vorlagen zu bearbeiten.

Das alles wäre zu beachten, wenn feststünde, dass unsere drei Geschichtsschreiber Sagen und wohl gar „drei Fassungen der sächsischen Stammessage" nacherzählt, also einen Stoff bearbeitet hätten.

4.3.2 Zu den Begriffen der Sage und der Stammessage

‚Geschichte' und ‚Sage' erscheinen als Gegenbegriffe, zumindest in dem Zusammenhang, in dem wir uns bewegen. Unter der Geschichte versteht man die wahrheitsgetreue Schilderung der Vergangenheit, unter der Sage die nicht der Wahrheit entsprechende Schilderung. Die Sage ist eine verkehrte Geschichte.

Man kann den Begriff der Sage also nicht denken, ohne den Begriff des Erdichteten hinzuzudenken. Diese Eigenschaft teilt der Begriff der Sage mit dem des Märchens. Wenn wir jedoch die

Wörter *Märchen* und *Sage* benutzen, um bestimmte literarische Gattungen zu bezeichnen, dann scheint sich folgender Unterschied zu ergeben: Das Märchen spielt in der Märchenzeit und im Märchenland – im Nirgendwo und im Überall, während sich eine Sage auf etwas bezieht, das es gibt oder wenigstens gegeben hat: Entweder treten in ihr Gestalten auf, die tatsächlich gelebt haben; oder sie ist mit einer bestimmten Örtlichkeit oder mit einem bestimmten Ereignis verbunden.

Das heißt nun nicht, dass alle in einer Sage vorkommenden Gestalten wirklich gelebt, alle Örtlichkeiten wirklich bestanden und alle Ereignisse wirklich stattgefunden hätten. Es genügt eine einzige Anknüpfung an die Wirklichkeit, damit man von einer Sage spricht. Alles andere kann erdichtet sein.

Was sollen wir uns nun unter einer Stammessage vorstellen? Einige Forscher haben darunter eine umfassende Geschichte eines Stammes erblicken wollen, wobei das Wort *Geschichte* hier wohl so viel wie „Erzählung von der Vergangenheit" bedeuten soll.[109] An so Allgemeines denken aber nicht alle. Es dürfte auch schwierig sein, derartige Schöpfungen nachzuweisen. Diejenigen Abschnitte des Rudolf von Fulda, des Widukind von Corvey oder der Quedlinburger Jahrbücher, die als Wiedergabe der „sächsischen Stammessage" angesehen werden, bilden keine umfassende Schilderung der sächsischen Vergangenheit.

Wer heute das Wort *Stammessage* gebraucht, meint gewöhnlich eine Erzählung vom „Ursprung" oder von der „Herkunft" eines Stammes oder Volkes oder – wie man sich gegenwärtig auszudrücken pflegt – einer „Gens."[110]

Ursprünglich wurde das Wort *Stammessage* in einer anderen Bedeutung verwendet: Es meinte etwas Ähnliches wie das Wort *Volkssage*: Eine Volkssage ist nicht eine Sage, die von einem Volk oder seinem Ursprung handelt, sondern eine Sage, die wie ein Volkslied im Volk verbreitet ist, einerlei, was ihren Gegenstand bildet. Wer im 19. Jh. von der sächsischen Stammessage sprach, dachte an eine im sächsischen Stamm verbreitete Sage.

Vor etwa fünfunddreißig Jahren sind Meinungen aufgekommen, die die gesellschaftlichen Grundlagen der sächsischen Stammessage in ihr Gegenteil verkehren wollten: Nicht das Volk, sondern der Adel oder „die Stammesweisen" hätten die Sage weitergegeben.[111] Der Glaube an Erzählungen, die von geschichtlichen Ereignissen wahrheitsgemäß berichtet und sich durch die Jahrhunderte mündlich und unverändert fortgepflanzt hätten, wurde durch diese Neuerung nicht erschüttert.

In Gestalt von Gedichten – man sagt auch: Liedern – sind uns hinreichend viele germanische Sagen überliefert. Der gelehrte Leser kann sie mit geschichtlichen Ereignissen verknüpfen. Aber diese Ereignisse bilden nicht den Gegenstand der Sagen. Vielmehr handeln die Gedichte von Helden, die schwere Kämpfe zu bestehen haben, oder von Männern und Frauen in erschütternder Seelennot. „Geschichtliche Sagen" sind nicht darunter. Man sollte auf diesen Begriff verzichten.[112]

Die Geschichtsschreibung will zeigen, wie es gewesen ist, um mit Leopold von Ranke (1795–1886) zu sprechen. Eine Sage will anderes. Den Heldensagen geht es nicht um die Vergangenheit, sondern um das Tun und Leiden berühmter Persönlichkeiten, also um eine dichterische Gegenwart. Dass die Namen dieser Gestalten aus der Vorzeit überliefert waren, macht die Sagen nicht zu Werken der Geschichtsschreibung.

Nun soll keineswegs bestritten werden, dass viele sagenberühmte Männer und Frauen ihre bleibende Bekanntheit bedeutenden Ereignissen verdanken, an denen sie teilgenommen hatten. Daraus folgt aber nicht, dass diese Begebenheiten in den Sagen richtig beschrieben würden, dass die Heldensagen also einen „wahren Kern" enthielten. Sie tun das schon deshalb nicht, weil sie Helden und Heldinnen gleichzeitig auftreten lassen, deren Urbilder verschiedenen Zeitaltern angehörten.

So erscheinen im althochdeutschen Hildebrandlied Attila († 453), Odowakar († 493) und Theoderich († 526) als Zeitgenossen. Odowakar und Theoderich waren es tatsächlich. Aber die „Sage" hat ihr Verhältnis zueinander umgekehrt: Im Hildebrandlied wird erzählt, dass Theoderich von Odowakar vertrieben worden wäre. In Wirklichkeit hat Theoderich den Odowakar besiegt und ermordet.

Wenn eine sächsische Sage vom Sieg der Sachsen über die Thüringer berichtet hätte, dann könnte man unter Verweis auf das Hildebrandlied (und nicht nur darauf) folgern, dass in Wirklichkeit die Thüringer über die Sachsen gesiegt hätten.

4.3.3 Zum frühmittelalterlichen Literaturbetrieb

Die literarischen Werke des Mittelalters (nicht des Altertums) wurden bis in die zweite Hälfte des 11. Jhs. für Personen oder Gemeinschaften geschrieben, die dem Verfasser bekannt waren und nicht für eine ihm unbekannte Öffentlichkeit. Entweder handelte es sich um Auftragsschöpfungen; oder die Verfasser gingen zu Werke wie heutzutage die Schreiber eines Briefs, indem sie von vorn herein bestimmte Leser oder Leserinnen vor Augen hatten, denen sie etwas mitteilen wollten – oftmals in der Absicht, sie zu beeinflussen.

Jedenfalls standen den Schriftstellern jener Zeit bewusste Zwecke vor Augen. Sie schrieben nicht absichtslos nieder, was sie zufällig gesehen oder gehört hatten. (Wer tut das überhaupt?) Die Widmungen, die den Schriften gewöhnlich vorausgingen, sind also kein zu vernachlässigendes Beiwerk, sondern für das Verständnis der jeweiligen literarischen Hervorbringung unentbehrlich.

Erst die Wissenschaft der letzten Jahrzehnte hat es wieder gelernt, die literarischen Werke des Frühmittelalters als Ganzheiten anzusehen. Viele Geschichtsforscher des 19. und des 20. Jhs. betrachteten die Quellen dagegen nur als Steinbrüche, denen man einzelne Mitteilungen entnehmen konnte, um daraus ein neues Bild zu formen. Man fasst diese Vorgehensweise gern unter den Begriff des Positivismus. Das ist nicht falsch; doch wirkt es befremdlich, wenn in den Vorreden heutiger Darstellungen der Positivismus feierlich verflucht wird, während die weiteren Ausführungen ein wenig bekömmliches Gemisch aus Romantik und Positivismus bilden.

Die „positivistische" Betrachtung eines mittelalterlichen Geschichtswerks führte oftmals dazu, dass es als Quelle nur für das Beschriebene und nicht auch für andere Dinge angesehen wurde, zum Beispiel für die Weltsicht des Verfassers und seine Absichten. So ließen während des 19. Jhs. die Herausgeber die mittelalterlichen Quellen häufig ohne die Abschnitte drucken, die „objektiv" Unmögliches enthielten, wie die Aufzählung der Wunder, die ein Heiliger vollbracht haben sollte. Dabei übersahen die neuzeitlichen Gelehrten, dass auch Wunderberichte wertvolle Aufschlüsse bieten.

4.3.4 Rudolf von Fulda und die Übertragung der Gebeine des heiligen Alexander

Der Bericht über die Übertragung der Gebeine des heiligen Alexander von Rom nach Wildeshausen ist von den Fuldaer Mönchen Rudolf und Meginhard verfasst worden.[113] Ihr Auftraggeber war Waltbert, ein Enkel des berühmten Widukind, des Mannes, der Karl dem Großen in Sachsen am heftigsten widerstanden hatte. Die folgenden Nachrichten über Waltberts Leben und die Entstehung des Übertragungsberichts gehen aus Meginhards eigenen Worten hervor:

Waltbert war im Auftrag Kaiser Lothars I. nach Rom gereist und hatte 850/51 von dort die Gebeine des heiligen Alexander nach Wildeshausen (im Kreis Oldenburg) übertragen lassen. Berichte von solchen Übertragungen (Translationen) bildeten eine eigene literarische Gattung des Mittelalters. Sie hatten unter anderem die Aufgabe, für ihren Heiligen zu werben, indem sie die Wunder vor aller Augen führten, die er nach dem damaligen Volksglauben während der Überführung seiner sterblichen Überreste und an seiner neuen Ruhestätte vollbrachte.

Nun weist unser Bericht eine Besonderheit auf. Er enthält nämlich einen einleitenden Teil über die Frühgeschichte Sachsens. Diese Abschnitte des Werkes haben Rudolf zum Verfasser (und nicht Meginhard). Rudolf ist 865 verstorben. Das heißt, er muss seine sächsische Frühgeschichte zwischen 850 und 865 geschrieben haben.

Rudolf „von Fulda", dessen Geburtsjahr vor 800 angesetzt wird, ist eine ziemlich gut fassbare Persönlichkeit des 9. Jhs. Unter anderem hat er sich als Urkundenfälscher betätigt, was für die weitere Betrachtung nicht ganz nebensächlich ist.

Die erste Frage muss sein, was eine sächsische Urgeschichte im Bericht von der Übertragung des heiligen Alexander zu suchen hat. Leider werden wir darüber nicht aufgeklärt, denn Rudolf kam ja nicht mehr dazu, sein Werk mit einer Vorrede zu versehen, in der er hätte erklären können, was er mit dem betreffenden Teil seiner Schrift bezweckte.

Als Rudolf tot war, hat Meginhard das angefangene Werk „nach langem Zaudern" vollendet, wie er selber mitteilt. Er schickte es mit einem Begleitschreiben an Sundrolt, den späteren Erzbischof von Mainz (reg. 889–891). In diesem Brief heißt es, Rudolf sei von Waltbert gebeten worden, die Wunder zu beschreiben, die der heilige Alexander vollbracht hatte. Waltberts Auftrag besagte also nicht, dass Rudolf die sächsischen Ursprünge hätte schildern sollen. Diese Erzählungen hatte der Fuldaer Mönch auf die eigene Kappe zu nehmen. Das muss betont werden, weil einige Forscher gemeint haben, Waltbert habe die „Hausüberlieferung" seines Geschlechts niederschreiben lassen. Erst Meginhard hat wirklich das geliefert, was Waltbert haben wollte.

Hören wir uns nun an, was der Fuldaer Rudolf zu erzählen weiß: Wie aus der alten Geschichte hervorgehe, stammten die Sachsen von den Engländern ab, „von den *Angli*, die Britannien bewohnen." Zu der Zeit, als der König der Franken Theuderich gegen „seinen Schwager" Irminfrid, „den Herzog der Thüringer," gekämpft habe, seien sie zu Schiff auf der Suche nach Wohnsitzen übers Meer gefahren und an einem Ort namens Hadeln gelandet. Da Theuderich mit den Thüringern in zwei blutigen Schlachten nicht habe fertig werden können, hätte er die Sachsen, deren Herzog *Hadugoto* gewesen sei, als Hilfstruppen angeworben. Für den Fall des Erfolgs hätte er ihnen Wohnsitze versprochen. Dank des sächsischen Beistands habe der König einen vollständigen Sieg errungen. Die unmittelbar folgenden Sätze lassen wir vorläufig beiseite.

Indem Rudolf sowohl Irminfrid als auch Hadugoto als Herzöge bezeichnete, legte er unbewusst die politischen Verhältnisse seiner Zeit zugrunde. Der Ort *Haduloha* (Hadeln) wird in den fränkischen Reichsannalen und anderen Quellen der Karolingerzeit als der sächsische Küstenort schlechthin genannt. 797 ist Karl der Große bis dorthin vorgedrungen. Kein Wunder, dass Rudolf von Fulda die Neuankömmlinge an dieser Stelle landen ließ. Andere sächsische Küstenorte dürften ihm gar nicht bekannt gewesen sein. Die Rede geht nicht etwa von dem Land Hadeln (auf dem linken Ufer der Elbmündung). An der betreffenden Stelle ist die Übersetzung in der Freiherr-vom-Stein-Gedächtnisausgabe falsch.[114]

Offensichtlich gab der Landungsort, dessen Namen man als „Kampfgehege" verstehen mochte, dem Fuldaer Mönch die Anregung, den sächsischen Herzog *Hadugoto* zu nennen. Das könnte als „Kampfgote" zu deuten sein.

Rudolf verbreitete sich auch über die Sitten der Sachsen. Was er da ausführte, entstammte keiner Tatsachenkenntnis. Statt dessen schrieb er aus dem allgemeinen Teil der „Germania" des Tacitus ab und übertrug die entsprechenden Nachrichten auf die Sachsen. Aber seine Quelle nannte er nicht.

Rudolf von Fulda war der einzige Verfasser des Mittelalters, der Kenntnis der „Germania" verrät. Leicht hätte der Fall eintreten können, dass das Werk des römischen Geschichtsschreibers nicht auf uns gekommen wäre. Wo würde man dann die Quelle von Rudolfs Mitteilungen suchen? Gewiss in der „sächsischen Stammessage."

Besonders ausführlich verweilt Rudolf bei der Beschreibung der heidnischen Bräuche der alten Sachsen. Er tue das, sagt er, damit der einsichtige Leser erkenne, aus welchem Dunkel des Irrtums der liebe Gott sie erlöst habe. Damit schuf Rudolf den Übergang, um die Unterwerfung Sachsens durch Karl den Großen zu schildern:

Wegen ihres Heidentums hätten die Sachsen alles Recht mit Füßen getreten und wären deshalb auch mit ihren Nachbarn, den Franken, in Streit geraten. Rudolf erzählt dann von den Sachsenkriegen Karls des Großen, indem er aus Einhards Lebensbeschreibung des Kaisers abschreibt, wobei er auch diese Quelle nicht nennt. Mit der Taufe Widukinds sei schließlich ganz Sachsen unterworfen gewesen. Weiter kam Rudolf nicht. Der Tod nahm ihm die Feder aus der Hand.

Meginhard fuhr fort, indem er über Widukinds Sohn Wikbert und dessen Sohn Waltbert berichtete. Aus den Lebensschicksalen von Widukinds Enkel ergab sich der zwanglose Übergang zur Geschichte von der Überführung des heiligen Alexander.

Nach Rudolf hatte es in Germanien keine Sachsen gegeben, bevor die Ankömmlinge aus Britannien zu dem Zeitpunkt bei dem Ort Hadeln landeten, als Theuderich mit den Thüringern im Krieg lag. Davon, dass *Saxones* von Germanien im 5. Jh. nach Britannien gekommen waren, hat der Fuldaer Mönch entweder nichts gewußt; oder er hat den Sachverhalt planmäßig verschwiegen. In diesem Fall müssten seine Beweggründe ermittelt werden.

Einige Wissenschaftler meinen, dass Leute aus England tatsächlich bei Hadeln gelandet wären und dass dieses vermeintliche Ereignis sich in Rudolfs Erzählung niedergeschlagen hätte. Das würde auch nichts an Rudolfs Unkenntnis oder seinem Schweigen von der germanischen Besiedlung Britanniens ändern.

In Britannien wusste man während jener Jahrhunderte, dass die Vorfahren der Engländer vom Festland gekommen waren. Wenn Rudolf von der Landung der *Saxones* in Britannien keine Kenntnis hatte, war ihm entweder Bedas englische Kirchengeschichte unbekannt geblieben; oder das Werk hatte keinen Eindruck auf ihn gemacht. Dass er es nicht gelesen hat, ist zwar möglich, bliebe aber befremdlich, denn es gibt Belege dafür, dass eine Abschrift von Bedas Geschichte im frühen 9. Jh. von einem Fuldaer Schreiber angefertigt worden ist.[115]

Wahrscheinlich liegt die Lösung anderswo: Rudolf verstand wohl unter dem Britannien, woher die Sachsen nach Germanien gekommen sein sollen, ein anderes Land als die britische Hauptinsel.[116] Demnach bestand für ihn keine Veranlassung, überhaupt von England und der Herkunft der Engländer zu sprechen. Erklären musste er jedoch, wie die Sachsen nach Germanien gelangt waren, denn in der „Germania" des Tacitus wurden sie ja nicht genannt. Aus dieser seiner Quelle schöpfte der Fuldaer Mönch die Gewissheit, dass ihre Ankunft zu Schiff erfolgt sei. Tacitus hatte nämlich ausgeführt, dass die Menschen ehemals auf dem Seeweg und nicht zu Lande neue Sitze gesucht hätten.

Wir kehren nun zum Sieg des Königs Theuderich zurück, wie Rudolf ihn schildert: Da „die Einheimischen" fast völlig vernichtet waren, überließ der Herrscher ihr Land „den Siegern", wie er es versprochen hatte. Die Namen der Thüringer und Sachsen fallen hier nicht. Es wirkt absonderlich, dass unter den Siegern bloß die Sachsen zu verstehen sind und nicht auch Theuderichs Franken.

Noch befremdlicher sind die folgenden Ausführungen: Rudolf gibt nämlich eine genaue Beschreibung von Grundeigentumsverhältnissen und Abgaben: Die Sieger, also doch wohl die Sachsen, hätten das ihnen zugefallene Land untereinander nach dem Los verteilt. Da viele von ihnen im Kampf gefallen waren und sie das Land wegen ihrer geringen Zahl nicht in seiner Ganzheit in Besitz nehmen konnten, hätten sie einen Teil, und zwar besonders den im Osten, an abhängige Leute ausgegeben. Die einzelnen taten das gemäß dem Los, das ihnen zugefallen war. Die abhängigen Leute sollten die Ländereien abgabenpflichtig bearbeiten. Die anderen Gegenden nahmen sie (also die sächsischen Sieger) selber in Besitz. „Im Süden nun hatten sie die Franken sowie den Teil der Thüringer, die von den vorhergehenden Kriegswirren nicht berührt waren und von denen sie durch das Bett des Flusses Unstrut getrennt werden; im Norden jedoch (hatten sie) die Normannen, die ganz ungebändigte Leute sind, im Osten wiederum die Abotriten und im Westen die Friesen ..."

Das ist die Stelle, aus der abgeleitet wird, dass die Sachsen 531 das Gebiet bis zur Unstrut bekommen hätten. In Wirklichkeit bildete die Unstrut während der Merowingerzeit keine Grenze, sondern lag mitten in Thüringen (dazu unten, S. 116).

Auch im 9. Jh. hat der Fluss Sachsen und Thüringen nicht getrennt: Zur selben Zeit, in der Rudolf von Fulda und Meginhard lebten, hat ein Mann, der den räumlichen Verhältnissen näher stand, eine ganz andere Grenze zwischen beiden Ländern angegeben, nämlich den Harz.[117] Dieser Mann war der namentlich nicht bekannte Verfasser der Lebensbeschreibung der heiligen Liutbirg, die nach heutigen erdkundlichen Begriffen in Thale am Harz lebte. Am selben Ort hielt sich auch der Schöpfer ihrer Lebensbeschreibung auf. Leider wird seine Nachricht über die thüringisch-sächsische Grenze weitgehend mit Missachtung gestraft. Von der Unstrut spricht der Verfasser der Lebensbeschreibung nicht.

Wie wir wissen, war dem Frühmittelalter die Vorstellung von den linearen Grenzen politischer Gebilde fremd (oben, S. 13). Die zeitgemäße Auffassung von der Grenze als einem Raum kommt darin zum Ausdruck, dass der unbekannte Verfasser den Harz als Niemandsland zwischen Sachsen und Thüringen ansah. Mit dieser Auffassung stand er nicht allein (unten, S. 91).

Andererseits sind wir im Zusammenhang mit den Angaben des Ptolemäus darauf gestoßen, dass im klassischen Altertum die nassen Grenzen gebräuchlich waren. In Nachahmung römischer Vorbilder kam nun während der Karolingerzeit oder genauer während der sogenannten karolingischen Renaissance das Bestreben auf, neue kirchliche Sprengel mit Flussgrenzen zu versehen. Rudolf von Fulda hat aus Gründen, die wir gleich kennen lernen werden, eine Grenze, die nur für geistliche Einrichtungen gedacht war, zur politischen Scheidelinie gemacht. Die anderen Nachbarn der Sachsen, also die Franken, die Friesen, die Normannen und die Abotriten führt er auf, ohne irgendwelche Grenzen anzugeben.

Bei der Unstrutgrenze kam es Rudolf nicht nur auf den Nachweis an, dass sie genau und dass sie alt war, sondern auch darauf, dass sie in seiner Gegenwart bestand. Er hebt diesen Sachverhalt ausdrücklich hervor.

Nun hatte Rudolf mit der Aussage irgendwie recht, dass die Unstrut zu seiner Zeit eine Grenze bildete. Der Fluss schied in seinem Unterlauf nämlich das Erzbistum Mainz vom Bistum Halberstadt, das im 9. Jh. gegründet worden war (und das zur Kirchenprovinz Mainz gehörte). Das heißt, die Unstrutgrenze war eine Schöpfung des 9. Jhs. Sie trennte zwei geistliche Sprengel voneinander.

Wie Stöbe in seinem oben erwähnten Aufsatz dargelegt hat, bilden Rudolfs Ausführungen über die Unstrutgrenze und die Grundbesitzverhältnisse eine Stellungnahme in einer berühmten Auseinandersetzung des Mittelalters, nämlich dem Zehntstreit zwischen dem Bistum Halberstadt und dem Kloster Hersfeld. Rudolf von Fulda vertrat den Halberstädter Standpunkt. Das Land südlich der Unstrut spielte bei diesen Auseinandersetzungen deswegen keine Rolle, weil es nicht zum Halberstädter Sprengel gehörte. Folglich brauchte Rudolf über die dortigen Abgaben keine Ausführungen zu machen. Es kam darauf an, der Unstrutgrenze ein hohes Alter zuzusprechen und die Verhältnisse südlich von ihr als belanglos hinzustellen.

Das Beweisziel brachte Rudolf von Fulda auf den abwegigen Einfall, die Entstehung der Unstrutgrenze einerseits mit dem Untergang des Thüringerreichs in Verbindung zu bringen und andererseits zu behaupten, dass die Thüringer südlich des Flusses von den Kriegswirren nicht berührt worden wären. Aus dieser Behauptung ergab sich der Schluss, dass südlich der Unstrut keine besonderen Abgaben eingeführt worden wären, die in der Gegenwart einen Streitpunkt hätten bilden können.

Die Geschichtsschreiber des Mittelalters haben in ihren Werken nicht selten in verschleierter Weise Ansprüche des Klosters oder des Bistums vorgetragen, dem sie angehörten oder vorstanden oder dessen Partei sie vertraten. Insofern bildet Rudolfs Vorgehensweise nichts Ungewöhnliches. Als Fälscher von Urkunden, in denen es um Zehnte ging, hatte er aber besondere Erfahrungen gesammelt. Aus dieser Tätigkeit stammte seine Vorliebe für genaue geographische Angaben.[118]

Die Unstrutgrenze erweist sich somit als eine Schöpfung des 9. Jhs., insofern sie die Grenze zwischen dem Mainzer und dem Halberstädter Sprengel bildete, und als eine Erdichtung des Rudolf von Fulda, insofern sie ein Ergebnis des Krieges Theuderichs I. gegen Irminfrid gewesen sein soll und die Grenze zwischen Thüringen und Sachsen gebildet hätte.

In den Ausführungen des Fuldaer Mönchs lassen sich weitere Bezüge zu seiner Gegenwart feststellen: Nachdem er die sächsischen Grenzen beschrieben hatte, legte er dar, die Sachsen seien zwar ihren Nachbarn lästig gefallen, jedoch im Innern auf schöne Eintracht bedacht gewesen. Ganz besonders hätten sie ihren Adel gepflegt. Insgesamt wären sie in vier Stände gegliedert.

Bei den Ausführungen über das friedliche Einvernehmen der Sachsen war der Wunsch der Vater des Gedankens: Zu Beginn der vierziger Jahre des 9. Jhs. hatten sich nämlich Teile der sächsischen Bevölkerung gegen ihre Herren erhoben. Man nennt diese Begebenheit den Stellingaaufstand (dazu unten, S. 262 ff.). Anscheinend gab das einschneidende Erlebnis dazu Anlass, über die bestehende Gliederung der Gesellschaft nachzudenken und sie zu rechtfertigen.[119] Rudolfs Leser mussten den Eindruck gewinnen, dass die angeblichen vier Stände so alt wären wie das festländische Sachsen, dass sie folglich ein Ergebnis der Eroberung gebildet hätten und damit gerechtfertig wären. Die Denkweise, die Angehörigen der Oberschicht als Nachkommen von Eroberern anzusehen und damit ihre Vorrechte zu begründen, war über ein Jahrtausend lebendig.

Ebenso alt wie die Ständegliederung und als Ergebnis einer Eroberung ebenso gut begründet sollte nach Rudolfs Willen nun auch die Unstrutgrenze erscheinen, damit das Bistum Halberstadt seine Ansprüche besser rechtfertigen konnte.

Die neuzeitliche Wissenschaft hat die Grenzangabe des Fuldaer Mönchs als die lautere Wahrheit angesehen. Nicht als Wahrheit gilt den Forschern Rudolfs Behauptung, dass es vor dem Krieg zwischen Theuderich und Irminfrid, also vor den dreißiger Jahren des 6. Jhs., auf dem europäischen Festland gar keine Sachsen gegeben hätte.

4.3.5 Die Sachsengeschichte des Widukind von Corvey

Wir wenden uns jetzt dem Manne zu, der gewöhnlich als Kronzeuge für die sächsische Frühgeschichte aufgerufen wird. Das ist der Mönch Widukind aus dem Kloster Corvey (nach heutigen Begriffen in Höxter). Er war ein jüngerer Zeitgenosse Ottos I. (reg. 936-973) und überlebte den Kaiser.

Widukind hat ein Werk hinterlassen, das man gewöhnlich als seine „Sachsengeschichte" bezeichnet. 968 legte er diese Schöpfung einer Tochter Ottos I. namens Mathilde (955-999) zu Füßen, die seit 966 als Äbtissin von Quedlinburg wirkte. In seinem Widmungsschreiben teilte Widukind dem zwölf- oder dreizehnjährigen Mädchen Folgendes mit:

Er habe die Taten ihres Vaters und ihres Großvaters (Heinrichs I.) geschildert, damit Mathilde noch besser als gut und noch ruhmwürdiger als ruhmwürdig werde. Aber auch über die Ursprünge der Leute, unter denen Heinrich I. (reg. 919–936) als erster die Königswürde erlangt habe, hätte er es sich angelegen sein lassen, einiges zu schreiben. Die letztgenannten Ausführungen – also die sächsische Urgeschichte – sollten nach dem erklärten Ziel ihres Verfassers „das Gemüt seiner Leserin erfreuen, sie von Sorgen befreien und ihr eine schöne Muße gewähren."[120]

Man beachte die Reihenfolge: Zunächst hat Widukind die Taten Heinrichs I. und Ottos I. beschrieben und erst dann seine sächsische Urgeschichte verfasst. Was wir als den ersten Teil seines Werkes lesen, ist also entstehungsgeschichtlich der jüngste.

Ebenso deutlich äußert sich Widukind über die verschiedenen Bestimmungen der beiden Teile: Die Geschichte Heinrichs I. und Ottos I. hatte den Wert eines Lehrbuchs. Sie sollte Mathilde zur Vervollkommnung dienen. Dagegen sollte die sächsische Urgeschichte die erlauchte Leserin unterhalten.

Widukind verfuhr wie ein Lehrer, der die Unterrichtsstunde mit einer spannenden Erzählung beginnt, um dann zur Behandlung des eigentlichen Stoffs überzugehen, der vielleicht weniger unterhaltsam ist. Das lehrhafte Ziel bleibt in beiden Teilen des Unterrichts dasselbe, was den Schülern oder Schülerinnen nicht bewusst zu werden braucht.

Nun ist es Widukind aber nicht gelungen, die beiden Teile seines Werkes zu einem Ganzen zu verschmelzen. Vielleicht hat er sich auch gar nicht darum bemüht. Die sächsische Urgeschichte und die Geschichte Heinrichs I. und Ottos I. sind unverbunden nebeneinander stehen geblieben. Eine Verknüpfung der beiden Teile hätte hergestellt werden können, indem Persönlichkeiten der Urzeit als Vorfahren oder wenigstens Verwandte der Könige des 10. Jhs. geschildert worden wären. Zum Beispiel stellt Beda in seiner englischen Kirchengeschichte zeitgenössische Könige als Angehörige desselben Mannesstammes vor, dem Hengest und Horsa entsprossen waren, die angeblichen Anführer der germanischen Besiedler Britanniens.

Widukind selber hat seiner Schilderung der Frühzeit keinen besonderen Wert zugesprochen, denn er teilt ausdrücklich mit, er folge in seiner sächsischen Urgeschichte fast nur dem Gerede (*fama*). Auch habe die Länge der Zeit beinahe jede sichere Kenntnis verdunkelt. Wenn Widukind „die sächsische Stammessage aufgezeichnet" hätte, hätte er sich das Verdienst erworben, ihrem Inhalt kritischer begegnet zu sein als die neuzeitliche Wissenschaft.

Auffällig ist ferner, dass der erste Teil von Widukinds Sachsengeschichte zahlreiche sprachliche Missgriffe und inhaltliche Widersprüche enthält, die vermuten lassen, dass der Corveyer Mönch ihn in großer Hast aufs Pergament gebracht hat. Wir erinnern uns, dass dieser erste Teil, also die Urgeschichte, nach Widukinds ausdrücklichem Bekunden den zuletzt geschriebenen Abschnitt seines Werkes bildet.

Die Eile, mit der Widukind die sächsische Frühzeit schilderte, dürfte mit der Entstehung seines gesamten Werkes zusammenhängen. Als seine ursprüngliche Auftraggeberin ist Ottos I. Mutter Mathilde zu vermuten.[121] Bei dieser Mathilde handelte es sich also um die Großmutter der gleichnamigen Äbtissin von Quedlinburg.

Nun war die alte Mathilde am 14. März 968 verstorben. Außer der jungen Äbtissin befand sich zu jener Zeit niemand von den Angehörigen des Kaiserhauses nördlich der Alpen. Wem sollte Widukind jetzt sein Werk übereignen? Es blieb nur das Kind in Quedlinburg übrig, dem er das Erzeugnis seiner Schriftstellerei schmackhaft machen musste. Zu diesem Zweck schuf er die spannende Erzählung von der sächsischen Urgeschichte.

Widukind verfolgte in seinem Geschichtswerk auch eigensüchtige Ziele, nicht als Einzelwesen, aber als Mönch von Corvey. Zu ihrer Durchsetzung brauchte er eine großmächtige Fürsprecherin. Als Mönch von Corvey wollte er nämlich dem heiligen Veit, dem himmlischen Schutzherrn seines Klosters, zu allgemeiner Anerkennung in Sachsen verhelfen. Im Eifer für die gute Sache wurde Widukind gegenüber der Äbtissin Mathilde geradewegs zudringlich, um nicht zu sagen, dreist: „Du sollst," schrieb er mitten in seinem Werk, „du sollst diesen außerordentlichen Schutzheiligen verehren" (den heiligen Veit), „durch dessen Ankunft Sachsen aus einer Sklavin zur Freien und aus einer Zinspflichtigen zur Herrin vieler Völker geworden ist. Nicht bedarf zwar ein solcher Freund – ein so großer Freund des höchsten Gottes – deiner Gunst; wir aber, seine Knechte" (die Mönche von Corvey) „bedürfen der seinen. Damit du ihn also als Fürsprecher beim himmlischen Kaiser zu haben vermagst, wollen wir dich als Anwältin beim irdischen König haben, nämlich bei deinem Vater und deinem Bruder" (Otto II.).[122] Wie bei Widukind üblich, hapert es ein wenig mit dem Ausdruck und der Klarheit der Gedankenführung.

Eile bei dem Bestreben, den heiligen Veit als Schirmherren Sachsens hinzustellen, war schon deshalb geboten, weil Otto I. sich mit dem Gedanken trug, in Magdeburg ein Erzbistum zu errichten. Magdeburg stand aber unter dem Schutz des heiligen Moritz. Somit war dem Corveyer Heiligen ein mächtiger Mitbewerber erwachsen. Zu Beginn des Jahres 968 war Ottos I. Magdeburger Plan noch nicht verwirklicht. Erst im Herbst des Jahres sollte der Kaiser sein Ziel erreichen.

Die Wissenschaft geht mitunter sonderbare Wege: Erzählungen, deren Schöpfer ausdrücklich mitteilt, sie seien zum Vergnügen eines Kindes verfasst, betrachtet sie als die Niederschrift einer hehren Stammesmesse und spricht ihnen ein heiliges Alter zu.

Hören wir nun, was Widukind von der sächsischen Urzeit zu erzählen hat: Die Sachsen würden von den einen als Abkömmlinge der Dänen und Normannen betrachtet. Nach der Meinung anderer hätten sie jedoch von den Griechen abgestammt. Widukind selber habe als ganz junger Mensch „jemanden" verkünden hören, dass die Griechen selber behaupten würden, die Sachsen wären ein Überrest des Heeres Alexanders des Großen, das nach dem Tod des Königs <323 v.Chr. M. S.> über die ganze Welt verstreut worden sei. Ohne Zweifel habe es sich bei ihnen um ein altes und vornehmes Geschlecht gehandelt. Nach Iosephus hätte Agrippa in einer Rede an die Juden von ihnen gesprochen. Auch kämen sie in einem Vers des Dichters Lukan vor.[123]

Hier treffen wir Bekanntes wieder: Widukind stand eine verunglückte Erinnerung an die Rede des Flavius Iosephus im sogenannten Hegesippus vor Augen; und er hatte im Text des Lukan die Lesart Saxones statt Suessones gefunden (oben S. 36f. und 28). Wir können daraus lernen, wie die Gelehrten des Mittelalters die Völkernamen ihrer Gegenwart in den Schriftwerken des Altertums aufzuspüren versuchten. Es ging ihnen darum, einen geschichtlichen Zusammenhang zwischen den Zeitgenossen einerseits sowie den Griechen und Römern andererseits herzustellen.

Der blühende Unsinn, dass die Sachsen von den Griechen abstammten, erweist sich bei näherer Betrachtung als Widukinds geistiges Eigentum. Der geheimnisvolle Jemand, von dem er in zarter Jugend die bemerkenswerte Kunde von den Ansichten der Griechen über die griechische Herkunft der Sachsen gehört haben will, ist ein Erzeugnis der Dichtergabe des Corveyer Mönchs. Erkennbar wird der Sachverhalt schon daran, dass Widukind sich auf die eigene Ohrenzeugenschaft beruft. Wenn es sich um tatsächlich Gehörtes handelt, bekräftigt man nicht eigens, es selber vernommen zu haben. Die Wahrheitsbeteuerung bildet ein Merkmal der Lüge schlechthin.

Widukind fährt dann fort (1, 3f.): Es stehe fest, dass die Sachsen in „diese" Gegenden zu Schiff gekommen und an einem Ort gelandet seien, der „bis heute" Hadeln heiße. Die eingesessene Bevölkerung, „von der überliefert ist, dass es Thüringer waren," habe sich gegen die Ankömmlinge zur Wehr gesetzt. Aber die Sachsen hätten ihren Landeplatz behauptet. Nach langen Kämpfen mit beiderseitigen Verlusten sei ein Vertrag geschlossen worden: Die Sachsen hätten Handel treiben dürfen, aber von der Heimsuchung des flachen Landes, von Totschlagshandlungen und Raubüberfällen Abstand nehmen sollen. Diese Übereinkunft sei „viele Tage" eingehalten worden. Als den Sachsen jedoch das Geld ausgegangen war und sie nichts mehr zu kaufen und zu verkaufen hatten, hielten sie den Frieden für unnütz.

Was Widukind hier schildert, entspricht genau dem Verhalten der Wikinger des 9. und frühen 10. Jhs. bzw. dem Verhältnis zwischen ihnen und der einheimischen Bevölkerung. Hervorzuheben ist besonders die Verbindung von Krieg und Handel. Um 930 waren die Wikingerzüge vorläufig zum Erliegen gekommen. Erst um 980 brach eine neue Welle los. Widukind, der um 925 geboren war, konnte aus Erzählungen von den nordischen Räubern und Händlern sehr wohl eine anschauliche Vorstellung gewinnen. Man sieht, wie die Schriftsteller das Bild, das sie von ihrer Lebenswelt hatten, in die Vergangenheit übertrugen.

In Widukinds weiterer Erzählung häufen sich die Ungereimtheiten (1, 5): Nachdem wir eben gehört hatten, dass den Sachsen alles Geld ausgegangen war, sei eines Tages einer ihrer Jünglinge mit Gold beladen an Land gegangen – gemeint ist: um Nahrungsmittel zu kaufen. Dem abgemagerten jungen Mann habe sich ein Thüringer genähert. Dem habe der Sachse das Gold zum Kauf angeboten, zu welchem Preis auch immer. Der Thüringer habe höhnisch gesagt: „Nimm doch den Sand da!" Der Kauf kam zustande. Und siehe da: Die List des Sachsen ging auf. Er streute nämlich die Erde über das Land und nahm damit ein großes Gebiet in Besitz, auf dem die Sachsen ihr Lager aufschlugen. Dass die Sachsen Hunger litten, ist Widukind ebenso aus dem Blickfeld geraten, wie er kurz zuvor übersehen hatte, dass sie schwerlich Gold im Überfluss haben konnten, nachdem ihnen alles Geld ausgegangen war. Hätte er Zeit gehabt, an seiner Erzählung zu feilen, dann hätte er solche Missgriffe wahrscheinlich vermieden.

Als nun die Thüringer das Lager erblickten, hätten sie sich über den Bruch des Vertrages beschwert. Die Sachsen aber hätten darauf verwiesen, das Land rechtmäßig mit ihrem Gold erworben zu haben. Darauf kam es zum Kampf. Die Sachsen siegten und erweiterten nach dem Recht des Krieges ihr Gebiet.

Nach langen Auseinandersetzungen sei von beiden Parteien eine Versammlung verabredet worden, zu der alle unbewaffnet erscheinen sollten. Die Sachsen hätten jedoch unter ihren Gewändern große Messer verborgen. Als sie sahen, dass ihre Feinde waffenlos waren und sich „sämtliche thüringischen Großen" auf dem Platz eingefunden hatten, holten sie ihre Waffen hervor, fielen über die Ahnungslosen her und machten sie „bis auf den letzten Mann" nieder. Durch dieses Gemetzel hätten die Sachsen „das ganze Land" gewonnen, was einleuchtend ist, denn es gab ja keine thüringischen Großen mehr. Oder überhaupt keine Thüringer?

Unsere Frage, ob die gesamte Einwohnerschaft oder nur die führenden Leute der Abschlachtung zum Opfer fielen, war Widukinds Zeitgenossen ziemlich gleichgültig. Die Masse der Bevölkerung wurde nur als Anhang der Großen wahrgenommen – man mag sagen, als Anhang des Adels. „Alle Thüringer" oder „alle Sachsen" braucht daher nicht die gesamte Bevölkerung, sondern nur die Oberschicht zu meinen. Die geringen Leute zählten nicht.

Die Ausdehnung des von den Sachsen gewonnenen Landes bleibt unklar. Der erste Satz des achten Abschnitts legt die Vermutung nahe, dass Widukind darunter das Sachsen seiner eigenen Zeit verstand. Nach der eben wiedergegebenen Erzählung fährt er nämlich mit den Worten fort: „Während dies im Sachsenlande, wie es nun heißt, vorging ... "

Bevor Widukind aber den weiteren Gang der Dinge verfolgte, betätigte er sich erst einmal als Archäologe und Namenforscher: Wie es bei ihm heißt, „werden die großen Messer" (oder Dolche), mit denen die Sachsen seinerzeit die Thüringer abgeschlachtet hatten, „heute noch von den Engländern (*Angli*) benutzt, wobei diese an der Sitte der alten Heimat festhalten" (1, 6). Leider teilt uns der sächsische Mönch nicht mit, woher ihm seine Kenntnisse von den Waffen der Vorzeit zugeflossen sind. Aber wir werden die Quelle gleich kennen lernen.

Widukinds namenkundliche Interessen kommen darin zum Ausdruck, dass er ausführt, nach der Meinung einiger Leute wären die Sachsen wegen der Niedermetzelung der Thüringer zu ihrem Namen gekommen (1, 7). Auch diese Aussage wird uns noch beschäftigen.

Die Erzählung von dem blutigen Überfall, den die eine Partei während einer Versammlung auf die andere verübt, übernahm Widukind aus der „Geschichte der Briten" des Nennius. Die älteste Fassung dieses Werkes ist um 830 in Britannien entstanden, aber nicht in England, sondern in Wales.

Bei Nennius liest man Folgendes: Der König der Briten „Guorthigern" und Hengist, der Anführer der *Saxones*, hatten nach längeren Kämpfen vereinbart, ein dauerhaftes Bündnis (*amicitia*) zu schließen. Deswegen beraumten sie eine Versammlung an, zu der Briten und *Saxones* unbewaffnet erscheinen sollten. „Doch Hengist befahl seinem gesamten Gefolge, jeder solle sein Federmesser in einen seiner Schuhe unter die Fußsohle legen. Und wenn ich rufe: ,*Eu Saxones eniminit saxas*,' dann holt ihr eure Messer aus euren Schuhen und geht auf sie los!" Nur den britischen König sollten sie verschonen. So geschah es. Die Sachsen machten alle dreihundert Würdenträger (*seniores*) des „Guorthigern" nieder. Den König selber nahmen sie gefangen. Als Lösegeld überließ er den *Saxones* „sehr viele Lande, nämlich Essex und Sussex."[124] Es sei besonders darauf hingewiesen, dass Nennius das Losungswort des Hengist in einer germanisch-lateinischen Mischsprache wiedergibt. Auf deutsch lautet es: „Auf, Sachsen, nehmt eure Messer."

Widukind hat den sachsenfeindlichen Unterton seiner Vorlage zu beseitigen versucht, indem er schrieb, nach dem Ende der Thüringer „wurden die Sachsen berühmt und begannen ihren Nachbarn Schrecken einzuflößen" (1, 6). Überzeugend wirkt das nicht. Aber Widukind hatte wohl keine Zeit, das sächsische Verhalten besser zu begründen. Immerhin hat er den dummen Einfall des Nennius mit den Federmessern beseitigt.

Jedenfalls hätte eine „sächsische Stammessage" die Sachsen nicht als heimtückische Mörder auftreten lassen. Die britische Quelle schimmert hindurch. Sie war es auch, die dem Corveyer Mönch die Vorstellungen von der altenglischen Bewaffnung vermittelte, wobei Widukind an das Wort *saxas* anknüpfte.

Nach der Erzählung von der Niedermetzelung der Thüringer fügt Widukind eine Abschweifung über Britannien ein und schildert, wie Sachsen dieses Land erobert hätten (1, 8). Als Quelle diente ihm hier Bedas englische Kirchengeschichte. Allerdings nennt er diesen Verfasser ebenso wenig wie den Nennius. Auch unterlaufen Widukind erhebliche Missverständnisse. Zum Beispiel meint er, die Angelsachsen (*Anglisaxones*) hießen deshalb so, weil Britannien gewissermaßen in einem Winkel (*angulus*) des Meeres gelegen sei.

Der Corveyer Mönch lässt keinen Zweifel an seiner Meinung, dass die Sachsen von den Briten deshalb um Hilfe gebeten worden wären, weil sie sich durch ihre Taten auf dem Festland Ruhm erworben hatten. Daraus folgt, dass er zwischen der Landung bei Hadeln und dem Übergang nach Britannien eine erhebliche Zeitspanne ansetzt. Die Bemerkung ist erforderlich, weil einige Wissenschaftler meinen, Widukind habe die Ankunft der Sachsen an der Nordseeküste in die Zeit des Thüringerkriegs des Königs Theuderich verlegt. Das hatte zwar Rudolf von Fulda getan; aber der hatte ja auch geschrieben, dass es vorher auf dem Festland gar keine Sachsen gegeben hätte.

Nach seinem geistigen Ausflug auf die britische Insel wendet sich Widukind wieder „dem Lauf der Geschichte" zu. Er schildert den Hintergrund des Krieges zwischen Theuderich I. und Irminfrid. Dabei beginnt er mit Theuderichs I. Vater Chlodwig I., den er allerdings *Huga* nennt. Wie der Name Huga zustandegekommen ist, kann hier nicht dargestellt werden. Der Name *Theuderich* erscheint bei ihm in der Form *Thiadrich*. Jahresangaben finden sich in Widukinds sächsischer Frühgeschichte übrigens nicht.

Bei seinen Ausführungen über den Thüringerkrieg und seine Vorgeschichte greift Widukind nun tatsächlich auf eine „Sage" zurück, nämlich die von Iring. Das war der Name eines auch sonst bekannten Helden. Als solcher kommt Iring im Nibelungenlied vor. Widukind lässt ihn auftreten, ohne zu erläutern, um wen es sich handelte. Iring muss also eine Gestalt gewesen sein, von der die Mitwelt des Mönchs und besonders die junge Mathilde eine klare Vorstellung hatte. Die frühmittelalterlichen Heldensagen setzten ihre handelnden Personen immer als bekannt voraus. Sie brauchten sie nicht vorzustellen und taten es nicht. Diese Aussage gilt nicht für die literarischen Schöpfungen des Hochmittelalters wie die isländischen Sagas oder das Nibelungenlied.

Widukind führt in seiner sächsischen Frühgeschichte eine zweite Person mit dem bloßen Namen und ohne Erläuterungen ein. Das ist Waldrich (*Waldricus*), der vor Scheidungen als der einflussreichste Ratgeber des Königs Theuderich auftritt. Anscheinend handelte es sich bei ihm um die Hauptgestalt einer völlig verklungenen Sage. Sonst wäre kaum zu erklären, warum Widukind ihm ohne nähere Angaben einen Platz in seinem Werk einräumen konnte.

Vermutlich hat der Corveyer Mönch auf ein Iring-Lied angespielt. Daraus folgt nicht, dass er alles fertig vorgefunden hätte, was er von dem Helden erzählt. Jedenfalls vermengte er den Iring-Stoff mit dem, was er bei Rudolf von Fulda gefunden hatte, sowie mit sonstigen Lesefrüchten und mit Gegebenheiten seiner Gegenwart. Aufgefüllt und verbunden wurden die Einzelheiten durch Widukinds eigene Erdichtungen. Entstanden ist ein sonderbares Gemisch:

So erfahren wir, dass Huga als „Senior" seinen Anhang milde behandelt habe. *Senior* war ein Fachausdruck des 10. Jhs., jedoch nicht des 6. Man kann das Wort als Lehens- oder Dienstherr wiedergeben. Aus Dankbarkeit hätten die Leute nach Hugas Tod seinen unehelichen Sohn Theuderich zum König „gesalbt". Im 6. Jh. war kein König gesalbt worden; doch war die Königssalbung zu Widukinds Zeit von erheblicher Bedeutung. So übertrug der Geschichtsschreiber Gegebenheiten seiner Zeit in die Vergangenheit.

In der gleichen Weise verfuhr er, indem er erzählte, noch als „designierter" König habe Theuderich eine Gesandtschaft an seinen vermeintlichen Schwager Irminfrid geschickt. Die „Designation" des Königs war eine von Widukinds Lieblingsvorstellungen, wenn er die Weitergabe der Königswürde im 10. Jh. beschrieb.

Weiter erzählt Widukind, wie Theuderich von Irminfrid beleidigt wurde und gegen ihn zog: Bei *Runibergun* kam es zu einer zweitägigen Schlacht. Am dritten Tag ergriff Irminfrid die Flucht und zog sich in die Burg *Scithingi* „über der Unstrut" zurück. Nach allgemeiner Auffassung dachte Widukind an Burgscheidungen, wie der Ort heute heißt (sw. Halle). Die zweitägige Schlacht ist eine Umwandlung der Angabe des Rudolf von Fulda, dass Theuderich und Irminfrid zwei Schlachten gegeneinander geschlagen hätten. Widukind liebt es, aus mehreren Dingen eins zu machen (siehe unten, S. 85).

Umstritten ist, welche Örtlichkeit sich Widukind unter *Runibergun* vorstellte. Die neuzeitliche Wissenschaft hat Ronneberg bei Hannover, die Ronneberge bei Nebra an der Unstrut (nicht weit von Burgscheidungen) oder Ruhnsburg an der Hainleite vermutet.

Theuderich veranstaltet eine große Beratung, ob er Irminfrid verfolgen oder sich in die Heimat zurückziehen solle. Schließlich fasst der König den Entschluss, den Krieg fortzusetzen und „zu den Sachsen zu schicken, die schon lange die grimmigsten Feinde der Thüringer waren, damit sie ihm zu Hilfe kämen. Falls sie Irminfrid besiegen und die Burg einnehmen sollten, werde er ihnen das Land zum ewigen Besitz überlassen." Auf diese Weise führt Widukind die Sachsen in den fränkisch-thüringischen Krieg ein. Was für ein Land der König ihnen versprochen hat, bleibt wiederum unklar.

Die Sachsen entsenden neun Herzöge mit je tausend Mann. Die Neunzahl ist Gründungssagen und ähnlichen Geschichten eigentümlich. Widukind macht gern von ihr Gebrauch: Heinrich I. schließt einen Waffenstillstand mit den Ungarn auf neun Jahre. Während dieser Zeit trifft er Verfügungen, die jeweils neun der Krieger auf dem flachen Land betreffen. Ottos I. jüngerer Bruder Heinrich macht sich mit neun Begleitern auf den Weg.

Breit ausgemalt wird die Ankunft der Sachsen in Theuderichs Lager. Auch hier kann Widukind es nicht lassen, mit einem Finger auf die Gegenwart zu deuten: Mancher Franke habe gesagt, er wolle auf solche Verbündete lieber verzichten. Wenn sie das gegenwärtige Land (also Thüringen) bekämen, würden sie eines Tages das Frankenreich zerstören. Diesen Hellsehern stand der Übergang der Königsherrschaft von Konrad I. († 918) auf Heinrich I. (reg. 919–936) vor Augen.

Am Tag nach ihrer Ankunft erobern die Sachsen zunächst eine Vorburg oder eine Siedlung unterhalb der Burg. Dann kommt es zur Schlacht zwischen ihnen und den Thüringern. Der Kampf endet unentschieden, fordert jedoch auf beiden Seiten zahlreiche Tote. Von den Sachsen fallen sechstausend. Bei dieser Schilderung hat Widukind die Franken völlig vergessen. Ein auffälliger Missgriff!

Irminfrid entsendet Iring zu Theuderich und bietet seine Unterwerfung an. Die Großen des fränkischen Königs werden bestochen und überreden ihren Herrn, das Angebot anzunehmen. Vom geplanten Verrat erhalten die Sachsen jedoch Kunde, und zwar auf folgende Weise: Ein Thüringer nutzte den Waffenstillstand zur Beizjagd. Da fing ihm ein Sachse auf dem anderen Ufer der Unstrut den Vogel weg. Es war ein Habicht (*accipiter*). Der Thüringer versprach, ein Geheimnis zu verraten, um das wertvolle Tier zurückzubekommen. Sein Gegenüber ging auf den Handel ein und erfuhr auf diese Weise, dass die beiden Könige übereingekommen wären, am nächsten Tag die Sachsen gefangen zu nehmen oder zu töten. Der so Belehrte ließ den Habicht frei und unterrichtete seine Gefährten. Die Sachsen waren zunächst ratlos.

Nun tritt der Mann auf, der nach Rudolf von Fulda ihr Herzog war. Widukind degradiert ihn zum altgedienten Kriegsmann, verleiht ihm zur Entschädigung jedoch den ehrenden Beinamen „Vater der Väter" (*pater patrum*), der ihm wegen seiner Tugenden zuteil geworden sei. Hier liegt eine ungeschickte Übertragung des römischen Ehrentitels „Vater des Vaterlands" (*pater patriae*) vor. Der Name des tapferen Alten erscheint bei Widukind in der Form *Hathagat*.

Hathagat wird ausführlich vorgestellt. Bei Iring oder Waldrich war das nicht geschehen. Folglich erweist sich der verdienstvolle Krieger nicht als Held der Sage, sondern als ein Geschöpf Widukinds, dessen Vorbild Rudolfs Hadugoto war. Hathagat hält eine der langen Ansprachen, die zu erdichten dem Corveyer Mönch gefiel. Widukind ahmte die lateinischen Geschichtsschreiber des Altertums nach, zu deren Kunstmitteln die Erfindung von Reden gehörte.

Wir müssen hier auf eine Einzelheit eingehen, da sie die Arbeitsweise des Corveyer Mönchs erkennen lässt: Bevor Hathagat das Wort ergreift, nimmt er „das heilige Feldzeichen" der Sachsen in die Hand. Dieses habe aus drei Teilen bestanden: einem Löwen und einem Drachen sowie einem Adler, der darüber schwebte. Manche Wissenschaftler meinen, die Sachsen des 6. Jhs. hätten ein solches Feldzeichen tatsächlich geführt, so dass Widukind sich erneut als Archäologe betätigt haben müsste. Aber die Herkunft des dreigliedrigen Feldzeichens ist ganz anders zu erklären als dadurch, dass der Corveyer Mönch es vielleicht bei Scheidungen durch Ausgrabungen ans Licht gefördert hätte:

Der Erzbischof Isidor von Sevilla (um 560–636) hatte ein umfangreiches Nachschlagewerk verfasst. Man nennt es „Etymologien" oder *Origines* („Ursprünge"). Isidors Etymologien dienten den Gelehrten des Mittelalters lange Zeit als Wissensquell. Widukind von Corvey hatte dort gelesen, dass die Legionen drei verschiedene Feldzeichen geführt hätten: den Adler, den Drachen und die Kugel. Daraus machte er nun ein einziges Feldzeichen und ersetzte die Kugel durch den Löwen.[125] Wiederum treffen wir auf seine Eigenschaft, nicht Zusammengehörendes zusammenzufügen und seine Vorlagen willkürlich zu verändern. Widukind war keineswegs ein Mann, der sich damit begnügt hätte, irgend etwas „aufzuzeichnen".

Mit einer zündenden Ansprache stachelt Hathagat die Sachsen an, die Burg in der Nacht zu überfallen. Der Handstreich gelingt. Alle Erwachsenen werden niedergemacht. Nur Irminfrid entkommt mit seiner Gemahlin, seinen Söhnen und einem geringen Gefolge.

Hier entgleist Widukind die Zeitfolge: Die Schlacht, in der die sechstausend Sachsen gefallen sind, hat den ganzen Tag gedauert (*tota dies*). Es folgten die Verhandlungen zwischen Iring und Theuderich sowie die verhängnisvolle Beizjagd. Sofern man nicht annehmen will, dass der Thüringer Jäger einen Uhu abgerichtet hätte – was obendrein im Widerspruch zu Widukinds ausdrücklicher und zweimaliger Nennung des Habichts stünde –, muss die Jagd im Hellen, also frühestens am Tag nach der Kampf stattgefunden haben. Aus Hathagats Worten ergibt sich jedoch, dass er seine Rede unmittelbar nach der verlustreichen Schlacht, noch am Abend gehalten hat: „Vom heutigen Kampf" (*hodierno proelio*) seien die Thüringer erschöpft, sagt er.

Aber kehren wir zur Burg Scheidungen zurück: Als es Tag geworden war, legten die siegreichen Sachsen den Adler vor dem Osttor nieder und errichteten einen Siegesaltar (*ara victoriae*). Die Wendung „den Adler niederlegen" hatte Widukind in seinem Lukan gefunden, jedoch missdeutet: Der Dichter hatte vom Verzicht auf den Oberbefehl gesprochen (Pharsalia, 1, 339). Das Latein des Lukan ist schwierig.

Die Ara Victoriae war ein berühmtes Kunstwerk des heidnischen Roms. Widukind macht daraus ein sächsisches Siegesdenkmal, das er in allen Einzelheiten beschreibt. Wir werden dieser Beschreibung im Zusammenhang mit dem sächsischen Heidentum wiederbegegnen (unten, S. 163–165).

Es folgt ein dreitägiges Siegesfest. „Das alles" geschah an den Kalenden des Monats Oktober, was nach heutiger Ausdrucksweise den 1. Oktober ergibt. Es erregt staunende Bewunderung, dass nach Widukind die alten Sachsen die römische Berechnung der Monatstage beherrscht hätten, bevor sie mit den Römern oder dem Christentum in Berührung gekommen waren. Die Stelle ist so sonderbar, dass einige Forscher gemeint haben, sie stamme gar nicht von Widukind, sondern sei später hinzugefügt worden. Aber das ist kaum möglich.

„Nachdem das alles vollbracht war, kehrten sie zu Theuderich ins Lager zurück." Der scheint also die ganze Zeit mit seinen Franken untätig zugeschaut zu haben. Jedenfalls habe der König die Sachsen empfangen, sehr gelobt und ihnen das gegenwärtige Land zum ewigen Besitz geschenkt. Sie seien auch Genossen und Verbündete der Franken genannt worden und hätten die Burg zum ersten Mal bewohnt.

Es folgt eine Erzählung, wie Iring erst seinen Herrn Irminfrid und dann den König Theuderich tötet. Hier treffen wir wahrscheinlich den Widerhall eines Heldenlieds, denn der Hergang ist so, dass Iring in schwere Gewissensnöte gestürzt wird. Solche Zustände pflegten, wie gesagt, einen Gegenstand der germanischen Heldendichtung zu bilden. Widukind fügt dem Bericht über Irings trauriges Schicksal die Bemerkung hinzu, es solle dem Leser überlassen bleiben, ob er diesen Erzählungen glauben wolle. Erstaunlicherweise haben sich die neuzeitliche Wissenschaftler trotz ihrer Hochschätzung der „sächsischen Stammessage" nicht dazu aufraffen können, die Geschichte des Merowingerkönigs Theuderich so darzustellen, wie Widukind sie schildert. Aus unerklärlichen Gründen folgen sie in diesem Fall den Quellen des 6. Jhs.

Nach der Erzählung von Iring wendet sich der Corveyer Geschichtsschreiber Dingen zu, die ihm offensichtlich mehr am Herzen lagen als die Heldendichtung: Nachdem die Sachsen das Land in Besitz genommen hatten, hätten sie in Genossenschaft und im Bündnis mit den Franken sich des tiefsten Friedens erfreut. „Einen Teil der Ländereien gaben sie an die mit ihnen verbündeten Hilfsvölker oder Freigelassene aus. Die Überreste des geschlagenen Volkes verurteilten sie zur Zahlung eines Tributs." Der lateinische Wortlaut lässt auch die Deutung zu, dass die Hilfsvölker aus Freigelassenen bestanden hätten.

Der Satz genügt zum Beweis, dass Widukind die Erzählung des Rudolf von Fulda von der sächsischen Urgeschichte gelesen hat. Eines ist nämlich gewiss: Was in germanischen Sagen auch stehen mochte: Ausführungen über Grundherrschaften oder Abgaben haben sie nicht enthalten. Und dass etwa Widukind unabhängig von Rudolf auf den Gedanken gekommen wäre, Heldensagen mit Hinweisen auf die Verteilung des Bodenbesitzes und die Zahlung von Grundsteuern anzureichern, wäre eine unhaltbare Vermutung. Der Corveyer Mönch geriet an dieser Stelle so stark unter den Einfluss des Fuldaers, dass er wegen der Bodenverteilung Hilfstruppen der Sachsen erfinden musste.

Im Banne seiner Vorlage hat Widukind auch Scheidungen zum Schauplatz des Entscheidungskampfs erhoben. Die Burg war ihm von dem Aufstand her vertraut, den Ottos I. jüngerer Bruder Heinrich 939 unternommen hatte. Scheidungen und Merseburg hatte Widukind in diesem Zusammenhang als zwei der Stützpunkte genannt, über die Heinrich „im Osten" verfügte (2, 18). Die Namen der anderen Burgen erfahren wir nicht. Obwohl Widukind im östlichen Sachsen und in Thüringen nicht gut Bescheid wusste, muss ihm zumindest bekannt gewesen sein, dass Scheidungen an der Unstrut liegt. Seine Beschreibung der Örtlichkeiten anlässlich der sächsischen Siegesfeier kann sogar den Verdacht erwecken, dass er das Gelände gesehen hatte. Doch mögen auch diese Angaben erdichtet sein.

Jedenfalls hatte Widukind die Unstrut bei Rudolf von Fulda erwähnt gefunden. Die unsinnige Angabe seiner Vorlage, der Fluss habe die Grenze zwischen Sachsen und Thüringen gebildet, vermochte er nicht zu übernehmen. In seinem Stoffhunger verlegte er aber den Entscheidungskampf an einen Platz an der Unstrut, der ihm zumindest dem Namen nach bekannt war, also nach Scheidungen.

Warum soll Burgscheidungen 531 nicht erobert worden sein? Die Frage lässt sich leicht beantworten, denn Ausgrabungen haben ergeben, dass es im 6. Jh. bei Scheidungen keine Burg gegeben hat. Die dortigen Befestigungsanlagen waren beträchtlich jünger.[126]

Widukind war bei der Beschreibung der sächsischen Urgeschichte also weitgehend von Rudolf von Fulda abhängig. Aber es gibt einen einschneidenden Unterschied. Der Corveyer Mönch erwähnt mit keinem Wort, dass die Unstrut irgendwann die Grenze zwischen Sachsen und Thüringen gebildet hätte. Das mag noch angehen, denn Rudolfs diesbezügliche Mitteilung stellte ja eine plumpe Erfindung dar. Aber für Widukind gibt es überhaupt keine

Grenze zwischen Sachsen und Thüringen, kann es keine geben, denn er hat Thüringen verschwinden lassen.

Planmäßig vermeidet Widukind den Ländernamen *Thuringia*. Wenn es sich nicht umgehen lässt, von thüringischem Gebiet zu sprechen, greift er zu Umschreibungen: *in omni Saxonia vel Thuringorum terra*.[127] „In Sachsen im weiteren Sinne, und zwar im Land der Thüringer" wäre wohl die richtige Übersetzung. Thüringen erhält auch dann keinen Namen, wenn Widukind einmal darauf verzichtet, es als einen Teil Sachsens hinzustellen: 933 fallen die Ungarn „ins Gebiet der Thüringer ein und verwüsten dieses ganze Land ... Dann versuchen sie, von Westen und von Süden in Sachsen einzudringen." Die Umschreibungen „*Fines Thuringorum* und *illam totam terram*" stehen dem Ländernamen „*Saxoniam*" gegenüber. Innersprachliche Gründe hat diese Wortwahl nicht, denn im selben Atemzug gebraucht Widukind den Ländernamen *Dalamantia* ‚Daleminzien' zur Bezeichnung eines elbslawischen Gebiets.[128]

In seinem Eifer, die politische Landkarte zu bereinigen, verwendet Widukind den Namen *Thuringia* nicht einmal in seinen Geschichten von der sächsischen Urzeit oder vom Untergang des Thüringerreichs. Daraus erklärt sich auch die sonderbare Unklarheit seiner Angaben, welches Gebiet die Sachsen durch die Niedermetzelung der Thüringer gewonnen hatten und welches ihnen zur Belohnung für ihre Waffenhilfe zugefallen sei: *tota regio* (das ganze Land) und *presens terra* (das gegenwärtige Land) oder einfach *terra* (das Land). Übrigens lässt sich an keiner Stelle seines Werkes erkennen, dass er an zwei verschiedene Gebiete gedacht hätte.

Von dem Ziel, Thüringen verschwinden zu lassen, muss Widukind so besessen gewesen sein, dass er es gleich zweimal untergehen lässt: einmal unter den Messern der bei Hadeln gelandeten Sachsen und das andere Mal bei Scheidungen. Selbst für einen Widukind von Corvey mit seinen geringen logischen Fähigkeiten bleibt es ein starkes Stück, dass er erst alle maßgeblichen Leute der Thüringer umkommen lässt, um sie kurz darauf unter ihrem König wieder auftreten zu lassen. Man möchte zu seinen Gunsten annehmen, dass er in der Eile, mit der er arbeiten musste, diesen Widerspruch übersehen hat.

Woher kam die hastige Sucht, Thüringen aus der Welt zu schaffen? Es wäre eine billige Erklärung, an den Ausfluss einer Art von „Stammeshass" zu denken, falls es dergleichen gegeben hat. Eine solche Auffassung wäre auch unhaltbar. Widukind spricht nämlich des öfteren von den zeitgenössischen Thüringern insgesamt oder von einzelnen Thüringern, ohne ein böses Wort zu verlieren. Zu den Lothringern war er nicht so nett. Auch die Franken bekamen ihr Fett ab.

Hinter dem Bestreben, Thüringen beseitigt zu sehen, steht der Wille, (das Land) Sachsen, die *Saxonia*, als eine politische Einheit hinzustellen, die Thüringen einschloss. Widukinds Beweggründe werden nicht recht klar. Vermuten kann man Folgendes: Thüringen hatte einen Zankapfel zwischen Konrad I. und Heinrich I. gebildet. Heinrichs Königtum beruhte auf dem Ausgleich mit Konrads Bruder Eberhard. Doch 937 erhob sich Eberhard zusammen mit anderen Großen gegen Otto I. und brachte die Herrschaft des neuen Königs in ernste Gefahr. Das Zerwürfnis hatte sich daran entzündet, dass Eberhard im thüringisch-sächsischen Grenzgebiet Herrschaftsrechte geltend machte.

Widukind betont das gute Einvernehmen der Franken und Sachsen. Wenn Thüringen Anlass zum Streit gegeben hatte, dann wurden alle Meinungsverschiedenheiten hinfällig, sobald der Gegenstand des Streits wegfiel. Diese Leistung mochte Widukind vollbracht haben, indem er „bewies," dass Thüringen „schon immer" zu Sachsen gehört hätte.

Der Bischof Liudprand von Cremona († 970/72), Widukinds Zeitgenosse und als Geschichtsschreiber Fachgenosse, sagt ausdrücklich, Heinrich I. sei Herzog der Sachsen und Thüringer gewesen, bevor er zum König gewählt wurde.[129] Demnach müsste Heinrich vor 919 in Thüringen mit einem anderen Rechtstitel geherrscht haben als in Sachsen. Liudprand stand Otto I. nahe und hat eine Zeit lang an dessen Hof gelebt. Dort wird man ihm die Sicht der Dinge beigebracht haben, die er in seinem Werk festhielt. In Wirklichkeit dürfte Heinrich I. weder Herzog der Sachsen noch der Thüringer gewesen sein,[130] was nicht bedeutet, dass er über Sachsen und Thüringen keine Macht gehabt hätte.

Den gemeinsamen Nenner der Widukindschen und der Liudprandschen Ausführungen über Thüringen bildet die Frage, wer in diesem Land die Herrschaft ausübt oder ausüben soll. Widukind beantwortete sie, indem er Thüringen einfach zum Bestandteil Sachsens machte. Liudprand dagegen ließ beide Länder durch einen Zustand vereinigt erscheinen, den man in der Neuzeit als Personalunion bezeichnet hätte.

In der sächsischen Urgeschichte, die Widukind zur Unterhaltung der kindlichen Äbtissin von Quedlinburg erdichtet hatte, bemühte er sich zugleich um die Lösung einer politischen Frage seiner Gegenwart. Als Quelle für die Geschichte des 6. Jhs. sind die Erzählungen des Corveyer Mönchs nicht zu gebrauchen.

4.3.6 Die Jahrbücher von Quedlinburg

Es bleiben die Jahrbücher von Quedlinburg: Wie ihr Name sagt, stammen sie aus dem Umkreis des Quedlinburger Stifts, dem die Äbtissin Mathilde bis zu ihrem Tode 999 vorgestanden hat. Der unbekannte Verfasser der Jahrbücher begann seine Arbeit im Jahre 1007 oder 1008. Vermutlich hatte er die Kaisertochter noch kennen gelernt. Man nimmt an, dass er sein Werk als Lehrbuch niederschrieb. Das Quedlinburger Stift beherbergte nämlich eine Ausbildungsstätte. Dort hatte der nachmalige Bischof Thietmar von Merseburg (975–1018), ein bedeutender Geschichtsschreiber, seinen ersten Unterricht genossen. Die Quedlinburger Jahrbücher können auch von einer Frau verfasst worden sein. Doch sprechen wir aus Bequemlichkeit im Folgenden einfach vom Verfasser.

Hören wir uns an, was er zu erzählen hat:

„Der Kaiser Justinian regierte 39 Jahre. In seinem sechsten Jahr fand das fünfte Konzil statt. Der erste Zyklus des Dionysius beginnt im Jahre der Fleischwerdung des Herrn 532; und die Justinianische Gesetzessammlung wurde der römischen Welt verkündet. In jenem Jahr lud der König Hugo Theuderich, ein Sohn des Königs Chlodwig von einer Nebenfrau, den Thüringerkönig Irminfrid ehrenvoll zu seiner Königserhebung ein, nachdem er seinem Vater in der Königsherrschaft gefolgt war. Hugo – das bedeutet Franke – heißt dieser Theuderich deshalb, weil ehemals alle Franken nach Hugo, einem ihrer Herzöge, Hugonen genannt wurden. Obwohl er ein unechter Sohn war, liebte sein Vater ihn wegen der ihm von Gott verliehenen Weisheit und Tapferkeit mehr als seine anderen Söhne, so dass Theuderich auf Chlodwigs Geheiß und unter Zustimmung des gesamten Volkes einen ebenso großen Anteil des Reichs erhielt wie seine Brüder Chlodomer, Hildebert und Lothar, die von unbemakelter Abstammung waren. Obwohl Thüringen seinem Reichsteil zugefallen war, verschmähte Irminfrid, sein Schwager, auf Betreiben seiner Gattin Amalburga die Einladung des Königs, indem er sagte, Theuderich habe eher der Knecht seiner Gattin zu sein, die eine Schwester Theuderichs war, als sein oder anderer Leute König und Herr. ‚Er soll erst einmal kommen,' sprach er zum Boten, ‚und eine mannigfaltige Menge Geldes mitbringen, um sich von meiner Gemahlin, die väterlicherseits und mütterlicherseits von unbemakelter Abkunft ist, auf meinen Befehl die Freilassungsurkunde zu erkaufen.' Über diese Antwort war Theuderich erzürnt und ließ, gestützt auf die allgemeine Entrüstung der Franken, die Worte zurückmelden: ‚Wie du befohlen hast, komme ich gleich. Und wenn das Geld nicht reicht, werde ich dir für meine Freilassung unzählige Häupter von Thüringern und Franken liefern.' Sofort sammelte er ein Heer und zog in das Land, das *Maerstem* heißt, wo er den Irminfrid, der sich ihm zu Schlacht stellte, unter großen Verlusten besiegte und in die Flucht schlug. Er verfolgte ihn bis zur Oker und schlug ihn vernichtend bei einem Ort namens *Arhen*. Nachdem Irminfrid in die Flucht getrieben war, nahm Theuderich wegen seiner Gefallenen und Verwundeten davon Abstand, ihn weiter zu verfolgen, und schlug ein Standlager auf, um die Verwundeten behandeln zu lassen. Als Theuderich jedoch hörte, dass die Sachsen, deren Tapferkeit beinahe schon in der ganzen Welt gepriesen wurde, an einem Ort namens Hadeln gelandet waren, rief er sie zu Hilfe, wobei er ihnen mit seinem eigenen Eid und dem von zwölf seiner Edelsten versprach, er werde ihnen, wenn sie die ihm Widerstand leistenden Thüringer besiegten, deren ganzes Land bis zum Zusammenfluss der Saale und der Unstrut geben. Sie zogen ihm ohne Zögern zu, verfolgten Irminfrid, kämpften gegen ihn an der Unstrut und richteten ein solches Gemetzel unter den Thüringern an, dass die in dem Fluss angehäuften Leichen eine Brücke bildeten. Irminfrid aber gelang mit Mühe und Not in Begleitung seiner Frau, seiner Söhne und eines Kriegsmanns namens Iring die Flucht, nachdem die Sachsen nachts die Festung Scheidungen eingenommen hatten, in der er sich eingeschlossen hatte. Daraufhin übergab Theuderich, nachdem der Entschluss gebilligt war, den siegreichen Sachsen das ganze Land der Thüringer mit Ausnahme des Gebiets, das die Wälder *Louvia* und Harz umschließen, zum abgabefreien Besitz. Den Thüringern aber, die dem Morden entkommen waren, befahl er einen Schweinezins als Abgabe an den König zu zahlen. Daraufhin befahl Theuderich, Irminfrid in der Stadt Zülpich heimtückisch umzubringen, obwohl er ihm Sicherheit versprochen hatte. Attila, der König der Hunnen und der Schrecken ganz Europas, fand den Tod, als er von einem Mädchen erdolcht wurde, das er von der Seite ihres erschlagenen Vaters mit Gewalt weggerissen hatte."[131]

Am wichtigsten war dem Schöpfer der Quedlinburger Jahrbücher das Zeitgerüst. Ihm ordnete er die einzelnen Mitteilungen zu. Da bei weitem nicht alle Nachrichten, über die er verfügte und die er weitergeben wollte, mit einer Jahresangabe versehen waren, kam er in die Lage, sie wie in einem Zeitraffer zusammenzufassen. So verzeichnet er zu 532 nicht nur das Ende des Thüringerreichs, sondern auch den Regierungsantritt Theuderichs, der in Wirklichkeit 511 erfolgt war.

In gleicher Weise setzen die Jahrbücher den Tod des Königs Attila irrtümlich in die Regierungszeit Justinians I. (527–565). In Wirklichkeit hatte das Leben des Hunnenkönigs im Jahre 452 geendet. Der Sachverhalt lässt die Arbeitsweise des Jahrbuchschreibers erkennen: Die Regierungszeit des Kaisers Anastasius (491–518) veranschlagt er auf 27 Jahre, ohne sie der christlichen Zeitrechnung zuzuordnen. Wie er ausführt, habe der Ostgotenkönig Theoderich „seinen Vetter" Odowakar zur Zeit des Anastasius mit Attilas Hilfe in der Stadt Ravenna besiegt. Theoderichs Tod (526) melden die Jahrbücher für die Regierungszeit Justins I. (518–527), die sie ganz richtig auf neun Jahre veranschlagen, wiederum ohne sie nach der christlichen Zeitrechnung angeben zu können.

Offensichtlich war dem Verfasser der Quedlinburger Annalen das Todesjahr Attilas unbekannt. Weil die sagenhafte Überlieferung, der er folgte, den Hunnenkönig und den Ostgotenkönig als Zeitgenossen auftreten ließ und weil er von Theoderichs Todeszeit wusste, folgerte er, dass Attila den Ostgotenkönig überlebt habe und folglich unter Justinian I. den Tod gefunden haben müsse. Wenn die Voraussetzungen nicht verkehrt wären, wäre der Schluss irgendwie berechtigt.

Übrigens erzählen die Quedlinburger Jahrbücher, Odowakar sei von Theoderich nicht getötet, sondern auf Veranlassung Attilas in die Verbannung geschickt und mit ein paar Orten in der Nähe des Zusammenflusses von Elbe und Saale beschenkt worden.[132] Der Jahrbuchschreiber interessierte sich für Flüsse. Er scheint eine Vorstellung vom Gebiet um die heutige Stadt Barby (sö. Magdeburg) gehabt zu haben. Dort mündet die Saale in die Elbe. Wie kam er aber darauf, Odowakar mit dieser Gegend in Verbindung zu bringen?

Die Jahrbücher von Quedlinburg haben seit langem die Aufmerksamkeit der Wissenschaft auf sich gelenkt, weil sie, wie man meint, „reich an Sagen" wären. Der Quedlinburger Verfasser wollte aber keine Sagen aufzeichnen. Was er niederschrieb, hielt er für beglaubigte Tatsachen. Sonst hätte er sich nicht bemüht, die Nachrichten in ein Zeitgerüst einzufügen.

Am allerwenigsten können die Jahrbücher von Quedlinburg dazu dienen, das Vorhandensein der „sächsischen Stammessage" zu beweisen, es sei denn, man wollte die Erzählungen vom Hunnen Attila und vom Ostgoten Theoderich zu ihr rechnen. Die Quedlinburger Annalen liefern vielmehr einen Beweis dafür, dass die „Stammeszugehörigkeit" der Helden der Vorzeit den Hörern oder Lesern gleichgültig war. Am Rande sei bemerkt, dass die Namenform *Attila* der Neigung im Wege steht, alles Sagenhafte auf mündliche Nachrichten zurückzuführen, denn im Hochdeutschen lautete der Name *Etzel*. Die Namenform *Attila* stammt aus schriftlichen Vorlagen – so sagenhaft das sein mag, was der Quedlinburger Verfasser über den Hunnenkönig zu erzählen weiß.

Wir kommen zur Quedlinburger Erzählung vom Ende des Thüringerreichs zurück. Der Jahrbuchschreiber folgte offensichtlich der Schilderung des Widukind von Corvey, ließ aber weg, was ihm unglaubwürdig vorkam. Daneben stützte er sich bei seinem Bericht über den Untergang der thüringischen Könige auf das „Buch der fränkischen Geschichte". Dort hatte der Jahrbuchschreiber die Mär von den Leichen gelesen, die als Brücke dienten.[133] Wäre die Herkunft dieser Erzählung nicht bekannt, so würde wahrscheinlich behauptet, der Jahrbuchschreiber hätte „eine mündlich überlieferte Sage aufgezeichnet."

Die Arbeitsweise des Quedlinburgers Verfassers ähnelt durchaus der eines neuzeitlichen Historikers. Da er aus dem „Buch der fränkischen Geschichte" wusste, wo Irminfrid den Tod gefunden hatte, wird er Widukinds lange Erzählung von Iring für eine „Sage" gehalten haben, zumal der Corveyer Mönch selber die Schilderung als kaum glaubwürdig bezeichnet hatte. Der Jahrbuchschreiber scheint „den historischen Kern" der Iringsage darin gesehen zu haben, dass der Mann ein Gefährte des Thüringerkönigs gewesen sei.

Wir haben darauf hingewiesen, dass die Ereignisse in den betreffenden Abschnitten der Jahrbücher wie im Zeitraffer erscheinen. Deswegen verzeichnet der Verfasser die Landung der Sachsen bei Hadeln unter dem Jahre 532. Einen anderen zeitlichen Anhaltspunkt hatte er ja nicht.

Der Quedlinburger Geistliche arbeitete auch insofern ähnlich wie ein neuzeitlicher Geschichtsforscher, als er die Handlungen der Personen einleuchtend zu begründen versuchte und „Ursachen" der Begebenheiten erschloss: Wenn Theuderich 532 König wurde, hatte er natürlich Grund, die Großen zu seiner Erhebung einzuladen. Zumindest legten die Verhältnisse der Zeit um das Jahr 1000 einen solchen Schluss nahe. Dass der König noch nicht auf den Thron erhoben war, als er seinen angeblichen Schwager Irminfrid zu Gast bat, ließ sich aus Widukinds Angabe erschließen, Theuderich habe als „designierter" König gehandelt (oben, S. 82f.).

Aus der Mitteilung des Corveyer Mönchs, die Überreste der Geschlagenen wären zu Tributen verurteilt worden, folgerte der Quedlinburger Geistliche, dass die Sieger, also die Sachsen, keinen Tribut hätten zahlen müssen. Der Jahrbuchschreiber hatte ein lebhaftes Interesse an Zwangsabgaben. Auf der Seite, die seiner Erzählung vom Ende des Thüringerreichs vorausgeht, ist gleich viermal und in verschiedenen Zusammenhängen von solchen Dingen die Rede.

Es muss besonders hervorgehoben werden, dass die Quedlinburger Jahrbücher im 11. Jh. ebenso wie der Verfasser der Lebensbeschreibung der Liutbirg im 9. Jh. den Harz als die Grenze Sachsens nennen. Damit wird die Unstrutgrenze endgültig als Erfindung des Rudolf von Fulda entlarvt (vgl. oben S. 72–75). Unter der *Louvia*, der anderen Grenze Thüringens, versteht man gemeinhin den Thüringer- und den Frankenwald.

Nach den Quedlinburger Jahrbüchern hätte Theuderich den Sachsen das Gebiet bis zum Zusammenfluss der Unstrut und der Saale versprochen.

In den Jahrbüchern von Quedlinburg treffen wir Odowakar wieder, der uns in sächsisch-thüringischen Zusammenhängen bereits beschäftigt hat. Worauf mag die Sage beruhen, er sei mit einer Grundherrschaft am Zusammenfluss von Elbe und Saale ausgestattet worden?

4.4 Zusammenfassung

Nach der herrschenden Lehre oder zumindest nach einer verbreiteten Auffassung hätte vor Karl dem Großen „der sächsische Stammesstaat" bestanden. Dieses Gebilde wäre in der Weise zustandegekommen, dass die Sachsen von Holstein aus erobernd nach Südosten vorgedrungen wären und andere Völker unterworfen hätten.

Die Lehre von der sächsischen Eroberung entstand im 19. Jh. als ein Ausdruck politischer Parteilichkeit und war von ihrem Schöpfer Heinrich Leo ganz anders ausgeführt worden, als sie heute verstanden wird.

Als den Höhepunkt der sächsischen Eroberung und als das Hauptereignis der sächsischen Geschichte vor der Zeit Karls des Großen sieht die herrschende Lehre die angebliche Teilnahme der Sachsen an der Vernichtung des Thüringerreichs 531/33 an. Seitdem hätte die Unstrut die Grenze zwischen Sachsen und Thüringen gebildet.

Die herrschende Lehre beruft sich auf Rudolf von Fulda (9. Jh.), Widukind von Corvey (10. Jh.) und den namentlich nicht bekannten Verfasser der Jahrbücher von Quedlinburg (11. Jh.).

In Wirklichkeit wurde das Thüringerreich von den Merowingern ganz ohne sächsische Beteiligung zerstört. Keine der Quellen des 6. Jhs. – keine lateinische und keine griechische – lässt einen anderen Schluss zu, als dass die Franken ohne fremde Beteiligung die Thüringer niederwarfen. Ebenso wenig bringen die Geschichtsschreiber des 7. und 8. Jhs. die Sachsen mit dem Ende des Thüringerreichs in Zusammenhang.

Erst Rudolf von Fulda in der Mitte des 9. Jhs hat die sächsische Beteiligung an der Niederwerfung der Thüringer erfunden. Er hat auch die gänzlich unhaltbare Behauptung aufgebracht, dass die Unstrut seit 531 die Grenze zwischen Sachsen und Thüringen gebildet hätte, und steht damit völlig vereinzelt da. In Wirklichkeit galt im 9. wie im 11. Jh. der Harz als die Grenze zwischen Sachsen und Thüringen.

Widukind von Corvey verfasste nach eigener klarer Aussage seine Erzählungen von der sächsischen Frühzeit, um die zwölfjährige Äbtissin Mathilde von Quedlinburg zu unterhalten, der er sein Geschichtswerk widmete. Dagegen verfolgte er mit der Schilderung Heinrichs I. und Ottos I. – gleichfalls nach eigenem Bekunden – lehrhafte Ziele. Die Schilderung der sächsischen Frühzeit bildet entstehungsgeschichtlich den jüngsten Teil seines Werks und wurde anscheinend in großer Eile hingeschrieben. Widukind war unmittelbar von Rudolf von Fulda abhängig, hat aber seine Vorlage sehr erweitert und mit anderen Untertönen versehen. So ließ er Thüringen völlig in Sachsen aufgehen, um einen Zankapfel zwischen den Liudolfingern (dem sächsischen Königsgeschlecht) und den Konradinern (dem fränkischen Herzogshaus) aus der Welt zu schaffen.

Es ist eine bedeutsame Tatsache, dass der hervorragende Geschichtsschreiber Thietmar von Merseburg († 1018) zwar das Werk des Widukind von Corvey benutzte, aber in keiner Weise dessen Erzählungen von der sächsischen Frühzeit berücksichtigte.

Der Schöpfer der Jahrbücher von Quedlinburg lehnte seine Schilderungen vom Untergang des Thüringerreichs an Widukinds Werk an, bereicherte sie jedoch mit Anleihen aus anderen Quellen. Er strebte nicht etwa danach, „Sagen," also Dichtungen, wiederzugeben. Was er niederschrieb, hielt er für beglaubigte Tatsachen.

Es ist eine unhaltbare Vorstellung, dass die drei Geschichtsschreiber verschiedene Fassungen einer sogenannten sächsischen Stammessage „aufgezeichnet" – also nichts hinzugefügt und nichts weggelassen hätten. Wenn sie mündlichen Berichten gefolgt wären, wäre damit ganz und gar nicht bewiesen, dass der Inhalt ihrer Erzählungen den Tatsachen entsprochen hätte.

Die im 9., 10. oder 11. Jh. entstandenen Werke bilden keine Quellen der sächsischen Geschichte des 6. Jhs. Sie bilden jedoch hervorragende Quellen für den Literaturbetrieb ihrer Entstehungszeit und die Gedankenwelt ihrer Verfasser.

5 *Saxones*, Sachsen und das Merowingerreich

5.1 Chlothar I. und Sachsen

Die frühesten Beziehungen zwischen Trägern des Sachsennamens und den Merowingern kamen in den Begebenheiten zum Ausdruck, an denen Childerich, der Vater Chlodwigs I., sowie der berühmte Odowakar oder ein anderer Odowakar beteiligt waren und die wir oben geschildert haben (S. 53).

Wenn wir die im Abschnitt 4 behandelten Erzählungen von der sächsischen Teilnahme an der Vernichtung des Thüringerreichs als erdichtet beiseite lassen, erscheint Chlothar I. (reg. 511–561), einer der Söhne Chlodwigs I., als der erste Merowinger, der in der Zeit nach Childerich mit *Saxones* in Verbindung gebracht wird. Die räumlichen Gegebenheiten erlauben es, diese *Saxones* für Sachsen zu halten.

Aus dem Geschichtswerk des Gregor von Tours erfahren wir über sie Folgendes: In dem Jahr, als der König Theudowald/Theudebald (reg. 547–555) gestorben war, erhoben sich Sachsen gegen (seinen Großonkel) Chlothar I. Aufstände der Untertanen bei einem Wechsel des Herrschers kamen im frühen Mittelalter häufig vor. Dass ein Untertanenverhältnis zwischen diesen Sachsen und den merowingischen Königen bestanden haben muss, ergibt sich aus den Zwangsabgaben, von denen gleich die Rede sein wird.

Chlothar I. marschierte mit einem Heer gegen die Aufrührer und vernichtete sie zum größten Teil, wobei er „ganz Thüringen" (*totam Thoringiam*) durchstreifte und verwüstete, „weil sie (gemeint sind die Thüringer M. S.) den Sachsen Hilfstruppen gestellt hatten."[134] Wortgruppen wie *tota Thuringia* haben oftmals den Sinn „Thüringen im weiteren Sinne" u. ä. Gregor von Tours wollte also nicht sagen, dass jeder Winkel des Landes heimgesucht worden wäre.

Vier Abschnitte später erzählt der Bischof: Als Chlothar I. sich nach Theudowalds Tod im Reichsteil dieses seines Großneffen befand, um das Gebiet in Besitz zu nehmen, hörte er, dass Sachsen „in erneuerter Wut" zur Empörung geschritten wären und die Zahlung der jährlichen Zwangsabgaben verweigert hätten. Chlothar I. zog mit seinem Heer gegen sie. Die Sachsen seien zum Frieden geneigt gewesen: Dreimal hätten sie dem König angeboten, all seine Forderungen zu erfüllen und ihm sogar ihr gesamtes bewegliches Gut sowie die Hälfte ihres Landes zu überlassen, wenn er nur vom Krieg Abstand nähme. Chlothar I. hätte das Angebot gern angenommen; doch habe ihn sein Heer gezwungen, eine Schlacht zu schlagen. Durch ihren frevelhaften Übermut zogen die Franken den Zorn Gottes auf sich und erlitten eine schwere Niederlage. Mit der Begründung, nicht aus eigenem Willen angegriffen zu haben, habe Chlothar I. um Frieden gebeten und ihn erhalten.[135]

Es handelt sich um eine der zahlreichen Erzählungen des Gregor von Tours, von denen man nicht sagen kann, was an ihnen eigentlich der Wahrheit entspricht, falls überhaupt etwas daran wahr ist. Unverkennbar ist das Beweisziel des Bischofs: Wenn der König die Menschen mehr fürchtet als Gott, erleidet er Niederlagen.

Feststehen dürfte, dass Chlothar I. 555 gegen Sachsen einen siegreichen Krieg geführt hat, denn von einem solchen Unternehmen berichtet zu jenem Jahr Marius von Avenches († 594). Dieser Geschichtsschreiber gibt an, dass der König 556 wiederum einen Feldzug gegen die Sachsen unternahm. Nach derselben Quelle gewann Chlothar I. abermals den Sieg. Marius von Avenches fügt hinzu, dass die Franken „Thüringen im weiteren Sinne" verwüstet hätten, weil es sich mit den Sachsen verschworen habe. Er lässt mit keinem Wort erkennen, dass Chlothar I. eine Niederlage erlitten hätte.[136]

Gregors Erzählung von der fränkischen Niederlage zeigt, wie unbegründet die Vermutung ist, er hätte die angebliche sächsische Beteiligung an der Niederwerfung des Thüringerreichs verschwiegen, weil die Sachsen Heiden waren. Wenn dem Bischof von Tours solche Hintergedanken eigen gewesen wären, hätte er vom angeblichen Sieg dieser Heiden über den christlichen König überhaupt nicht sprechen dürfen.

Dass Chlothar I. mit der Begründung um Frieden nachgesucht hätte, den Krieg nicht aus eigenem Willen geführt zu haben, bildet mit Sicherheit einen erfundenen Einzelzug, denn in der Wirklichkeit des 6. Jhs. und nicht nur jener Zeit hätte sich der Herrscher damit lächerlich gemacht. Wahrscheinlich hat Gregor aber nicht nur diese Einzelheit ersonnen, sondern überhaupt aus dem

Sieg des Königs eine Niederlage gemacht. Im 7. Jh. ist nämlich von einem Tribut die Rede, den die Sachsen seit Chlothars I. Zeit hätten zahlen müssen, was einen Sieg des Königs voraussetzt – sofern nicht Chlothar II. gemeint war.

Ein halbes Jahrtausend später wussten die Jahrbücher von Quedlinburg zu vermelden, dass Chlothar I. den sächsischen Herzog Berthold erschlagen und das ganze Land durchstreift habe, wobei er kein menschliches (oder männliches?) Wesen am Leben gelassen hätte, das größer als sein Schwert war.[137] Bei dieser Geschichte verwechselte der Quedlinburger Verfasser Chlothar I. mit Chlothar II. (dazu unten, S. 113–115).

Weil Gregor von Tours und Marius von Avenches die *Saxones*, gegen die Chlothar I. kämpfte, mit Thüringen in Verbindung bringen, ist die Vermutung erlaubt, dass es sich bei diesen Leuten um Sachsen handelte, also um Bewohner des Gebiets des alten Sachsens. Allerdings ist nicht auszuschließen, dass sich hinter der Bezeichnung *Saxones* auch Friesen verbergen können. Dieser Name kommt bei Gregor von Tours nicht vor.

Wäre die räumliche Nähe zu Thüringen nicht gegeben, dann wären wir nicht zu dem Schluss berechtigt, die geschilderten Vorgänge auf das Gebiet des alten Sachsens zu beziehen. Gregor gebraucht das Wort *Saxones* nämlich auch zur Bezeichnung von Leuten, die in ganz anderen Gegenden zu Hause waren oder deren Heimat unbekannt bleibt. Die Feststellung gilt zunächst für die Scharen, an deren Spitze der genannte Odowakar stand. Sie trifft aber auch auf Zeitgenossen des Bischofs zu.

Unsicherheit besteht schon in Bezug auf einen dritten Kampf Chlothars I. gegen *Saxones*, von dem Gregor spricht und der ins Jahr 556 oder 557 zu setzen wäre: „Wie man sagt," schreibt der Bischof, wären diese *Saxones* von Childebert I. (reg. 511–558) gegen seinen Bruder Chlothar I. angestachelt worden. Sie seien „von ihrem Gebiet her ins Frankenland (*Francia*)" eingedrungen und hätten Verheerungen bis in die Nähe von Deutz verübt.[138] Dass die Raubscharen von Nordosten, also aus Sachsen, gekommen wären, sagt Gregor nicht. Sie mögen auch von Nordwesten her den Rhein hinauf gefahren sein, vorausgesetzt dass sie im Mündungsgebiet des Flusses ihre Standquartiere gehabt hätten wie im 9. Jh. die Wikinger.

5.2 *Saxones* an der gallischen Atlantikküste und die Verbündeten des Königs Alboin

Leute wie in späterer Zeit die Wikinger oder Normannen werden in Gestalt der *Saxones Baiocassini* fassbar, von denen Gregor von Tours zu berichten weiß.[139] Wie ihr Name verrät, lebten sie bei Bayeux, also nach heutigen Begriffen in der Normandie. Sie bildeten aber nicht die angestammten Einwohner dieses Gebiets, sondern offensichtlich ungebetene Gäste, die übers Meer gekommen waren wie Jahrhunderte danach ihre nordgermanischen Nachfolger, die der Landschaft *Normandie* ihren Namen gaben.

In den Umkreis solcher an der gallischen Atlantikküste ansässiger *Saxones* gehörte gewiss auch der scheinbare Sachse (*Saxo*) Chulderich, mit dem Gregor von Tours persönlich bekannt war. Der Mann wird zuerst im Gebiet von Poitiers fassbar und stieg später links des Flusses Garonne zum Herzog auf.[140] Dass er sich aus Sachsen auf dem Landweg ins westlichste Gallien begeben und dort höchste Stellungen erklommen hätte, dürfte eine kaum haltbare Vorstellung sein. Andererseits sollte man ohne nähere Prüfung nicht ausschließen, dass er aus England stammte.

Aus den Beobachtungen ergibt sich die Frage, ob Gregor von Tours *Saxones* überhaupt als Völkernamen verstanden hat oder ob er mit dem Wort nicht eine Art von Kriegern und deren Nachkommen bezeichnete, unabhängig davon, wo die Leute ihre Heimat hatten oder wo sie ansässig waren. Wenn Gregors *Saxones* aus dem Gebiet kamen, das später *Sachsen* genannt wurde, können sie als Sachsen angesehen werden. Falls sie ihre Heimat in der Gegend von Bayeux hatten, waren sie keine Sachsen.

In ähnlich verwirrender Weise wird vierhundert Jahre später das Wort *Dani* gebraucht. Wenn im 10. Jh. von *Dani* in Dänemark die Rede war, können wir das Wort als *die Dänen* wiedergeben. Aber wenn z.B. Widukind von Corvey den Ort Rouen als *urbs Danorum* bezeichnet, dürfen wir nicht folgern, dass Rouen „eine dänische Burg" gewesen wäre, denn der Ort liegt in der Normandie und nicht in Dänemark. Widukind von Corvey verwendete *Dani* nicht durchgehend oder gar nicht als Völkernamen, sondern in der Weise, wie wir die Wörter *Wikinger* oder *Normannen* gebrauchen.

Auf den Sprachgebrauch kommt es auch bei der Behandlung eines vielgequälten Sachverhalts an: Im Jahr 568 waren die Langobarden unter ihrem König Alboin von der pannonischen (ungarischen) Tiefebene her in Italien eingebrochen. Während der nächsten Jahre unternahmen sie von der Appeninenhalbinsel aus über die Alpen Vorstöße nach Gallien. Gregor von Tours berichtet von einem Sieg, den Mummolus über sie erfochten hatte. Der Mann war zu jener Zeit ein hoher Würdenträger im Reich des Königs Gunthram (reg. 561–592/93), eines der Söhne und Nachfolger Chlothars I.

Weiter schreibt der Bischof von Tours: „Danach brachen *Saxones*, die mit den Langobarden nach Italien gekommen waren, wiederum in Gallien ein."[141] Die Eindringlinge suchten den äußersten Südosten des Landes heim. Gregor macht sehr genaue Ortsangaben: Es handelte sich um das Gebiet von Riez (etwa 80 km nö. Marseille und ebenso weit n. Toulon).

Mummolus schloss mit diesen *Saxones* eine Vertrag. Sie gaben ihre Beute heraus und schwuren, als Hilfstruppen in ein Untertanenverhältnis zu den fränkischen Königen zu treten. Zunächst begaben sie sich aber wieder nach Italien, damit sie ihre Familien sowie ihre bewegliche Habe holen konnten. Von dort brachen sie nach Gallien auf, um sich dem König Sigibert I. (reg. 561–575) zu unterwerfen, einem anderen der Söhne Chlothars I. Sigibert I. sollte sie in der Gegend ansässig machen, von der sie ausgezogen waren.

Das Verhalten dieser *Saxones* stellte unter den Verhältnissen des 5. und 6. Jhs. nichts Ungewöhnliches dar. Vielmehr verkörperten sie eine Art des damaligen Kriegertums. Es bestanden Heereskörper, die gewissermaßen in sich selbst ruhten. Sie bildeten wandernde Gemeinwesen mit Frauen, Kindern und Sklaven und pflanzten sich auch als Gruppe fort. Je nach den politischen Gegebenheiten traten sie in den Dienst der römischen Kaiser oder verschiedener germanischer Könige. Umgekehrt konnten sie von den Herrschern in entfernte Gebiete verlegt werden. Allerdings zeigten diese Krieger die Neigung, sich zu verselbständigen, mit ihrem Anhang sesshaft zu werden und die Gebiete, in denen sie ihre Standquartiere aufgeschlagen hatten, ihrer Herrschaft zu unterwerfen. Auf eine solche Weise sind die meisten germanischen Nachfolgestaaten des weströmischen Reichs entstanden.

Wir widmen uns dem weiteren Bericht des Gregor von Tours: Die *Saxones* bildeten zwei Abteilungen. Die eine zog über Nizza, die andere über Embrun (etwa 90 km sö. Grenoble). Beide Abteilungen vereinigten sich im Gebiet von Avignon. Der Marsch richtete sich also keineswegs nach Norden.

Der Weg der *Saxones* war durch Gunthrams Reich gegangen. Dabei hatten sie das Getreide aufgezehrt, das gerade geerntet wurde. Beim Marsch von Heeren kam es häufig zu solchen Plünderungen, nicht etwa nur in Feindesland. Deswegen waren die Herren, in deren Dienst die Söldnerscharen standen, darauf beachtet, diese Krieger nicht unnötigerweise hin und her zu bewegen. In diesem Punkt trafen sich die Bestrebungen beider Parteien.

Als die *Saxones* nun die Rhone überschreiten wollten, um ins Reich Sigiberts I. zu gelangen, stellte sich Mummolus ihnen entgegen und ließ sie erst weiterziehen, nachdem sie hohe Zahlungen zur Vergütung des von ihnen angerichteten Schadens geleistet hatten. Die *Saxones* marschierten von der Rhone nach Clermont, also nach Nordwesten und nicht etwa nach Nordosten. Sigibert I. wies ihnen die Gegend zu, von der sie ehemals ausgezogen waren.

Die Ausführungen des Gregor von Tours, besonders seine Angaben über die Marschrichtung der *Saxones* lassen schwerlich eine andere Deutung zu, als dass die betreffenden Örtlichkeiten in Gallien zu suchen sind[142] – und nicht etwa in Germanien. Es liegt die Vermutung nahe, dass es sich um ein Gebiet an der Atlantikküste gleich der Landschaft von Bayeux gehandelt hat. Auch der Raum um die französische Küstenstadt Boulogne erscheint unter der Bezeichnung *terra Saxonica*,[143] was leicht als „sächsisches Land" missverstanden werden kann.

Wie hätten aber *Saxones* von der Atlantikküste zum König Alboin in die ungarische Tiefebene gelangen sollen? Wir lassen diese Frage vorläufig beiseite.

Seit etwa einem Jahrhundert nimmt die Mehrzahl der Forscher an, dass Sigibert I. den *Saxones*, die aus Italien nach Gallien gekommen waren, Sitze am Fluss Bode in Mitteldeutschland angewiesen hätte, dass die Heimat dieser Krieger also im alten Sachsen zu suchen wäre.[144] Demnach wären sie Sachsen gewesen.

Die Vermutung hat eine ihrer scheinbaren Grundlagen in folgender Erzählung des Gregor von Tours:[145]

Unmittelbar nachdem der Verfasser von der Champagne gesprochen hat, bemerkt er, dass zu der Zeit, als Alboin nach Italien gezogen war, „Chlothar und Sigibert *Suavi* und andere Leute in diese Gegend versetzt hätten." Nimmt man den Geschichtsschreiber beim Wort, dann hätte es sich bei „dieser Gegend" um die Champagne gehandelt. Es kann dahingestellt bleiben, welche Grenzen Gregor dieser Landschaft zumaß. Wesentlich ist, dass seine Gedanken im nordwestlichen Gallien weilten und nicht im Inneren Germaniens.

568 war Chlothar I. schon sieben Jahre tot. Folglich muss die Umsiedlung der Betroffenen – wohin auch immer – spätestens 561 stattgefunden haben. Dann hätte sie nichts mit Alboins Zug nach Italien zu tun. Wenn sie jedoch 568 stattgefunden hätte, dann hätte sie nichts mit Chlothar I. zu tun.

Weiter heißt es bei Gregor von Tours: Alboins ehemaligen Gefährten, die unter Sigibert I. zurückgekehrt waren, hätten sich „gegen sie" (die *Suavi* und die anderen Leute M. S.) erhoben, um sie aus jener Landschaft zu vertreiben und zu vernichten. Nun macht Gregor von einem (wie man das heute nennt) Versatzstück Gebrauch, das er schon bei der Schilderung des Kampfes zwischen Chlothar I. und den Sachsen verwendet hatte. Diesmal sind aber die Seiten vertauscht, denn die Leute, denen die *Saxones* den Garaus machen wollen, legen diesen dreimal nacheinander immer günstigere Angebote vor, um nur den Frieden zu wahren. Trotzdem schreiten die *Saxones* zum Kampf. Aber Gott greift ein und verleiht ihren Gegnern den Sieg: Von den 26 000 *Saxones*, die an der Schlacht beteiligt sind, fallen 20 000. Obwohl die Anzahl der *Suavi* nur 6 000 betrug, erringen sie den Sieg, und zwar mit dem Verlust von lediglich 480 Mann. Die *Saxones* versuchen abermals das Schlachtenglück. Doch erleiden sie eine noch größere Niederlage. „So ließ man vom Kriege ab."

Nach diesem Satz wendet sich Gregor den Zuständen der Bretagne zu. Der Bericht vom Kampf der *Saxones* gegen die *Suavi* wird also durch Nachrichten über die Champagne und die Bretagne eingerahmt. Den Schauplatz der Erzählung bildet demnach das nordwestliche Frankreich und nicht etwa Nord- oder Mitteldeutschland.

Was für Leute haben wir uns nun unter den *Suavi* vorzustellen? Für Gregors Zeit kommen zwei Personengruppen in Betracht: Entweder die Bewohner des südwestlichen deutschen Sprachgebiets, die man heute gern *Alemannen* nennt, oder die Bewohner des Reichs der Sueben im Nordwesten der Pyrenäenhalbinsel, das von dem westgotischen König Leowigild (reg. 568–586) wohl im Jahre 585 zerstört wurde. Zur Bezeichnung der Bewohner des südwestdeutschen Sprachgebiets verwendeten die lateinischen Quellen des Frühmittelalters sowohl *Alamanni* als auch das Wort *Suavi*, das im Namen *Schwaben* weiterlebt. Das frühmittelalterliche Schwaben schloss jedoch Gebiete ein, die nach neuzeitlichen Begriffen zu Baden, zum Elsass und zur Schweiz gehören.

Die Sueben auf der Pyrenäenhalbinsel wurden in den lateinischen Quellen bald *Suebi/Suevi*, bald *Suavi* genannt. Um sie von den Schwaben in Germanien zu unterscheiden, konnte man sie „galizische Schwaben" oder „schwäbische Galizier" nennen (verballhornt *Galli Suavi*),[146] denn sie bewohnten u. a. die Landschaft Galizien im Nordwesten der Pyrenäenhalbinsel. Zu diesem Gebiet gehörten im Frühmittelalter Teile des heutigen Portugals. Das Suebenreich muss auf Grund seiner Lage eine Seemacht gebildet haben. Wegen seiner Gegnerschaft zum Westgotenreich war es wahrscheinlich mit den Merowingern verbündet. Leider wissen wir von der politischen Geschichte des Suebenreichs zwischen der Mitte des 5. Jhs. und der Mitte des 6. Jhs. so gut wie nichts.

Gregor von Tours verfiel in den merkwürdigen Irrtum, die Sueben auf der Pyrenäenhalbinsel mit den Alemannen gleichzusetzen. Anscheinend stellte er sich dabei vor, dass es sie infolge eines alemannischen Einfalls, der im 3. Jh. Gallien erfasst hatte, bis nach Spanien verschlagen hätte. Andererseits meint er jedoch, sie wären im Gefolge der Vandalen nach Galizien gekommen, was in den Anfang des 5. Jhs. führt.[147]

Bei den *Suavi*, die mit den *Saxones* kämpften, handelte es sich offensichtlich um Kriegsleute, die von der Pyrenäenhalbinsel (auf dem Seeweg?) gekommen waren und denen von Chlothar I. und seinem Sohn Sigibert I. Standorte an der gallischen Küste angewiesen wurden. In diesen Standorten oder besser Standgebieten hatten vorher *Saxones* gelebt. Als die betreffenden *Saxones* oder ihre nächsten Nachkommen aus Italien heimkehrten, kam es zum Streit. All diese Personen waren nicht etwa Bauern, sondern Kriegsleute, die ihren Lebensunterhalt aus Abgaben von Bauern bestritten. Die Abgaben fielen ihnen am ehesten als Anteile von Steuern zu, wie es anderswo aus den Nachfolgestaaten des Weströmischen Reichs bezeugt ist.

Der Sachverhalt geht schon daraus hervor, dass Gregor von Tours schreibt, die *Suavi* hätten den *Saxones* erst ein Drittel, dann die Hälfte und schließlich zwei Drittel ihres Landes angeboten. Ein Bauer vermag nicht zwei Drittel seiner Wirtschaft abzutreten, ohne sich selber aufzugeben. Ein Grundherr oder ein Nutznießer von Steueranteilen vermag das sehr wohl, ohne dass er sich deswegen zugrunde richten müsste. In diesem Zusammenhang ist es völlig gleichgültig, ob die Ausführungen des Gregor von Tours über die angebotenen Abtretungen den Tatsachen entsprechen. Es kommt nur darauf an, in welchen Vorstellungen sich das 6. Jh. bewegte.

Wie sind nun die *Saxones* von der Atlantikküste ins Gefolge des Königs Alboin geraten? Die Antwort ergibt sich aus dem Krieg, der seit den dreißiger Jahren des 6. Jhs. auf dem Boden der Appeninenhalbinsel tobte: Im Jahre 535 hatte der oströmische Kaiser Justinian I. mit der Eroberung des Ostgotenreichs begonnen, dessen Kerngebiet Italien war. An den Auseinandersetzungen, die sich über Jahrzehnte hinzogen, nahm der merowingische König Theudebert I. (reg. 533–547) teil, ein Sohn Theuderichs I. Es gelang ihm, Gebiete Norditaliens unter seine Herrschaft zu bringen, abgesehen davon, dass die Merowinger die nördlich der Alpen gelegenen Teile des Ostgotenreichs an sich brachten. Die fränkische Eroberungspolitik auf dem Boden Italiens wurde auch nach Theudeberts I. Tod weitergeführt, allerdings nicht von allen Königen in gleicher Weise. Als ihre Träger erschienen Theudowald/Theudebald und nach ihm Chlothar I.

Abgesehen von einem Feldzug, den Theudebert I. im Jahre 539 unternahm, haben es die merowingischen Herrscher vermieden, selber Heere auf der Appeninenhalbinsel anzuführen. Die dortigen Kriegszüge überließen sie Feldherren, die scheinbar auf eigene Faust handelten. Das nächstliegende Beispiel bildet das Unternehmen der Herzöge Leuthari und Butilin vom Jahre 553, die teils als Franken, teils als Alemannen bezeichnet wurden.

Nun stellt die Chronik des sogenannten Fredegar ausdrücklich fest, dass Theudebert I. die *Saxones* nach Italien geschickt hatte, die unter Sigibert I. nach Gallien zurückkehrten.[148] Diese Quelle ist in den einschlägigen Abschnitten weitgehend von Gregor von Tours abhängig, enthält jedoch einzelne Nachrichten, die auf eine andere Überlieferung zurückgehen. Zu ihnen gehört die Mitteilung darüber, wie die betreffenden *Saxones* nach Italien gelangt sind. Es besteht keinerlei Grund zu der Annahme, dass der unbekannte Verfasser sich den Sachverhalt ausgedacht hätte, denn er weist nur im Vorübergehen darauf hin: Wer schwindelt, wird weitschweifig.

Allerdings mag die sog. Fredegarchronik jüngere Vorstöße „fränkischer" Truppen übersehen haben. Marius von Avenches berichtet nämlich, dass im Jahr 556 ein fränkisches Heer ein oströmisches geschlagen hätte. Die Mitteilung erfolgt, nachdem Marius zum vorhergehenden Jahr vom Untergang des „fränkischen Herzogs Butilin" erzählt hat, bezieht sich also auf einen besonderen Feldzug.

Es sind wohl *Saxones* in ähnlicher Weise nach Italien gezogen wie 553 Alemannen. Die Fredegarchronik verdient im gegebenen Zusammenhang schon deswegen Glauben, weil sie die Zeitfolge nicht durcheinander bringt, während Gregor den

König Chlothar I. zum Zeitgenossen des langobardischen Einfalls nach Italien macht, also einem nachweislichen Irrtum erlegen ist.

Zu klären bleibt, wie die Mitteilung des Gregor von Tours zustande gekommen ist, die betreffenden *Saxones* wären mit Alboin in Italien eingedrungen. Hier sind wir auf Vermutungen angewiesen: Die merowingische Herrschaft in Norditalien dauerte bis 562 oder 565. Dann bereitete der oströmische Feldherr Narses ihr das Ende.[149] Man darf annehmen, dass die von Theudebert I. nach Italien entsandten *Saxones* bis zu jener Zeit ihre Standquartiere in Norditalien hatten. Dann flohen sie zu Alboin und kehrten mit ihm 568 zurück.[150] Kurz darauf zogen sie weiter nach Gallien, um ihre Ausgangsorte zu erreichen.

Im Schlepptau der Langobarden fiel 574 eine Heeresgruppe in Gallien ein, die aus „Mauren und anderen Leuten" bestand.[151] Die Heimat dieser Krieger lag also in Nordafrika. Im Sold des oströmischen Kaisers waren sie nach Italien gebracht worden. Entweder gingen sie dort zu den Ostgoten über und flohen später über die Alpen zu den Langobarden, um mit ihnen auf die Apenninenhalbinsel zurückzukehren; oder sie schlossen sich diesen erst nach 568 an. Jedenfalls bildete Italien das Zwischenglied zwischen ihrer Heimat und ihrer Nähe zu den Langobarden. Vergleichbares gilt für die *Saxones*, die offensichtlich von der Atlantikküste nach Italien gekommen waren, allerdings nicht im Dienst des Kaisers, sondern eines merowingischen Königs.

Die Hauptquelle für den Krieg der Oströmer gegen die Ostgoten bildet das Werk des Prokop von Kaisareia, aber nur bis zum Jahre 552/53. Dann bricht es ab. Von den folgenden Ereignissen wie dem Einfall der Herzöge Leuthari und Butilin erzählt Prokop nichts mehr. Die vorhergehenden fränkischen Vorstöße nach Italien und die Herrschaft der Merowinger über Teile des Landes hatte er jedoch ziemlich ausführlich geschildert. Dass er dabei den Sachsennamen nicht fallen ließ, beweist in unserem Zusammenhang gar nichts, denn dieser Name war Prokop ja fremd (oben, S. 61 f.). Außerdem bestand für die Geschichtsschreiber außerhalb des Frankenreichs keine Notwendigkeit, zwischen Franken im engeren Sinne und Franken im weiteren Sinn, also allen Untertanen der Merowinger, zu unterscheiden. Deswegen wurden Leuthari und Butilin eben bald als Franken und bald als Alemannen bezeichnet.

Wenn also die herrschende Meinung die *Saxones*, die Gregor von Tours mit Alboin in Verbindung bringt, aus Mitteldeutschland kommen lässt, setzt sie sich in Widerspruch zu den Quellen des 6. und 7. Jhs. Diese Schriftwerke bringen die betreffenden *Saxones* mit der gallischen Atlantikküste in Zusammenhang.

Ende des 8. Jhs. erzählt Paulus Diaconus, Alboin habe vor seinem Aufbruch nach Italien „seine alten Verbündeten, die *Saxones*, um Hilfstruppen gebeten ... Die *Saxones* kamen in der Stärke von mehr als 20 000 Mann mit Frauen und Kindern zu ihm, um mit ihm nach Italien zu ziehen ... Als Chlothar und Sigibert, die Könige der Franken, davon gehört hatten, verlegten sie Schwaben und andere Leute in die Gegenden, aus denen diese *Saxones* ausgezogen waren."[152] Es herrscht Übereinstimmung, dass die Ausführungen des Paulus Diaconus unmittelbar auf der Erzählung des Gregor von Tours beruhen.

Woher Alboins Verbündete kamen, sagt Paulus Diaconus ebenso wenig wie seine Vorlage. Man muss sich vor der Folgerung hüten, dass ihre Heimat das alte Sachsen gewesen wäre, weil er sie *Saxones* nennt. Noch weniger darf man voraussetzen, dass Paulus Diaconus sich vorgestellt hätte, die Hilfstruppen wären aus dem nordwestlichen Deutschland der Richtung des Vogelflugs folgend nach Ungarn gezogen. Aus Westeuropa und dem westlichen Mitteleuropa gelangte man im Altertum und im 6. Jh. längs der Donau in die südosteuropäischen Provinzen des römischen Reichs, zu denen Pannonien gehörte.

Obwohl Paulus Diaconus die Bezeichnung *Angelsachsen* erfunden haben dürfte (oben, S. 47), kann er sehr wohl an Engländer gedacht haben, indem er von *Saxones* als Alboins alten Verbündeten sprach – einerlei, ob seine Vorstellungen den Gegebenheiten des 6. Jhs. entsprochen haben. Zwischen England und den langobardischen Königen in Italien hatten dauerhafte Beziehungen bestanden, über deren Grundlagen wir uns nicht den Kopf zerbrechen wollen. Paulus Diaconus mag geglaubt haben, dass die Verbindungen in die voritalienische Zeit der Langobarden zurückgereicht hätten.

Dass Paulus Diaconus unter *Saxones* die Engländer verstehen konnte und zu deren Bezeichnung nicht durchweg *Anglisaxones* gebrauchte, sei an folgendem Beispiel bewiesen: 662 hatte der Herzog Grimoald († 671) im Langobardenreich den König Berthari/„Perctarit" vom Thron gestoßen und sich an seine Stelle gesetzt. Der gestürzte Herrscher floh zunächst ins Frankenreich. Paulus Diaconus berichtet weiter: Als der fränkische König Dagobert II. mit Grimoald ein Bündnis einging, entschloss Berthari/„Perctarit" sich zur Flucht „auf die Insel Britannien, zum König der *Saxones*." Während der Überfahrt „auf die Insel Britannien, ins Reich der *Saxones*" erhielt er die Kunde von Grimoalds Tod. Berthari kehrte auf den langobardischen Thron zurück und regierte bis zu seinem Tod im Jahre 688.[153] Es ist also ganz eindeutig, dass *Saxones* hier die Engländer meint. Nebenbei bemerkt, bleibt zweifelhaft, ob Paulus Diaconus an die Sachsen und nicht an die Engländer dachte, als er schrieb, Alboin werde „bis heute von Baiern, *Saxones* und anderen Leuten derselben Sprache in Liedern gefeiert."[154]

Jedenfalls gibt Paulus Diaconus keine Grundlage für die Behauptung ab, dass Alboins „sächsische" Hilfstruppen von der Bode gekommen wären. Auf diesen Schluss ist die neuzeitliche Wissenschaft verfallen, indem sie eine unmittelbare Beziehung zwischen den Worten des Gregor von Tours und Bezeichnungen einer Örtlichkeit hergestellt hat, die im 10. und 11. Jh. erwähnt wird: 934 erscheint in einer Urkunde König Heinrichs I. die Ortsangabe *in pago Suevia*,[155] was man so wiedergeben kann: „im Schwabengau." Man könnte auch sagen „im Suebengau". Später erscheint dasselbe Gebilde unter der Bezeichnung *in pago Suevon/Svabun*.

Einige Forscher behaupten, dass dieser Gau durch die „Schlenze, Saale, Bode und Harzwipper" begrenzt gewesen wäre.[156] Die Schlenze ist ein Flüsschen, das 20 km nw. Halle in die Saale mündet (bei Friedeburg). Sie soll die Südgrenze des Schwabengaus abgegeben haben, während die Saale die Ostgrenze und die Bode die Nordgrenze gebildet hätte. Dieser Fluss mündet etwa 30 km w. Dessau in die Saale (bei Nienburg). Im Westen wäre der Schwabengau durch die Harzwipper (oder Alte Wipper) begrenzt worden, obwohl ihr Verlauf sie nur zum Teil dazu geeignet macht, denn sie fließt bei Bernburg in die Saale, also südlich der Bodemündung. Wir entsinnen uns, was wir oben über frühmittelalterliche Grenzen gesagt haben (S. 13).

Zuletzt ist der Schwaben- oder Suebengau anscheinend im Jahre 1073 belegt.[157] „Nordschwabengau" hieß er niemals. Von „Nordschwaben" ist im Zusammenhang mit Sachsen ein einziges Mal die Rede, und zwar in den Alten Metzer Jahrbüchern zum Jahre 748 (dazu unten, S. 173).

Allerdings erscheinen „Nordschwaben" oder „Nordsueben" in einem Brief Theudeberts I. an den Kaiser Justinian I. Hier waren aber nicht Leute in Sachsen gemeint, sondern die süddeutschen Schwaben oder Alemannen im Unterschied zu den Schwaben oder Sueben auf der Pyrenäenhalbinsel, die man als die „Südschwaben" hätte bezeichnen können.

Nun meinen viele Forscher, dass der mitteldeutsche Schwaben- oder Suebengau auf folgende Weise zu seinem Namen gekommen sei: Aus dem betreffenden Gebiet wären die *Saxones* ausgezogen, die Alboin auf seinem Zug nach Italien begleitet hätten. An ihrer Stelle hätten die Merowinger Schwaben angesiedelt. Falls Chlothar I. und Sigibert I. die Schlenze und die anderen genannten Flüsse als Grenzen des neuen schwäbischen Siedlungsgebiets festgelegt haben sollten, muss den Königen eine beneidenswerte Kenntnis der mitteldeutschen Landschaft zueigen gewesen sein.

Besonders tüchtige Heimatforscher vermochten sogar den Ort der furchtbaren Schlacht zu ermitteln, in der jene 20 000 Sachsen fielen: Es handelt sich um eine Flur, die den Namen „die Batalike" trägt und in der Nähe von Schafstädt liegt (20 km sw. Halle). Der Beweis wird mit der Behauptung geführt, dass der Flurname von dem französischen Wort *bataille* ‚Schlacht' herkomme.[158] Die Vertreter der romanischen Sprachwissenschaft werden sich freuen, wenn sie erfahren, dass die Sachsen oder Schwaben des 6. Jhs. nicht altgermanisch, sondern neufranzösisch gesprochen haben.

Im Unterschied zur Lage des denkwürdigen Schlachtorts herrscht leider keineswegs Einigkeit darüber, ob die namengebenden Neusiedler des Schwabengaus ihre Heimat wirklich in Süddeutschland hatten, wie es sich eigentlich gehört hätte. Nach anderen Meinungen sollen sie aus dem Havelgebiet, aus Westmecklenburg, Schleswig-Holstein, den Niederlanden oder der Rhein-Main-Gegend gekommen sein.[159]

Wir halten uns daran, dass zwischen Bevölkerungsgruppen, die denselben Namen tragen, keine leibliche Verwandtschaft zu bestehen braucht, und dass folglich die einen Träger des Namens nicht von anderen Trägern desselben Namens abstammen müssen oder aus deren Gebiet ausgewandert zu sein brauchen (oben, S. 15f.).

In welcher Weise der Schwaben- oder Suebengau zu seiner Bezeichnung gekommen ist, lässt sich nicht feststellen. Zu den *Saxones*, die Gregor von Tours mit dem König Alboin in Verbindung bringt, hatte er jedenfalls keine Beziehung. Übrigens bleibt unerklärt, wie man die angeblichen Eingriffe der merowingischen Könige an der Bode mit der herrschenden Lehre in Einklang bringen soll, dass die Unstrut seit 531 die Südgrenze des sächsischen Stammesstaats gebildet hätte. Die Bode liegt nicht nur nördlich der Unstrut, sondern nördlich des Harzes und kommt der Stadt Magdeburg bis auf 25 km nahe. Wie hätte Sigibert I. mitten im sächsischen Stammesgebiet Landzuweisungen an Stammfremde vornehmen können?

Mit der vermeintlichen Ansiedlung Fremder in Mitteldeutschland um 568 haben neuzeitliche Wissenschaftler auch andere Gaue in Verbindung gebracht: das Friesenfeld, den „Harudengau" und das „Warnenfeld".

Die Bezeichnung *Friesenfeld* ist jedoch vom Kloster Hersfeld am Ende des 9. Jhs. geschaffen worden und hat mit Ereignissen des 6. Jhs. gar nichts zu tun.[160] Ganz unhaltbar ist es, Friesen des Jahres 748 mit diesem Gau in Verbindung zu bringen (unten, S. 171 f.).

Bei dem angeblichen Harudengau handelt es sich einfach um ein Missverständnis. Gemeint ist der Harzgau. In Fulda hat man daraus den „Gau der Haruden" gemacht. Der Völkername entstammte der lateinischen Literatur des Altertums. Im selben Kloster wurde auch aus einem Gaunamen derselben Gegend das Volk der *Hohsingi* herausgesponnen.[161]

Weil die Chronik von Moissac im 9. Jh. im Slawenland östlich der Elbe ein Gebiet namens *Hwerenofelda* erwähnt,[162] hat man gleich noch geschlossen, dass die Bezeichnung von den Warnen herkäme und darauf zurückgehe, dass die Merowinger in der Mitte des 6. Jhs. dieses Volk im betreffenden Raum angesiedelt hätten. Das anlautende *h-* verbietet es, *Hwerenofelda* mit den Warnen in Verbindung zu bringen.

Der *Wern*-gau oder *Werin*-gau in Hessen hat seinen Namen vom Fluss Wer(r)n.[163]

Der König Sigibert hatte es nun nicht nur mit *Saxones* an der Atlantikküste zu tun, sondern auch mit „echten" Sachsen. Seine Regierungstätigkeit erstreckte sich anscheinend auf diese und auf die Thüringer wie schon die Macht seines Vaters Chlothar I. Venantius Fortunatus besang in einem Gedicht, das er Sigibert I. und seiner Gemahlin „Brunichildis" (d. i. Brunhild) widmete, einen Sieg des Herrschers über die „thüringischen *Saxones*", nach unseren Begriffen also die Sachsen.[164] An anderen Stellen versteht der Dichter unter den *Saxones* Bewohner Englands. Deswegen nennt er die *Saxones* auf dem Festland die thüringischen *Saxones*. Sehr kühn, aber nicht unhaltbar ist die jüngst geäußerte Vermutung, Venantius Fortunatus habe in einem anderen Gedicht auf einen Sieg des Königs über die vereinigten Thüringer und Sachsen angespielt.[165]

Eine merkwürdige Verwechslung findet sich im Buch der fränkischen Geschichte, indem es erzählt, Sigibert I. und sein jüngster Bruder Chilperich (reg. 561–584) hätten einen gemeinsamen Feldzug gegen *Saxones* unternommen. In Wirklichkeit lebten die beiden Könige in Feindschaft; und Sigibert war während eines Krieges auf Soissons vorgestoßen, die Hauptstadt seines Bruders.[166] Die Leute von Soissons waren die *Suessones*. Der Verfasser des Buchs der fränkischen Geschichte hat ihren Namen als *Saxones* missdeutet. Die Verwechslung ist uns nicht neu (oben, S. 28).

Die Lage in Mitteleuropa veränderte sich zu Sigiberts I. Zeit einscheidand, weil die Awaren, ein seiner Herkunft nach eurasisches Reitervolk, als neue Feinde die Ostgrenze des Merowingerreichs bedrohten.[167] Die Aufmerksamkeit der merowingischen Könige wurde folglich nach Südosten gelenkt.

5.3 *Saxones*, Sachsen und die Merowinger nach Sigiberts I. Tod

Sigiberts I. Enkel Theuderich II. (reg. 596–612/13) und Theudebert II. (reg. 596–612) führten 612 gegeneinander Krieg. Theuderich II. besiegte seinen Bruder in einer Schlacht bei Zülpich. Dieser hatte „Sachsen, Thüringer sowie andere Leute von der rechten Seite des Rheins und sonstwoher aufgeboten."[168] Es sei hervorgehoben, dass die Sachsen an dieser Stelle wie bei Venantius Fortunatus in einem Atemzug mit den Thüringern genannt werden, wenn der sogenannte Fredegar sie nicht sogar als „thüringische *Saxones*" bezeichnen wollte. Auch bei ihm ist das lateinische Wort nämlich keineswegs auf die Bewohner des alten Sachsens festgelegt. So erzählt er in einem völlig erdichteten Abschnitt, wie die Franken sich mit den *Saxones* gegen Pompeius († 48 v.Chr.) verbündet hätten, und meint Bewohner Britanniens.[169] Solche Vorstellungen gingen von der politischen Lage des 7. Jhs. aus, als die Franken und die Engländer politische Nachbarn waren.

In der Spätzeit Chlothars II. (reg. 584–629) und unter seinem Sohn Dagobert I. (reg. 623–639) trat ein Herzog „Aighyna" hervor, der seiner Herkunft nach *Saxo* war. Er stammte gewiss nicht aus Sachsen, sondern wohl von der gallischen Atlantikküste.[170] Von ihm erzählt die Fredegarchronik.[171] Der Sprachgebrauch der Quelle lässt auch in diesem Fall wie bei anderen *Saxones* die Möglichkeit bestehen, dass der Mann aus England kam.

Dagobert I. war von seinem Vater 623 im Osten des Merowingerreichs, also in Austrasien, als Unterkönig eingesetzt worden.

Etwa zur selben Zeit begründete Samo († um 660) ein neues Staatsgebilde, indem er Teile der Westslawen zur Erhebung gegen die Awaren führte, deren Macht während der folgenden Jahre verfiel. Die Fredegarchronik nennt ihn *rex Sclavinorum*, was man als „König der Wenden" wiedergeben sollte. („König der Slawen" müsste den Eindruck erwecken, als ob Samo über alle Slawen geherrscht hätte.) Die Grenzen des neuen Reichs sind unklar. Wahrscheinlich bildeten Gebiete seinen Kern, die nach heutigen Begriffen in der Tschechischen Republik liegen. 631/32 führte Dagobert I. mit den Streitkräften Austrasiens einen Feldzug gegen Samo, während zugleich die Alemannen und die Langobarden gegen andere Wenden vorgingen. Der König scheiterte vor der Feste Wogastisburg, die von vielen Forschern mit Kaaden (tschech. Kadaň, nö. Karlsbad) gleichgesetzt wird. Dagoberts I. Fehlschlag hatte zur Folge, dass „Dervan, der Herzog der Sorben, die lange zum Frankenreich gehört hatten, sich mit den Seinen dem Reich Samos anschloss."[172]

Diese Stelle bildet das früheste Zeugnis für das Vorhandensein von Slawen nördlich des Erzgebirges. Jedenfalls griff die Auseinandersetzung zwischen Dagobert I. und Samo nach Norden über. Vor diesem Hintergrund sind die Nachrichten des sog. Fredegar zum Jahre 632/33 zu sehen: Die Wenden unternahmen einen Einfall nach Thüringen. Daraufhin zog Dagobert I. mit einem Heer gegen sie, das Truppen aus allen Teilen des Frankenreichs umfasste. Wir erfahren weiter, dass er in oder bei Mainz den Rhein überschreiten wollte. Doch wird nicht gesagt, ob der König weitergezogen ist. Die Chronik führt vielmehr Folgendes aus: „Sachsen schicken Gesandte zu Dagobert mit der Bitte, er solle ihnen die Zwangsabgaben erlassen, die sie an den Haushalt der Könige (*fisci dicionebus*) zahlten. Sie geloben, auf eigene Kosten gegen die Wenden (*Winidis*) zu kämpfen, und versprechen, die fränkische Grenze (*Francorum limete*) in jenen Gegenden zu hüten. Das gewährte Dagobert, nachdem er den Rat der Neustrier eingeholt hatte. Die Sachsen, die gekommen waren, um die entsprechenden Bitten vorzutragen, bekräftigen (die Vereinbarungen M. S.) für die Sachsen insgesamt mit einem Eid auf ihre Waffen, wie es ihre Sitte war. Aber das Versprechen wird nicht eingehalten. Die Zwangsabgaben jedoch, die von den Sachsen aufzubringen waren, bleiben ihnen gemäß Dagoberts Weisung erlassen. 500 Kühe mussten sie jährlich seit der Zeit des älteren Chlothar als Zins zahlen, was Dagobert abgeschafft hat."[173]

Hier treffen wir also die Zwangsabgaben wieder, von denen im Zusammenhang mit Chlothar I. die Rede war (oben S. 97 f.). Wenn die betreffenden Worte der Fredegarchronik um 660 niedergeschrieben worden sind (was ein Teil der Forscher meint), könnte man bei dem älteren Chlothar allerdings an Chlothar II. denken, denn von 657 bis 673 regierte Chlothar III. Wenn jedoch – wie andere annehmen – der betreffende Abschnitt der Fredegarchronik 642 abgeschlossen worden ist, scheidet eine solche Möglichkeit von vornherein aus. In der Bemerkung des Verfassers, die Zwangsabgabe sei auf den Rat der Neustrier abgeschafft worden – und nicht der Austrasier –, kommt anscheinend ein Gegensatz zwischen dem westlichen und dem östlichen Reichsteil zum Ausdruck. Genaueres lässt sich zu dem Sachverhalt an dieser Stelle nicht sagen.

Die Frage ist, welche Bewohner Sachsens den Vertrag mit Dagobert I. geschlossen haben. Es kann sich nicht um die an der slawischen Grenze gehandelt haben, denn denen wäre bei einem Einfall der Sorben oder anderer Angehöriger des Samo-Reiches ohnehin nichts anderes übrig geblieben, als sich zu wehren. Folglich hat man an Sachsen westlich der Oker gedacht.[174] Sie hätten im Kriegsfall ostwärts marschieren müssen wie die Bewohner Austrasiens oder der weiter westlich gelegenen Gebiete des Frankenreichs, nur keine so lange Strecke. Darauf bezieht sich anscheinend ihr Vorschlag, im Austausch gegen den Erlass der Zwangsabgaben die betreffenden Feldzüge aus eigenen Mitteln zu bestreiten. Die Versorgung des Heeres während eines Krieges oblag sonst dem König, denn der einzelne Krieger konnte sich bloß über einen kurzen Zeitraum selber unterhalten. Die Vereinbarungen legen den Schluss nahe, dass die Ostgrenze Sachsens als die fränkische Reichsgrenze angesehen wurde.

Schon bei den Absprachen des Jahres 632/33 treffen wir auf eine Tatsache, die zur Zeit Karls des Großen böse Folgen haben sollte: Die fränkischen Könige glaubten, dass diejenigen Sachsen, mit denen sie verhandelten oder Verträge schlossen, für die Bewohner Sachsens insgesamt sprächen, wie der sog. Fredegar ausdrücklich hervorhebt. In Wirklichkeit fühlten sich immer nur Teile der Sachsen an die Übereinkünfte gebunden. Daran knüpft sich übrigens die Frage, welche von ihnen die 500 Kühe an die merowingischen Könige als Zwangsabgabe abzuführen hatten: Schwerlich waren die Sachsen insgesamt damit belastet.

Die Gestalt Dagoberts I. wurde früh mit einem Geflecht von Sagen überzogen. Schon im 8. Jh. erzählte der Verfasser des Buchs der fränkischen Geschichte, wie die Sachsen zum Aufruhr gegen Dagobert I. geschritten seien, nachdem er „von den Austrasiern zum König erhoben worden war." Sie hätten ein volkreiches Heer gegen ihn und seinen Vater Chlothar II. aufgeboten. Dagobert jedoch habe mit sehr vielen Truppen den Rhein überschritten. Es kam zu einer Schlacht: „Dagobert wurde ein Teil seines Kopfhaars durch einen Hieb abgehauen, der seinen Helm durchdrang. Sein hinter ihm stehender Knappe las die Haare vom Erdboden auf. Weil Dagobert sah, dass seine Leute in Bedrängnis gerieten, sagte er zu dem Knecht: ‚Eile schnell mit diesen Haaren zu meinem Vater. Er soll uns zu Hilfe kommen, bevor das ganze Heer fällt.' Der Knappe lief rasch, überquerte die Ardennen und kam zu einem Fluss. Dorthin war der König Chlothar mit einem Heer gezogen. Als der eilende Bote dem König die abgeschnittenen Haare seines Sohnes überbrachte, erfasste diesen ein heftiger Schmerz. Unter Trompetenschall brach er mitten in der Nacht auf, überquerte mit seinem Heer den Rhein und kam seinem Sohn sogleich zu Hilfe. Nachdem sie vereint waren, klatschten sie freudigen Herzens in die Hände, marschierten zum Fluss Weser und schlugen dort ihr Lager auf. Auf der anderen Seite des Flusses stand Bertoald, der Herzog der Sachsen, mit versammelter Mannschaft, um in die Schlacht zu rücken. Als er das (fränkische M. S.) Heer lärmen hörte, fragte er, was das zu bedeuten habe. Er erhielt die Antwort: ‚Der Herr König Chlothar ist angekommen. Deswegen freuen sich die Franken.' Bertoald erwiderte mit großem Gelächter: ‚Ihr Lügner! Schämt ihr euch nicht, so zu schwindeln, wo wir doch gehört haben, dass er tot ist."[175]

In diesem Stil geht es noch eine Seite weiter: Chlothar II. gibt sich zu erkennen. Bertoald bedenkt ihn mit einem Schimpfwort. Der König setzt mit seinem Ross über die Weser. Dagobert und das Heer folgen ihm „trotz der ungeheuren Strudel." Chlothar II. und Bertoald fechten einen Zweikampf aus. „Und Bertoald sprach: ‚Laß ab von mir, o König, damit ich dich nicht töte! Denn wenn du gegen mich obsiegst, werden alle Leute sagen, dass du deinen heidnischen (? M. S.) Knecht Bertoald erschlagen hast. Wenn ich aber dich töte, wird unter allen Völkern der Ruf erschallen, dass der tapferste König der Franken von einem Knecht erschlagen worden sei.'" Der Sinne der Rede ist der, dass dem König der Zweikampf auf keinen Fall zum Ruhm ausschlagen werde. Schließlich errang Chlothar II. den Sieg. Er steckte den Kopf des gefallenen Bertoald auf einen Speer und kehrte zu seinen Franken zurück. „Der König jedoch verwüstete das gesamte Land der Sachsen und tötete von dem Volk alles, was männlich war, sofern es die Länge seines Schwertes überragte. Ein solches Denkmal errichtete er sich in jenem Gebiet; und der König kehrte in sein Land zurück."

Hier haben wir eine schöne Heldensage. Wer nach dem „geschichtlichen Kern" sucht, müsste ihn darin finden, dass unmittelbar nach Dagoberts I. Herrschaftsantritt in Austrasien, also 622/23, ein sächsischer Aufstand stattgefunden habe. Die Nennung eines sächsischen Herzogs, der sich obendrein als Knecht des Königs bezeichnet, zwingt zu dem Schluss, dass der Schöpfer der Erzählung Sachsen als Bestandteil des fränkischen Reichs betrachtete. Glauben wir dem Erzähler weiter, so muss das Land von den Merowingern zur Strafe fürchterlich heimgesucht und seine Bevölkerung unterworfen worden sein.

Aus unerfindlichen Gründen erscheint manchen Forschern die Sage von Chlothar II. und Bertoald jedoch als Beleg für die Ausbreitung der Sachsen und nicht für ihre Unterwerfung. Das sächsische Vordringen würde durch Bodenfunde erhärtet. Besondere Aufmerksamkeit erweckte in diesem Zusammenhang ein „Fürstengrab", das um 1960 bei Beckum zutage kam (nö. Hamm). Man meinte, dort sei ein „sächsischer Landnahmeführer" bestattet worden. Inzwischen wird der Tote jedoch als fränkischer Adliger angesehen.[176]

Es ist ohnehin unhaltbar, aus der Verbreitung von Kunststilen oder Waffen auf die Ausbreitung von Völkern zu schließen. Der gotische Baustil ist in Frankreich entstanden, genauer in der Ile de France, dem unmittelbaren Herrschaftsbereich der französischen Könige. Er hat ganz Europa erfasst – aber nicht deswegen, weil das Volk der Franzosen nach Magdeburg, Prag oder Wien vorgedrungen wäre oder wohl gar der König von Frankreich diese Städte erobert hätte.

Was die Waffen angeht, so werden regelmäßig die Waffen der Feinde übernommen oder nachgeahmt, sofern sie wirkungsvoller als die eigenen sind oder zu sein scheinen. Die Aussage betrifft übrigens auch sonstige Ausrüstungsgegenstände.

Ganz abwegig, aber beliebt ist es, Kunststile, Waffenformen oder Begräbnissitten für den Ausdruck eines Volkstums, eines „Ethnos", zu halten. Demnach dürfte ein Volk nur so lange bestehen, wie bestimmte Stile und Sitten gepflegt oder bestimmte Waffen geführt wurden – weder vorher noch nachher. Demnach wäre der Übergang von katholischen zu evangelischen Bestattungssitten im 16. Jh. durch den Austausch der Bevölkerung zu erklären und nicht durch den Glaubenswechsel der Ortsansässigen. Bei der Deutung von Bodenfunden sind solche Denkweisen leider gebräuchlich. Eine andere Frage ist die, ob in einem bestimmten Land zu einer bestimmten Zeit Bräuche herrschten, die sich von denen der Nachbarn unterschieden, ob Neusiedler neue Sitten mitgebracht haben oder ob während eines bestimmten Krieges die eine Partei im Gegensatz zur anderen Hinterlader oder Vorderlader verwendete.

Aus der Mitte des 7. Jhs. gibt es ein Zeugnis, das die Behauptung schlagend widerlegt, die Unstrut hätte seit dem Untergang des Thüringerreichs die sächsische Südgrenze gebildet: Dagobert I. hatte Radulf zum Herzog in Thüringen eingesetzt. Während der vierziger Jahre erhob sich Radulf gegen Sigibert III., einen Sohn Dagoberts I. Sigibert III. zog mit einem Heer gegen ihn. Radulf errichtete ein befestigtes Lager „auf einem Berg über der Unstrut, einem Fluss in Thüringen" und verschanzte sich dort mit seiner Frau und seinen Kindern sowie einem großen Heer. Sigibert III. belagerte ihn. Aber Radulf besiegte das Heer des Königs in einer Ausfallschlacht. Sigibert III. musste sich über den Rhein zurückziehen.[177] Der thüringische Herzog kann seine Hauptfestung keinesfalls an einem Grenzfluss gehabt haben, am wenigsten dann, wenn die Sachsen die Feinde der Thüringer gewesen wären.

Obwohl das Wort *Saxones* in den eben behandelten Zusammenhängen die Sachsen benannte, konnte es in Quellen aus dem Merowingerreich nach wie vor zur Bezeichnung der Engländer dienen. So berichtet das Buch der fränkischen Geschichte von der Königin Balthild, der Gemahlin Chlodwigs II. († 657), sie sei aus dem Geschlecht der *Saxones* gewesen.[178] Balthild war als Sklavin aus England ins Frankenreich gekommen. Heiligenleben der Merowingerzeit verwenden ganz ungescheut den Ländernamen *Saxonia*, wenn sie England meinen, als ob kein Missverständnis möglich wäre.[179]

Dem bedeutenden Engländer Beda verdanken wir Nachrichten über das alte Sachsen, die wir anderswo nicht finden. Er kommt auf das Land zu sprechen, wenn er von der Tätigkeit englischer Glaubensboten erzählt. So berichtet er, der Bischof Swithbert (*Suidberct*) habe sich zu den *Boructuarii* begeben und viele von ihnen fürs Christentum gewonnen. Die Ereignisse gehören wohl in die neunziger Jahre des 7. Jhs. Nicht lange danach seien die *Boructuarii* jedoch von den Sachsen besiegt worden, was die Bekehrer veranlasste, zu Pippin dem Mittleren zu fliehen.[180]

Die *Boructuarii* waren von Beda kurz vorher genannt worden, als er zeitgenössische Bewohner Germaniens aufzählte, „von denen die Angeln oder *Saxones* abstammen, die jetzt Britannien bewohnen: *Fresones, Rugini, Danai, Hunni, Antiqui Saxones, Boructuarii*."[181] Die *Fresones* waren die Friesen. Dass Beda unter den *Antiqui Saxones* die Sachsen verstand, haben wir gelernt. Mit dem Wort *Danai* bezeichnete er die Dänen. Hier beginnen die Auffälligkeiten: *Danai* stammt aus der klassischen lateinischen Literatur. Es war eine dichterische Bezeichnung der Griechen. Beda benutzte also alte Wörter, um neue Völker zu bezeichnen, sofern deren Namen ähnlich lauteten. Er stand mit dieser Unsitte nicht allein (oben, S. 29f.). Im Falle der *Danai* ist sie harmlos, weil klar ist, dass die Dänen gemeint sind. Unsicher bleibt aber schon, was sich hinter dem Wort *Rugini* verbirgt. Im Sprachgebrauch des Altertums bezeichnete das Wort *Rugii* die Rugier, ein germanisches Volk, das jedoch um 700 nicht mehr bestand. Man darf vermuten, dass Beda bei den *Rugini* an die Bewohner der Insel Rügen dachte. Damit soll nicht behauptet werden, dass der deutsche Name der Insel vom Namen der Rugier abgeleitet worden sein müsse. Völlig unklar sind die *Hunni*. Zwar wurden die Awaren des öfteren mit diesem Namen versehen. Aber die Awaren befanden sich in südöstlichen Mitteleuropa und in Südosteuropa. Dorther sind die germanischen Bewohner Britanniens gewiss nicht gekommen.

Boruct-uarii klingt in seinem zweiten Teil gut germanisch, wenn man von der lateinischen Endung -*ii* absieht. Als altenglische Namenform wird *Boruhtware angesetzt.[182] Einwohnernamen auf -*war* sind nicht selten. Man denke an *Bai-varii*, eine Form des Namens *Baiern*. Dieses Wort wird vielfach als Kürzung aus *Baiohaim-varii verstanden und als ‚die Bewohner (oder die Schützer) des Boierlandes' gedeutet. Das Boierland war Böhmen, nach heutigen Begriffen das eine Hauptland der tschechischen Republik mit der Hauptstadt Prag. (Das andere ist Mähren mit der Hauptstadt Brünn.) Ein anderes Beispiel für Namen auf –*war* bilden die *Ampsi-varii*, die Bewohner (oder die Schützer) des Landes an der Ems. In ähnlicher Weise könnte der Name *Boruct-uarii*/*Boruht-ware gedeutet werden.

Leider hat man es sich sehr einfach gemacht, indem man einfach behauptet, die *Boructuarii* des Beda wären dasselbe wie die Brukterer. Das ist ungefähr so, als wenn man behaupten wollte, die Baiern wären dasselbe wie die Boier.

Von den Brukterern ist für das erste nachchristliche Jahrhundert ziemlich oft die Rede. Sie werden mit dem Gebiet „zwischen

Ijssel, Lippe und oberer Ems. bzw. oberer Ems und Weser" in Verbindung gebracht,[183] aber nicht so, dass ihr Land den Rhein berührt hätte. Nun teilt Tacitus ausdrücklich und ausführlich mit, dass die Brukterer völlig vernichtet worden sind. Ihr Untergang fällt in die neunziger Jahre des 1. Jhs. n.Chr.[184] Sie müssten also im 7. Jh. fröhliche Urständ gefeiert haben.

Gegen das Verschwinden der Brukterer spricht keineswegs, dass ihr Name in der Literatur des 4. und 5. Jhs. n.Chr. vorkommt. Er wurde von den Schriftstellern ebenso wiederbelebt wie die Namen der Kimbern, Cherusker, Bastarnen usw.[185] Obendrein erscheinen die Brukterer der spätantiken Literatur auf der rechten Rheinseite gegenüber Köln, aber nicht an der Lippe.[186]

Beda mag in Anlehnung an die lateinische Form *Bructeri* den Namen *Boructuarii* gebildet haben, um eine germanische Bezeichnung wiederzugeben. Wenn diese auf altenglisch *Boruhtware oder auf altsächsisch *Borahtra* oder *Borhtari* lautete,[187] hatte sie nichts mit dem Namen der Brukterer zu tun. Die Lautgesetze schließen den Zusammenhang aus. Das heißt, man kann das Gebiet der *Boructuarii* nicht bestimmen, indem man sie mit den Brukterern gleichsetzt und aus der Gleichsetzung folgert, sie hätten zwischen Lippe und Ruhr gelebt. Wo Bedas *Boructuarii* zu suchen sind, wissen wir nicht. Seine Erzählung lässt an die Nähe zu Friesland denken. Übrigens sagt Beda nicht, dass das Land der *Boructuarii* an Sachsen angegliedert worden wäre. Seine Worte können einfach einen Sieg in einer Schlacht meinen.

Aus den Berichten fränkischer Quellen zum Jahre 715 hat man gefolgert, dass die Sachsen sich das Land der Hattuarier unterworfen hätten, wobei man an rechtsrheinische Gebiete denkt. Die betreffenden Jahrbücher sprechen aber nur von einem Verwüstungszug. Es ist von nichts anderem die Rede als etwa sechzig Jahre später, wenn die Einhardannalen zum Jahre 774 schreiben, dass die Sachsen hessische Gebiete verheert hätten. Die Lehre von der sächsischen Eroberung entwickelt aber eine solche Kraft, dass stillschweigend geschlossen wird, die Sachsen hätten sich das Land der Hattuarier angegliedert. Außerdem steht nicht fest, ob der heimgesuchte Landstrich rechts oder links des Rheins lag.[188] Die politischen Verhältnisse während des zweiten Jahrzehnts des 8. Jhs. machen es höchst unwahrscheinlich, dass die Sachsen dem fränkischen Reich zu jener Zeit hätten Gebiete entreißen können.

Eine Erweiterung des sächsischen Staatsgebiets auf Kosten Thüringens wird gewöhnlich für die Mitte der zwanziger Jahre des 8. Jhs. angenommen. Willibald († nach 769) erzählt nämlich in seiner Lebensbeschreibung des Winfried-Bonifatius (672/5–754) Folgendes: Unter der Gewaltherrschaft der Herzöge Theutbald und Heden (im ausgehenden 7. oder im frühen 8. Jh.) sei eine große Anzahl „der Grafen" (*comitum*) Thüringens umgebracht oder außer Landes geschleppt worden, weshalb sich die übrig gebliebene Bevölkerung der Herrschaft von *Saxones* unterworfen habe.[189]

Willibald sagt keineswegs, dass *ein Teil* Thüringens von „den" Sachsen unterworfen oder an Sachsen angegliedert worden wäre (was häufig aus der Stelle gefolgert wird). Vorausgesetzt, dass es um eine Eroberung ginge, läge hier eine ähnliche Ausdrucksweise vor wie bei der germanischen Eroberung Britanniens, von der man zwar sagen kann, dass sie England unter die Herrschaft von Sachsen brachte, von der man jedoch nicht sagen kann, dass sie England unter die Herrschaft „der" Sachsen gebracht hätte. Noch weniger wäre die Behauptung erlaubt, dass ein Teil Britanniens an Sachsen angegliedert worden sei.

Indessen ist bei Willibald weder von einer Eroberung die Rede; noch geht es um *einen Teil* Thüringens. Nimmt man den Erzähler beim Wort, dann teilt er mit, dass die alte Oberschicht in Thüringen (in ganz Thüringen und nicht in einem Teil des Landes!) beseitigt worden wäre und an ihre Stelle Sachsen oder wenigstens *Saxones* getreten seien, indem die verbleibende Bevölkerung diese Leute als Obrigkeit angenommen habe. Wenn das den Tatsachen entspricht, ist nicht daraus abzuleiten, dass Thüringen an Sachsen angegliedert oder von dort aus regiert worden wäre: Im 11. Jh. geriet Süditalien unter die Herrschaft von Normannen. Daraus folgt nicht, dass das Land an die Normandie angegliedert oder von dort aus regiert worden wäre.

Nun äußert sich Willibald über die Machtergreifung von *Saxones* in Thüringen im Zusammenhang mit der Bekehrungs- und nicht im Zusammenhang mit der politischen Geschichte: Nachdem die Regierung frommer Herzöge aufgehört habe, hätten ketzerische Geistliche in Thüringen eine Art von Gegenkirche (*secta*) errichtet. Die Irrlehrer tragen englische Namen. Man hat sie für Gefährten des Glaubensboten Willibrord († 739) gehalten. Willibrord hielt sich im Unterschied zu Bonifatius nicht streng an die römischen Kirchenordnung. Sein Anhang mochte deswegen als ketzerisch gelten.

Es ist nicht einzusehen, wieso Sachsen, die doch Heiden waren, die Ausbreitung des Christentums (gleich welcher Richtung) hätten fördern können. Möglicherweise wollte Willibald sagen, dass Thüringen unter den geistigen Einfluss von Engländern geraten sei. An einer Stelle gebrauchte er *Saxones* eindeutig zur Bezeichnung von Leuten, die aus Britannien kamen.[190] Doch erscheinen bei ihm auch Sachsen als *Saxones*.

5.4 Zusammenfassung

Chlothar I. († 561) war der erste Merowinger, der gegen Sachsen zu Felde gezogen ist. Ebenso führte sein Sohn Sigibert I. († 575) Krieg gegen sie. Die folgenden fränkischen Könige bis auf Dagobert I. († 638/39) haben teils in Bündnis- und teils in feindlichen Beziehungen zu ihnen gestanden und offensichtlich eine Art von Oberhoheit über Sachsen beansprucht. Wenn wir dem im 8. Jh. entstandenen „Buch der fränkischen Geschichte" glauben wollten, müsste Chlothar II. († 629) die Sachsen völlig niedergeworfen haben.

In den Quellen des 6., 7. und 8. Jh. ist von keiner Feindschaft zwischen Thüringern und Sachsen die Rede. Wohl aber erscheinen beide „Völker" wiederholt als Verbündete. Der thüringische Herzog Radulf, der die Königswürde in Thüringen beanspruchte, hatte während der Vierzigerjahre des 7. Jh. seine Hauptburg an der Unstrut. Dieser Sachverhalt widerlegt schlagend die Behauptung des Rudolf von Fulda, dass der Fluss seit dem Ende des Thüringerreichs die Grenze zwischen Sachsen und Thüringen gebildet hätte.

Die Merowinger des 6. und des frühen 7. Jh. standen auch in Beziehungen zu *Saxones*, die an der gallischen Atlantikküste beheimatet waren. Aus diesem Gebiet (und nicht aus Mitteldeutschland) stammten die *Saxones,* die zur Zeit Sigiberts I. aus Italien nach Gallien zogen, um in ihre alte Heimat zu gelangen. Wahrscheinlich waren sie von den Merowingern während des oströmisch-ostgotischen Kriegs nach Italien geschickt worden.

Mitteldeutschen Gaubezeichnungen des 10. und 11. Jh. wie „Schwabengau" oder „Friesenfeld" stehen in keiner Beziehung zu den eben berührten Ereignissen.

Nach einer oftmals anzutreffenden Meinung hätten die Sachsen im 7. und 8. Jh. das Land der „Brukterer", das Land der Hattuarier und einen Teil Thüringens erobert.

Aus Bedas Nachricht vom sächsischen Sieg über die Boruktuarier kann man zur Not die Unterwerfung eines Landstrichs herauslesen, wenn auch nirgendwo steht, dass ein Gebiet an Sachsen angegliedert worden wäre. Vor allem bleibt unklar, wo das betreffende Land überhaupt gelegen hat. Die Boruktuarier dürfen nicht mit den Brukterern gleichgesetzt werden.

Was die Hattuarier angeht, so ist in den Quellen nur von einem sächsischen Raubzug in ihr Gebiet die Rede und nicht etwa von einer Gebietsvergrößerung.

Willibald führt in seiner Lebensbeschreibung des Bonifatius-Winfried aus, dass Thüringen unter die Herrschaft von *Saxones* gekommen sei. Er redet nicht von einem Teil des Landes. Wenn aus seinen Worten eine sächsische Gebietserweiterung zu folgern ist, müsste ganz Thüringen an Sachsen angeschlossen worden sein. Vermutlich wollte Willibald aber sagen, dass in Thüringen Angehörige eines bestimmte Personenkreises zur Herrschaft gelangt wären.

Obwohl in Quellen, die im Merowingerreich entstanden sind, nach wie vor das Wort *Saxones* zur Bezeichnung der Engländer und der Landesname *Saxonia* zur Bezeichnung Englands benutzt werden konnten, sind mindestens seit dem 7. Jh. Aussagen nachweisbar, die sich eindeutig auf die Sachsen und das alte Sachsen beziehen.

6 Die Deutung des Sachsennamens und „der" Sax

Nachdem wir auf festen Grundlagen stehen, was Nachrichten über das alte Sachsen angeht, wollen wir die Etymologie des Namens *Sachsen* betrachten. Die heutige Etymologie „ist das Bemühen, die Geschichte der Wörter möglichst weit zurückzuverfolgen. Dabei bevorzugt sie die literarisch nicht beleuchteten Zeitstrecken. Aber sie beschränkt sich nicht auf sie."[191]

Die ältesten griechischen und lateinischen Entsprechungen des Wortes (*die*) *Sachsen* sind uns schon bekannt. Wir wenden jetzt seinen ältesten germanischen Formen zu: Auf altenglisch lautete es *Seaxan*, auf althochdeutsch *Sahsun*. (Das *h* ist hier und in den folgenden altgermanischen Beispielen wie das *ch* in *ach* zu sprechen.) In der altsächsischen Sprache scheint das Wort nicht überliefert zu sein. Innerhalb des Althochdeutschen kommt es, wenn ich nicht irre, erst im Summarium Heinrici vor, einem Nachschlagewerk, das im 11. oder 12. Jh. entstanden ist.

Ein Mönch aus Göttweig, der um 1140 eine Lebensbeschreibung des Bischofs Altmann von Passau († 1091) verfasste, gab seinen Lesern Hinweise für die richtige Aussprache des Namens *Sachsen*. Zu diesem Zweck führte er Folgendes aus: Die Sachsen hätten einstmals lange Messer anstelle von Schwertern gebraucht „wie heute die Wenden" (gemeint sind slawische Zeitgenossen des Göttweiger Mönchs). Diese Messer hätten in der Sprache der Sachsen *sáhs* geheißen. Folglich heißen die Leute *Sahsônes* und nicht *Sáxones*.[192] Der Verfasser ärgerte sich offenbar über die Aussprache des Namens mit -*ks*-.

Die Mehrzahl der heutigen Forscher geht wie der Göttweiger Mönch davon aus, dass der Name *Sachsen* von einem Wort abgeleitet ist, das im Urgermanischen **sahsa* gelautet haben muss. An **sahsa* oder dessen jüngere Form *sahs* trat das Bildungsglied −*an*. Daraus entstand ein neues Wort, das der schwachen oder n-Deklination angehörte. Die Sachsen müssen auf Urgermanisch **Sahsans* geheißen haben. (Das *s* am Ende zeigt die Mehrzahl an.) Nach der schwachen Deklination wurden viele Völkernamen gebeugt. Sie lebt mit veränderter Anwendung noch im heutigen Deutsch, wie das Wort *Menschen* lehrt.

Auch ein Nachkomme des urgerman. *sahsa* ist in unserer lebenden Sprache vertreten, und zwar als verdunkelter Bestandteil des Wortes *Messer*. Dessen ahd. Entsprechung lautete *mezzi-sahs*. Das bedeutet so viel wie „Speise-messer". Ein anderes Messer war das Rasiermesser. Es hieß ahd. *skar(a)-sahs* und as. *scer-sahs*: ‚Schermesser'.[193]

Damit kommen wir zu der Frage, was *sahs(a)* zu der Zeit bedeutet hat, als von ihm das Wort *Sachsen* gebildet wurde, falls es von *sahs(a)* abgeleitet ist. *Sahs* ist im Althochdeutschen und im Altsächsischen auch als selbständiges Wort belegt, also nicht nur in Zusammensetzungen wie *mezzisahs*. In diesen beiden Sprachen hatte es die Bedeutung ‚Messer'. Wenn *sahs(a)* diese Bedeutung schon zu der Zeit hatte, als von ihm der Sachsenname abgeleitet wurde, wären die Sachsen als „die Leute mit dem Messer" (oder mit den Messern) zu verstehen.[194]

Die altenglische Entsprechung des Wortes *sahs* lautete *seax*: Beowulf entging nur wegen seines Panzers dem *Seax*, das die Mutter des Unholds Grendel führte. Das furchtbare Weib hatte den Recken zu Boden gerungen, saß nun auf ihm und zückte ein *Seax*, um den Helden zu töten. Aber die Rüstung schützte Beowulfs Achsel.[195] Nach der Lage der Dinge muss dieses *Seax* ein Dolch oder eine ähnliche Waffe gewesen sein. In einem späteren Kampf bezwang Beowulf einen Drachen und machte ihm mit einem *waellseax* den Garaus.[196] Man kann an eine Art von Hirschfänger denken.

Der Dichter des Beowulf war nicht der erste Verfasser des Mittelalters, der eine dolchähnliche Waffe erwähnte, deren Bezeichnung *sahs* lautete oder wenigstens dieses Wort enthielt. Der Vorrang gebührt Gregor von Tours. Gregor erzählt in seinem Geschichtswerk, wie im Jahre 575 der fränkische König Sigibert I. ermordet wurde: Zwei Diener traten an ihn heran und stießen ihm „starke Messer, die in der Umgangssprache *scramasaxi* heißen," in beide Seiten der Brust.[197]

Nach dem „Buch der fränkischen Geschichte" wurde der König Chilperich 584 auf Betreiben seiner Frau von zwei gedungenen Mördern umgebracht, indem sie ihm ihre *Scramasaxi* in den Bauch rammten.[198] Die Art und Weise, wie der Mord begangen wurde, hat der Verfasser des Buchs der Frankengeschichte aus Gregors Erzählung vom Ende des Königs Sigibert I. übernommen.

Die beiden Stellen haben die neuzeitliche Wissenschaft veranlasst, „den" Sax zu erfinden. Während der achtziger Jahre des

19. Jhs. behauptete L. Lindenschmit in seinem „Handbuch der deutsche Altertumskunde", „Scramasaxus" sei „das fränkische Wort" zur Bezeichnung des Kurzschwerts, „einer furchtbaren Hiebwaffe." In Wirklichkeit bildet *scramasaxus* keine fränkisch, also keine germanische Form des Wortes, sondern ein latinisierte oder romanisierte. Lindenschmit hat auch die falsche Form „der" Sax eingeführt. Man müsste *das* Sax sagen.

Lindenschmit unterschied drei Arten des Saxes: „1. die kleinere Art von 22 bis 33 cm Länge, 2. den Langsax von 40–60 cm und 3. den Scramasax, das einschneidige Kurzschwert von 44 cm bis zu 76 cm".[199] Seitdem spukt „der" Sax durch die Archäologie und die Mittelalterforschung. Es hätte mindestens auffallen müssen, dass die von Gregor von Tours genannten Mordwerkzeuge gerade keine furchtbaren Hiebschwerter gewesen sein können. Sonst wäre die Umgebung des Königs beim Herannahen der Mörder stutzig geworden.

In den „Trierer Glossen", einem Wörterbuch aus dem 11. Jh. wird *sahs* tatsächlich mit *semispata* wiedergegeben. Dieses lateinische Wort kann man als ‚Kurzschwert' verstehen. Der späte Beleg beweist natürlich nichts fürs 6. Jh. Obendrein steht er vereinzelt da. Sonst wird *sahs* mit lateinischen Wörtern wiedergegeben, die ‚Messer' oder ‚Dolch' bedeuten.[200]

Was die heutigen Archäologen unter dem Sax verstehen, wird dem Benutzer der einschlägigen Darstellungen nicht recht klar. Nach der Ansicht der einen stellte er „eine völlig neue, einschneidige Waffe" dar, die „erstmalig in der Mitte des 5. Jhs." auftritt.[201] Nach der Ansicht anderer soll er im 6. Jh. „eine leichte Stichwaffe" gewesen sein.[202] Doch liest man ebenso, dass „der" Sax ursprünglich eine Stichwaffe gewesen sei, die erst später „auch oder ausschließlich als Hiebwaffe diente".[203] Einigkeit herrscht aber, indem behauptet wird, dass „der" Sax nicht vor dem 5. Jh. vorkomme.[204] Man hat den Eindruck, dass die Archäologen im Falle „des Saxes" Dinge unter eine gemeinsame Bezeichnung gestellt haben, die nach der Auffassung ihrer seinerzeitigen Benutzer überhaupt keine Einheit bildeten.

Es leuchtet ein, dass der Name der Sachsen nicht von einer im 5. Jh. aufgekommenen Waffe herstammen kann, denn er war mindestens einhundert Jahre älter. Nun kennt die Etymologie den Fall, dass Bezeichnungen eines Gegenstands von einem Völkernamen abgeleitet sind. So kommt unser Wort *Krawatte* vom Namen der Kroaten her. Man könnte also fragen, ob das Wort *sahs* vom Namen der Sachsen abgeleitet ist. Nach den

Gesetzen der Wortbildung scheidet diese Möglichkeit jedoch aus.

Überhaupt hatte „der Sax" der Archäologen von Hause aus nicht mit den Sachsen zu tun: Die „Langsaxe" sollen im 5. Jh. mit den Hunnen ins Karpatenbecken gekommen sein, während den „Kurzsaxen" römische Wurzeln zugesprochen werden.[205] Ebenso wenig bildet „der" Sax ein kennzeichnendes Merkmal der Bodenfunde, die aus dem alten Sachsen stammen. Er tritt genauso im ursprünglichen Frankenreich auf, und zwar in dessen romanischen Teilen gleichermaßen wie in Süddeutschland.[206] Ferner sind Saxe in Slowenien und Ungarn zutage gekommen.[207]

Im Unterschied zu den Archäologen sind die Historiker geneigt, jedes kurze Schwert als „einen" Sax anzusehen. So wird behauptet, der Name der Sachsen habe „Kurzschwertleute" bedeutet.[208] Nun stellt Tacitus in seiner Germania ausdrücklich fest, dass kurze Schwerter ein gemeinsames Kennzeichen der Gotonen, Rugier und Lemovier gewesen seien.[209] Das waren Völker, die nach Tacitus die südliche (heute polnische) Ostseeküste und das anschließende Binnenland bewohnten, also mit den Sachsen nichts zu tun hatten.

Wenn der Name der Sachsen von einem Kurz- oder Hiebschwert abgeleitet wäre und wenn das westliche Holstein – wie die herrschende Meinung behauptet – die Urheimat der Sachsen gewesen wäre, dann müsste man erwarten, dass entsprechende Waffen im angeblich ursächsischen Gebiet besonders häufig ausgegraben worden wären. Davon kann jedoch keine Rede sein.

Leider haben sich einige Sprachwissenschaftler von den Archäologen und Historikern irreführen lassen und ihnen abgenommen, dass das *sahs* ein Schwert gewesen wäre. Daraus wird dann gefolgert, *mezzi-sahs* hätte „Speiseschwert" bedeutet: Die Schwerter wären ursprünglich auch bei der Speise gebraucht worden.[210] Da müsste man weiter folgern, dass sie außerdem zum Rasieren dienten: siehe oben zum *skar(a)-sahs*. Das sind aber abwegige Schlüsse. Das Schwert ist nicht zum Schneiden auf dem Tisch oder gar zum Schaben, also Rasieren da, sondern zum Hauen oder Stechen oder zum Hauen und Stechen. Dass man in einer Notlage mangels eines geeigneten Werkzeugs mit der Waffe auch schneiden kann, ändert daran nichts. Mit einer Schere kann man notfalls stechen. Dafür ist sie jedoch nicht geschaffen. Die Menschen der Vorzeit sind nicht darauf verfallen, ein- und dasselbe Wort für so verschiedene Dinge zu gebrauchen wie Schwerter und Messer.

Noch heute dürfte es kaum gelingen, beide Waffen oder Geräte unter dieselbe Bezeichnung zu fassen.

Eine andere Frage ist die, ob in irgendeiner Sprache Wörter vorkommen, die ursprünglich ‚Schwert', in späterer Zeit jedoch ‚Messer' bedeutet haben. Die umgekehrte Entwicklung lässt sich mindestens im Altnordischen beobachten. Jedenfalls geben die Wörterbücher für das altnord. *sax* u. a. die Bedeutung ‚kurzes Schwert' und in der Mehrzahl ‚Schere' an. Das überlieferte Altnordische bildet jedoch eine jüngere Erscheinungsform des Germanischen als die Sprachstufen, mit denen es wir zu tun haben, wenn wir nach dem Aufkommen des Sachsennamens fragen.

Für das Wort *sahs* und seine Zusammensetzungen ist also nur die Bedeutung ‚Messer' oder ‚Dolch' belegt. Es gibt keinerlei Hinweise, dass der Name der Sachsen von irgendeiner Art von Schwert abgeleitet wäre. Warum die Sachsen als „die Leute mit dem Messer" bezeichnet worden sein sollen, bleibt unklar.

Nun stammen die frühesten Belege des Wortes *sahs* aus dem 8. oder 9. Jh. Da lebte der Name der Sachsen schon vierhundert Jahre oder gar ein halbes Jahrtausend; und es ist nicht gesagt, dass *sahs(a) im 3. oder 4. Jh. bereits ‚Messer' bedeutet hat. In der Zeit, als der Name der Sachsen spätestens entstanden ist, kann das Wort *sahs(a) noch eine andere Bedeutung gehabt haben.

Damit geraten wir in eine tiefere Vergangenheit: Zu dem Zeitpunkt, an dem ein Wort zum ersten Mal niedergeschrieben wird, kann es schon viele Jahrhunderte oder gar Jahrtausende alt sein. Das gilt auch für Namen. Wenn der Name der Sachsen also zum ersten Mal in der Mitte des 4. Jhs. n. Chr. in den Quellen auftaucht, so folgt daraus nicht, dass er zu jenem Zeitpunkt gerade erst entstanden wäre. Andererseits ist nicht auszuschließen, dass er tatsächlich ein damals neues Wort bildete.

Prüfen wir nun die Möglichkeit, ob das Wort *Sachsen* in der Mitte des 4. Jhs. bereits ein hohes Alter aufwies, so müssen wir auf Folgendes aufmerksam machen: Es ist verfehlt, alle germanischen Völkernamen unter Beschränkung aufs Germanische erklären zu wollen. Die Etymologie hat die älteren Sprachstufen heranzuziehen. Das wäre im gegebenen Zusammenhang das Urindogermanische. Wörter, die erst als Bezeichnungen von Germanen fassbar werden, können schon im Urindogermanischen vorhanden gewesen sein. Es fragt sich nur, was sie in jener Urzeit bedeutet haben.

Nimmt man also an, das Wort *Sachsen* sei keine germanische Neubildung, sondern habe bereits im Urindogermanischen bestanden, so folgt daraus nicht, dass es ursprünglich als Völkername gedient hätte.

Somit geraten wir auf das Gebiet der vergleichenden Sprachwissenschaft: Das Wort *sahsa ist mit den lateinischen Wörtern *saxum* ‚Stein, Fels', *s(a)cēna* ‚eine Art von Hacke', *sec-are* ‚schneiden' und *securis* ‚Beil' verwandt, aber auch mit dem deutschen Wort *Säge* und dem russischen *sochá* ‚Hakenpflug'. Die Verwandtschaft beruht nun nicht darauf, dass die gemeinsame Wurzel dieser Wörter „schneiden" bedeutet hätte (was leider in heutigen etymologischen Wörterbüchern steht), sondern darauf, dass die Werkzeuge und Waffen aus Stein waren, als die betreffenden Wörter in ihrer Urgestalt geschaffen wurden.

Daran schließt sich die Frage, wie lange das Wort, von dem der Name der Sachsen abgeleitet ist, eine Waffe oder ein Werkzeug aus Stein bezeichnete, bevor es – wie zu vermuten ist – seine Bedeutung zu ‚Messer' verengte und natürlich auch eiserne Messer bezeichnen konnte. Neue Waffen und Geräte werden mit alten Bezeichnungen benannt: Die Geschosse der Handfeuerwaffen heißen immer noch Kugeln, obwohl sie längst nicht mehr rund sind.

E. Förstemann (1822–1906), der Schöpfer des Altdeutschen Namenbuchs, hat ausdrücklich gemeint, dass das Wort *sahs* ursprünglich die Bedeutung des lat. *saxum* hatte, dass diese aber nur noch in Ortsnamen fassbar würde.[211] *Saxum* bedeutete ‚Felsen', ‚Stein'. Wenn der Name der Sachsen zu einer Zeit gebildet wurde, als *sahsa noch ‚Stein' oder ‚steinerne Waffe' bedeutete, dann wäre die Deutung „die Leute mit dem Messer" natürlich hinfällig. Wir können nicht mehr tun, als auf die Möglichkeit hinzuweisen.

Schließlich ist zu bemerken, dass der Zusammenhang zwischen den Wörtern *sahs* und *Sachsen* auch eine trügerische Etymologie sein könnte. Zum Beispiel sei darauf verwiesen, dass der Name *Siebenbürgen*, mit dem wir in einem früheren Abschnitt zu tun hatten, zwar von dem Wort *Burg*, aber keineswegs von dem Wort *sieben* abstammt. Der erste Bestandteil des Wortes geht auf den Namen der Stadt *Şibiu* zurück (dt. *Hermannstadt*). Die Verbindung von *Siebenbürgen* mit *sieben* ist trügerisch.

Bereits mittelalterliche Verfasser haben die Sachsen mit dem lateinischen Wort *saxum* in Verbindung gebracht, jedoch auf andere Weise als die Vertreter der vergleichenden Sprachforschung. Für die Gelehrten des Mittelalters wie für die des Altertums und der frühen Neuzeit war die Etymologie keine geschichtliche Wissenschaft. Vielmehr bewegte sie sich nach den Ansichten jener Zeiten im Gegenwärtigen. Sie sollte dazu dienen, den wahren Inhalt eines Wortes zu erkennen. Nach dieser Auffassung konnte man die Wesensart eines Namenträgers aus der Etymologie seines Namens erschließen: Wenn der Name der Sachsen von *saxum* herstammte, dann waren die Sachsen unbeugsam wie Stein und ragend wie ein Fels.

In diesem Sinne schrieb Isidor von Sevilla: „Das Geschlecht der *Saxones* ... heißt so, weil es einen harten und sehr kräftigen Menschenschlag bildet sowie die anderen Seeräuber übertrifft".[212] Dabei setzte er den Zusammenhang mit *saxum* stillschweigend voraus.

Das Beispiel zeigt eine weitere Eigenart der mittelalterlichen Etymologen: Sie leiteten die Wörter beliebiger Sprachen von ähnlich klingenden lateinischen Wörtern ab. Sofern wir vom Bezug auf lateinische Vorbilder absehen, erscheint dieselbe Vorgehensweise heute in Gestalt der sogenannten Volksetymologie, die richtiger Anklangsetymologie genannt wird.

Obwohl neuzeitliche Sprachwissenschaftler einen Zusammenhang zwischen *saxum* und *Sachsen* annehmen, bleibt Isidors Etymologie nicht nur inhaltlich, sondern auch formal verkehrt, denn das germanische *Sachsen* ist nicht vom lateinischen *saxum* abgeleitet. Der von der heutigen Wissenschaft vermutete Zusammenhang zwischen beiden Wörtern besteht darin, dass beide gemeinsame Vorfahren hatten.

Von der tatsächlichen Sprachentwicklung hatten die mittelalterlichen Gelehrten keine Kenntnis. Bei ihnen finden sich solche Etymologien wie die, dass der Name *Karl* (*Carolus*) aus den lateinischen Wörtern *caro* ‚Fleisch' und *lux* ‚Licht' zusammengesetzt sei.

In späteren Jahrhunderten des Mittelalters sind Leute in Sachsen und nicht nur dort in Isidors Fußtapfen getreten. Zum Beispiel hat die Dichterin Hrotsvith von Gandersheim während des 10. Jhs. ausgeführt, dass die Sachsen ihren Namen von dem Wort *saxum* hätten, weil ihr Gemüt fest und unerschütterlich sei.[213] Wolfhere, der Verfasser zweier Lebensbeschreibung des Bischofs Godehard von Hildesheim († 1038) deutete die Sachsen sogar als „die Felsentsprossenen" (*Saxigenae*).[214]

Bei Widukind von Corvey findet sich jedoch eine andere Herleitung des Namens. Wie der Geschichtsschreiber ausführt, hätten die Sachsen mit großen *Cultelli* die nichts ahnenden Thüringer niedergemetzelt (oben, S. 79). Er fährt fort: „Es gab nun auch Leute, die überliefern, dass ihnen <den Sachsen> wegen dieser

Tat ihr Name beigelegt worden sei. Die *cultelli* heißen nämlich in unserer Sprache *sahs*; und die Sachsen seien deshalb so genannt worden, weil sie mit *cultelli* eine solche Menge niedergemacht hatten".[215]

Nach den Erfahrungen, die wir Fall der griechischen Herkunft der Sachsen mit namenlosen Gewährsleuten des Corveyer Mönchs im gemacht haben, dürfte der Schluss berechtigt sein, dass die von Isidor abweichende Etymologie dem Geiste Widukinds entsprungen ist. Eine Worterklärung im Sinne der mittelalterlichen Wissenschaft lieferte der Geschichtsschreiber jedenfalls nicht. Die damaligen Etymologen gingen davon aus, dass Wesensgleiches mit gleichen Wörtern bezeichnet worden wäre. Davon ist bei Widukind keine Rede.

Unabhängig davon steht fest, dass das Wort *sahs* nach Widukind nur ein kleines Messer oder einen kleinen Dolch bezeichnete. Unser Geschichtsschreiber sagt nämlich nicht, dass die *großen* Cultelli, die den Thüringern den Tod brachten, *sahs* geheißen hätten. Die Mordwaffen wurden von den Sachsen unter ihren Mänteln verborgen. Auch diese großen *cultelli* können folglich nicht von einer übermäßigen Länge oder Breite gewesen sein. *Cultellus* ist die Verkleinerungsform von *culter*. Das lateinische Wort hatte also seinerseits die Bedeutung ‚kleines Messer'.

Albert von Stade († nach 1264) hat in seiner Weltchronik die widukindsche Erzählung übernommen und erweitert. Nach ihm hätten die Sachsen auf den gut mittelniederdeutschen Ruf *Nemeth iuwe saxes* ("Nehmt eure Messer") ihre Dolche ergriffen und seien über die Thüringer hergefallen.[216] Auch für den Geschichtsschreiber des 13. Jhs. stand also fest, von welcher Beschaffenheit die Waffen waren, mit denen den Thüringern der Garaus gemacht wurde.

Obwohl neuzeitliche Sprachwissenschaftler einen Zusammenhang zwischen den Wörtern *sahs* und *Sachsen* annehmen, bleibt Widukinds Etymologie verkehrt, denn die Sachsen können nicht erst so geheißen haben, nachdem sie die Thüringer hingemordet hatten. Von der tatsächlichen Sprachentwicklung konnte Widukind von Corvey ebenso wenig eine Ahnung haben wie Isidor von Sevilla.

Leider verrät uns Widukind den ursprünglichen Namen der Leute nicht, die infolge der Niedermetzelung der Thüringer *Sachsen* genannt worden sein sollen. Paulus Diaconus und ältere Langobardengeschichten teilen mit, dass die Langobarden *Winniler* geheißen hätten, bevor ihnen der Gott Wotan den Namen gab, unter dem sie in die Geschichte eingegangen sind. Zu solchen geistigen Leistungen vermochte Widukind sich nicht aufzuschwingen. Bei ihm ist von einem Wechsel der Benennung keine Rede. Er lässt die Sachsen unter ihrem Namen handeln, bevor sie ihren Namen erhielten. Wir haben schon bemerkt, dass die Logik nicht zu Widukinds Stärken gehörte. Übrigens dürfte dem Corveyer Mönch die Isidorische Erklärung des Sachsennamens geläufig gewesen sein, denn er hat ja das Hauptwerk des spanischen Erzbischofs benutzt. Vielleicht hat er sie nicht angeführt, weil er sie für allgemein bekannt hielt.

Zusammenfassung: Nach der herrschenden Meinung, die nicht bestritten werden soll, die aber auch nicht zwingend richtig sein muss, besteht ein etymologischer Zusammenhang zwischen dem Namen der Sachsen und dem altgermanischen Wort *sahs*. Es ist davon auszugehen, dass der Name von diesem Wort abgeleitet ist (und nicht umgekehrt).

Das altgermanische Wort *sahs* hat ‚Messer' oder ‚Dolch' bedeutet – aber nicht ‚Schwert', sofern wir das Altnordische beiseitelassen. Wenn das Wort *Sachsen* in der altgermanischen Zeit gebildet worden ist, muss es so viel wie „die Leute mit dem Messer (oder den Messern)" bedeutet haben. Nun ist aber denkbar, dass der Name der Sachsen zur Zeit seiner ersten Erwähnung schon auf ein hohes Alter zurückblicken konnte, dass er also in urindogermanischer Zeit entstanden ist. In diesem Fall wäre das Wort *Sachsen* nicht deutbar, denn wir wissen nicht, was die urindogermanische Entsprechung des Wortes *sahs* bedeutet hat.

Das bei Gregor von Tours vorkommend Wort *scramasaxus* (das von *sahs* abgeleitet ist), hat die neuzeitliche Wissenschaft veranlasst, das Wort „*der Sax*" zu erfinden. Als Fachausdruck der Archäologie dient dieses Wort zur Bezeichnung verschiedener Schwerter. Diese Verwendung des Wortes hat in den Quellen keine Grundlage. Die Bodenfunde lassen keinen Zusammenhang zwischen den „Saxen" der Archäologie und den Sachsen erkennen; das heißt, die „Saxe" sind keine ursprünglich sächsische Waffe gewesen.

7 Die inneren Zustände Sachsens vor Karl dem Großen

7.1 Beda über die politischen Verhältnisse Sachsens

Über die Verhältnisse, die in Sachsen vor der Zeit Karls des Großen herrschten, berichtet eine einzige zeitgenössische Quelle, nämlich Bedas englische Kirchengeschichte. Alles, was man sonst über die Verfassung des Landes zu wissen glaubt, bevor es zu einem Bestandteil des fränkischen Reichs wurde, ist aus Schriftwerken abgeleitet, die lange nach den Sachsenkriegen Karls des Großen entstanden sind. Hierbei ist vor allem die erste Lebensbeschreibung des heiligen Liafwin/Lebuin zu nennen.

Kein Verfasser – auch Beda nicht – hatte das Ziel, den politischen Zustand Sachsens zu beschreiben. Die diesbezüglichen Aussagen fallen nebenbei, während von anderen Dingen die Rede ist. So erzählt Beda im fünften Buch seiner Kirchengeschichte (unter anderem) von Versuchen englischer Geistlicher, die Heiden auf dem Festland zu bekehren:

Zwei Priester, die beide (H)Ewald hießen, begaben sich „in die Provinz der Altsachsen" (oder in eine Provinz der Altsachsen?). Die maßgebliche englische Übersetzung lautet: *to the kingdom of the Old Saxons*.[217] Nach ihrer Haarfarbe unterschied man die zwei Geistlichen als den schwarzen und den weißen Ewald.

Als die beiden Glaubensboten in die „Provinz" gekommen waren, betraten sie das Gästehaus eines Gutsverwalters und ersuchten ihn, er solle sie zu dem „Satrapen" geleiten lassen, der über ihm stand, denn sie hätten eine wichtige Botschaft zu überbringen.

Jetzt kommen die Sätze, die den Grundstein sämtlicher Darstellungen der altsächsischen Verfassung bilden: „Nicht einen König haben nämlich diese Altsachsen, sondern sehr viele über ihr Volk gesetzte Satrapen, die, wenn ein Krieg droht, gleichberechtigt das Los werfen; und wen das Los bezeichnet hat, dem folgen alle während der Zeit des Krieges als ihrem Oberfeldherrn und gehorchen ihm. Ist der Krieg zu Ende, dann sind alle Satrapen wieder von gleicher Machtfülle."[218]

„Oberfeldherr" gibt das lateinische Wort *dux* wieder. Man scheut sich, es an dieser Stelle als ‚Herzog' zu übersetzen, weil dieses Wort dem Englischen zu Bedas Zeit wohl noch unbekannt war oder weil es in England – im Unterschied zum Frankenreich – zumindest keinen Fachausdruck zur Bezeichnung eines bestimmten Staatswürdenträgers bildete. Andererseits nennt Beda Pippin den Mittleren *dux Francorum*, was man nicht gern als „Oberfeldherr der Franken" wiedergeben möchte.

Die Erzählung von dem durchs Los bestimmten Anführer wirkt stark literarisch, sofern sie beansprucht, etwas Regelmäßiges zu beschreiben. Während des gesamten 8. Jhs. hören wir mit keinem Wort davon, dass die Sachsen unter einem einheitlichen Oberbefehl Krieg geführt hätten. Die Feststellung gilt sowohl für die Sachsenkriege Karls des Großen als auch für die Zeit davor.

Bedas weitere Ausführungen lauten zusammengerafft so: Die Heiden befürchteten, dass die Glaubensboten den betreffenden „Satrapen" zum Christentum bekehren könnten und folglich ihre ganze Provinz gezwungen würde, die alte Lebensweise (*cultura*) gegen eine neue auszutauschen. Deshalb brachten sie die beiden Ewalde um. Die Leichen warfen sie in den Rhein. „Als der Satrap ... davon erfuhr, geriet er in großen Zorn ... Er schickte Leute aus, die das betreffende Dorf niederbrannten und alle seine Bewohner erschlugen. Gelitten haben die genannten Priester und Diener Christi aber am 3. Oktober." Anschließend erzählt Beda von den Wundern, die nach dem Tod der zwei Blutzeugen geschahen. Daraufhin wendet er sich dem Wirken des Glaubensboten Willibrord in Friesland zu.

Die heutigen Darstellungen der frühsächsischen Verfassung missdeuten oftmals die Aussage über das sächsische Königtum oder besser Nicht-Königtum. Beda liefert ein schönes Beispiel dafür, dass man zunächst sagen soll, was ist, und erst danach, was nicht ist. Sonst entsteht Verwirrung. So hat die neuzeitliche Wissenschaft aus der Mitteilung „Nicht einen König haben diese Altsachsen" irrtümlich geschlossen, dass sie eine Republik gehabt hätten. Dagegen wollte Beda deutlich ausdrücken, dass es bei den Sachsen nicht genau einen Oberherrn, sondern mehrere gleichberechtigte Herren gegeben habe. Stellte er doch die Macht des Königtums derjenigen der Satrapen gegenüber (und nicht die Einzelherrschaft einer Republik).

Die stillschweigende Folgerung der neuzeitlichen Wissenschaft, dass dort, wo kein König war, eine Republik hätte bestehen müssen, ging von der „Germania" des Tacitus aus, in der angeblich gesagt wird, es gäbe bei den Germanen sowohl Monarchien als auch Republiken. Diese Ausdeutung des Tacitus hat sich jedoch als verfehlt erwiesen.[219]

Der Gegenbegriff zur Herrschaft des Königs oder genau eines Königs war nach Beda also die Herrschaft der „Satrapen". Er hatte zwei verschiedene Formen der Einzelherrschaft vor Augen und nicht den Gegensatz zwischen der Monarchie und der Republik. Von der letztgenannten Staatsform konnte er ohnehin keine Anschauung haben.

Bedas Angabe, dass mehrere „Satrapen" nebeneinander regiert hätten, verdient deswegen Glauben, weil sich die englischen Missionare des Frühmittelalters stets an die jeweiligen Machthaber wandten, um das Christentum auszubreiten. Sie betrieben die Bekehrung von oben nach unten. Wenn innerhalb Sachsens eine Gewalt über den „Satrapen" bestanden hätte, wäre sie das Ziel der beide Ewalde gewesen.

Das von Beda gebrauchte Wort *satrapa* ‚der Satrap' gibt dem Leser Rätsel auf. Seine Verwendung ist durchaus ungewöhnlich. Zu erwarten wäre *dux* oder *princeps* und dergleichen. Beda kannte das Wort *satrapa* aus der lateinischen Bibel und hatte wahrscheinlich die Fürsten der Philister vor Augen, als er es niederschrieb.[220]

Wenn sonst in der frühmittelalterlichen Literatur „Satrapen" erwähnt werden – es geschieht selten genug –, dann ist ein Personenkreis gemeint, den man als die weltlichen Würdenträger eines Königs oder Herzogs bezeichnen kann: Einige Jahrzehnte nach Bedas Tod schrieb der König Kynewulf von Wessex einen Brief an den Bischof Lul von Mainz. Der König bezeichnete nicht sich allein als Absender, sondern auch „seine Bischöfe und die Schar der Satrapen".[221] Hatte Beda an vergleichbare Verhältnisse gedacht; oder ahmten die Verfasser des Briefs den Sprachgebrauch ihres großen Landsmanns nach?

Der Bischof Arbeo von Freising (reg. 764–783), der wegen seiner gezierten und verschrobenen Ausdrucksweise berüchtigt ist, spricht von den Satrapen der bairischen Herzöge. Das Wort drang sogar in die Freisinger Urkundensprache ein.[222]

Eines ist gewiss: Man konnte sich „Satrapen" nicht ohne einen jeweiligen Oberherrn denken. Für die sächsischen Satrapen kommt als solcher nur der fränkische Herrscher infrage. Falls dieser eine Obergewalt über Sachsen beansprucht haben sollte, könnte diese um 700 nur dem Namen nach bestanden haben. Zur Zeit der Ewalde war Pippin der Mittlere († 714) der tatsächliche Machthaber im Frankenreich oder zumindest in den Reichsteilen, die Sachsen benachbart waren. Vom fränkischen König hören wir im gegebenen Zusammenhang kein Wort. Wie Beda erzählt, ließ Pippin der Mittlere übrigens die Leichname der beiden Blutzeugen in einer Kirche zu Köln bestatten.[223]

Nun ist durch die sonstige Verwendung des Wortes *satrapa* nicht bewiesen, dass sich die Machthaber in Sachsen zu Beginn des 8. Jhs. als Würdenträger des fränkischen Herrschers betrachtet hätten. Sichtbar wird lediglich, wie Beda die sächsischen Verhältnisse auffasste oder wie er sie seinen Lesern hinstellen wollte. In welchem Ausmaß die Schilderungen des englischen Geschichtsschreibers den Tatsachen entsprachen, ist eine Frage für sich. Bedenken wir, dass Beda keineswegs aus selbständiger Kenntnis berichtete, sondern auf die Erzählungen von Gewährsleuten oder schriftliche Vorlagen angewiesen blieb. Man hat darauf aufmerksam gemacht, dass die an den Mördern der Glaubensboten vollzogene Bestrafung zu den Gemeinplätzen gehört, die in Heiligenleben auftreten.[224] Auch ist Beda nicht über den Verdacht erhaben, das Bild vom sächsischen Oberbefehlshaber nach einem englischen Vorbild gemalt zu haben.[225]

Es bleibt eine weitere Frage offen: Nach Beda gab es also bei den Sachsen „sehr viele über ihr Volk gesetzte Satrapen" (*satrapas plurimos suae genti praepositos*). Der Satz ist doppeldeutig. Besagt er: „Innerhalb des Volkes der Sachsen sind sehr viele Satrapen eingesetzt"? Oder bedeutet er: „Über jeweils ein Volk der Sachsen ist ein Satrap gesetzt?" Offensichtlich wollte Beda das zweite ausdrücken.[226] Das heißt, die Sachsen bildeten keine politische Einheit, sondern bestanden aus verschiedenen „Stämmen" oder „Völkern", wie man das Wort *gens* gewöhnlich übersetzt. Die treffende Übersetzung wäre allerdings „Untertanenschaften".

Richtig an Bedas Ausführungen dürfte sein, dass niemand innerhalb Sachsens die Obergewalt über das ganze Land hatte. Zu dieser Feststellung sind wir schon deshalb berechtigt, weil die Sachsenkriege Karls des Großen eben dieses Bild ergeben.

7.2 Die älteste Lebensbeschreibung des heiligen Liafwin/Lebuin als Quelle der ursächsischen Verfassung und die angebliche Versammlung zu Marklo

Um ermüdende Wortwiederholungen zu vermeiden, bediene ich mich in diesem Abschnitt folgender Kürzel:

Leb$_1$ steht für die erste Lebensbeschreibung des heiligen Liafwin/Lebuin, die von einem unbekannten Verfasser stammt.

Leb$_2$ steht für die zweite Lebensbeschreibung des heilige Liafwin/Lebuin, die Hukbald von St. Amand († 930) verfasst hat.

Liud$_1$ bezeichnet die erste Lebensbeschreibung des heiligen Liudger, die von dem Münsterschen Bischof Altfrid († 849) stammt.

Liud$_2$ bezeichnet die zweite Lebensbeschreibung des heiligen Liudger, deren Verfasser unbekannt ist.

Außerdem schreibe ich im Folgenden nur noch *Lebuin*, sofern nicht besondere Gründe vorliegen, auf die Namenform *Liafwin* Rücksicht zu nehmen.

Die Wissenschaft hätte sich mit den Aussagen über die Verfassung Sachsens begnügen sollen, die aus Bedas Kirchengeschichte abzuleiten sind. Im 20. Jh. ist jedoch das folgende Traumbild von den ursächsischen Zuständen entworfen worden: Die Sachsen hätten „das Repräsentativsystem in die Weltgeschichte eingeführt" und somit „das erste Parlament in der Geschichte gehabt," wie M. Lintzel (1901–1955) wörtlich meinte.[227] Dieses Parlament hätte jedes Jahr zu Marklo getagt.

Eine Versammlung, die während der heidnischen Zeit jährlich „bei Marklo, mitten in Sachsen, am Weserfluss" zusammengetreten wäre, wird in Leb$_1$ sowie Leb$_2$ und sonst nirgendwo erwähnt. Jüngere Bearbeitungen der beiden Quellen zählen natürlich nicht. Es sei gleich bemerkt, dass der heutige Ort Marklohe (nw. Nienburg an der Weser) erst 1931 zu seinem Namen gekommen ist.

Unter dem Repräsentativsystem ist die uns vertraute Staatsform der parlamentarischen Demokratie zu verstehen: Das Volk wählt Abgeordnete. Die Abgeordneten bilden eine Versammlung, also das Parlament. Das Parlament „vertritt" oder „repräsentiert" das

Volk. Was es beschließt, gilt als Beschluss des Volkes. Die Grundlagen der Repräsentativverfassung oder parlamentarischen Demokratie sind nach allgemeiner Ansicht während der Französischen Revolution gelegt worden. Aber viele Mittelalterforscher meinen eben seit Lintzel, dass bereits das alte Sachsen mit einem Parlament regiert worden wäre, dem gewählte Abgeordnete angehört hätten.

Dass eine solche Vorstellung aufgekommen ist, ergab sich letzten Endes aus der Entdeckung von Leb$_1$. Die Schrift wurde erstmals im Jahre 1909 gedruckt. Bis dahin war sie unbekannt.

Bevor wir uns dieser Lebensbeschreibung zuwenden, wollen wir prüfen, was uns sonst über Lebuin bekannt ist. Der Heilige war ein Glaubensbote aus England, der vielleicht um 770 (gewiss nicht später) aufs Festland kam und um 775 in Deventer starb, wo er auch begraben wurde (nach heutigen Begriffen in den Niederlanden).

Auf altsächsisch hieß er *Liafwin*. Zumindest wurde sein Name so in der Werdener Handschrift eines Werkes geschrieben, das uns die früheste Kunde von ihm bringt.[228]

Zu *Lebuin* wurde der Name im Munde von Sprechern, die romanisch, genauer wohl altfranzösisch redeten. Der wichtigste Unterschied zwischen beiden Formen des Namens liegt darin, dass der germanische Zwielaut *ia* (älter: *eu* oder *iu*) im Romanischen zum einfachen Laut *e* wurde.

Bei dem eben genannten Werk, das uns die früheste Kunde von Lebuin bringt, handelt es sich um Liud$_1$ also um die älteste Lebensbeschreibung Liudgers († 809), des ersten Bischofs von Münster und Gründers des Klosters zu Werden. Sie stammt von seinem zweitem Nachfolger Altfrid und ist nicht vor 840 entstanden. Altfrid erzählt, wie Lebuin sich aus England zu dem Abt Gregor von Utrecht († 775/76) begeben und ihm berichtet habe, er sei von Gott beauftragt, im Grenzgebiet der Franken und Sachsen an der Ijssel zu predigen (also nicht im inneren Sachsen). Weiter erfahren wir, dass der Neuankömmling bei einer Frau namens „Aavaerhild" Aufnahme gefunden und zu Deventer eine Kirche errichtet habe, die von den Sachsen jedoch niedergebrannt worden sei. Gemeint ist offenbar: während der Sachsenkriege Karls des Großen. Daraufhin sei Lebuin zum Abt Gregor nach Utrecht zurückgekehrt. Nach dem Abzug der Räuber habe er die Kirche wieder aufgebaut. Er muss bald darauf das Zeitliche gesegnet haben, denn den nächsten Angriff der Sachsen erlebte er nicht mehr.[229]

Nimmt man Altfrid beim Wort, dann ist Lebuin noch vor Gregor von Utrecht verstorben, dessen Tod 775 oder 776 erfolgte.

Altfrids Erzählung gibt nicht den geringsten Anlass zu der Vermutung, dass Lebuin ins innere Sachsen gekommen wäre.

Nun aber zu dem seit 1909 zugänglichen ältesten Lebuin-Leben (Leb$_1$): Was seine Aussagen angeht, die sich auf die ursächsische Verfassung beziehen, brachte der Neufund eigentlich nichts Neues. Die Mitteilungen von der angeblichen Versammlung zu Marklo, die den Dreh- und Angelpunkt der herrschenden Lehre bildet, standen auch in Lebuins zweiter Lebensbeschreibung, die längst bekannt war. Diese Schrift hat der Mönch Hukbald von St. Amand (840/50–930) verfasst, und zwar frühestens 917/918. Als Vorlage diente ihm Leb$_1$.[230] Außerdem zog er mehrere andere bekannte Werke heran. Das Kloster St. Amand lag nach heutigen Begriffen im französischen Departement Nord.

Hukbald war ein geistig bedeutender und literarisch befähigter Mann, der auch sonst als Schriftsteller hervorgetreten ist, z.B. auf dem Gebiet der Musikwissenschaft. Neben seinen anderen Werken verfasste er mehrere Heiligenleben. Doch zählte diese Tätigkeit nicht zu seinen Lieblingsbeschäftigungen. Er widmete sich ihr nur dann, wenn er entsprechende Aufträge erhielt, denen er sich nicht zu entziehen vermochte. Es widerstrebte ihm nämlich, unbeglaubigte Erzählungen niederzuschreiben.[231] Seinen kritischen Verstand gebrauchte er im Rahmen des Möglichen auch gegenüber Leb$_1$. So ließ er einige der plumpsten Wundergeschichten seiner Vorlage unter den Tisch fallen.

Hukbalds Ausführungen über die Markloer Versammlung hielt man bis 1909 jedoch für erdichtet. Erstens haftet ihnen eine erhebliche innere Unwahrscheinlichkeit an. Zweitens schrieb der Verfasser sein Werk etwa 120 Jahre nach dem Ende der sächsischen Selbständigkeit. Er kann folglich nicht als Augen- und Ohrenzeuge der geschilderten Zustände angesehen werden. Woher sollte er da von der Markloer Versammlung Kenntnis haben?

Nachdem nun 1909 Leb$_1$ bekannt geworden war, stellte sich heraus, dass Hukbald die Ausführungen über die Zusammenkunft von Marklo keineswegs erdichtet, sondern fertig vorgefunden hatte. Diese Tatsache zeitigte die unbegreifliche Folge, dass die Erzählung nunmehr als die lautere Wahrheit angesehen wurde.

Unbegreiflich ist der Vorgang schon deshalb, weil der namenlose Verfasser von Leb$_1$ ebenso wenig ein Zeitgenosse der geschilderten Verhältnisse war wie der Mönch aus St. Amand. Die wissenschaftlichen Darstellungen erwecken jedoch manchmal den Eindruck, als ob der Unbekannte selber in Marklo dabei gewesen wäre oder als ob wir einen Bericht aus Lebuins eigener Feder in der Hand hielten.

Grundsätzlich ist darauf hinzuweisen, dass die Unhaltbarkeit von Aussagen nicht deshalb beseitigt wird, weil sich herausstellt, dass sie früher niedergeschrieben worden sind, als man bisher angenommen hat.

Leb$_1$ ist auf keinen Fall vor 840 entstanden. Dieses Jahr steht aus folgendem Grund fest: Der unbekannte Erzähler hat unter anderem die von Altfrid verfasste und oben erwähnte erste Lebensbeschreibung des Liudger (Liud$_1$) benutzt. Da Altfried seine Arbeit nicht vor 840 angefertigt hat, kann auch Leb$_1$ nicht eher entstanden sein.

Die vorherrschende, aber keineswegs gesicherte Meinung geht davon aus, dass der Verfasser von Leb$_1$ spätestens 862 gewirkt habe. Dabei lässt sie sich von der Annahme leiten, Leb$_1$ hätte bereits dem Schöpfer der zweiten Lebensbeschreibung des Liudger (Liud$_2$) vorgelegen. Dieser ebenfalls unbekannte Mann soll sein Werk „vor 863" niedergeschrieben haben.[232] Demnach wäre Leb$_1$ also frühestens 840 und spätestens 862 entstanden.

Das von der vorherrschenden Meinung angenommene Abhängigkeitsverhältnis ist jedoch strittig und wahrscheinlich falsch. Andere Forscher vertreten die Ansicht, dass umgekehrt Leb$_1$ aus Liud$_2$ abgeleitet und lange nach 863 entstanden sei.[233] Etliches spricht dafür, dass Leb$_1$ an einer Stelle Verse des Bischofs Radbod von Utrecht (reg. 899–917) verarbeitet hat. Radbod hatte ein Gedicht „Auf den Namen des seligen Lebuin" verfasst. Darin heißt es, dieser Name solle nun auf lateinisch erschallen, nachdem er in Britannien (auf englisch) erklungen sei: Jenseits des Meeres sei der Heilige in der Wiege *Liafwin* genannt worden. Das bedeute auf lateinisch *carus amicus* ‚lieber Freund.' Der Name habe vorausgenommen, dass sein Träger ein Freund Christi geworden sei.[234] Übrigens kann die lateinische Wiedergabe des germanischen Namens als richtig gelten. *Liaf* entspricht dem nhd. *lieb*. Das Wort *win(e)* konnte noch im Mittelhochdeutschen ‚Freund' bedeuten. Im Neuhochdeutschen ist es ausgestorben. Radbod muss mindestens eine germanische Sprache verstanden haben. Sonst hätte er den Namen *Liafwin* nicht deuten können. Weil er jedoch die romanische Form *Lebuin* bevorzugt, scheint die Folgerung zulässig, dass das (Alt)französische seine Muttersprache war oder er es sich völlig zueigen gemacht hatte.

Nun erzählt Leb$_1$, dass Lebuin in Sachsen einen Gastfreund namens Folkbert gehabt hätte, und legt diesem Mann die Worte in den Mund, er sei um „seinen lieben Wine" besorgt (*dilecto meo Wine*). Später begrüßte Folkbert seinen Gast: „Gut, dass du da bist, mein geliebter Wini": *bene nunc venisti, mi dilecte Wini*.[235] Man möchte meinen, dass der Verfasser von Leb$_1$ durch Radbods Worterklärung veranlasst wurde, den Folkbert so sprechen zu lassen.

Dass umgekehrt Radbod von Leb$_1$ abhängig gewesen wäre, ist deshalb ausgeschlossen, weil Radbod von Lebuin nur das wusste, was in Liud$_1$ stand. Sonst ist das Gedicht des Bischofs völlig inhaltsleer. Wäre Radbod mit Leb$_1$ vertraut gewesen, dann hätte er den in dieser Lebensbeschreibung enthaltenen Stoff zu nutzen gewußt. Übrigens habe ich nicht gesagt, dass Lebuins älteste Lebensbeschreibung (Leb$_1$) während der Abfassungszeit von Radbods Gedicht deswegen noch nicht vorhanden gewesen sein könne, weil der Bischof sie nicht gekannt hat.

Radbod hat auch eine Predigt auf Lebuin gehalten.[236] Hier lässt der Bischof eine ebenso geringe Kenntnis vom Leben des Heiligen erkennen wie in seinem Gedicht. Vor allem wird mit keiner Silbe darauf hingedeutet, dass Lebuin in Sachsen gewesen wäre. Es heißt vielmehr, dass er „inmitten wilder Menschen und halber Heiden" tätig gewesen wäre. Das passt zu Deventer und seiner Umgebung. In Sachsen lebten zur Zeit des Heiligen ganze und nicht halbe Heiden.

Wahrscheinlich ist Leb$_1$ auf Betreiben Radbods als Stoffsammlung für Hukbald angefertigt worden.[237] Leb$_1$ entspricht nämlich in keiner Weise den literarischen Anforderungen, die an ein Heiligenleben gestellt wurden. Sofern man das Werk nicht als Rohentwurf ansehen will, müsste man meinen, dass sein Schöpfer ein völliger Stümper gewesen wäre. Der Mann vermochte jedoch durchaus literarische Fähigkeiten zu entwickeln, wenn es ihm darauf ankam. Diese Aussage gilt gerade für die Schilderung der Markloer Versammlung und ihre Vorgeschichte.

Der namenlose Verfasser von Leb$_1$ erzählte zunächst nach, was Altfrid über Lebuins Wirksamkeit in Deventer berichtet hatte (in Liud$_1$), ohne jedoch den Namen dieses Ortes zu erwähnen.

Dann heißt es völlig unvermittelt, der englische Glaubensbote habe Sachsen durchzogen, um die Einwohner fürs Christentum zu gewinnen. Bereits in seiner Einleitung hatte der Verfasser von Leb$_1$ Altfrids Bericht in der Weise ergänzt, dass Lebuin einen göttliche Befehl zur Bekehrung der Sachsen erhalten habe.

Jedenfalls erregte der Heilige in Sachsen großen Unwillen; und die Sachsen verbrannten seine Kirche.[238] Den letzten Satz übernahm der Verfasser unmittelbar aus Liud$_1$. Hätte Leb$_1$ Recht, dann müssten die Sachsen wenige Jahre vor 772 einen Zug ins Frankenreich unternommen haben. Was Leb$_1$ nämlich erzählt, gehört alles noch in die Zeit vor dem Beginn der Sachsenkriege. Ohnehin bleibt unklar, wann Lebuin überhaupt in Sachsen tätig geworden sein soll, wenn er erst um 770 oder kurz vorher aufs Festland gekommen ist.

Gleich nach der Mitteilung von der Zerstörung der Kirche fallen die Worte, aus denen die Wissenschaft des 20. Jhs. geschlossen hat, dass die frühmittelalterlichen Sachsen die parlamentarische Demokratie erfunden hätten: „Die alten Sachsen hatten keinen König, sondern Satrapen, die für die einzelnen Gaue eingesetzt waren; und es bestand die Sitte, dass sie einmal im Jahr mitten in Sachsen an der Weser bei einem Ort namens Marklo eine allgemeine Versammlung (*generale consilium*) abhielten. Es pflegten dort nämlich alle Satrapen zusammenzukommen, ferner aus den einzelnen Gauen zwölf ... Edle und ebenso viele Freie und ebenso viele Laten. Dort veränderten sie die Gesetze, entschieden über die wichtigsten Rechtshändel und legten in gemeinsamer Beratung fest, was sie das Jahr über im Frieden oder im Krieg zu tun hätten".[239] Wo ich in der deutschen Wiedergabe die drei Punkte gesetzt habe, steht im lateinischen Urtext das Wort *electi*.

Es sind zwei Fragen zu unterscheiden. Die erste muss lauten: Was sagt der Verfasser überhaupt? Die zweite heißt: Entspricht das, was der Verfasser sagt, den Tatsachen?

Wir beginnen mit der ersten Frage: Dass in Leb$_1$ stünde, die Sachsen hätten eine Vertretungskörperschaft gewählt oder überhaupt Wahlen abgehalten, ist ein böser Irrtum. Er ergibt sich einzig und allein aus der falschen Wiedergabe des Wortes *electi* als „gewählte". Nur deshalb, weil dieses Wort missdeutet wird, meint man seit Lintzel, in Marklo hätten sich außer den Satrapen „gewählte" (*electi*) Edle, gewählte Freie und gewählte Laten versammelt. Bloß wegen eines Übersetzungsfehlers glaubt man also, aus Leb$_1$ ginge hervor, dass in Marklo ein Abgeordnetenparlament getagt hätte.

Das Wort *eligere,* wovon *electi* abgeleitet ist, hatte im Frühmittelalter noch die Bedeutung ‚(von oben her) auswählen', ‚benennen', ‚(jemanden) bestimmen', ‚aussuchen'. Es hatte nicht etwa die Bedeutung ‚wählen' in unserem Sinne. Diese wuchs ihm erst Jahrhunderte später zu.

Die *Electi* im Himmel sind die von Gott Erwählten und keine Abgeordneten, die aus einem Mehrheitsentscheid des Christenvolks hervorgegangen wären. Auch bei den *Electi*, von denen die frühmittelalterlichen Quellen in irdischen Zusammenhängen reden, handelt es sich um Leute, die von oben her benannt werden.[240] Sogar diejenigen Personen, die bei einem Losentscheid das Los trifft, heißen *electi*.[241]

Das Frühmittelalter kannte keinen Mehrheitsentscheid und folglich keine Wahlen in unserem Sinne. Der Satz gilt auch für Handlungen wie die sogenannten Königswahlen.[242] Man sollte daher besser von Königserhebungen sprechen.

Unter den *Electi* von Marklo verstand der Verfasser von Leb$_1$ also keine „gewählten Abgeordneten", sondern von oben her benannte Leute. Da die bei Marklo eigentlich Versammelten die Satrapen waren, kann er nichts anderes gemeint haben, als dass jeder der Satrapen aus jedem der drei Stände zwölf Leute ausgesucht und mitgebracht hätte. Ein solches Tun entsprach den Verhältnissen, die zu Lebzeiten des Verfassers herrschten. Wenn sich die Großen zu Beratungen versammelten, dann wurde die Anzahl ihres Gefolges in vorhergehenden Absprachen begrenzt. Solche Regelungen hatten den Zweck, den Ausbruch von Gewalttätigkeiten während der Versammlung zu verhindern und die Möglichkeit auszuschließen, dass einer der Teilnehmer die anderen mit der Menge seines Anhangs überwältigte.

Dementsprechend vereinbarten 870 Karl der Kahle und sein Halbbruder, der ostfränkische König Ludwig der Deutsche, sich am 1. August zu treffen, „und jeder von ihnen sollte zu dieser Unterredung vier Bischöfe und zehn Räte, von den Ministerialen und Vasallen aber nicht mehr als dreißig mitbringen." Vorher hatten Karl den Kahlen zu Attigny zwölf Gesandte seines Bruders aufgesucht. Diese Zahlen werden uns von den Jahrbüchern von St. Bertin ausdrücklich mitgeteilt.[243]

Dass der Verfasser von Leb$_1$ bei den dreimal zwölf Leuten, die aus jedem Gau im Gefolge der *Satrapae* bei Marklo zusammenkamen, an Männer dachte, die von oben dazu beordert wurden, lässt sich aus einer Mitteilung unserer Quelle selber erhärten. Nach seinen Ausführungen über die politische Verhältnisse Sachsens erzählt der Verfasser, dass Lebuin bei dem schon genannten Folkbert einkehrte, der zu den Vornehmsten im Land gehörte und obendrein reich war. Die Versammlung zu Marklo stand gerade bevor. Dorthin begab sich aber nicht Folkbert, sondern sein Sohn Helko; und der tat das nicht deshalb, weil er gewählt worden wäre, sondern weil er mit anderen jungen Männern dorthin gehen musste.[244] Aus solchen jungen Leuten bestand das kriegerische Gefolge der großen Würdenträger. Auch das fügt sich in die Verhältnisse und folglich in die Vorstellungswelt des 9. oder 10. Jhs.

Die Frage, was Lebuins älteste Lebensbeschreibung über die Versammlung zu Marklo überhaupt sagt, lässt sich folgendermaßen beantworten: Der Verfasser erzählt, dass sich jedes Jahr die Satrapen versammelt und ausgesuchte Leute aus den Reihen ihrer Untertanen mitgenommen hätten. Deren Anzahl sei für jeden Satrapen auf 36 beschränkt gewesen: jeweils zwölf aus jedem der drei Stände.

Auf keinen Fall sagt Leb_1, dass in Sachsen Abgeordnete gewählt worden wären und ein Parlament bestanden hätte. Es sei ausdrücklich wiederholt, dass die diesbezügliche Behauptungen der Wissenschaft des 20. Jhs. auf nichts anderem beruhen als einer Missdeutung des Wortes *electi*. Das Beispiel zeigt, wie ein einziges Wort als Unterbau eines hochragenden Lehrgebäudes dienen kann: Erweist sich der Unterbau als nicht tragfähig, dann stürzt das ganze Gebäude zusammen.

Wir widmen uns nun der Frage, ob die Aussage des ältesten Lebuin-Lebens den Tatsachen entspricht, ob also wirklich die sächsischen Satrapen jedes Jahr bei Marklo zusammengekommen wären, um die Gesetze zu verändern, die wichtigsten Rechtshändel zu entscheiden und zu beraten, was in Krieg und Frieden zu tun wäre.

Die Zweifel an der Richtigkeit dieser Schilderung ergeben sich daraus, dass wir sonst nie etwas von der angeblichen Versammlung zu Marklo hören. Wir hören nicht einmal dann von ihr, wenn die Sachsen sie am nötigsten gebraucht hätten, nämlich während des Krieges, den Karl der Große gegen sie führte. Bei der Zuständigkeit der angeblichen Zusammenkunft auch für die Kriegführung ist die Nichterwähnung völlig unerklärlich. Ebenso rätselhaft bleibt, warum Karl der Große seine Feldzüge nicht gegen den angeblichen Ort Marklo „mitten in Sachsen an der Weser" gerichtet hat. An dieser Stelle hätte der Kaiser seine Gegner doch ins Mark treffen müssen. Nicht einmal Karls Verhandlungen mit den Sachsen fanden dort statt, wohin Leb_1 den Sammelplatz und Mittelpunkt des Landes verlegt.

Wie kam nun der Verfasser dieses Schriftwerks dazu, eine solche Einrichtung anzunehmen? Er leitete sie aus Bedas Mitteilung ab, dass die Sachsen keinen König hätten. Wie die neuzeitliche Geschichtswissenschaft aus eben dieser Angabe gefolgert hat, dass in Sachsen die republikanische Staatsform bestanden hätte, so schloss der Geschichtsschreiber des 9. oder 10. Jhs. dass die Sachsen ihr staatliches Leben durch Versammlungen geregelt hätten.

Die neuzeitlichen Historiker sahen in der Republik den Gegenbegriff zur Königsherrschaft; der Verfasser von Leb$_1$ betrachtete die Versammlung der Großen als Gegenbegriff zur Herrschaft des Königtums. Er wusste, dass immer dann, wenn ein König den Tod gefunden hatte und der Nachfolger noch nicht erhoben war oder wenn sich ein König im Zustand der Handlungsunfähigkeit befand, die Großen regierten, indem sie sich versammelten. Im westfränkischen Reich trat dieser Fall zum Beispiel 879 und 884 ein, im letzten Jahr gleich zweimal. Doch bildeten Versammlungen der Großen während einer königslosen Zeit keine Besonderheit dieses Reichs.

Dass Leb$_1$ auf Beda beruhte, zeigt schon die Verwendung des Wortes *satrapae*. Der sprachbewusste Hukbald veränderte den unpassenden Ausdruck in *principes* ‚die Großen'.

Aus dem alten Sachsen ist kein Ort namens Marklo bekannt. Das niedersächsische Marklohe ist, wie gesagt, erst 1931 zu seinem Namen gekommen. Die Nichtfassbarkeit des Platzes, an dem die sächsische Hauptversammlung getagt haben soll, hat den Forschern viel Kopfzerbrechen bereitet.

Zu den inneren Unwahrscheinlichkeiten, an denen Leb$_1$ krankt, gehört die Aussage, dass eine Versammlung jedes Jahr am selben Ort getagt hätte. Etwas Entsprechendes gab es nicht einmal unter Karl dem Großen im fränkischen Reich. Offensichtlich hat der Schöpfer von Leb$_1$ den sächsischen Ort Marklo erdichtet. Daraus muss nicht folgen, dass der Verfasser auch den Namen des Ortes frei erfunden hätte. Es stimmt nachdenklich, dass kaum 30 km östlich von Lebuins Wirkungsstätte Deventer eine Gemeinde *Markelo* liegt (in der niederländischen Provinz Overijssel). Ihr Name ist als *Marclo* seit 1180 bezeugt.[245]

Lebuin hatte einen Gefährten, der Markhelm hieß. Leb$_1$ erwähnt ihn ganz am Rande. Aus Liud$_1$ erfahren wir mehr: Als Lebuin von Gregor von Utrecht nach Deventer entsandt wurde, gab ihm der Abt den gleichfalls aus England stammenden Markhelm als Begleiter mit. Markhelm sei von dem Bischof Willibrord († 739), einem berühmten Glaubensboten, mit dem Ziel aufgezogen worden, ihm eine führende Stellung zu übertragen.[246]

Das erste Glied des Ortsnamens *Mark-lo* ist gleich dem ersten Glied des Personennamens *Mark-helm*. Verdankt der erfundene sächsische Versammlungsplatz seinen Namen einer gedanklichen Verbindung, die sein Schöpfer zwischen einem Ort in der Nähe von Deventer und einem Mann aus Lebuins persönlicher Umgebung herstellte?

Warum soll der Verfasser von Leb₁ die Markloer Versammlung aber erfunden haben? Die Frage lässt sich nur beantworten, wenn man sich mit der literarischen Gattung der Heiligenleben als solcher beschäftigt.

Zwischen den Verehrern der verschiedenen Heiligen herrschte ein lebhafter Wettbewerb. Jede geistliche Gemeinschaft war bemüht, die Verdienste ihres himmlischen Schutzherrn in den Vordergrund rücken. Dieses Streben führte leicht dazu, die Taten eines anderen Gottesmannes zu schmälern oder sein Wirken ganz zu verschweigen. An dem Wettstreit nahmen seit dem späten 8. Jh. auch die Verfasser teil, die das Leben der heiligen Glaubensboten beschrieben, deren Wirksamkeit sich nach heutigen Begriffen auf die Niederlande und Deutschland erstreckt hatte. Die betreffenden Werke richteten sich zum Teil gegeneinander.[247]

In dem Zusammenhang ist auf eine merkwürdige Tatsache hinzuweisen: Liudger, dessen Wirken, wie wir wissen, von Altfrid beschrieben wurde, hatte selber die Taten seines Lehrers Gregor von Utrecht geschildert. Unter anderem erzählt er, wie der Abt den heiligen Bonifatius nach Rom begleitet und von dort zwei Jungen mitgenommen habe, die aus England stammten. Der Aufenthalt von Engländern in Rom war zu jener Zeit nichts Ungewöhnliches. Es handelte sich um Brüder, die Markhelm und Markwin hießen. „Von Markhelm, dem älteren von beiden, einem frommen und heiligen Mann, will ich mit Hilfe Gottes an gegebenem Ort etwas ausführlicher berichten, wie es sich gebührt," schrieb Liudger weiter. Doch ist in seinem Werk nichts dergleichen zu finden. Nur noch einmal wird Markhelm von ihm genannt.[248]

Über Lebuin verliert Liudger kein Wort. Er erwähnt nicht einmal seinen Namen. Altfrid dagegen weiß außer den oben genannten Einzelheiten Erstaunliches und Erbauliches zu erzählen: Als die Sachsen Lebuins Kirche in Deventer zum zweiten Mal zerstörten, suchten sie drei Tage nach seinem Leichnam, fanden ihn jedoch nicht. Nachdem nun auch der Abt Gregor dahingeschieden war, folgte ihm sein Verwandter Alberich. Der sagte eines Tages zu Liudger, er solle die Stätte, wo „der Heilige des Herrn, der Priester Liafwin, bis zu seinem Tode gewirkt hatte," wieder instandsetzen und über seinem Grab eine Kirche errichten. Liudger kam dem Auftrag nach und suchte an der fraglichen Stelle den Leichnam, jedoch ohne Erfolg. Da er das Grab auf einer bestimmten Fläche vermutete, begann er innerhalb ihrer Begrenzung den Kirchenbau. Als er die Grundmauern gelegt hatte und schon die

Seitenwände errichtete, „erschien ihm Liafwin, der Priester des Herrn, im Traum" und wies ihm die Stelle, wo er begraben lag. Sie befand sich unter der Südwand des Neubaus. Liudger ließ am nächsten Morgen die Kirche nach Süden erweitern, so dass das Grab nun in ihr lag. Der Bau wurde vollendet „und seitdem niemals von den Heiden entweiht. Vielmehr tut Gott an jener Stelle durch Liafwin, seinen Knecht, bis zum heutigen Tage viele Wunder. Auch befindet sich nunmehr ein Stift von Chorherren dort".[249]

Welche Gründe hatte Altfrid, Markhelm an den Rand zu rücken und an seiner Stelle Lebuin hervortreten zu lassen, obwohl er von diesem herzlich wenig zu berichten wusste? Im Grunde war nicht einmal das Grab des englischen Glaubensboten bekannt. Altfrid berichtet nicht, dass der Leichnam erhoben worden wäre, wie es sich bei einem Heiligen eigentlich gehört hätte. Hätte Altfrid auch nur die dürftigste Kenntnis von Lebuins Bemühungen um die Bekehrung der Sachsen gehabt, er hätte sie schwerlich verschwiegen.

Die Hoffnung, dass Deventer von Heiden unberührt bleiben werde, erfüllten sich nicht: 882 „steckten die Normannen den Hafen Deventer in Brand, wo der heilige ‚Liobomus' ruht, und töteten sehr viele Menschen," berichten die Jahrbücher von Fulda.[250] Ihr Verfasser konnte nicht einmal den Namen des Gottesmannes richtig schreiben.

Das Interesse an Lebuin wurde deshalb geweckt, weil der Bischof Radbod von Utrecht seinen Sitz in Deventer aufschlug. Utrecht war 857 von den Normannen zerstört worden. Seine Bischöfe hielten sich während der folgenden Zeit wiederholt an anderen Orten auf, in Deventer bis 925. Wir sind schon darauf gestoßen, dass Radbod sich selber mit der Gestalt des Lebuin beschäftigte. Offensichtlich war er es auch, der Hukbald den Auftrag zukommen ließ, das Leben des Heiligen zu beschreiben. Bevor der Mönch in St. Amand sein Werk jedoch beendet hatte, war Radbod tot. Folglich erscheint dessen Nachfolger, der Bischof Balderich von Utrecht (reg. 917/18–975), als Empfänger von Leb$_2$.[251]

Es drängt sich der Vergleich mit den literarischen Schicksalen Willehads auf, des ersten Hirten der Bremer Kirche († 789): Als der Bischof Ansgar († 865) nach der Zerstörung seines Sitzes Hamburg durch die Normannen im Jahre 845 das Bistum Bremen gewann, ließ er Willehads Leben aufzeichnen und verfasste später ein Werk über dessen Wunder.

Unabhängig davon, ob Leb$_1$ zwischen 840 und 862 oder zu Beginn des 9. Jhs. niedergeschrieben wurde, befand sich sein Verfasser in der üblen Lage, dass man von Lebuin so gut wie nichts wusste. Der Heilige war durch keinerlei Großtaten berühmt geworden. Was sollte man da über ihn schreiben?

Radbod von Utrecht hatte in der oben genannten Predigt seinen Lebuin auf eine Stufe mit den berühmten heiligen Glaubensboten Willibrord und Bonifatius gestellt. Beide hatten in Friesland gewirkt (einerlei, wo sie außerdem tätig waren). Bonifatius fand dort als Blutzeuge den Tod. Wenn Lebuin als ebenbürtiger Heiliger geschildert werden sollte, blieb nur Sachsen als Schauplatz übrig. Dorthin hatte sich seit den beiden Ewalden kein Künder des Christentums gewagt. Ebenso wenig war der Übertritt des Landes zur christlichen Religion unter Karl dem Großen mit dem Namen eines einzelnen, die anderen überragenden Gottesmannes verknüpft.

„Man begreift es, dass, wer erzählen soll und nichts zu erzählen weiß, ins Lügen gerät" (Theodor Mommsen). Folglich stellte der Verfasser von Leb$_1$ seinen Helden als den Bekehrer Sachsens hin. Folglich hatte der Heilige dort aufzutreten, wo er Sachsen als Ganzes fassen konnte. Der rechte Platz wäre ein Königshof gewesen. Weil der Schöpfer von Leb$_1$ jedoch bei Beda gelesen hatte, dass in dem Land kein König, sondern Satrapen herrschten, musste er nach der oben beschriebenen Denkweise folgern, dass diese Großen vermittels einer Versammlung regierten. In ihrer Mitte also hatte der Heilige zu erscheinen, um die Sachsen zu bekehren.

Der Verfasser schildert die Versammlung zu Marklo anschaulich. Sie wurde mit heidnischen Bräuchen eröffnet. Dann stellten sich alle im Kreis auf. Plötzlich stand Lebuin in ihrer Mitte (ein geringes Wunder) und begann die Ansprache, mit der er ganz Sachsen auf einmal zum Glauben an Christus führen wollte.

Die Rolle des Bekehrers der Sachsen konnte ihm von keinem anderen Heiligen streitig gemacht werden; aber sie war undankbar, denn Lebuin blieb ein verhinderter Glaubensbote. Obwohl sein Erscheinen auf der Versammlung von Wundern begleitet war und obwohl er den Sachsen genau voraussagte, wie Karl der Große (dessen Name nicht fällt) mit ihnen verfahren werde, wenn sie Christus verschmähten, richtete er nichts aus. Der Hinweis auf die Unterwerfung Sachsens durch Karl den Großen beweist, dass Leb$_1$ aus einer späteren Sicht geschrieben ist als der eines Zeitgenossen des Heiligen.

Die gesamte Erzählung vom Markloer Landtag diente allein dem Zweck, Lebuin die rechte Bühne zu schaffen. Der dortige Auftritt des Heiligen füllt zusammen mit seinem vorhergehenden Besuch bei Folkbert die Hälfte von Leb$_1$.

Schon Hukbald scheint geahnt zu haben, dass es in Marklo nicht mit rechten Dingen zuging. Er vergewisserte sich nämlich im Werk des Geschichtsschreibers Nithard († 845) wegen der sächsischen Stände und übernahm daher die Bezeichnungen *Edlingi*, *Frilingi* und *Lassi* sowie die Überzeugung, dass diese Standesgliederung in seiner – Hukbalds – Gegenwart Geltung habe.[252]

Mit der Frage nach dem Zweck von Leb$_1$ hängt die nach dem Entstehungsort zusammen. Als solche sind das Kloster Werden an der Ruhr oder Deventer vermutet worden. Für Werden spricht eigentlich gar nichts. Was hätte man dort mit der Lebensbeschreibung eines Heiligen anfangen sollen, der in keinerlei Beziehungen zur vorhandenen geistlichen Gemeinschaft stand? Für Deventer spricht, dass Lebuin der Schutzheilige der dortigen Kirche war und dass in dieser Kirche sein Leichnam angeblich ruhte. Die Verehrung eines Heiligen durch die an seiner Grabstätte tätigen Geistlichen setzte das Vorhandensein seiner Lebensbeschreibung mindestens deshalb voraus, weil aus ihr regelmäßig vorgelesen wurde.

Nun muss aber ein Heiligenleben nicht an der Stelle geschaffen worden sein, an der es zum ständigen Gebrauch diente. Zum Beispiel schrieb Hukbald seine Lebensbeschreibung des Lebuin im Kloster St. Amand und nicht etwa in Deventer.

Wie oben bemerkt, ist die Namenform *Lebuin* romanisch. Folglich dürfte das älteste Lebuin-Leben in einer romanischen Umgebung entstanden sein. Verwendet es doch die Form *Lebuin* und nicht *Liaf*win. Damit scheidet Werden als Entstehungsort aus, denn dieses Kloster lag mitten im altsächsischen, also germanischen Sprachgebiet. Auch dann, wenn ein Mönch mit einer romanischen Muttersprache in Werden als Schriftsteller tätig geworden wäre, dürfte er im gegebenen Fall die altsächsische Form des Personennamens verwendet haben. Wer nämlich Werden als Entstehungsort von Lebuins ältester Lebensbeschreibung ansieht, meint erstens, dass dem Verfasser die Kenntnis von Lebuin aus sächsischem Munde zugekommen wäre und zweitens, dass die Schrift für diese geistliche Einrichtung bestimmt gewesen sei, also für eine sächsische Hörer- und Leserschaft. Die hätte sich über die romanische Form des Namens ebenso gewundert, wie wir es täten, wenn in einem deutschen Text von Aix statt von Aachen die Rede wäre.

Dass überhaupt vermutet worden ist, das älteste Lebuin-Leben sei in Werden entstanden, ergab sich aus dem Zwang, die Herkunft der Nachrichten über die Markloer Versammlung zu bestimmen, wenn man sie nicht für erdichtet hält. Natürlich ist man auf die mündliche Überlieferung verfallen, mit der heute alles erklärt wird. Allerdings herrscht keine Einigkeit über deren Beschaffenheit.

In der Zeit, als der Begriff der Hausüberlieferung beliebt war, griff man zu folgender Erklärung: Weil Leb$_1$ von Lebuins sächsischem Gastfreund Folkbert und dessen Sohn Helko erzählt und weil ein Folkbert 799 mit Liudger, dem Gründer des Klosters Werden, einen Gütertausch vornahm, wurde unter Gleichsetzung beider Männer behauptet, dass das älteste Lebuin-Leben auf die Hausüberlieferung dieser „unmittelbar beteiligten Adelsfamilie" zurückginge.[253]

Wer glaubt, dass alle Nachrichten, deren Herkunft unbekannt ist, auf irgendwelche Hausüberlieferungen zurückgingen, braucht nur nach einem passenden Haus zu suchen. Es wird sich schon eins finden lassen. Zwei Fragen bleiben jedoch offen: Enthalten adlige Hausüberlieferungen staatsrechtliche Mitteilungen wie die über die Verfassung des heidnischen Sachsens? Und hatten die Schöpfer von Heiligenleben das Ziel, adlige Hausüberlieferungen aufzuschreiben?

Andere Forscher meinten, dass in Leb$_1$ ein altsächsisches Gedicht „Von Liobwins Dingfahrt" wiedergegeben sei. F. Genzmer hat es in neuhochdeutschen Stabreimen neu geschaffen[254] – leider nicht in altsächsischen, wozu er imstande gewesen wäre, denn er beherrschte mehrere altgermanische Sprachen ausgezeichnet. Anstatt gelobt zu werden, erntete Genzmer Undank für seine Leistung. Die Welt ist ungerecht: Altgermanische Dichtungen sind wirklich vorhandene Größen, während man nach adligen Hausüberlieferungen im frühen Mittelalter vergeblich sucht. Insofern ist die Wahrscheinlichkeit größer, dass jemand im 9. oder 10. Jh. ein altsächsisches Gedicht auf lateinisch nacherzählt, als dass er eine Hausüberlieferung wiedergegeben hätte. Anders steht es mit der Frage, ob in der lebendigen Wirklichkeit der Verfasser eines Heiligenlebens geneigt war, altgermanische (oder altromanische?) Dichtwerke zu verarbeiten, und ob es das Gedicht von „Liobwins Dingfahrt" (so Genzmer) tatsächlich gegeben hat.

Wenn Genzmer Recht hätte, müsste die von ihm vermutete Dichtung in der Zeit nach den Sachsenkriegen entstanden sein. Sein „Liobwin" weissagt nämlich Karls des Großen Sieg ebenso, wie es der Heilige in der lateinischen Lebensbeschreibung tut.

Nun zeigen die in Leb₁ enthaltenen Schilderungen von Lebuins Auftreten in Folkberts Haus und in Marklo tatsächlich die Stilmerkmale einer Dichtung. Ihr Verfasser hat jedoch keineswegs ein altgermanisches Gedicht in lateinischer Sprache „aufgezeichnet," also wiedergegeben, sondern einen lateinischen Text vermittels dichterischer Stilmittel geschaffen. Es ist eine befremdliche Vorstellung neuzeitlicher Historiker, dass ein mittelalterlicher Schriftsteller seine Tätigkeit darauf beschränkt oder auch nur danach gestrebt hätte, etwas „aufzuzeichnen," als ob er sich als Protokollführer hätte betätigen wollen. Ja glaubt man denn, dass die Menschen vor tausend Jahren keiner eigenen Gedanken fähig gewesen wären?

Es besteht keine Veranlassung, die literarischen Mittel, mit denen der Verfasser von Leb₁ das Verweilen des Heiligen in Sachsen schildert, auf eine volkssprachige Vorlage zurückzuführen: Im Gegenteil: „Die Kernepisode der Lebuinvita ... kann als ein Muster lateinischer Erzählkunst gelten".[255]

Außer der Weissagung vom Sieg Karls des Großen enthält Leb₁ weitere Spuren seiner Entstehungszeit: Das Werk spricht den Satrapen die Herrschaft über jeweils einen Gau zu. Die sächsischen Gaue sind eine Schöpfung des Kaisers oder seiner Nachfolger. Von Gauen war bei Beda keine Rede. Die Worte des Markloer Redners Buto, man solle Lebuin wenigstens anhören, denn die Gesandten der Friesen, Wenden und Normannen kämen auf den Versammlungen doch auch zu Wort, verweisen auf Verhältnisse nach dem Tod Karls des Großen.[256] Vor diesem Kaiser war von Normannen keine Rede.

Manche Forscher haben sich bemüht, einen mittelbaren Nachweis für die Markloer Versammlung zu erbringen: Ihr Vorhandensein sei aus Bedas Mitteilung zu erschließen, dass die Satrapen in Kriegszeiten einen Oberfeldherrn bestellt hätten. Freilich steht fest, dass sie zu diesem Zweck zusammenkommen mussten (falls Bedas Erzählung der Wahrheit entspricht). Nur ergibt sich daraus kein Beweis für eine Versammlung von der Art, wie Leb₁ sie schildert, denn in dem Heiligenleben wird ausdrücklich behauptet, dass die Satrapen jährlich getagt und ihre Beschlüsse gleichermaßen für Friedenszeiten wie für Kriege getroffen hätten. Beda dagegen spricht nur von Kriegszeiten.

Überhaupt geht es nicht darum, ob in Sachsen irgendwelche Versammlungen stattgefunden haben. Nach allem, was wir vom Frühmittelalter wissen, war das Leben ohne geregelte Zusammenkünfte der Menschen gar nicht denkbar, in Sachsen ebenso wenig wie anderswo. Während jener Zeit vermochten die meisten Leute ihre Beziehungen bloß mündlich zu gestalten, weil sie weder lesen noch schreiben konnten. In Gesellschaften mit einer gering entwickelten oder gar nicht vorhandenen Schriftlichkeit entscheidet die leibliche Gegenwart alles. Jeder Richterspruch war an eine Versammlung gebunden. Jeder Heereszug begann mit einer solchen Zusammenkunft. Die Herrschaft des Königs kam in jährlichen Hoftagen zum Ausdruck, zu denen sich die hohen Würdenträger versammeln mussten. Vermutlich stand dem Verfasser von Leb$_1$ eine solche Zusammenkunft vor Augen.

7.3 Die angeblichen weiteren Zeugnisse für die Versammlung von Marklo

Ein häufig unternommener Versuch, die Versammlung zu Marklo mittelbar nachzuweisen, stützt sich auf die sogenannte Capitulatio de partibus Saxoniae, ein Gesetz Karls des Großen (dazu unten, S. 221 ff.). Unter anderem gab der König darin kund: „Wir haben verboten, dass die Sachsen überhaupt irgendwelche öffentlichen Zusammenkünfte veranstalten, es sei denn, dass ein Königsbote sie auf unseren Befehl zusammenkommen lässt. Doch soll ein jeder Graf in seinem Amtsbereich Gerichts- und sonstige Versammlungen abhalten. Die Einhaltung dieser Vorschrift ist von den Priestern zu überwachen".[257]

Der entscheidende lateinische Satz lautet: *Interdiximus, ut omnes Saxones generaliter conventus publicos nec faciant*. Als Hinweis auf eine allgemeine sächsische Versammlung ist der Satz deshalb angesehen worden, weil er die Worte *generaliter* und *conventus* enthält. In Wirklichkeit ist jedoch gar keine Rede von einer „allgemeinen Versammlung." Die müsste *generalis conventus* oder in der Mehrzahl *generales conventus* heißen. *Generaliter* ist kein Adjektiv, sondern eine Adverb und bedeutet nichts anderes als ‚überhaupt', ‚ganz und gar'. Die für unserer Begriffe unnötige Verdoppelung des Ausdrucks durch *omnes* und *generaliter* findet sich in den Vorschriften jener Zeit wiederholt.[258]

Wenn die Zeitgenossen eine allgemeine Versammlung vor Augen hatten, dann konnten sie das sehr wohl mitteilen. So kommt die Wortgruppe *generalis conventus* ‚die allgemeine Versammlung' in den fränkischen Reichsannalen ziemlich häufig vor. Sie bezeichnet Zusammenkünfte, die Karl der Große und nach ihm sein Sohn Ludwig der Fromme einberufen hatten und deren Teilnehmer aus dem ganzen Reich kamen.

In der Capitulatio de partibus Saxoniae hätte Karl der Große am liebsten jegliche öffentlichen Zusammenkunft in Sachsen verboten. Da das nicht möglich war, beschränkte er sie auf diejenigen, die für die Arbeit der Grafen unabdingbar waren, und erlaubte den Königsboten ausnahmsweise Einberufungen. Die Königsboten bildeten eine von Karl dem Großen geschaffene Gattung hoher Würdenträger. Jedenfalls lässt sich aus der Capitulatio de partibus Saxoniae ebenso wenig wie aus anderen Quellen eine jährliche Hauptversammlung der vorkarlischen Sachsen erschließen.

7.4 Zusammenfassung

In der Zeit vor Karl dem Großen war Beda der einzige Verfasser, der über die inneren Verhältnisse Sachsens berichtete. Seine Mitteilungen lassen erkennen, dass das Land keine politische Einheit bildete. Laut Beda regierten dort mehrere Einzelherrscher nebeneinander, die er „Satrapen" nannte. Indem er feststellte, dass die Sachsen keinen König hatten, wollte er sagen, dass die oberste Gewalt innerhalb Sachsens nicht in der Hand eines einzigen Mannes lag. Vielleicht wollte er auch ausdrücken, dass die „Satrapen" in einem Unterordnungsverhältnis zum fränkischen Herrscher standen – einerlei, ob eine solche Aussage der Wirklichkeit entsprach. Beda wollte jedenfalls nicht sagen, dass die Sachsen in einer Republik gelebt hätten. Seine Angabe, die „Satrapen" hätten sich im Krieg verbündet und einem aus ihrer Mitte den Oberbefehl übertragen, mag in einzelnen Fällen richtig gewesen sein; der allgemeine Zustand war es keineswegs, wie die Sachsenkriege Karls des Großen zeigen.

Die älteste Lebensbeschreibung des heiligen Lebuin dient vielen Forschern als die zweite Hauptquelle, um die politischen Verhältnisse Sachsens vor Karl dem Großen zu erschließen. Dieses Werk stammt jedoch aus einer jüngeren Zeit. Es ist auf keinen Fall vor 840 und wahrscheinlich erst im frühen 10. Jh. entstanden.

Sein unbekannter Verfasser war also nicht etwa ein Augenzeuge der von ihm geschilderten Vorgänge. Er ist unmittelbar von Bedas Mitteilungen über die sächsischen Verhältnisse abhängig.

Das älteste Lebuin-Leben behauptet, zu Marklo hätten sich jährlich die „Satrapen" mit einem Gefolge von jeweils 36 Mann versammelt. Die verbreitete Auffassung, in Marklo wären gewählte Volksvertreter zusammengekommen, beruht auf der Missdeutung des Wortes *electi*.

Darüber hinaus erweist sich der Markloer Landtag überhaupt als erdichtet. Der Verfasser des ältesten Lebuin-Lebens las bei Beda, dass die Sachsen keinen König gehabt hätten. Daraus folgerte er, dass das Land von versammelten Großen regiert worden wäre. Ein solcher Schluss ergab sich aus den Verhältnissen des 9. oder 10. Jhs.

Da der Schöpfer der ältesten Lebensbeschreibung des Lebuin seinen Helden als den Heiligen ausgeben wollte, der nach der Bekehrung ganz Sachsens gestrebt hätte, musste er ihn vor den versammelten Großen auftreten lassen. In Abwesenheit eines Königs verkörperten diese die Einheit eines Landes. So geriet der Verfasser von Leb$_1$ in die Lage, den Markloer Landtag zu erfinden. Das älteste Lebuin-Leben bildet keine Quelle, aus der die Verhältnisse Sachsens vor der Zeit Karls des Großen zu erschließen wären.

Die Capitulatio de partibus Saxoniae verbietet – abgesehen von Ausnahmen – Versammlungen in Sachsen überhaupt (*generaliter*). Sie verbietet keine „allgemeine Versammlung." Die müsste *generalis conventus* heißen. Folglich enthält die Capitulatio de partibus Saxoniae keinen Anhaltspunkt dafür, eine sächsische Stammesversammlung zu erschließen.

8 Das sächsische Heidentum

8.1 Vorbemerkungen

Aus dem nordgermanischen Bereich sind schriftliche Zeugnisse und Bildsteine überliefert, die uns unmittelbare Einblicke in die nordische Götterwelt und in das Verhalten der Nordgermanen zu den übersinnlichen Mächten gewähren.

Was das alte Sachsen angeht, so verfügen wir allenfalls über Zeugnisse aus der Zeit des Übergangs vom Heidentum zum Christentum und auch nur über solche, die von Christen geschaffen wurden. Es handelt sich um zwei Taufgelöbnisse, ferner um gesetzliche Bestimmungen Karls des Großen, mit denen heidnische Handlungen verboten wurden, sowie um ein Verzeichnis solcher Handlungen. Wegen ihrer Herkunft sind diese Quellen von vorn herein verdächtig, ein verzerrtes Bild des sächsischen Heidentums zu liefern. Wir betrachten zunächst die Taufgelöbnisse.

8.2 Die Taufgelöbnisse

Wer als Erwachsener getauft wurde, hatte während dieser feierlichen Handlung (die sich nicht auf das Untertauchen beschränkte) unter anderem genau festgesetzte Worte zu sprechen, mit denen er seinen bisherigen Göttern den Gehorsam aufkündigte und sich in die Untertanenschaft des christlichen Gottes begab. Da der Religionswechsel als eine Art bewusster Rechtshandlung angesehen wurde, musste der Täufling genau wissen – oder sollte er eigentlich genau wissen – von welchen Wesen er sich abwandte und von welcher Beschaffenheit der Gott war, dem er sich anvertraute. Ebenso sollte dem Neubekehrten klar werden, was er fortan zu tun und zu unterlassen hatte. Daraus ergab sich die Notwendigkeit, die Sätze, die der Täufling aufzusagen hatte, in einer Sprache abzufassen, die er beherrschte. Diesem Bedürfnis verdanken wir die Niederschrift des altsächsischen und des altwestfälischen Taufgelöbnisses, wie die neuzeitliche Wissenschaft die beiden Texte genannt hat. In den Handschriften, die sie überliefern, tragen die Aufzeichnungen keine Überschrift. Folglich ist der Bezug zu Sachsen nur erschlossen und nicht gegeben.

Die Bezeichnungen der Gelöbnisse sind geeignet, Verwirrung zu stiften: Westfalen gehörte zu Sachsen; und das „Altwestfälische" wird gewöhnlich nur als eine Unterart des Altsächsischen angesehen und nicht als eine neben diesem bestehende Sprache – im Unterschied zum „Altniederfränkischen." All diese Sprach- und Mundartbezeichnungen beruhen auf neuzeitlichen Einteilungsgrundsätzen, die mit den Anschauungen der Wissenschaftler wechseln.

Hören wir uns nun das altsächsische Taufgelöbnis an:[258]

Forsachistû diobolae?
et respondeat: ec forsacho diabolae.
end allum diobolgeldae?
respondeat: end ec forsacho allum diobolgeldae.
end allum dioboles uuercum?
respondeat: end ec forsacho allum dioboles uuercum and uuordum, Thunaer end Uuôden ende Saxnôte ende allum thêm unholdum the hira genôtas sint.
Gelôbistû in got alamehtigan fadaer?
ec gelôbo in got alamehtigan fadaer.
Gelôbistu in Crist godes suno?
ec gelôbo in Crist gotes suno.
Gelôbistu in hâlogan gâst?
ec gelôbo in hâlogan gâst?

Das kann man folgendermaßen wiedergeben:

„Kündigst du dem Teufel den Gehorsam auf?" (*Er hat zu antworten:*) „Ich kündige dem Teufel den Gehorsam auf." „Und verzichtest du auf alle Opfer an den Teufel?" (*Er hat zu antworten:*) „Und ich verzichte auf alle Opfer an den Teufel." „Und auf alles Teufelswerk?" (*Er hat zu antworten:*) „Und ich sage mich los von allen Werken und Worten des Teufels, von Donar und Wotan und Saxnot und allen den bösen Geistern, die ihre Genossen sind." „Vertraust du dich Gottvater, dem Allmächtigen, an?" „Ich vertraue mich Gottvater, dem Allmächtigen, an." „Vertraust du dich Christus, Gottes Sohn, an?" „Ich vertraue mich Christus, Gottes Sohn, an." „Vertraust du dich dem Heiligen Geist an?" Ich vertraue mich dem heiligen Geist an."

Das Taufgelöbnis ist zum Gebrauch eines Priesters geschrieben. Es enthält sowohl die Fragen, die der Geistliche dem Täufling zu stellen hatte, als auch die Antworten, die der Neubekehrte geben muss. Diese werden im ersten Teil des Gelöbnisses mit dem lateinischen *respondet* eingeleitet. Sie mussten dem Täufling vor der Taufe beigebracht werden.

Das Taufgelöbnis bildet „den ältesten überlieferten Text mit altsächsischen Sprachformen." Die Handschrift, in der er enthalten ist, wurde am Ende des 8. Jhs. geschrieben.[260] Reines Altsächsisch haben wir in diesem Gelöbnis aber nicht vor uns. Erstens enthält es (alt)hochdeutsche Formen (z. B. *forsachistû* statt **farsakis thu*). Zweitens weist es (alt)englische Bestandteile auf. Die hochdeutschen Formen mag der Abschreiber eingeführt haben, der im hochdeutschen Sprachgebiet wirkte. Bedenklicher ist die englische Färbung, denn sie betrifft auch die Götternamen (dazu unten).

Die obige Übersetzung wird dem Sinn ihrer Vorlage nur unvollkommen gerecht. Die Schwierigkeiten ergeben sich aus dem gewandelten Religionsverständnis: Die Religion erscheint dem heutigen Menschen – jedenfalls im christlichen Europa – gewissermaßen als dasselbe wie der Glaube. Als religiöser Mensch gilt, wer glaubt, dass ein Gott sei. Mehr ist nicht erforderlich – unabhängig davon, was die einzelnen Religionsgemeinschaften von ihren Mitgliedern zu tun verlangen. Aber nach dem heutigen Verständnis kann man ja „gläubig" sein, ohne einer Religionsgemeinschaft anzugehören

Die Verinnerlichung und Vergeistigung der Religion bildet eine Folge der Reformation. Sie ist keineswegs auf die evangelischen Kirchen beschränkt, tritt hier aber am deutlichsten hervor. In älteren Zeiten, aber auch in vielen Teilen der heutigen Welt bekundet sich die Religion in öffentlichen Handlungen und nicht im privaten Glauben. Wenn die Christen im Römischen Reich verfolgt wurden, geschah dies deshalb, weil sie sich weigerten, am Kaiserkult teilzunehmen, oder weil sie verbotener Taten verdächtigt wurden, und nicht deshalb, weil sie meinten, dass es einen bestimmten Gott gebe.

Der Wandel der religiösen Vorstellungen hat auch die Bedeutung des Wortes *glauben* beeinflusst. Es begegnet uns im Taufgelöbnis in der Form *gelôbistu*, die gleich unserem *glaubst du* ist. Nur hatten die altgermanischen Entsprechungen des Wortes nicht die Bedeutung ‚irgend etwas meinen'.

Es kam nicht darauf an, dass die Täuflinge der Ansicht war, es gebe den christlichen Gott, sondern dass sie sich diesem Gott anvertrauten und unterwarfen. Natürlich vermochten sie das nur zu tun, wenn sie von seinem Dasein überzeugt waren, aber zugleich auch von „seiner übernatürlichen Macht und dazu auch seiner Bereitschaft, ihr Vertrauen und ihren Dienst mit Beistand zu lohnen ... auch wo es bloße Furcht ist, was sie treibt".[261]

Der erste Teil des Taufgelöbnisses verlangte keineswegs, dass der Neubekehrte die heidnischen Götter als nicht vorhanden ansehen sollte. An deren Dasein hegten auch die allermeisten Christen jener Zeit nicht den geringsten Zweifel. Nur stellten die heidnischen Götter im Sinne des Christentums Teufel oder böse Geister dar, deren Nähe zu meiden war und auf deren Hilfe man keineswegs bauen durfte. Umgekehrt hatten die Heiden keine Veranlassung, den Gott der Christen als nicht vorhanden anzusehen. Im Gegenteil: Es gibt Beispiele aus dem germanischen Altertum, dass Leute sowohl die heidnischen Götter als auch den christlichen Gott verehrten. Demzufolge liegt das Schwergewicht des Bekenntnisses *ec gelôbo* darin, dass die Täuflinge sich mit diesem „Sprechakt" in die Obhut des christlichen Gottes begaben und nicht darin, dass sie die Meinung äußerten, es gebe diesen Gott.

Drei der in Sachsen verehrten Götter nennt das Taufgelöbnis: *Thunaer*, *Uuôden* und *Saxnôt*. Die beiden ersten bieten zwar sprachliche, aber keine sachlichen Schwierigkeiten. Die sprachlichen Beanstandungen ergeben sich aus der englischen Lautgestalt der beiden Namen sowie aus grammatischen Einzelheiten, die wir unberücksichtigt lassen.

Als Wesen sind „Thunaer" und „Uuôden" jedoch gemeingermanische Götter und gut bezeugt. Auf hochdeutsch lauteten ihre Namen *Donar* und *W(u)otan*. Im Altnordischen hießen sie *Þórr* (Thor) und *Óðinn* (Odin).

Schwierig steht es dagegen mit *Saxnôt*. Der Name ist auf dem Festland sonst nirgendwo belegt. Seine englische Entsprechung *Seaxnet* kommt erst im 12. Jh. vor; und zwar wird der Träger dieses Namens als Sohn Wotans genannt. Ein mittelbarer Beleg ist jedoch älter: In englischen Abstammungsreihen des Frühmittelalters heißt der älteste Vorfahr der Könige von Wessex *Gesecg Seaxneting*. Das bedeutet: „Gesecg, der Sohn (oder der Nachkomme) des Seaxnet."

Saxnôt/Seaxnet kann nur der Beiname, nicht aber der tatsächliche Name eines Gottes gewesen sein. Man denkt entweder an den Gott, der ahd. *Ziu* und anord. *Týr* hieß, oder an den nur im Norden bezeugten Freyr. Das Wort *Saxnôt/Seaxnet* wird als „Schwertgenosse" gedeutet. Nun wissen wir bereits, dass das altgermanische Wort *sahs* nicht mit der Bedeutung ‚Schwert' belegt ist. Folglich ist diese Deutung des Namens *Saxnōt* zweifelhaft.

Sicher falsch ist die Deutung „Sachsengenosse." Es gibt auch die Meinung, dass *-nōt* in dem Namen gar nichts mit unserem *Genosse* zu tun habe, sondern mit anord. *naut* ‚(Opfer)rind' zusammenhänge.[262]

Die englische Färbung der beiden ersten Götternamen und die mangelnde Bezeugung des dritten auf dem Festland haben die Meinung aufkommen lassen, dass die Nennung der Götter im altsächsischen Taufgelöbnis einfach ein englisches Vorbild nachgeahmt habe und folglich nur sehr unsichere Rückschlüsse auf die sächsische Religion zulasse. Dagegen wird eingewandt, dass eine solche Gedankenlosigkeit schwerlich bei einem Text vorauszusetzen ist, der praktischen Zwecken dienen sollte. Der Beiname *Saxnōt* könne schon in urgermanischer Zeit entstanden und von den germanischen Besiedlern Britanniens auf die Insel mitgebracht worden sein. Seine Bezeugung sowohl in Sachsen als auch in England ginge dann auf eine gemeinsame Grundlage zurück.[263]

Man darf wohl mit einiger Berechtigung behaupten, dass die heidnischen Sachsen wie andere Germanen die Götter Donar, Wotan und Ziu verehrt haben (sofern die Gleichsetzung von Saxnot mit Ziu berechtigt ist). Es wäre aber ein völlig abwegiger Schluss, dass ihnen weitere germanische Götter oder Göttinnen fremd oder gleichgültig gewesen wären. Insofern lässt das altsächsische Taufgelöbnis keine sächsischen Besonderheiten erkennen. Auch bleibt fraglich, ob die Reihenfolge, in der es die Namen aufführt, Aussagen über die abgestufte Bedeutung ihrer Träger zulässt – und wenn ja, ob der wichtigste Gott zuerst oder zuletzt genannt wurde. Dass Götter in Dreiheiten auftreten, ist eine religionsgeschichtlich häufig zu beobachtende Gegebenheit.

8.3 Ein Verzeichnis abergläubischer Handlungen

Die zweite Quelle, die wir betrachten wollen, ist das „Verzeichnis abergläubischer und heidnischer Handlungen," das gewöhnlich als „Indiculus superstitionum et paganiarum" zitiert wird.[264] Sein

Text ist in derselben Handschrift überliefert wie das altsächsische Taufgelöbnis und trägt ebenso wenig eine Überschrift. Die lateinische Bezeichnung ist also nicht ursprünglich. Sie wurde erst im 17. Jh. geschaffen.[265]

Das Verzeichnis wird gewöhnlich in die Zeit der Sachsenkriege Karls des Großen gesetzt. Doch haben einige Forscher eine frühere Entstehungszeit vermutet und überhaupt den Bezug zu Sachsen bestritten. Auf jeden Fall führt es Handlungen und Bräuche auf, von denen feststehen dürfte, dass sie deshalb genannt werden, weil sie nach dem Willen der Geistlichkeit ausgerottet werden sollten. Auch diesmal handelte es sich nicht unbedingt um sächsische Besonderheiten. Mehrere der anrüchigen Bräuche sind auch anderswo, z.B. in den romanischen Teilen des Frankenreichs nachgewiesen.

Das Verzeichnis ist also nicht in der Weise zustandegekommen, dass sein Verfasser das sächsische Heidentum beobachtet und die entsprechenden Erfahrungen niedergeschrieben hätte. Vielmehr scheinen alle möglichen heidnischen Bräuche festgehalten worden zu sein, weil man damit rechnete, ihnen in Sachsen zu begegnen.

Im Verzeichnis kommen vier altgermanische Wörter vor, die anscheinend Totengesänge oder Totenbeschwörungen o.ä. bezeichnet haben. Eines davon ist anderswo überhaupt nicht belegt; und die drei anderen erscheinen sonst nur in althochdeutschen Wörterbüchern („Glossen"). Sie beweisen also Bezüge des Verzeichnisses zum deutschen, aber nicht eigentlich zum niederdeutschen Sprachgebiet, also nicht zu Sachsen. Der Bezug auf dieses Land ist bloß daran zu erkennen, dass das Verzeichnis zusammen mit dem altsächsischen Taufgelöbnis überliefert ist.

Es sei angemerkt, dass das Verzeichnis die Namen *Wotan* und *Donar/Thor* nicht enthält. Genannt werden von den Göttern nur Merkur und Iuppiter. Man kann aber geltend machen, dass sich hinter diesen lateinischen Namen die beiden germanischen Götter verbergen. Die Gründe, auf denen diese Ansicht beruht, können hier nicht erläutert werden.

Die obige Feststellung, das Verzeichnis führe Handlungen und Bräuche auf, übertreibt seine Deutlichkeit bei weitem. Im Grunde besteht es nur aus Überschriften. Die sind zum Teil so dürftig, dass sie lauten: „Das Gehirn (oder der Schädel? M. S.) von Tieren." Zu denken ist an Weissagungen oder sonstigen Zauber, bei dem das Gehirn (oder der Schädel?) eines Tieres verwendet wurde. Auch die etwas ausführlicheren Mitteilungen wie „Das Bild, das sie durch die Felder tragen" geben wenig her.

Um zu verstehen, welche Bräuche oder Vorstellungen sich hinter solchen Wortgruppen verbergen, ist eine umfangreiche Forschungsarbeit erforderlich, die andere schriftliche Quellen des Frühmittelalters ebenso heranzuziehen hat wie volkskundliche Beobachtungen der Neuzeit oder Erkenntnisse der Sprachwissenschaft.

Die Handlungen, die das Verzeichnis nennt, werden mitunter in anderen Quellen ausführlich beschrieben wie „Die Gotteslästerung an den Gräbern der Toten." Es handelte sich hier um Festmähler, die an Gräbern (frisch) Verstorbener veranstaltet wurden und mit heidnischen Opfern verbunden waren.[266]

Vieles von dem, was das Verzeichnis aufführt, findet sich Jahrhunderte später immer noch, und zwar in Bußbüchern oder ähnlichen Quellen. Die betreffenden Werke sollten Beichtvätern als Leitfaden dienen und nannten alle möglichen Vergehen gegen die kirchlichen Gebote. Zugleich führten sie die Bußen auf, die zur Sühne zu leisten waren. Zu den verbotenen Handlungen gehörten Zauberbräuche, sei es dass sie Nutzen, sei es, dass sie Schaden bringen sollten, ferner Versuche, die Zukunft zu erforschen, oder gar das Bemühen, dem Mond zu helfen, seinen Glanz wiederzugewinnen, wenn er verfinstert war. Wie die lange nach 800 entstandenen Werke zeigen, hatte sich das Bemühen der Geistlichkeit und der Staatsgewalt, die als heidnisch angesehenen Bräuche auszurotten, als ein schwerer Fehlschlag erwiesen.

Ein Wort, das in dem Verzeichnis vorkommt, hat sich möglicherweise bis in die Neuzeit gehalten: Der dritte Punkt nennt „Die *spurcalia* im Februar." Der Monat hieß im nordwestlichen Deutschland mindestens bis ins 19. Jh. auch „Sporkelmonat" oder einfach „Sporkel". Man nimmt an, dass diese Bezeichnung auf ein Fest der Frauen zurückgeht, das im Februar gefeiert wurde, und dass dieses Fest als *spurcalia* folglich schon im 8. Jh. bezeugt ist.[267]

Das Verzeichnis nennt auch Handlungen, die nach der Auffassung der Geistlichen die Kirchengebäude entweihten oder sonstwie gotteslästerlich erschienen. Dazu gehörte es, während des Gottesdienstes in der Nähe der Kirche zu singen und zu tanzen. Ein solches Tun konnte böse Folgen haben. So tanzten und sangen in der Weihnachtsnacht des Jahres 1021 zuchtlose junge Menschen vor der Kirche zu Kölbigk (heute Ortsteil von Ilberstedt, w. Bernburg in Sachsen-Anhalt). Die göttliche Strafe ließ nicht auf sich warten: Ein ganzes Jahr mussten die Sünder ihr verbrecherisches Treiben ununterbrochen fortsetzen.

8.4 Heidnische Handlungen in der Capitulatio de partibus Saxoniae

Der Abschnitt 9 dieses Gesetzes lautet: „Wer sich etwa vom Teufel täuschen lässt und nach heidnischer Weise glaubt, ein Mann oder eine Frau sei ein Zauberer oder eine Zauberin und esse Menschen auf, und deswegen diese Leute verbrennt oder ihr Fleisch zum Verzehr austeilt oder selber verzehrt, der werde mit dem Tode bestraft".[268]

Der lateinische Text verwendet das Wort *striga* zur Bezeichnung sowohl des Mannes als auch der Frau, die als die Übeltäter galten. Man gibt *striga* gewöhnlich als ‚Hexe' wieder. Ich möchte das vermeiden, weil sich mit diesem Wort die Vorstellungen vom Hexenwahn und den Hexenverfolgungen verbinden. Diese bildeten Erscheinungen der Neuzeit und nicht des Mittelalters.

Die neuzeitlichen Hexen und Hexenmeister wiesen andere Merkmale auf als die Leute, die in der Zeit Karls des Großen Zauberei ausübten. Der Kaiser und seine theologischen Mitarbeiter führten den Glauben, dass Menschen zaubern könnten, auf Einflüsterungen des Teufels zurück, hielten diesen Glauben also für falsch, während sich die Hexerei der Neuzeit gerade aus einem Pakt mit dem Teufel ergab und das Zauberwerk der neuzeitlichen Übeltäter und Übeltäterinnen keineswegs in Zweifel gezogen wurde.

Der Abschnitt der Capitulatio erwähnt die „Strigae" nicht deshalb, weil sie Zauber verübt hätten, sondern weil ihnen ihre sächsische Umwelt nachsagte, sie trieben Menschenfresserei, und sie deswegen verbrannte oder verzehrte. Heidnisch war nach der Capitulatio sowohl die Annahme, jemand sei eine *striga*, als auch der Verdacht, diese Leute würden Menschenfleisch verzehren.

Daraus ergibt sich die Frage, ob in Sachsen tatsächlich Kannibalismus geübt worden ist oder ob seine Erwähnung nur darauf zurückgeht, dass man den Heiden alles zutraute. Außer Frage steht, dass Menschen in der äußersten Not andere Menschen, sogar ihre Kinder geschlachtet und ihr Fleisch verzehrt haben. Aber der Kannibalismus ist weltgeschichtlich auch als kulturelle oder „kultische" Erscheinung nachgewiesen und wird sogar heute noch geübt. Sonst brauchten ihn einige Staaten nicht als besonderen Straftatbestand aufzuführen. Der Kaiser Bokassa I. von Zentralafrika (reg. 1977–1979) ist nach seinem Sturz u. a. dieses Verbrechens angeklagt worden. Insofern sind die Versuche müßig, sämtliche Berichte über den Kannibalismus als Märchen anzusehen.

Beim „kultischen" Kannibalismus hat man sich nicht vorzustellen, dass Menschen vollständig aufgefressen würden. Es genügt, dass bestimmte Körperteile zum Verzehr gelangen, etwa deshalb, weil in ihnen Kräfte wohnen, über die der Getötete verfügt hat und die andere sich aneignen wollen. Bedient man sich völkerkundlicher Ähnlichkeitsschlüsse und der entwicklungsgeschichtlichen Denkweise, so wird man derartige Handlungen und die ihnen zugrunde liegenden Vorstellungen im alten Sachsen für möglich halten.

Dass etwas möglich ist, bedeutet nun nicht, dass es tatsächlich so war. Wenn man schon zugeben will, dass Zauberer in Sachsen zu kultischen Zwecken Menschenfleisch verzehrt hätten (was die Capitulatio gar nicht behauptet), so stimmt es doch bedenklich, dass diese Missetäter von ihren Nachbarn sozusagen zur Strafe aufgefressen worden wären (was die Capitulatio behauptet).

Glaubwürdig klingt dagegen die Angabe, dass Zauberer und Zauberinnen verbrannt worden wären. Dieselbe Strafe wird für bösen Zauber (natürlich nicht für den wohltätigen) während des Frühmittelalters außerhalb Sachsens erwähnt.[269] Die Wissenschaft erklärt das Verbrennen damit, dass es den Zweck verfolgte, den gefährlichen Leib des Zauberers oder der Zauberin zu beseitigen.

Archäologischen Nachweise der Menschenfresserei sind schwer zu erbringen.[270] Aber gerade von archäologischer Seite ist vorgebracht worden, dass die diesbezüglichen Angaben der Capitulatio Glauben verdienten.[271]

Als heidnischen Brauch sah die Capitulatio (mit Recht) die Feuerbestattung an und bedrohte sie in ihrem 7. Abschnitt mit der Todesstrafe.[272] Ausgrabungen haben jedoch ergeben, dass die Leichenverbrennung im heidnischen Sachsen keineswegs allgemein üblich war und dass bereits vor Karl dem Großen Körperbestattungen häufig vorkamen, also von Heiden geübt wurden.

Der 9. Abschnitt der Capitulatio setzt die Todesstrafe für Menschenopfer fest, die „dem Teufel und den bösen Geistern" dargebracht werden. Wahrscheinlich ist bei solchen Vorkommnissen an Tötungen zu denken, die einen Bestandteil von Bestattungsfeierlichkeiten bildeten (dazu unten, S. 226). Solche Brauche sind weltgeschichtlich weithin belegt, müssten aber für Sachsen eigens nachgewiesen werden.

Nicht die Todesstrafe, sondern bloß Sühnezahlungen sieht die Capitulatio für folgende heidnische Taten vor (Abschnitt 21): Die

Vornahme einer religiöser Handlung (*votum*) an Quellen, unter Bäumen oder in „Hainen" (*lucos*) sowie die Veranstaltung von Gastmählern (?) zu Ehren der bösen Geister an denselben Orten.[273] Ähnliche Bestimmungen finden sich in anderen Schriftquellen, z.B. den Bußbüchern. Was die Heiden dort eigentlich getrieben haben, wird nicht klar.

Milde geht das Gesetz mit Wahrsagern und Losdeutern um: Sie sollen bloß den Priestern überwiesen werden.[274] Über die Art und Weise, wie in Sachsen die Zukunft auf verbotenem Wege erforscht wurde, sagt die Capitulatio nichts. Anderswoher erfahren wir, dass bei den Germanen zum Wahrsagen allgemein Stäbchen aus Holz dienten, die mit Runen oder anderen Zeichen versehen waren. Sie wurden hingeworfen; und je nach dem, wie sie fielen, ergab sich das Bild der Zukunft. Doch konnten die Stäbchen oder aus anderen Stoffen gefertigt werden.[275]

Das „Verzeichnis abergläubischer und heidnischer Handlungen" nennt „Vögel, Pferde, Kuhmist und das Niesen" als Grundlage hellseherischer Handlungen (*auguria*). Die Rolle der Vögel ist religionsgeschichtlich gut bezeugt. Doch wird nicht klar, ob die Germanen wie die Römer den Flug oder ob sie den Gesang deuteten. Tacitus spricht von Schimmeln, aus deren Wiehern oder Schnauben Priester auf die Zukunft schlossen. Von Kuhmist ist sonst keine Rede. Das Niesen kommt auch in anderen Quellen vor, doch bleibt völlig unklar, in welcher Weise es zum Wahrsagen diente.[276]

Es gab noch viele andere Möglichkeiten des Hellsehens. Von keiner wird man sagen dürfen, dass sie ein sächsische Besonderheit gebildet hätte.

8.5 Die Irminsäule

Ein sächsisches Heiligtum ist gut bezeugt. Es handelt sich um die Irminsäule (*irminsul/erminsul*), die Karl der Große 772 während seines ersten Feldzugs nach Sachsen zerstörte. Sie befand sich zwischen der Eresburg und der Weser. Dass sie auf der Burg selber gestanden hätte, haben irrtümlich jüngere Quellen gemeint.[277] Unbegründet ist die Behauptung, diese Irminsäule hätte „das sächsische Zentralheiligtum" gebildet (dazu unten, S. 181).

Wie das Heiligtum beschaffen war, teilt keine der Quellen mit, die vom Feldzug des Jahres 772 berichten. Jedoch erzählt Rudolf von Fulda in seiner „Übertragung der Gebeine des heiligen Alexander" von den heidnischen Sachsen: „Sie verehrten auch einen Baumstumpf von beträchtlicher Größe, der unter dem freien Himmel in die Höhe ragte und den sie in ihrer Muttersprache *Irminsul* nannten, was auf lateinisch *universalis columna* bedeutet, als ob die Säule das All getragen hätte".[278] *Universalis columna* kann man als „Weltsäule" wiedergeben.

Rudolf dürfte sich seine Beschreibung der Irminsäule nicht ausgedacht haben. Auch scheint seine Deutung des Wortes *irminsul* richtig zu sein. Da der Fuldaer Mönch aber das 772 niedergerissene Heiligtum nicht gesehen haben kann, ergibt sich die Frage, woher er seine Kenntnisse hatte. Die Lösung liegt darin, dass die von Karl dem Großen zerstörte Irminsäule nicht die einzige ihrer Art war.

Das Wort *irminsul* kommt – mitunter sogar in der Mehrzahl – auch in frühmittelalterlichen Wörterbüchern sowie in der Kaiserchronik vor, einer mittelhochdeutschen Dichtung geschichtlichen Inhalts aus dem 12. Jh. Es ist nicht auf das altsächsische Sprachgebiet beschränkt. Irminsäulen muss es also auch außerhalb Sachsens und anscheinend über das Jahr 772 hinaus gegeben haben. Sonst wäre das Wort nicht verständlich gewesen. In der Tat ist die Vorstellung von einem die Welt tragende Baum gemeingermanisch. *Baum* meint hier keine Pflanze, sondern etwas von den Menschen oder den Göttern Hergestelltes gleich dem Mastbaum oder dem Maibaum.

Als eine Irminsäule ist zu Unrecht von mehreren Forschern das Denkmal betrachtet worden, das die Sachsen nach Widukind von Corvey wegen ihres Sieges über die Thüringer in der Burg Scheidungen errichtet hätten. Man hat aus den Worten des Geschichtsschreibers weiter gefolgert, dass es einen Gott *Irmin* gegeben habe und dass die Irminsäulen ihren Namen nach diesem Gott geführt hätten:

Widukind schreibt aber Folgendes: „Als es Tag geworden war, legten sie am Osttor <der Burg Scheidungen M. S.> den Adler nieder und errichteten einen Siegesaltar, um nach dem Irrglauben der Väter das ihnen Heilige mit jeweils eigener Verehrung zu verehren: mit dem Namen den Mars, mit der Nachbildung von Säulen den Herkules und mit der Wahl des Ortes den Sol, den die Griechen Apollo nennen. Daraus geht hervor, dass auf jeden Fall die Meinung derjenigen glaubwürdig ist, die der Ansicht sind, dass

163

die Sachsen von den Griechen abstammen, denn *Hirmin* oder *Hermis* ist der griechische Name des Mars; und bis zum heutigen Tage gebrauchen wir dieses Wort zur Bekräftigung im lobenden oder im tadelnden Sinne, wenn auch unwissentlich".[279]

Um diese Absonderlichkeiten zu entwirren, muss man hinten anfangen: Mit dem unwissentlichen Gebrauch meint Widukind offensichtlich etwas, das in der Ausdrucksweise der heutigen Sprachwissenschaft ungefähr so lauten müsste: „Wir, also die Sachsen, gebrauchen das Wort *Hirmin/Hermis* zur Verstärkung sowohl im lobenden als auch im tadelnden Sinne, wie man das Wortglied *Erz-* zur Verstärkung verwenden kann, lobend in *Erzbischof* und tadelnd in *Erzgauner*. Doch sind wir uns der Etymologie des Wortes *Hirmin/Hermis* nicht bewusst. Daraus, dass dieses Wort griechischer Herkunft ist, ergibt sich der Beweis, dass die Sachsen von den Griechen abstammen." Natürlich würde kein heutiger Wissenschaftler so krauses Zeug schreiben.

Wahrscheinlich standen dem Corveyer Mönch Ausdrücke vor Augen wie *irmingot* ‚allherrschender Gott', ‚Allgott', als er schrieb, das Wort *(h)irmin* werde zur Bekräftigung verwendet.

Das Wort *Irmin* wurde von Widukind zu *Hirmin* gemacht, um es mit „*Hermis*" gleichsetzen zu können. Unter „*Hermis*" verbirgt sich der griechische Gott *Hermês*. Das *ê* wurde im Mittelalter als *i* ausgesprochen (und wird es auch im heutigen Griechisch). Allerdings entsprach dem römischen Gott Mars der griechische Ares und nicht etwa der Götterbote Hermes. Die ganze Geschichte hat Widukind nur zu dem Zweck erfunden, seinen Lieblingseinfall zu untermauern, dass die Sachsen von den Griechen abstammten.

Die Sachsen hätten also vermittels des Siegesaltars drei römische Götter verehrt: den Sol (das ist der Sonnengott) durch die Wahl des Ortes, den Herkules vermittels der Gestalt des Heiligtums und den Mars, indem sie es nach ihm benannten.

Die Verehrung des Sonnengotts Sol (Apollo) habe sich darin gezeigt, dass der Altar am Osttor der Burg errichtet wurde, also in Richtung des Sonnenaufgangs. Die Verehrung des Herkules sei zutage gekommen, indem das Heiligtum „Säulen nachbildete." Widukind hatte etwas von den „Säulen des Herkules" gehört und hielt sie offensichtlich für ein Sinnbild dieses – wie er meinte – Gottes. In Wirklichkeit verstand die Alte Welt unter den Säulen des Herkules die Straße von Gibraltar.

Rätselhaft bleibt aber, wieso der Gott „Hermis/Hirmin" am Namen des Altars erkennbar sein soll. Allenfalls kann man vermuten, dass Widukinds Gedanken durch die Säulen des Herkules auf

Säulen gelenkt wurden, die Irminsäulen hießen, und dass ihm bei dem Wort *irminsul* der Gott „*Hermis*" einfiel, den er für den lateinischen Mars hielt. Weiter müsste man folgern, Widukind habe ausdrücken wollen, die Sachsen hätten ihren Scheidunger Siegesaltar *Irminheiligtum* (= „Allheiligtum") genannt = *Hirminheiligtum* = *Hermisheiligtum* = *Marsheiligtum*. Da ein solcher Gedankengang aber am Text in keiner Weise erkennbar wird, treibt man bei einer solchen Deutung nicht Philologie, sondern Psychologie (was ich nicht als Tadel äußere).

Nichts lässt erkennen, dass Widukind hätte sagen wollen, das Scheidunger Siegesdenkmal habe *irminsul* geheißen. Falls er von den Irminsäulen eine Vorstellung hatte, muss ihm klar gewesen sein, dass sie keineswegs Siegesdenkmäler darstellten. Noch weniger lässt sich aus Widukinds Wörtern folgern, dass die heidnischen Sachsen einen Gott namens Irmin verehrt hätten – ebenso wenig wie Götter namens Herkules oder Sol.

Es ist ohnehin müßig, in Widukinds Hirngespinsten die altsächsische Religion wiedererkennen zu wollen, denn sie haben gar keinen sächsischen Ursprung. Vielmehr fußte der Corveyer Mönch bei seinen Ausführungen über die merkwürdigen griechisch-römisch-sächsischen Götter auf Isidor von Sevilla, der sich natürlich mit griechisch-römischen Gleichsetzungen begnügt hatte.[280]

8.6 Zusammenfassung

Zusammenfassend kann man sagen, dass die Nachrichten über die altsächsische Religion dürftig sind. Sie fügen sich zu dem, was wir über die germanische Religion im Allgemeinen wissen. Sächsische Besonderheiten werden nur spärlich fassbar. Der Göttername *Saxnot*, der am ehesten dazu zählen könnte, findet eine Entsprechung in England, aber keine auf dem Festland. Am besten bezeugt sind die Irminsäulen. Von ihnen gab es mehrere. Die von Karl dem Großen zerstörte Irminsäule war nicht die einzige ihrer Art und bildete kein „sächsisches Zentralheiligtum".

9 Karl der Große und die Sachsen

9.1 Vorgeschichte: Die älteren Arnulfinger und die Sachsen

Der wichtigste Vorgang der sächsischen Geschichte des Frühmittelalters ist die Unterwerfung des Landes durch Karl den Großen und der von diesem Kaiser erzwungene Übertritt der Sachsen zum Christentum. Beides erfolgte während der sogenannten Sachsenkriege zwischen 772 und 804. Aber Karl der Große war nicht der Erste seines Geschlechts, der Feldzüge nach Sachsen unternahm. Seine Ahnen waren ihm auf diesem Weg vorangegangen.

Die frühesten Vorfahren des Kaisers, die wir mit Sicherheit kennen, sind der Bischof Arnulf von Metz († um 640) und der Hausmeier Pippin „der Ältere" († 639/640). Arnulfs Sohn Ansgisel († vor 679) heiratete eine Tochter Pippins des Älteren namens Begga († 693). Aus der Ehe ging Pippin „der Mittlere" († 714) hervor. Ansgisel und seine Nachkommen hat die neuzeitliche Wissenschaft als die Arnulfinger bezeichnet. Dieser Name war den Zeitgenossen unbekannt.

Dagegen ist das Wort *Karolinger* eine Schöpfung des 10. Jhs. Es bezeichnete die Nachkommen Karls des Großen. Missbräuchlich wendet es die Wissenschaft auch auf die Vorfahren des Kaisers an.

Von Pippin dem Mittlerem, dem Urgroßvater Karls des Großen, heißt es in den Älteren Metzer Jahrbüchern (*Annales Mettenses priores*), er habe die Schwaben, Baiern und Sachsen unter seine Botmäßigkeit gebracht. Diese Leute (*gentes*) seien vormals dem Frankenreich (*imperium Francorum*) unterworfen gewesen, hätten sich aber wegen der Unfähigkeit der merowingischen Könige und der inneren Wirren, die innerhalb des Reiches herrschten, der rechtmäßigen Obrigkeit entzogen.[281]

Die Älteren Metzer Jahrbücher sind zu Beginn des 9. Jhs. im Umkreis von Karls des Großen Schwester Gisela entstanden. Die betreffende Mitteilung über die Tätigkeit Pippins des Mittleren wurde also einhundert Jahre nach den Ereignissen niedergeschrieben und ist mindestens deshalb falsch, weil Schwaben und Baiern ihr Eigenleben während des 8. Jhs. noch lange weiterführten, um von Sachsen zu schweigen. Doch verrät die Angabe, wie man in der Umgebung des Kaisers die Vergangenheit sehen wollte: Seine Vorfahren sollten als Erneuerer des fränkischen Reichs erscheinen: Pippin „der Jüngere" († 768), der Vater Karls des Großen, hatte 751 den letzten Merowinger vom fränkischen Thron gestoßen und sich an seine Stelle gesetzt. Das neue Herrscherhaus war bestrebt, die vorhergehenden Könige als unfähig hinzustellen, um den Thronraub zu rechtfertigen.

Richtig an der Mitteilung der Älteren Metzer Jahrbücher ist nun auf jeden Fall, dass sich Schwaben und Baiern wie die anderen Nebenreiche des fränkischen Reichs während des 7. Jhs. weitgehend verselbständigt hatten. Auch nahm Pippin der Mittlere seit 687/88 im Frankenreich die höchste Stellung nach dem König ein oder hatte sich sogar über ihn erhoben. Er führte einen Titel, den man als „Fürst der Franken" wiedergeben kann (*princeps Francorum*). Nur gelang es ihm keineswegs, die beiden süddeutschen Herzogtümer zu unterwerfen, obwohl er mindestens gegen den oder einen schwäbischen Herzog namens *Wilihar* („Vilharius") Feldzüge unternahm.

Sachsen wird auch in anderen Quellen aus der Zeit Karls des Großen auf dieselbe Stufe gestellt wie die süddeutschen Herzogtümer. Die jeweiligen Verfasser wollten anscheinend zum Ausdruck bringen, dass das Land ebenso ein Randgebiet des fränkischen Reichs gewesen wäre wie Schwaben, Baiern, Aquitanien, die Gascogne, die Bretagne und Friesland, die in den Älteren Metzer Jahrbüchern alle in einem Atemzug genannt werden.[282]

Die Behauptung, Pippin der Mittlere habe Sachsen unterworfen, erscheint ganz abwegig. Jedoch hat der „Fürst der Franken" gegen die Friesen gekämpft. Nun wäre denkbar, dass die Älteren Metzer Jahrbücher das Wort *Sachsen* in dem Sinne gebraucht hätten, dass es Friesland einschloss. Ein solcher Sprachgebrauch lässt sich anderswo nachweisen. Ob er an der betreffenden Stellen gegeben ist, bleibe dahingestellt.

Auf jeden Fall unternahm der Hausmeier Karl Martell († 741), der ein Sohn Pippins des Mittleren und der Großvater Karls des Großen war, in ganz ähnlicher Weise wie später sein Enkel Feldzüge nach Sachsen. Zum Jahre 718 berichten die Jahrbücher von St.-Amand und die Petauschen Jahrbücher, er sei „zum ersten Mal" dort gewesen und habe das Land bis zur Weser verwüstet.[283]

Karl Martells Vorstoß von 718 war möglicherweise ein Vergeltungsschlag wegen eines Überfalls, den Sachsen 715 nach Hattuarien unternommen hatten. Vielfach denkt man dabei an ein Gebiet rechts des Rheins. Das ist aber keineswegs sicher, denn unter dem Namen *Hattuaria* konnten auch Landstriche links des Flusses verstanden werden. Wahrscheinlich stand der sächsische Überfall im Zusammenhang mit den mehrjährigen Wirren, die innerhalb des fränkischen Reichs nach dem Tode Pippins des Mittleren ausgebrochen waren: In Austrasien, das zu jener Zeit etwa dem nordöstlichen Gallien entsprach und dem Namen nach die rechtsrheinischen Gebiete des Frankenreichs einschloss, hatte Karl Martell mit seinen Verwandten und vor allem seiner Stiefmutter Plectrud zu kämpfen, während die Großen Neustriens, des (nord)westlichen Teilreichs, sowohl gegen ihn als auch gegen Plectrud Krieg führten. Der neue Hausmeier brauchte Jahre, ehe er seine Gegner überwältigt hatte.

Während der Kämpfe verbündeten sich die Neustrier mit dem Friesenfürsten Radbod. Es ist zu vermuten, dass auch die sächsischen Angreifer des Jahres 715 mit ihnen im Einvernehmen standen.

Spätere Feldzüge Karl Martells nach Sachsen sind für die Jahre 720, 724, 728 (?) und 738 überliefert.[284] Von einem Krieg des Jahres 722 wissen wir nicht, ob er gegen die Sachsen oder gegen die Friesen geführt wurde. Wenn das erste der Fall war, hätten wir eine Aufeinanderfolge von Unternehmen erreicht, deren Dichte die der Feldzüge Karls des Großen vorweggenommen hätte. Leider finden sich die betreffenden Nachrichten nur in ganz einsilbigen Jahrbüchern, so dass wir außer den bloßen Tatsachen nichts erfahren. Über die Ziele des Hausmeiers vermögen wir daher keine Angaben zu machen. Wir können nicht einmal ausschließen, dass die Anzahl seiner Unternehmen gegen die Sachsen größer war, als wir wissen, denn unsere Kenntnis seiner Regierung ist sehr lückenhaft.

In der Fortsetzung der sogenannten Fredegarchronik erscheinen die Sachsen nicht als gewöhnliche Feinde, sondern als Aufrührer. Dasselbe Werk berichtet vom Feldzug des Jahres 738, dass Karl Martell an der Lippemündung den Rhein überschritt, in der dortigen Gegend ein schreckliches Blutbad anrichtete, einen Teil der Sachsen abgabenpflichtig machte und viele Geiseln von ihnen empfing.[285] Dies deutet auf einen Unterwerfungsversuch hin, der sich allerdings nicht auf das gesamte Land erstreckte.

Der Fortsetzer der Fredegarchronik bezeichnete die Sachsen als „verruchte Heiden" (*paganissimi*). Die Araber, von denen er im nächsten Abschnitt sprach, werden nicht so genannt, obwohl auch sie keine Christen waren. Das Heidentum der Sachsen bildete also einen Stein des Anstoßes, den es zu beseitigen galt. Dasselbe traf auf die Religion der Friesen zu. Das Heidentum der Araber war den Arnulfingern gleichgültig.

An der vorliegenden Quellenstelle fällt auf, dass das Wort *Saxones*, mit dem Nebensatz versehen wird, „die jenseits des Rheins wohnen." Eine solche Erläuterung war nur dann erforderlich, wenn es auch anderswo *Saxones* gab. Zu der Zeit, als die Fortsetzung der Fredegarchronik abgefasst wurde, war das Wort also noch nicht eindeutig auf „die" Sachsen festgelegt. Nach neuesten Forschungen ist der betreffende Abschnitt zwischen 768 und 786 entstanden (und nicht vor 751).[286]

Nach Karl Martells Tod wiederholten sich die Kämpfe um die Macht, wie sie 714 losgebrochen waren. Karlmann († 754) und Pippin der Jüngere († 768), die beiden älteren Söhne des Verstorbenen, mussten sich mit ihrem jüngere Halbbruder Grifo († 753) auseinander setzen. Diesmal erfahren wir, dass Sachsen unmittelbar in die politischen Wirren des Frankenreichs einbezogen war. Mit Sicherheit gilt diese Aussage für die Zeit um 747/48 und mit Wahrscheinlichkeit für die vorhergehenden Jahre. Zu den folgenden Ausführungen sei bemerkt, dass die Verteilung der Ereignisse auf die einzelnen Jahre nicht in jedem Fall sicher ist.

Der Hausmeier Karlmann ist mindestens zweimal mit einem Heer in Sachsen eingerückt, nämlich 743 und 744, bevor er 747 abdankte und ins Kloster ging. Dem Feldzug von 743 war wohl ein früherer vorausgegangen, der in folgenden Zusammenhang gehört:

Karlmann und Pippin hatten wahrscheinlich noch im Jahre 741 vermocht, Grifo in Haft zu nehmen. Grifo war durch seine Mutter Swanhild mit dem bairischen Herzogshaus verwandt. Die neuen Hausmeier mussten also dorther Unterstützung für ihren Halbbruder befürchten. Obendrein hatte sich ihre Schwester Hildtrud gegen den Willen beider Brüder mit dem bairischen Herzog Odilo vermählt. So unternahmen Karlmann und Pippin 743 einen Feldzug gegen ihren Schwager. Das scheint mit Sachsen wenig zu tun zu haben. Aber Odilo verfügte über sächsische Hilfstruppen, was eine merkwürdige Angelegenheit ist. Es mag sein, dass Karlmann sich wegen der bairisch-sächsischen Beziehungen veranlasst sah, in Sachsen einzufallen. Seine Vorstöße sind aber wohl noch in einem andern Zusammenhang zu sehen: Er und Pippin waren bemüht, die Nebenreiche des Frankenreichs, also Aquitanien, Schwaben und Baiern zu zwingen, die Herrschaft der Hausmeier anzuerkennen. In ähnlicher Weise mag Karlmann versucht haben, auch Machthaber in Sachsen in ein Unterordnungsverhältnis zu bringen.

Für das Jahr 743 hören wir in diesem Zusammenhang erstmals den Namen eines Mannes, der innerhalb Sachsens Herrschaft übte (jedoch nicht über das ganze Land): Das war „Theodericus," also Dietrich, wie wir ihn im Folgenden nennen. Er wird in den Reichsannalen mit einer Befestigung namens *Hoohseoburg* in Verbindung gebracht. Die sogenannten Einhardannalen geben ihm den ungewöhnlichen Titel *illius loci primarius*: „der erste an diesem Ort." Aber der Verfasser der Älteren Metzer Jahrbücher nennt ihn „Herzog der Sachsen."[287]

743 erfolgten die Einnahme der genannten Burg und außerdem die Unterwerfung Dietrichs auf dem Verhandlungswege. Im nächsten Jahr oder vielmehr 745 kehrte Karlmann wieder. Dass ihn diesmal Pippin der Jüngere begleitet hätte, ist wohl ein Irrtum oder eine bewusste Fälschung der Reichsannalen, deren Verfasser eine geglättete Schilderung des Verhältnisses der beiden Brüder geben wollte. In Wirklichkeit waren die Beziehungen zwischen Karlmann und Pippin dem Jüngeren seit 744 belastet, so dass der Kriegszug nach Sachsen möglicherweise ein Ausdruck der Spannungen war wie umgekehrt Pippins Eroberung Schwabens zur selben Zeit. Dietrich wurde gefangen genommen und verschwindet aus der Geschichte. Wir wüssten gern Näheres von einem Mann, der in einem Atemzug mit dem mächtigen Herzog von Baiern genannt wurde. Auch hätten wir gern erfahren, welche Auswirkungen seine Unterwerfung auf die Geschicke seines Machtgebiets hatte.

Es sei gleich bemerkt, dass die Quellen, die über die eben geschilderten Ereignisse berichten, dem betreffenden Teil Sachsens keinen Namen geben. Für den Raum, dessen Bewohner Karl Martell seinerzeit abgabenpflichtig gemacht hatte, gilt dasselbe.

Wir bleiben darauf angewiesen, Dietrichs Machtbereich über die Lage der *Hoohseoburg* zu erschließen. Die meisten Forscher suchen die Befestigung bei dem Ort Seeburg in Sachsen-Anhalt, der am Ostufer des Süßen Sees (w. Halle) gelegen ist. Sie ist jedoch auch bei Wedderstedt (Snö. Quedlinburg) oder auf dem Stadtgebiet von Eisleben vermutet worden. Die letzte Vermutung hat viel für sich.[288]

Bei Seeburg ist eine große Befestigungsanlage ausgegraben worden. Jedoch sind dort keine Funde aus der Karolingerzeit zutage gekommen. Jedenfalls ist Dietrichs Herrschaftsraum in dem Gebiet zu suchen, das die heutige Wissenschaft als das mittelalterliche Ostsachsen bezeichnet. Die Lage des Landes macht es wahrscheinlich, dass der Hausmeier Karlmann im Gegensatz zu seinem Vater nicht von Westen her über den Niederrhein nach Sachsen vorgedrungen, sondern aus Thüringen anmarschiert ist.

Dazu passt, dass das von Karlmann unterworfene Gebiet von der (sogenannten zweiten) Fortsetzung der Fredegar-Chronik als das Grenzland (*confinium*) der Sachsen bezeichnet wird, wobei die mittelalterlichen Verfasser einen solchen Raum sehr weit fassten. Im Zusammenhang mit dem Vordringen des Hausmeiers hören wir zum ersten Mal, dass Sachsen in Massen getauft worden seien.[289] Karlmann scheint also das Tun Karls des Großen vorweggenommen zu haben; oder man müsste annehmen, dass der Verfasser der betreffenden Fortsetzung der Fredegar-Chronik Gegebenheiten aus der Zeit nach 772 in die Vergangenheit verlegt hätte.

Aber zurück zu den innerfränkischen Wirren: Nachdem der Hausmeier Karlmann abgedankt hatte, ließ Pippin der Jüngere seinen Halbbruder Grifo frei. Es ist nun merkwürdig genug, dass der 748 nach Sachsen ging. Man fragt sich, was er dort verloren hatte. Da er im folgenden Jahr nach Baiern auswich, wo er die Herzogswürde an sich zu bringen versuchte, ist die Überlegung erlaubt, ob er in Sachsen eine ähnliche Machtstellung aufbauen wollte. Jedenfalls sammelte Grifo Truppen „bei Ohrum an der Oker" (ssö. Wolfenbüttel). Pippin der Jüngere verfolgte ihn und gelangte 748 bis Schöningen (ssw. Helmstedt). Diesmal hören wir ausdrücklich, dass der Marsch durch Thüringen ging.[290]

Laut der Fortsetzung der Fredegarchronik ist Pippin deshalb eingeschritten, weil die Sachsen die einstmals dem Hausmeier Karlmann gelobte Treue gebrochen hätten. Die Quelle erzählt in diesem Zusammenhang überhaupt nichts von Grifo. Sie verschweigt auch dessen Griff nach der Macht in Baiern.

Pippin erhielt Unterstützung von wendischen Herzögen, wie sich der Verfasser der Metzer Jahrbücher ausdrückt. Vom Fortsetzer der Fredegarchronik waren die Männer als Könige bezeichnet worden. Obendrein behauptet dieser Verfasser, auch Könige der Friesen seien dem Hausmeier zu Hilfe geeilt. Ob seine Angabe den Tatsachen entspricht, bleibe dahingestellt. Auf jeden Fall ist es falsch, bei den Friesen an die Bewohner des Friesenfelds zu denken. Dieser Landschafts- oder Gauname ist erst seit dem späten 9. Jh. belegt (siehe oben, S. 110). Auch wenn er schon im zweiten

Drittel des 8. Jhs. vorhanden gewesen wäre, hätten die Bewohner jenes Gebiets doch niemals eigene Könige gehabt.

Die Fortsetzung der Fredegarchronik erzählt weiter, dass die Sachsen schließlich um Frieden gebeten und sich der fränkischen Herrschaft unterworfen hätten, „wie es in alter Zeit Brauch gewesen war."[291] Man weiß nicht, ob der Verfasser sagen wollte, dass der Zustand der Unterordnung ehemals bestanden habe, oder ob gemeint ist, dass die Formen der Unterwerfung einem alten Herkommen entsprochen hätten. Es sind beide Deutungen möglich. Nun berufen sich die Fortsetzer der Fredegarchronik gewöhnlich auf das seit Alters Übliche, wenn sie etwas beschreiben, das in Wirklichkeit eine Neuerung der Arnulfinger war. Daher klingt die vorliegende Stelle anrüchig. Trotzdem kann sie den Tatsachen entsprechen.

Der Verfasser des betreffenden Abschnitts stellt nämlich ausdrücklich fest, dass die Sachsen versprochen hätten, die Zwangsabgabe wieder zu leisten, die sie ehemals „dem Chlothar" gezahlt hatten. Dabei handelte es sich anscheinend um jene 500 Kühe, die ihnen Chlothar I. jährlich zu liefern befohlen hatte. Aus der eigentlichen Fredegarchronik wissen wir, dass Dagobert I. den Sachsen zu Beginn der dreißiger Jahre des 7. Jhs. diese Zahlung erließ, damit sie als Gegenleistung die Wenden abwehrten (oben, S. 112). Wenn der Fortsetzer der Chronik die Wahrheit erzählt, müssen die Sachsen oder Teile von ihnen die Oberhoheit Pippins des Jüngeren anerkannt haben, indem sie die Abgabe wieder zahlten.

Wie es an derselben Stelle außerdem heißt, hätte eine große Anzahl der Sachsen den Wunsch geäußert, zum Christentum überzutreten. Hier bleibt erst recht unklar, ob die Erzählung den Tatsachen entspricht.

Nun berichten die Älteren Metzer Jahrbücher zum Jahre 748, dass Pippin der Jüngere „durch Thüringen nach Sachsen marschierte und mit starker Heeresmacht in das Gebiet der Sachsen eindrang, die Nordschwaben genannt werden." Weiter heißt es, er habe „die Sachsen, die Nordschwaben genannt werden," unter seine Botmäßigkeit gezwungen habe. „Sehr viele" von ihnen seien getauft und zum Christentum bekehrt worden. Die Schilderung macht den Eindruck, nach dem Vorbild der Sachsenkriege Karls des Großen entworfen worden zu sein. In noch höherem Maße gilt das für die Erzählung vom weiteren Verlauf des Feldzugs: Nachdem sich das sächsische Heer an der Oker zerstreut habe, hätte Pippin vierzig Tage lang „fast ganz Sachsen verwüstet und die Befestigungen zerstört."[292]

Bei den vorhergehenden Berichten über fränkische Vorstöße nach Sachsen haben wir Angaben über einzelne Teile des Landes vermisst. Die Metzer Annalen jedoch sprechen von „den Sachsen, die Nordschwaben genannt werden." Die Ausdrucksweise sollte diese Leute offensichtlich von den „richtigen" Schwaben unterscheiden, die nach heutigen Begriffen in Südwestdeutschland, dem Elsass und der Schweiz lebten und die in den lateinischen Quellen oftmals *Alamanni* genannt wurden. Die sogenannten Nordschwaben werden sich selber einfach als Schwaben bezeichnet haben. Wir dürfen diesen Schluss aus dem Namen des uns bekannten Schwaben- oder Suebengaus ziehen, der einfach *Suevia* oder *Suevon*, also „Schwaben" hieß (oben, S. 108).

Vermutlich war das Gebiet der von den Metzer Jahrbüchern so genannten Nordschwaben aber nicht auf den Gau des 10. und 11. Jhs. beschränkt. Jedenfalls zeigt das Beispiel der „Nordschwaben," dass die karolingischen Quellen das Wort *Saxones* als Sammelbezeichnung gebraucht haben und dass diese Sammelbezeichnung Personengruppen mit eigenen Namen einbegreifen konnte.

751 machte sich Pippin der Jüngere also zum König der Franken. Als nächste Mitteilung, und zwar unter dem Jahre 753 lesen wir in den Reichsannalen, dass er einen Zug nach Sachsen unternommen habe. Für die Zwischenzeit hatte die amtliche Quelle nichts zu vermelden. Es ist möglich, dass die Heerfahrt bereits 752 stattfand. Da liegt die Vermutung nahe, dass dem neuen König die Unterwerfung Sachsens als die nächstliegende Regierungsaufgabe erschien. Jedenfalls sei Pippin über (Bad) Iburg (s. Osnabrück) bis an die Weser bei Rehme vorgedrungen (heute Ortsteil von Bad Oeynhausen, sw. Minden). Die Älteren Metzer Jahrbücher fügen hinzu, dass die Sachsen sich unterworfen und eingewilligt hätten, christlichen Priestern zur Verbreitung ihrer Religion freien Zugang zu gewähren.[293] Diese Nachricht gilt allgemein als unglaubwürdig. Auffällig ist jedoch die Mitteilung der Reichsannalen, der Bischof Hildegar (von Köln), sei während des Feldzugs in der Burg Iburg von den Sachsen erschlagen worden.

Die (sogenannte dritte) Fortsetzung der Fredegarchronik führt den Kriegszug darauf zurück, dass die Sachsen dem König die Treue gebrochen, also seine Herrschaft nicht mehr anerkannt hätten. Voll Zorn habe Pippin der Jüngere deswegen „mit dem ganzen Heer der Franken" den Rhein überschritten und das Land im größten Ausmaß verwüstet. Daraufhin hätten die Sachsen gelobt, die Treueide zu halten, viel höhere Zwangsabgaben als vorher zu zahlen und niemals wieder in Aufruhr zu verfallen. So sei der König Pippin „im Triumph" nach Bonn zurückgekehrt.[294] Weiter berichtet die Fortsetzung der Fredgarchronik nichts von den Sachsen. Nach dieser Quelle war der König seine übrige Regierungszeit mit Aquitanien und Italien beschäftigt. Hätten wir keine anderen Nachrichten, dann müssten wir annehmen, dass er Sachsen unterworfen habe.

758 zog Pippin noch einmal dorthin. Kriegsgeschichtlich interessant ist am betreffenden Bericht der Reichsannalen, der König habe eine sächsische Feldbefestigung durchbrochen (bei Sythen?, heute Ortsteil von Haltern). Im Ergebnis des Feldzugs hätten die Sachsen gelobt, alle Befehle des Königs zu befolgen sowie ihm jährlich auf der Reichsversammlung die gebührenden Ehren zu erweisen und einen Zins von 300 Pferden zu zahlen.[295] Im regelmäßigen Erscheinen auf den Reichstagen, das mit der Überreichung von Geschenken verbunden war, drückte sich ein Untertanenverhältnis ebenso aus wie in jährlichen Zinszahlungen.

Wären die Reichsannalen mit dem Tode Pippins des Jüngeren und dem Regierungsantritt seiner Söhne abgebrochen, dann müssten sie uns ebenso wie die Fortsetzung der Fredegarchronik den Eindruck vermitteln, dass der König Sachsen unterworfen hätte. Sie sprechen erst wieder zum Jahre 772 von diesem Land.

Wenn Sachsen dem König Pippin für den Rest seiner Regierung scheinbar aus den Augen geriet, ist das damit zu erklären, dass er vollauf mit bairischen, aquitanischen und italienischen Angelegenheiten beschäftigt war. Er hatte noch nicht die Machtfülle, nach allen Seiten einzugreifen. Die sollte erst seinem Sohn zuteil werden.

Die Übersicht hat hoffentlich gezeigt, dass die Arnulfinger mindestens seit Karl Martell die Sachsen ihre Macht haben spüren lassen und dass umgekehrt die Sachsen an den innerfränkischen Verhältnissen Anteil nahmen. Der Sachverhalt wird dadurch verzerrt, dass die karolingischen Quellen das Land als eine Einheit ansehen, die es in Wirklichkeit nicht bildete: Wenn Leute aus dem westlichen Sachsen in Hattuarien einfielen, so mochten die Bewohner der östlichen Landesteile daran völlig unbeteiligt sein; und wenn Grifo oder Pippin der Jüngere das Gebiet um Schöningen heimsuchten, brauchten die Bewohner des Landes um Bremen davon nichts zu merken.

9.2 Die Sachsenkriege Karls des Großen

9.2.1 Vorbemerkungen

Wir benutzen den gebräuchlichen Ausdruck „die Sachsenkriege." Es wäre sinnvoller, von *dem* Sachsenkrieg zu sprechen, denn die Feldzüge des Kaisers bildeten ein einheitliches Ganzes.

Die Festsetzung der zeitlichen Grenzen (772–804) und die Betrachtung der Ereignisse als einer Ganzheit stützen sich darauf, dass Karl der Große 772 seinen ersten und 804 seinen letzten Feldzug gegen die Sachsen unternahm, und dass Einhard (um 770–840) in seiner Lebensbeschreibung des Kaisers bemerkt, „der Sachsenkrieg" habe „33 Jahre hintereinander gedauert." Dass man nach heutiger Rechnung dabei auf das Jahr 805 als sein Ende kommt, ist belanglos, denn Einhard schreibt an einer anderen Stelle, der Krieg sei „im dreiunddreißigsten Jahr" beendet worden.

810 hat sich Karl der Große nochmals mit einem großen Heer in Sachsen aufgehalten, wo er bis Verden gezogen ist; doch war dieser Feldzug gegen einen dänischen König gerichtet und nicht gegen die Sachsen.

Falsch oder wenigstens irreführend ist Einhards Behauptung, „der Sachsenkrieg" sei „ohne Unterbrechung" geführt worden. Es lassen sich im Gegenteil mehrere Ruhejahre zwischen deutlich verschiedenen Kampfabschnitten feststellen.

9.2.2 Die Quellen

Unsere Hauptquellen für die Ereignisse bilden die von der neuzeitlichen Wissenschaft so genannten fränkischen Reichsannalen, Einhards eben erwähnte Lebensbeschreibung Karls des Großen sowie verschiedene kleine Jahrbücher.

Die Abfassung der Reichsannalen begann um 790. Ihr Berichtszeitraum setzt jedoch mit dem Tod Karl Martells ein. Sie enden mit dem Jahre 829, wurden also nach Karls des Großen Tod unter seinem Sohn Ludwig dem Frommen († 840) weitergeführt. Mit Sicherheit stammen die Reichsannalen von verschiedenen Verfassern, die nacheinander am Werk waren. Alle diese Leute waren vermutlich Mitglieder der königlichen Kapelle. Darunter versteht man die Gesamtheit der zum Königshof gehörenden

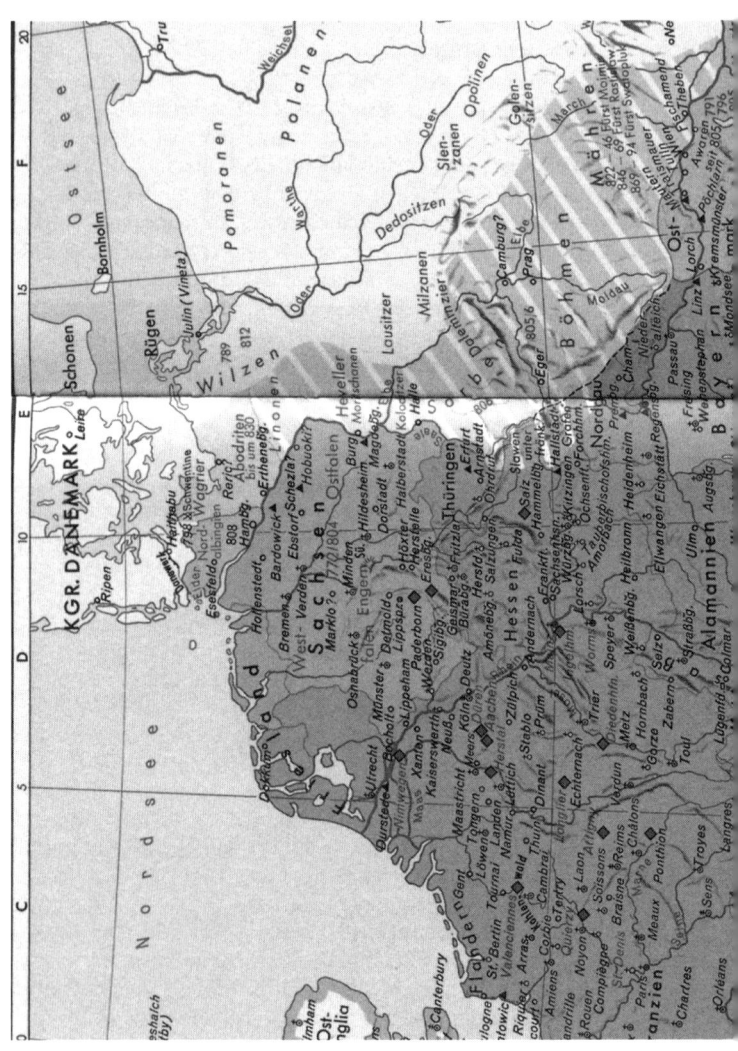

Karte 4: Sachsen zur Zeit Karls des Großen.

Geistlichen. Auf jeden Fall befanden sich die Verfasser in der Umgebung des Herrschers.

Die Reichsannalen gehören zur regierungsamtlichen Geschichtsschreibung mit allen Nachteilen ihrer Gattung: Sie schildern die Dinge so, wie sie der König gesehen haben wollte. Unangenehmes wird verschwiegen. Von missliebigen Leuten ist möglichst gar nicht die Rede. Lässt es sich nicht vermeiden, sie zu erwähnen, dann werden die Namen genannt, ohne dass man erfährt, was es mit ihren Trägern weiter auf sich hat. Die Männer und Frauen, an die der Herrscher anscheinend nicht erinnert werden wollte, verschwinden mit einem Mal aus den Berichten. Sie werden zu Unpersonen, wie man sich heute ausdrückt. Mitunter stoßen wir in den Reichsannalen auf offenkundige Lügen.

Zu einem Zeitpunkt, der wahrscheinlich bald nach dem Tode Karls des Großen lag, ist eine Überarbeitung dieser Jahrbücher angefertigt worden, die bis zum Jahre 812 geht. Ehemals meinte man, der Schöpfer der Neufassung sei Einhard gewesen. Diese Ansicht herrscht heute nicht mehr. Doch bezeichnet man die Überarbeitung nach wie vor als die „Einhardannalen."

Die Neufassung diente dem Ziel, das Latein der Reichsannalen dem klassischen Sprachgebrauch anzugleichen. Jedoch erweiterte der Bearbeiter vielfach die Mitteilungen seiner Vorlage. Seine Ergänzungen entspringen nicht immer einer besseren Sachkenntnis. Mitunter hat er sie sich ausgedacht. Auch verziert er seinen Bericht mit ganzen Satzteilen aus der lateinischen Geschichtsschreibung des Altertums, so dass oftmals unklar bleibt, ob er Tatsächliches mit geborgten Worten schilderte oder ob die gesamte Schilderung fehl am Platze ist. Andererseits hat der Schöpfer der Einhardannalen einige der gröbsten Unwahrheiten seiner Vorlage stillschweigend getilgt oder berichtigt. Bereits ihm scheint die Ausdrucksweise der Reichsannalen nicht an allen Stellen verständlich gewesen zu sein.

Die beiden großen Jahrbücher weisen auch die Eigenheit der regierungsamtlichen Geschichtsschreibung auf, nichts sagende Allgemeinheiten zu verbreiten. So nutzt es dem Leser wenig, wenn ihm Jahr für Jahr erzählt wird, die Sachsen hätten sich empört, ohne dass er erfährt, was sie eigentlich unternommen haben.

Da sind die kleinen Jahrbücher trotz ihrer dürftigen und vielfach zusammenhanglosen Berichte manchmal aussagekräftiger. Diese Annalenwerke trugen als Bücher ebenso wenig einen Titel wie ihre großen Verwandten. Die lateinischen Überschriften, unter denen sie heute zitiert werden, hat ihnen die Wissenschaft des

19. Jhs. beigelegt. Ich habe mir erlaubt, die betreffenden Bezeichnungen ins Deutsche zu übertragen.

Der mehrfach erwähnte Einhard ist vor allem wegen seiner Lebensbeschreibung Karls des Großen in die Literaturgeschichte eingegangen; doch hat er weitere Schriften verfasst. Für sein Hauptwerk brachte er die besten Voraussetzungen mit, denn er hatte viele Jahre zur unmittelbaren Umgebung des Kaisers gehört. Wann genau er Karls des Großen Lebensbeschreibung niederschrieb, ist umstritten. Nach neuen Forschungen dürfte feststehen, dass Einhard sie während der zwanziger Jahres des 9. Jhs. geschaffen hat.[296]

Das Leben eines weltlichen Herrschers zu schildern war im Frühmittelalter eine ungewöhnliche Tat. Darüber hinaus nimmt Einhards Schrift deswegen eine Sonderstellung ein, weil ihr Schöpfer den lateinischen Geschichtsschreiber Sueton nachahmte, der um 120 n. Chr. Lebensbilder der römischen Kaiser verfasst und darin auch die Vorlieben und Alltagsgewohnheiten der Herrscher beschrieben hatte. Weil Einhard seinem Vorbild folgte, erfahren wir über Karl den Großen Einzelheiten, die uns bei anderen Königen völlig unbekannt bleiben. Der Ereignisgeschichte war diese Art von Schriftstellerei allerdings nicht förderlich.

Die Erforschung der Sachsenkriege leidet daran, dass die gleichzeitigen oder annähernd gleichzeitigen Quellen fast ausschließlich die Sicht des Königshofs wiedergeben. Ausnahmen bilden vereinzelte Bemerkungen des aus England stammenden Gelehrten Alkuin (730/35–804) und anderer englischer Zeitgenossen. So bemerkten Jahrbücher, die in Northumbrien entstanden sind, zum Jahr 775, der König Karl habe in Sachsen „mit Feuer und Schwert gewütet, weil er verrückt geworden war."[297]

9.2.3 Der Beginn, die Hintergründe und der erste Abschnitt der Sachsenkriege (772–776/77)

Zunächst ist darauf hinzuweisen, dass Karl der Große in Sachsen eingriff, sobald er als Herrscher freie Hand bekam. Seit dem Tod seines Vaters hatte es mehr als drei Jahre gedauert, bis dieser Zustand eintrat. Zunächst musste Karl die Macht im Frankenreich nämlich mit seinem jüngeren Bruder Karlmann teilen (der nicht mit dem gleichnamigen Bruder Pippins des Jüngeren zu verwechseln ist). Die Beziehungen zwischen den beiden Königen waren sehr gespannt. Die Brüder standen am Rande eines Krieges, als Karlmann im Dezember 771 plötzlich verstarb.

Zum Jahre 772 berichten nun die Reichsannalen: „Der allermildeste Herr König Karl hielt eine Reichsversammlung zu Worms ab und zog von dort das erste Mal nach Sachsen ..." Über die Ursachen oder die Anlässe, nach denen die neuzeitliche Wissenschaft zu fragen pflegt, teilen die Jahrbücher nichts mit.

Einhard dagegen führt den Ausbruch des Krieges darauf zurück, dass die Sachsen „wie fast alle Bewohner Germaniens" Heiden waren und nichts dabei fanden, alles menschliche und göttliche Recht mit Füßen zu treten.[298] Obendrein hätten Verhältnisse geherrscht, die täglich den Frieden bedrohten, denn wegen der unscharfe Grenze zwischen den Franken und Sachsen sei es fortwährend von beiden Seiten zu Mord, Raub und Brandstiftung gekommen. Diese Zustände hätten die Franken nicht länger ertragen wollen. Folglich wären sie zum offenen Krieg geschritten. Wann das war, erfahren wir von Einhard nicht. Er macht keine Jahresangaben. Vielmehr teilt er wie sein Vorbild Sueton die Handlungen seines Helden in Fächer ein. Was er über die Sachsenkriege erzählt, gehört ins Fach „Karl der Große als Feldherr."

In dem Zusammenhang sei hervorgehoben, dass Einhard ausdrücklich feststellt, trotz der langen Dauer des Krieges habe Karl gegen die Sachsen nur zwei offene Feldschlachten geschlagen, eine bei Detmold und die andere an der Hase. Beide Schlachten hätten im selben Monat stattgefunden, und zwar innerhalb weniger Tage. Daraufhin hätten die Sachsen nur noch in Befestigungen Widerstand zu leisten gewagt. Übrigens gehören die beiden Schlachten ins Jahr 783. Einhards Mitteilung besagt nicht, dass in Sachsen sonst keine Schlachten stattgefunden hätten. Wir kennen mehrere, die von den Feldherren des Kaisers geschlagen worden sind.

Es bleibt die Frage, was wir von Einhards Ausführungen über die Ursachen des mehr als dreißigjährigen Kampfes zu halten haben. In der Tat gibt es Forscher, die meinen, dass die Sachsenkriege das Ergebnis „einer historischen ‚Eskalation'" gewesen wären und dass Karl der Große bei seinem ersten Feldzug noch gar nicht an die Unterwerfung des Landes und die Einführung des Christentums gedacht hätte.[299] Wenn wir uns aber die Politik der Vorfahren des Kaisers ins Gedächtnis rufen, dann erscheint Sachsen seit Karl Martell mindestens als fränkisches Einflussgebiet; und es musste nur eine Frage der Zeit sein, bis die Arnulfinger das Land tatsächlich unterwarfen.

Offensichtlich sah Karl der Große Sachsen als einen Bestandteil des fränkischen Reichs an. Er hat nämlich seinen Königstitel *rex Francorum*, König der Franken, nicht erweitert, als er die Herrschaft über das sächsische Gebiet gewonnen hatte. Nach der Unterwerfung des Langobardenreichs fügte er dagegen seinem bisherigen Titel den des Königs der Langobarden hinzu.

Wenn aus alter Zeit kein „König der Sachsen" bezeugt ist, ändert das nichts daran, dass Karls Herrschaft über Sachsen im Titel des fränkischen Königs einbegriffen war.

Auch das Ziel, die Sachsen dem Christentum zu unterwerfen, dürfte Karl der Große von Anfang an verfolgt haben. Wir wissen, dass sein Vater schon zwanzig Jahre zuvor Taufen veranstaltete oder sich solche Bekehrungen zumindest zuschreiben ließ (oben, S. 173).

Einhard betrachtete es als eine der Voraussetzungen des Krieges, dass die Sachsen den heidnischen Göttern anhingen und „Feinde unserer Religion" waren. Man wird auf diese Aussage kein übermäßiges Gewicht legen dürfen, denn sie mag auf eine nachträgliche Sicht der Dinge zurückgehen. Doch muss Einhards Feststellung auch nicht falsch sein.

Eine andere Frage ist die, ob der König sich über die Schwierigkeiten seines Unternehmens im Klaren war. Welche Vorstellungen hatte er von Sachsen überhaupt? Landkarten in unserem Sinne gab es noch nicht, so dass schon die erdkundliche Erfassung des Landes große Mühe machte. Hinzu kommt, dass Karl wohl regelmäßig meinte, die mit bestimmten sächsischen Großen getroffenen Vereinbarungen müssten allgemeine Geltung haben, während umgekehrt die Sachsen selber sich gerade nicht als Einheit ansahen.

Jedenfalls verlief der Feldzug des Jahres 772 so, dass Karl der Große die Eresburg einnahm, die sich wahrscheinlich auf dem Stadtberg von (Ober)marsberg befand (sö. Paderborn). Es ist zu vermuten, dass er den befestigten Platz mit einer fränkischen Besatzung versah, denn zum Jahre 775 schreiben die Einhardannalen, dass die Sachsen die Burg zerstört hätten. Das wäre sinnlos gewesen, wenn sie sich in ihrer Gewalt befunden hätte.

Von der Eresburg zog der König zum Standort der oder einer Irminsäule, um dieses heidnische Heiligtum zu zerstören (oben, S. 162 f.). Weiter ging es an die Weser. Dort hielt Karl eine Beratung mit den Sachsen ab – gemeint ist eine Anzahl sächsischer Großer –, ließ sich zwölf Geiseln stellen und kehrte ins Frankenland zurück.

Mit der Vernichtung der Irminsäule ist der Bezug zum Religiösen gegeben. In diesem Sinne malen die Reichsannalen das Ereignis aus: Der König habe zwei oder drei Tage an dem Ort des Heiligtums lagern wollen, um es niederreißen zu lassen. Jedoch habe Wassermangel geherrscht. Während das ganze Heer seinen Mittagsschlaf hielt, hätte sich jedoch dank der göttlichen Gnade das ausgetrocknete Bett eines Baches mit solchen Wassermassen gefüllt, dass es für alle Lebensbedürfnisse reichte.

Die Reichsannalen schmückten die Begebenheit noch in anderer Hinsicht aus, indem sie erzählten, der König habe das bei dem Heiligtum angehäufte Gold und Silber weggeführt. Auch bei dieser Nachricht handelt es sich offensichtlich um eine Erdichtung, denn die Einhardannalen sagen nichts von Schätzen, die an der Irminsäule aufgehäuft gewesen wären. Wenn ein Feldzug große Beute einbrachte, war er nach der Auffassung des Frühmittelalters erfolgreich.

Wir haben keinen Grund zu der Annahme, dass die Irminsäule „das sächsische Zentralheiligtum" gewesen wäre. Ebenso wenig hören wir davon, dass die Sachsen versucht hätten, den Standort der Säule zu verteidigen. Unter den Gesichtspunkten des Krieges kann er ihnen also nicht besonders wichtig gewesen sein. Folglich hat das Heiligtum keinen Mittelpunkt des Landes gebildet.

774, während Karl der Große in Italien weilte, erfolgte ein sächsischer Vergeltungszug nach Hessen. Wie einem Zusatz zu den Reichsannalen zu entnehmen ist, drang ein sächsisches Heer bis zur Büraburg bei Fritzlar vor, die der umwohnenden Bevölkerung als Fluchtburg diente. Nachdem Karl der Große über die Alpen zurückgekehrt war, ließ er noch im selben Jahr drei oder vier Heeresgruppen in Sachsen einrücken.

Zu Beginn des Jahres 775 soll der König zu Quierzy (in Nordfrankreich) den Entschluss gefasst haben, entweder „das treulose und vertragsbrüchige Geschlecht der Sachsen zu besiegen und der christlich Religion zu unterwerfen oder es gänzlich zu vernichten."[300] Das steht allerdings nicht in den Reichsannalen, sondern erst in den Einhardannalen. Bestrebungen, die Bevölkerung eines Landes durch einen Krieg zum Christentum zu zwingen, hatte es bisher nicht gegeben. Die Losung „Bekehrung oder Tod" gab erst Bernhard von Clairvaux wieder aus, als er 1146 zum Kreuzzug gegen die Wenden aufrief.

Es ist bemerkenswert, dass Karl der Große nur bei den Sachsen das Christentum mit solchen Mitteln einführen wollte. Die heidnischen Westslawen, zu denen er in Beziehungen stand, hat er keineswegs in dieser Weise bedroht, auch diejenigen von ihnen nicht, gegen die er Krieg führte. Als die Awaren besiegt waren, fielen die Bekehrungsversuche gewissermaßen als Nebenergebnis ab. Wiederum finden wir einen Hinweis darauf, dass der König die Sachsen als seine geborenen Untertanen ansah, die eben Christen zu sein hatten. Übrigens sei bemerkt, dass es auf einem Missverständnis beruht, wenn behauptet wird, schon der merowingische König Dagobert I. habe Zwangstaufen befohlen.[301]

Jedenfalls marschierte Karl der Große im Sommer 775 von Düren (ö. Aachen) aus nach Sachsen. Er nahm eine Befestigung ein, die – wenn auch ohne hinreichende Begründung – als die Hohensyburg gedeutet wird (heute zu Dortmund gehörig), ließ die Eresburg wieder aufbauen, legte eine fränkische Besatzung hinein und erreichte bei *Brunisberg* die Weser (wohl in der Nähe von Höxter). Dort wollten die Sachsen ihn an der Überschreitung des Flusses hindern. Aber der König schlug sie und erzwang den Übergang oder schlug sie, nachdem er den Fluss überschritten hatte. Die Angaben der Einhardannalen lassen eher darauf schließen, dass die sächsischen Truppen dem offenen Kampf aus dem Wege gegangen sind.

Darauf teilte der König seine Streitmacht und stieß mit einer Heeresgruppe an die Oker vor. Im weiteren Bericht zum Jahre 775 lesen wir Nachrichten, aus denen man die gebräuchliche Dreiteilung Sachsens in Westfalen, Engern und Ostfalen herleiten kann (dazu unten, S. 251): An der Oker hätten sich alle sächsischen „Ostleute" (*Austreleudi Saxones* oder *Austrasii*) unter Führung des Hassio/Hessi versammelt. *Hessi* ist die jüngere Form des Namens. Sie wird in den Einhardannalen verwendet.

Wenn in den Quellen jener Zeit steht, es hätten sich „alle" versammelt, dann ist damit nicht die gesamte Bevölkerung gemeint. Vielmehr handelt es sich um „alle maßgeblichen Leute," also die Angehörigen einer bestimmten Oberschicht. Die große Masse zählte nicht. Leider lassen uns die Quellen darüber im Unklaren, welche Stellung Hassio/Hessi bekleidete. Die Reichsannalen versehen ihn mit gar keinem Titel. Die Einhardannalen nennen ihn bloß „einen sächsischen Großen."[302] Er wird uns später noch begegnen. Jedenfalls stellten die betreffenden „Ostleute" Geiseln und schwuren Karl dem Großen den Treueid.

Anschließend begab sich der König in den Gau namens *Bucki*. Darunter haben wir wohl die Landschaft östlich Minden zu verstehen. Mit dem Namen des Gaus hängt der Name der Stadt Bückeburg zusammen. Dort fanden sich die Engern „unter Bruno und den übrigen Großen" ein. Sie stellten Geiseln wie die Ostfalen.

Inzwischen hatte die andere Heeresgruppe befehlsgemäß bei Lübbecke ein Lager aufgeschlagen (w. Minden). Dort brachten ihr die Sachsen eine Schlappe bei, die zu einem Waffenstillstand führte. Die Nachrichten sind im Einzelnen unklar.

Bezeichnenderweise machen die Reichsannalen aus der Niederlage einen Sieg der Franken. Auf die Kunde von den Ereignissen eilte Karl der Große herbei und suchte das Land heim. Schließlich mussten die Westfalen, deren Name hier plötzlich fällt, ebenso Geiseln stellen „wie die anderen Sachsen." Voll Befriedigung berichten die Reichsannalen weiter, „der Herr König Karl" habe dreimal ein Blutbad in Sachsen angerichtet und sei mit reicher Beute zurückgekehrt. Insgesamt hatte der Feldzug nicht viel mehr als zwei Monate gedauert (von Anfang August bis Ende Oktober). Wie fürchterlich es dabei zugegangen sein muss, verrät die oben angeführte Aussage der northumbrischen Jahrbücher.

776 wiederholten sich die Vorgänge des Jahres 774. Während Karl in Italien weilte, erhoben sich die Sachsen unter Preisgabe ihrer Geiseln. Sie eroberten die Eresburg und zerstörten sie, scheiterten aber vor der Hohensyburg (wenn sie es war). In einem Zusatz zu den Reichsannalen wird bemerkt, die Belagerer hätten versucht, die Burg mit Steinschleudern zu beschießen. Nach derselben Ergänzung hätte ein göttliches Zeichen die heidnischen Belagerer so erschreckt, dass sie in völlige Verwirrung gerieten. Auf jeden Fall gelang es der fränkischen Besatzung, bei einem Ausfall die Sachsen in die Flucht zu schlagen und bis zur Lippe zu verfolgen.

Sobald Karl der Große aus Italien zurückgekehrt war, unternahm er einen Feldzug gegen die Aufständischen. Äußerst rasch überwand er die Wegsperren, die ihn am Vordringen hindern sollten. Bei Lippspringe stellten sich die Sachsen aus allen Landesteilen ein und unterwarfen sich der Herrschaft des Königs. Auch gelobten sie, das Christentum anzunehmen, was nach den Einhardannalen Massentaufen zur Folge hatte.

Wie die Reichsannalen schreiben, „verpfändeten" die anwesenden Sachsen darüber hinaus ihr Grundeigentum. Die Einhardannalen sagen für 776 nichts von einem solchen Vorgang. Wir kommen bei der Schilderung der Ereignisse des nächsten Jahres darauf zurück.

Zunächst verweilen wir bei anderen Handlungen Karls des

Großen: Nach den beiden großen Annalenwerken ließ der König sowohl die Eresburg als auch eine Befestigung an der Lippe instandsetzen und versah sie mit fränkischen Besatzungen. Der Leser muss den Eindruck gewinnen, dass die Burg an der Lippe von geringer Bedeutung war, weil nicht einmal ihr Name genannt wird. Im Widerspruch dazu steht allerdings die Angabe der Reichsannalen, zu jener Lippeschen Befestigung seien die Sachsen mit Frauen und Kindern in Massen gekommen. Dort hätten sie sich taufen lassen und Geiseln gestellt.

Wir sind an einem Punkt angelangt, der es uns ermöglicht, einen Blick hinter die Kulissen der regierungsamtlichen Geschichtsschreibung zu werfen. Mehrere kleine Jahrbücher melden nämlich, dass die scheinbar unwichtige Befestigung den bedeutungsschweren Namen *Karlsburg* (*urbs Karoli*) erhalten hatte. Die „Jahrbücher von der Mosel" geben ihn sogar auf deutsch an: *Karlesburg*. Vielfach vermutet man die Anlage auf dem heutigen Gebiet von Paderborn. Unbestritten ist das aber nicht. Andere Forscher denken an die Hünenburg bei Liesborn (etwa 30 km w. Paderborn).[303] Die amtliche Benennung einer Ortschaft nach dem Namen des Herrschers war ganz ungewöhnlich. Dergleichen hatte es zuletzt im 6. Jh. gegeben.[304] Wahrscheinlich folgte Karl dem Vorbild Konstantins I. (reg. 336–337), der als der erste christliche Kaiser in die Geschichte einging und nach dem die Stadt Konstantinopel genannt wurde, die früher Byzanz geheißen hatte. Die Zerstörung der Karlsburg im Jahre 778 scheint ihr Gründer als einen so schweren Schlag empfunden zu haben, dass der Name in seiner Umgebung nicht mehr genannt werden durfte. Von dem Ereignis erfahren wir allein aus den Petauschen Jahrbüchern.

Offensichtlich betrachtete der König Sachsen als ein unterworfenes Land. So veranstaltete er 777 einen Reichstag in Paderborn. Es war der Erste, der in Sachsen stattfand. Die Angehörigen der gesamten sächsischen Oberschicht hätten sich dort versammelt, schreiben die Reichsannalen, und ihre Freiheit und ihr Eigengut dem König für den Fall aufgetragen, dass sie ihm die Treue brechen und vom Christentum abfallen würden. Die Wortwahl des Verfassers ist der Rechtsprache entnommen. Vermutlich wollte es Karl so hinstellen, als ob die Enteignungen, die er später in großem Maß durchführte, eine Rechtsgrundlage gehabt hätten.

Nur einer war mit seinem Anhang der Versammlung ferngeblieben: Widukind. Er verharrte im Aufruhr und begab sich nach Dänemark. Mehr sagen die Reichsannalen im Jahre 777 nichts von diesem Mann. Man könnte meinen, er wäre vom Himmel gefallen. Die Einhardannalen teilen immerhin mit, dass er einer der westfälischen Großen gewesen sei.

Mit dem Reichstag von Paderborn endete der erste Abschnitt der Sachsenkriege.

9.2.4 Die Sachsenkriege von 778 bis 785

778 geriet Karl der Große in Schwierigkeiten: Sein Zug über die Pyrenäen, den er in jenem Jahr unternahm, endete mit einem Fehlschlag. Der scheinbar unüberwindliche Herrscher zeigte sich verwundbar. Vor diesem Hintergrund empörten sich die Sachsen von neuem. Wie die Reichsannalen feststellen, geschah das auf Betreiben „des oben erwähnten Widukind und seiner Gefährten." Bis zum Jahre 785 war dieser Mann nun der bedeutendste Gegner des Königs.

778 stießen sächsische Scharen zum Rhein vor, den sie bei Deutz erreichten. Da sie den Fluss nicht überschreiten konnten, verwüsteten sie sein rechtes Uferland stromaufwärts bis in das Gebiet, das der Moselmündung gegenüberliegt. Es war das letzte Mal in diesem Krieg, dass die Sachsen angriffsweise außerhalb ihres Landes vorgingen. In diesem Zusammenhang machen die Einhardannalen die auffällige Feststellung, die Sachsen seien nicht wegen der Beute ins Gebiet der Franken eingefallen, sondern um Rache zu üben.

Karl der Große hatte anscheinend Mühe, genügend Truppen aufzubringen. Er griff während jenes Jahres nicht selber in den Krieg ein, sondern entsandte eine Heeresabteilung, die aus „Ostfranken" sowie Schwaben bestand. Die Sachsen hatten zu dem Zeitpunkt bereits den Rückzug angetreten. Die mit ihrer Verfolgung beauftragte Heeresgruppe stellte sie in Hessen bei Laisa (sw. Frankenberg), während sie die Eder überschritten, und brachte ihnen eine Niederlage bei.

Im Sommer des Jahres 779 unternahm der König wieder selbst einen Feldzug nach Sachsen. Er überschritt den Rhein wohl an der Lippemündung. Offensichtlich kam es zu keinem offenen Kampf. So berichten jedenfalls einige der kleinen Jahrbücher, indem sie *absque bello* schreiben. *Bellum* heißt im nichtklassischen Latein des Frühmittelalters ,Schlacht'. Auch die Reichsannalen führen nur aus, dass die Sachsen bei Bocholt hätten Widerstand leisten wollen, es ihnen aber nicht gelungen sei und sie die Flucht ergriffen hätten. Wie es weiter heißt, unterwarf Karl ganz Westfalen. Daraus können wir ableiten, dass auch der sächsische Angriff des Vorjahres von dort ausgegangen war. Der Verfasser der Reichsannalen berichtet, „die übrigen" (außer den Westfalen) hätten sich in *Medofulli* eingefunden, wo sie den Treueid schwuren und Geiseln stellten. Die Einhardannalen reden ausdrücklich von den Engern und Ostfalen. Bei *Medofulli* denkt man an Uffeln oder Meefeld.

780 setzte sich der König Anfang Juli in Marsch, „um die Verhältnisse in Sachsen zu ordnen." Über die Eresburg gelangte er nach Lippspringe (nö. Paderborn). Dann wandte er sich nach Osten, „dem Elbland zu." Unterwegs ließ er in Ohrum „alle" Einwohner des Bardengaus und viele „Nordleute" taufen.

Unter dem Bardengau kann man die linkselbische Landschaft um den Fluss Ilmenau verstehen. Zumindest rechnete dieses Gebiet dazu. Der Name hängt mit Bardowick (n. Lüneburg) zusammen. Im Gegensatz zu dem, was man vielfach liest, hat der Bardengau nichts mit den Langobarden zu tun. Die haben niemals „Barden" geheißen.

Der Name der Nordleute begegnet uns in den Reichsannalen hier zum ersten Mal. Gemeint sind die Bewohner des Landes rechts der Elbe, nach heutigen Begriffen die Holsteiner. Neben die sonst üblichen drei Teile Sachsens, das heißt, Westfalen, Engern und Ostfalen treten hier zwei weitere Teile hinzu. Besonders auffällig ist, dass der König seinen Machtanspruch über die Elbe hinweg ausdehnte. Er tat das nicht nur nach Norden, sondern auch nach Osten hin, wie wir gleich sehen werden. Damit erweiterte sich das Gebiet, das zu Sachsen gerechnet wurde oder gerechnet werden konnte.

Weiter ging der Zug zur Mündung der Ohre in die Elbe (n. Magdeburg). Dort habe der König sowohl die Verhältnisse Sachsens als auch die der Wenden geordnet, berichten übereinstimmend die Reichs- und die Einhardannalen in reichlich unklarer Weise. Die letzteren fügen erläuternd hinzu, dass die Sachsen das linke und die Wenden das rechte Ufer der Elbe bewohnen. Einigen Forschern ist es unglaublich vorgekommen, dass Karl der Große bereits 780 versucht habe, seine Macht östlich der Elbe zur Geltung zu bringen. Daher haben sie gemeint, unter den genannten Wenden wären die Mainwenden oder andere slawische Bewohner des inneren Deutschlands zu verstehen. Der Verfasser der Einhardannalen sei einfach in einen Irrtum verfallen. Da bliebe zu erklären, warum Karl der Große gerade in der Nähe von Magdeburg auf den Gedanken kam, sich mit den Mainwenden zu beschäftigen.

Nun gehen uns die Beziehungen zwischen Karl dem Großen und den Wenden nur am Rande etwas an. Die Maßlosigkeit, die aus dem Streben spricht, die Königsmacht über die Elbe auszudehnen, passt jedoch zu den Mitteilungen über das Jahr 780, nach denen Sachsen völlig unterworfen worden wäre.

Diese Sicht der Dinge wird in den kleinen Jahrbüchern fassbar. In ihnen liest man auch, Karl der Große habe „das Land unter Bischöfe, Priester und Äbte verteilt, damit sie dort tauften und predigten."[305] Man könnte meinen, dass 780 Bistümer eingerichtet worden wären. Ob es versucht worden ist? Wir fühlen uns an die Vorgänge um die Karlsburg vom Jahre 776 erinnert, die von den amtlichen Jahrbüchern verschwiegen werden.

780 tritt uns ein Mann entgegen, der „als erster Apostel der Sachsen" angesehen werden kann.[306] Es ist der heilige Willehad. Seine Heimat war England, wo er um 740 geboren wurde. 780 beauftragte ihn Karl der Große mit der Verbreitung des christlichen Glaubens in Wigmodien. Unter dieser Landschaft verstand man das Gebiet zwischen der Niederweser und der Niederelbe unter Einschluss des westlichen Holsteins.[307] Die Ereignisse der nächsten Jahre machten seine angestrebte Wirksamkeit vorläufig undurchführbar. Erst 787 nahm er seine Tätigkeit wieder auf. 789 beschloss er sein Leben als erster Bischof von Bremen.

781 war Karl der Große vollauf mit Italien und Baiern beschäftigt. Von Sachsen hören wir nichts.

Wie 777 fand 782 ein Reichstag in Sachsen statt, diesmal in Lippspringe. Dort erschienen erneut „alle Sachsen außer Widukind," der nach den Einhardannalen Zuflucht in Dänemark gesucht hatte. Die Lorscher Jahrbücher berichten, Karl hätte Grafen aus den vornehmsten Geschlechtern Sachsens eingesetzt, woraus die neuzeitliche Wissenschaft gefolgert hat, der König habe im Lande „die Grafschaftsverfassung eingeführt." Auch wird der Erlass der berüchtigten „Capitulatio de partibus Saxoniae" von vielen Forschern mit der Versammlung zu Lippspringe in Zusammenhang gebracht (dazu unten, S. 221).

Dann überstürzten sich die Ereignisse: Am 28. Juli 782 ist Karl in Hersfeld nachweisbar. Am 18. August befand er sich in Herstal (nö. Lüttich), einem seiner bevorzugten Aufenthaltsorte. Als der König über den Rhein nach Gallien zurückgegangen war, erhielt er die Nachricht, dass die Sorben einen Raubzug in thüringische und sächsische Gebiete unternommen hatten. Karl glaubte sich

Sachsens so sicher, dass er nicht nur ein „ostfränkisches", sondern auch ein sächsisches Heer gegen die Eindringlinge aufbot. Wahrscheinlich legte er damit selber den Keim zum Aufruhr, denn die Sachsen konnten sich bei der Gelegenheit mit ausdrücklicher Genehmigung des Königs, ja sogar auf seinen Befehl kriegsbereit und kriegsgerüstet versammeln. Als Urheber der folgenden Erhebung wird in unseren Quellen Widukind genannt. Über seinen Anteil an den Ereignissen des Jahres 779 hatten sie kein Wort verloren.

Karl beauftragte den Kämmerer Adalgis, den Stallmeister Geilo und den Pfalzgrafen Worad mit der Durchführung des Krieges. Die Amtsbezeichnungen der drei Männer tauchen erst in den Einhardannalen auf. Nachdem die Feldherren das sächsische Gebiet erreicht hatten, hätten sie erfahren, dass die Sachsen bereit stünden, den Franken eine Schlacht zu liefern. Daraufhin änderten die fränkischen Anführer ihre Marschrichtung und zogen zu dem Ort, an dem die Sachsen bereit standen. Inzwischen war der Graf Theoderich/Dietrich, ein Verwandter Karls des Großen, aus Ribuarien aufgebrochen. Darunter ist das Gebiet um Köln zu verstehen. Auf die Nachricht vom Aufstand der Sachsen hatte er in aller Eile Truppen zusammengerafft.

Theoderich/Dietrich ließ den anderen drei Feldherren durch Boten mitteilen, sie sollten zunächst die Lage erkunden. Dieser Vorschlag sei gebilligt worden; und beide Heeresgruppen hätten gemeinsam den Marsch bis zu dem Berg oder dem Gebirge namens Süntel fortgesetzt. Auf dessen Nordseite habe sich die Stellung der Sachsen befunden.

Unter dem Süntel versteht man heute einen kleinen Gebirgszug n. Hameln (zwischen Bad Münder und Hessisch Oldendorf), also rechts der Weser. Es ist zu vermuten, dass die Zeitgenossen Karls des Großen mit dem Namen entweder ein größeres oder ein anderes Bergland oder einen einzelnen Berg bezeichnet haben. Die weitere Erzählung der Einhardannalen ist nämlich mit den erdkundlichen Gegebenheiten kaum in Einklang zu bringen. Jedenfalls gibt dieses Geschichtswerk einen Bericht über die Einzelheiten der folgenden Ereignisse, was für jene Zeit ganz ungewöhnlich ist und folglich eine ausführliche Wiedergabe verdient. Man hat sogar angenommen, dass dem Verfasser der Bericht des Grafen Theoderich/Dietrich vorgelegen hätte – was nicht heißt, dass der Geschichtsschreiber ihn richtig wiedergegeben haben müsste.

Jedenfalls habe Theoderich/Dietrich „an jenem Ort" sein Lager aufgeschlagen, womit nur der Süntel im Sinne des Jahres 782 verstanden werden kann. Die anderen Anführer hätten, wie vereinbart, die Weser überschritten und gleich am Ufer des Flusses ihr Lager errichtet, um den Berg leichter umgehen zu können. Diese Aussage versteht man nicht: Da Theoderich/Dietrich von Südwesten angerückt war, hatte auch er die Weser zu überschreiten, um zum Süntel zu gelangen. Wenn man aber meint, die drei anderen Feldherren wären aus Ostsachsen herangezogen, also aus einem Gebiet rechts der Weser, dann hätten sie den Fluss nicht überqueren dürfen, um dem Feind in den Rücken zu fallen. Ein solcher Anmarschweg passt außerdem nicht zu dem oben gemeldeten gemeinsamen Vorrücken der beiden Heeresgruppen. Man müsste dann denken, dass die Einhardannalen hätten sagen wollen, die Truppen wären zur selben Zeit am vereinbarten Ort angekommen.

Um den erdkundlichen Schwierigkeiten einigermaßen aus dem Wege zu gehen, müsste man sich zu dem Schluss aufraffen, dass die Schlacht im Wiehengebirge stattgefunden habe. Das liegt links der Weser etwa zwischen Osnabrück und dem Fluss. In dem Fall hätten von Osten anrückende Truppen tatsächlich die Weser überschreiten müssen, um den Sachsen in den Rücken zu fallen.

Wie es auch sei, Adalgis, Geilo und Worad hätten Theoderich keinen Anteil am dem zu erwartenden Sieg gönnen wollen und wären deshalb ohne ihn und blindlings zum Angriff gegen die Sachsen geschritten, die vor ihrem Lager Aufstellung genommen hatten. Da seien sie von den Sachsen umzingelt und zum größten Teil niedergemacht worden. Diejenigen, denen die Flucht gelungen wäre, hätten sich über das Gebirge in Theoderichs/Dietrichs Lager gerettet.

Adalgisel und Geilo waren gefallen, ebenso vier Grafen und etwa zwanzig andere „hervorragende und edle Männer." So weit die Einhardannalen.

Aus quellenkundlichen Gründen ist der Bericht der Reichsannalen besonders bemerkenswert. Ihr Verfasser hatte nämlich die Dreistigkeit, die Schlacht am Süntel mit einem Sieg der Franken enden zu lassen, obwohl er den Tod des Adalgisel und des Geilo mitteilt. Aufschlussreich ist aber die Bemerkung des höfischen Geschichtsschreibers, die drei Heerführer hätten den Angriff „ohne Befehl und ohne Wissen des Herrn Königs Karl" unternommen. Der Satz erfüllt nur dann seinen Zweck, wenn ihr Vorgehen in einer Niederlage endete. Sein Sinn lautet: Hätte der oberste Befehlshaber einschreiten können, dann wäre dem Heer die Schlappe erspart geblieben. Anderenfalls müsste man den boshaften

Schluss ziehen, dass der Sieg errungen worden wäre, weil der König nicht eingreifen konnte. Das hat der Höfling gewiss nicht sagen wollen. So verrät sich die fälschende Geschichtsschreibung von selber.

Die innere Unwahrheit der Reichsannalen kommt auch in ihrer gleich folgenden Nachricht zutage, der König sei auf die Kunde von der Schlacht am Süntel (dem angeblichen Sieg der Franken) mit schleunigst zusammengerafften Truppen nach Sachsen aufgebrochen. Warum hätte er nach einem Sieg eine solche Eile entwickeln sollen? Der Wortlaut der Reichsannalen verbietet, an dieser Stelle ein Lob des raschen Handelns des Königs zu sehen, das sonst öfter ausgesprochen wird.

Jedenfalls nähern wir uns nun einem der düstersten Abschnitte des langwährenden Trauerspiels: Karl der Große begab sich „zu dem Platz, wo die Aller in die Weser mündet" (sö. Bremen). Der Zug muss von einem grauenvollen Morden begleitet gewesen sein. Die „Jahrbücher von der Mosel" schreiben: „Der König verwüstete Sachsen und ließ eine ungeheure Menschenmenge mit dem Schwert umbringen."[308] Nichts verlautet davon, dass der König bewaffneten Widerstand gefunden hätte.

Am Versammlungsort hatten sich „alle sächsischen Großen" einzufinden. Der König wollte von ihnen die Namen der Urheber des Aufruhrs wissen. Alle hätten Widukind genannt. „Da sie ihn aber nicht auszuliefern vermochten, weil er sich nach Dänemark begeben hatte, wurden die anderen ausgeliefert, die ihm gehorcht und an seinem Verbrechen teilgenommen hatten. Es waren 4500. Sie alle wurden an der Aller in einem Ort namens Verden auf Befehl des Königs an einem Tage enthauptet." So schreiben die Einhardannalen. Ihre Vorlage, die Reichsannalen, behaupten, die Sachsen hätten die Rädelsführer „zur Hinrichtung ausgeliefert – 4500." Die zusammenhanglose Ausdrucksweise ist auffällig. Sie verrät, dass die Zahl nicht zum ursprünglichen Text gehört. Übrigens ist auch behauptet worden, dass der Wortlaut der Reichsannalen nicht besage, die Sachsen hätten die Rädelsführer ausgeliefert. Sein Sinn sei vielmehr, sie hätten dem König die Hinrichtung zugestanden.[309] Dann müssten wir an eine Art von Gericht denken.

Es besteht keine Veranlassung, an der Enthauptung führender Sachsen zu zweifeln. Diese Strafe hat Aufrührer regelmäßig getroffen. Jedoch dürfte die Zahl von 4500 maßlos übertrieben sein. Sie verdankt ihr Dasein wahrscheinlich dem Lesefehler eines Schreibers des 9. Jhs. So fehlt sie in einem Zweig der handschriftlichen Überlieferung der Reichsannalen gänzlich.[310]

Schließlich steht nicht fest, ob die Hinrichtung zu Verden stattgefunden hat. Den Ort nennen erst die Einhardannalen. 782 bestand Verden wohl noch nicht als Siedlung. Die Stelle des Blutgerichts ist wohl an der Mündung der alten Aller in die Weser zu suchen, also n. Verden.[311]

„Sicher hegte der König die felsenfeste Überzeugung, dass es vor Gott und den Menschen seine Pflicht sei, das Gesetz auszuführen und nicht verspotten zu lassen. Ebenso sicher konnten aber auch die Sachsen für das höchste Gut des Menschen, für die Freiheit, zu sterben glauben. Nur die zeitliche Entfernung und die Dürftigkeit der Überlieferung haben das Ereignis in Dunkel gehüllt. Wie hell würden sonst die Namen der Opfer strahlen!"[312]

Das Jahr 782 kündigte die Verlagerung des Schwerpunkts der Sachsenkriege nach Norden an. So weit in dieser Richtung war Karl der Große bisher nicht vorgedrungen. Beachtenswert ist wie immer die Schnelligkeit, mit der er handelte: Noch am 18. August 782 war er in Herstal nachweisbar. Weihnachten feierte er schon wieder in Diedenhofen (franz. Thionville, in Lothringen).

Wenn Karl der Große in dem Glauben lebte, den sächsischen Widerstand gebrochen zu haben, sah er sich getäuscht. Sein Vorgehen scheint vielmehr eine neue Welle der Empörung ausgelöst zu haben. Die Einhardannalen sprechen von einer allgemeinen Erhebung. Daraufhin zog Karl wiederum nach Sachsen. Bei Detmold kam es zu einer offenen Feldschlacht. Offensichtlich errang der König einen Sieg, obwohl dazu nicht recht passen will, dass er sich nach Paderborn zurückzog. Die diesbezügliche Schilderung der Reichsannalen ist so zu verstehen, dass Karl mit einer geringen Truppenmacht aufgebrochen war und nach dem Treffen von Detmold den Anmarsch des Hauptheeres erwarten wollte. Möglicherweise hatte das Heer des Königs so schwere Verluste erlitten, dass ein weiterer Vormarsch nicht ratsam war.

In Paderborn jedenfalls hörte Karl, dass die Sachsen sich „in Westfalen an der Hase versammelt hätten, um ihm eine Schlacht zu liefern," wie die Einhardannalen sagen. Karl soll auf die ihm zuteil gewordene Kunde dorthin marschiert sein und sie besiegt haben. Nach Einhard hatte er damit die zweite der Schlachten geschlagen, die er als Person während der Sachsenkriege ausfechten musste. Wenn der Geschichtsschreiber darin recht hat, dass zwischen beiden Ereignissen nur einige Tage lagen, wird man folgern müssen, dass die Schlacht an der Hase in der Nähe von Melle (ö. Osnabrück) stattfand. Die Entfernung von Paderborn dorthin beträgt im Vogelflug beinahe 60 km. Der Marschweg war natürlich beträchtlich länger. Weiter heißt es, der König sei zur Weser und weiter zur Elbe marschiert, wobei er „alles verwüstet" habe. Im Oktober befand er sich in Worms.

Nach Einhard hätten die Sachsen fortan dem König nur noch dann Widerstand zu leisten gewagt, wenn sie durch einen befestigten Ort geschützt waren. Genau wörtlich mag Einhard recht haben. Aber gleich im nächsten Jahr, also 784, hat zwischen dem jüngeren Karl († 811), einem Sohn Karls des Großen, und den Sachsen ein Gefecht an der Lippe stattgefunden. Das Ende der offenen Feldschlachten war also noch nicht gekommen. Vorher hatte sich die Lage folgendermaßen entwickelt: Karl der Große hatte nach dem 18. April, dem Tag des Osterfests, den Rhein an der Lippemündung überschritten, Westfalen verwüstet und war bis zur Weser marschiert, die er bei Petershagen (n. Minden) erreichte. Als Ursache dieses Feldzuges geben die Reichsannalen an, die Sachsen hätten sich „in gewohnter Weise" wieder erhoben „und mit ihnen ein Teil der Friesen." Die Einhardannalen sprechen einfach davon, dass der König „die Überreste des sächsischen Krieges" hätte beseitigen wollen.

Die Erwähnung der Friesen zeigt, dass die Grenze zwischen Friesland und Sachsen unklar war und dass *Saxones* weiterhin als eine Sammelbezeichnung verwendet werden konnte, die nicht nur für die Sachsen galt.

Karls des Großen Feldzugsplan sah vor, von der Weser nach Norden zu marschieren. Doch wurde sein Vorhaben durch Überschwemmungen vereitelt. Das weitere Vorgehen ist nicht ganz klar. Wenn man den Einhardannalen glaubt, habe der König seinem Sohn Karl befohlen, mit einem Teil des Heeres in Westfalen stehen zu bleiben, während er selber sich nach Thüringen gewandt habe und von dort in die sächsischen Gebiete eingefallen sei, die sich längs der Saale und Elbe erstreckten. Die Reichsannalen sind eher so zu verstehen, dass das fränkische Heer sich von der Weser erst einmal zurückgezogen hätte und der jüngere Karl dann mit einem erneuten Vorstoß nach Westfalen beauftragt worden sei. Jedenfalls ist Karl der Große im weiteren Verlauf des Jahres 784 bis zu dem heute wüsten Ort Steinfurt an der Ohre und von dort weiter nach Schöningen vorgedrungen. Dort sei eine Vereinbarung getroffen worden. Daraufhin kehrte der König zurück. Was zu Schöningen vereinbart worden sein soll und wer daran beteiligt war, erfahren wir nicht. Die dürftige Nachricht hat spätere Fälscher veranlasst, einen ganzen Vertrag zu erfinden.

Unterdessen hatte der jüngere Karl an der Lippe in dem oben erwähnten Treffen die Sachsen besiegt. Daraufhin begab er sich nach Worms zu seinem Vater.

Hier fasste Karl der Große den ganz ungewöhnlichen Entschluss zu einem Winterfeldzug. Das Vorhaben wurde ausgeführt. Weihnachten verbrachte der König „in der Nähe der Schiederburg, im Weißgau, am Fluss Emmer, auf dem Hof Lügde" (s. Bad Pyrmont), wie die Reichannalen mit sonderbarer Genauigkeit mitteilen. Wahrscheinlich lag solchen Mitteilungen die Denkweise zugrunde, den Raum von Punkten – oder besser Plätzen – her zu erfassen. Wir erfassen dank unserer Landkarten die irdischen Räume von ihren Grenzen her. Den Zeitgenossen Karls des Großen war das nicht möglich, denn sie verfügten über keine solchen Hilfsmittel. Ihnen erschien der Raum gestaltlos.[313] Uns geht es mit dem Weltraum nicht anders.

Nicht im Widerspruch zu dem Gesagten steht, dass Karl der Große und seine Zeitgenossen sehr wohl wussten, wie sie von einem Punkt zum anderen gelangten und welche Zeit sie für den Marsch brauchten. Es ging ihnen wie den Bewohnern einer heutigen Großstadt, denen genau bekannt ist, auf welche Weise sie von einem Haus im Stadtteil A zu einem Haus im Stadtteil B kommen, ohne jedoch angeben zu können, in welcher Himmelsrichtung das Haus B vom Haus A aus gesehen liegt, und ohne ihre Wegekenntnis aus einer Landkarte bezogen haben zu müssen.

Jedenfalls marschierte der König von Lügde zur Weser, die er bei Rehme erreichte – dort, wo mehr als dreißig Jahre zuvor sein Vater geweilt hatte. Die Unbilden der Witterung hinderten ihn am weiteren Vorrücken. Deswegen begab er sich auf die Eresburg, wo er sein Lager aufschlug. Sogar seine Familie ließ er dahin kommen. Er verweilte den ganzen Winter an diesem Platz und feierte dort sogar das Osterfest, das 785 auf den 3. April fiel. Während dieser Zeit blieb er nicht untätig, sondern unternahm selber Streifzüge oder schickte Heeresabteilungen aus, die das Land verheerten, Befestigungen einnahmen und „die Verkehrswege säuberten."[314] Was damit gemeint ist, weiß man nicht. Die Krieger überwinterten in Zelten oder Hütten in der Nähe der Eresburg, wenn wir die Petauschen Jahrbücher richtig verstehen. Der Aufwand für die Versorgung des Hofes und des Heeres muss erheblich gewesen sein und die Ansprüche an die Einwohner ungeheuerlich – ganz abgesehen von den Verwüstungen, denen das Land ausgesetzt war.

Während seines Aufenthalts soll Karl auf der Eresburg eine Kirche haben errichten lassen. Es ist der erste Kirchenbau in Sachsen, von dem ausdrücklich die Rede ist.

Später im Jahr 785 veranstaltete Karl der Große einen Reichstag zu Paderborn. Danach marschierte er in den Bardengau. Die Reichsannalen behaupten, dort habe er Widukind und Abbio zu sich kommen lassen. Wir können raten, dass der zweitgenannte neben Widukind der bedeutendste Gegner Karls des Großen in Sachsen war. Woher die beiden Männer geholt worden sein sollen, verschweigen die Reichsannalen. In der vorliegenden Fassung ist die Geschichte wahrscheinlich erfunden. Eine spätere Nachricht bezeichnet Abbio als einen *gener* Widukinds. Das lateinische Wort kann den Schwager oder den Schwiegersohn bezeichnen.

Glaubwürdiger sind die Einhardannalen, die berichten, im Bardengau habe der König erfahren, dass Widukind und Abbio (über den auch diese Quelle keine näheren Angaben macht) sich im „rechtselbischen Sachsen" aufhielten. Daraufhin habe Karl ihnen zunächst durch sächsische Mittelsmänner ausrichten lassen, sie sollten sich ihm unterwerfen. Verständlicherweise hatten Widukind und Abbio erhebliche Bedenken, sich in die Gewalt des Königs zu begeben. Die Einhardannalen begründen diese Haltung mit dem schlechten Gewissen der beiden Großen. Sie fahren fort, Karl habe ihnen nunmehr Straflosigkeit zugesichert und Geiseln gestellt. Die gewünschten Geiseln hätte ihnen einer von Karls Höflingen namens Amalwin zugeführt. Nachdem der Mann aufgebrochen war, habe sich Karl nach Attigny begeben. Der Ort liegt nach heutigen Begriffen im französischen Departement Ardennen, 10 km n. Vouziers. Er beherbergte eine der wichtigsten karolingischen Pfalzen. Nach den Reichsannalen hätte Karl erst von dort aus seine Botschaft an seine beiden Widersacher ergehen lassen. Jedenfalls wurden Widukind und Abbio von Amalwin nach Attigny geleitet und dort getauft. Ganz absonderlich ist die Mitteilung der Reichsannalen, die beiden Männer hätten die ihnen gestellten Geiseln mitgebracht: Man lässt sich von seinem Feind keine Geiseln stellen, um sie mitzunehmen, wenn man sich seine Gewalt begibt. Hier wird das Lügengewebe undurchdringlich.

Mehrere der kleinen Jahrbücher geben an, Karl der Große habe als Widukinds Taufpate gewirkt.[315] Diese Nachricht findet sich weder in den Reichs- noch in den Einhardannalen. Wenn sie den Tatsachen entspricht, hat der König wenige Jahre später nichts mehr von seiner Patenschaft wissen wollen. Sonst hätten die Reichsannalen davon gesprochen.

Wie dieses Quellenwerk ausdrücklich feststellt, war mit Widukinds und Abbios Taufe „ganz Sachsen unterworfen." Aus der Sicht der späten achtziger Jahre schien diese Feststellung berechtigt. Mindestens ein Vierteljahrhundert später schrieb jedoch der Verfasser der Einhardannalen: „Für einige Jahre hielt die Starrköpfigkeit und Treulosigkeit der Sachsen still, und zwar vor allem deshalb, weil sie keine passenden Gelegenheiten fanden, abtrünnig zu werden."[316]

Wie hoch Karl der Große seinen Erfolg schätzte, geht daraus hervor, dass er den Papst Hadrian I. (reg.772–795) veranlasste, in Rom ein Dankfest zu veranstalten. Der Papst legte es auf den 23., 26. und 28. Juni des Jahres 786 fest und wollte, dass es nicht nur im gesamten Kirchenstaat, sondern auch in allen Ländern gefeiert würde, die Karl dem Großen untertan waren, sowie darüber hinaus in England.[317] Von diesen Feierlichkeiten steht kein Wort in den Reichs- und in den Einhardannalen.

9.2.5 Widukind

Mit dem Jahre 785 verschwindet Widukind für lange Zeit aus den Quellen. Unter Karl dem Großen wurde er zur Unperson wie so viele andere, die dem Herrscher im Weg gestanden hatten. Erst in den vierziger Jahren des 9. Jhs. war von ihm wieder die Rede. Da lebte er längst nicht mehr.

Wer war dieser Mann? Es ist zunächst festzuhalten, dass wir keinen früheren Träger seines Namens kennen. Ja, es ist nicht einmal sicher, ob *Widukind* überhaupt sein richtiger Name war. Man denke daran, dass Kaiser Friedrich I. (reg. 1152–1190) vielfach *Barbarossa* genannt wurde, aber nicht etwa so hieß.

Das Wort *Widukind* bedeutet ‚Waldkind', ‚Kind des Waldes' und war offensichtlich eine „Kenning." Mit diesem altnordischen Wort bezeichnet man „die Umschreibung eines Substantivs durch zwei andere Substantiveinheiten, deren eine, die Bestimmung, im Verhältnis des Attributs ... zum anderen, dem Grundwort, steht".[318] Im gegebenen Fall ist also *Kind* das Grundwort und *Wald* das Bestimmungswort. Die Kenninge bildeten ein eigentümliches Stilmittel der altnordischen Dichtung. Doch ist ihr Vorkommen keineswegs auf diese Literaturgattung und überhaupt nicht auf die Dichtung beschränkt.

Widukind, also „Kind des Waldes", war eine Umschreibung des Wolfs, eines Tieres, das mit dem Krieg oder mit dem Tod in Verbindung gebracht wurde. Aus beiden Bereichen stammte der Inhalt vieler altgermanischer Kenninge. Der Wolf und der Rabe sind die zwei aus der germanischen Dichtung bekannten Tiere des Schlachtfelds.[319] Es hat zahlreiche germanische Persönlichkeiten gegeben, die einfach „Wolf" oder „Rabe" hießen. *Widukind* mag ein ehrender Beiname gewesen sein.

Um Widukinds Stellung in Sachsen erfassen zu können, müssten wir wissen, welchen Titel er führte. Die Reichsannalen bezeichnen Widukind gar nicht näher, abgesehen davon, dass sie ihn „den Aufrührer" nennen. In den Einhardannalen erscheint er einmal als „einer der westfälischen Großen." Aber das ist kein Fachausdruck und versteht sich beinahe von selber. Erst in der uns bekannten Lebensbeschreibung des heiligen Liudger, die der Münstersche Bischof Altfrid verfasst hat, wird er *dux Saxonum* genannt.[320] Das heißt entweder „der Herzog der Sachsen" oder „ein Herzog der Sachsen". Altfrid erwähnt Widukind im Zusammenhang mit den Ereignissen, die ins Jahr 784 gehören, und nennt ihn „die Wurzel allen Übels." Er habe die Friesen dazu gebracht, vom Glauben abzufallen. Nach Altfrid hätte Widukinds Einfluss also über Sachsen hinausgereicht.

Viele Wissenschaftler haben gemeint, *dux* bedeute hier einfach ‚Führer', *dux Saxonum* also „der Sachsenführer". Übrigens hat diese Auffassung nichts mit dem Gebrauch des Wortes *Führer* zu tun, der 1933 amtlich wurde. Sie bestand schon im 19. Jh. Im Gegensatz zu ihr muss man daran festhalten, dass *dux*, wenn es im Frankenreich als Titel verwendet wurde, mindestens seit der späteren Merowingerzeit den Inhaber einer bestimmten Staatswürde bezeichnete und die Entsprechung des deutschen Wortes *Herzog* bildete. Nun hat die amtliche Sprache zur Zeit Karls des Großen das Wort *dux* als Titel gemieden, jedenfalls für die Gebiete nördlich der Alpen. Der König wollte dort keine Herzöge dulden. 788 entkleidete er Tassilo III. von Baiern, den letzten Herzog, den es im fränkischen Reich noch gab, seiner Stellung und verbannte ihn ins Kloster.

Nach dem Tode Karls des Großen wurden Machthaber nördlich der Alpen wieder *duces* „Herzöge" genannt. Wenn Altfrid also Widukind als *dux Saxonum* bezeichnete, dann sprach er ihm die Würde eines sächsischen Herzogs zu. Damit ist natürlich nicht bewiesen, dass Widukind sich selber so genannt hätte. Unwahrscheinlich ist das aber keineswegs. Das bedeutet wiederum nicht, dass Widukinds Herzogsgewalt, wenn sie vorhanden war, sich über ganz Sachsen erstreckt hätte. Jedenfalls werden wir im Folgenden vom Herzog Widukind sprechen.

Über Widukinds Schicksale nach seiner Taufe sind wir nicht unterrichtet. Einige Forscher meinen, er habe friedlich auf seinen Gütern gelebt, als Privatmann oder als Graf im Dienst des Königs. Das klingt zu schön, um wahr zu sein. Karl der Große ging mit seinen Gegnern nicht so milde um. Auch verfügten die Großen des Frühmittelalters über unverlierbare Herrschaftsansprüche. Sie konnten sich nicht so verhalten wie gestürzte Staatsmänner der letzten hundert Jahre im Ruhestand. Andererseits vermögen wir nicht auszuschließen, dass Widukinds Schicksal einen Sonderfall gebildet haben könnte. Nur spricht keine einzige Quelle davon, dass er nach seiner Taufe irgendeine Wirksamkeit in Sachsen entfaltet hätte.

Eine jüngere Lebensbeschreibungen des Liudger, die während der zweiten Hälfte des 9. Jhs. entstanden ist, erzählt die Wundertat, dass der Heilige einen Übeltäter vom Tode auferstehen ließ. Der Mann hatte Pferde gestohlen, die „dem sächsischen Herzog Widukind gehörten," und war deswegen verurteilt und hingerichtet worden. Der Vorfall ereignete sich in Hessen und müsste, wenn er wahr wäre, in die Zeit nach 785 gehören, wie sich aus Liudgers Lebensgang ergibt.[321] Doch kann der Wunderbericht nicht als Zeugnis für den Verbleib des Herzogs Widukind nach seiner Taufe verwendet werden. Der Verfasser der Lebensbeschreibung muss nämlich in dem Glauben gelebt haben, das Wunder habe sich noch in heidnischer Zeit ereignet, denn er führt aus, Liudger habe um die Herausgabe des Leichnams gebeten, als er hörte, dass der Hingerichtete ein Christ war. Nach dem Glaubenswechsel wäre das keine Besonderheit mehr gewesen.

Wer vermutet, Widukind habe nach seinem Übertritt zum Christentum in Sachsen die Stellung eines Grafen bekleidet, mag sich auf die angeblichen oder tatsächlichen Schicksale des ostfälischen Anführers Hassio/Hessi berufen:

Um 880 beschrieb ein Verfasser das Leben der Klausnerin Liutbirg, die auf dem Gebiet von Thale am Harz gewirkt hatte und kurz zuvor verstorben war. Er erzählt von Hessi, dass Karl der Große ihm, ebenso wie „sehr vielen anderen" ein Grafenamt übertragen habe. Im Alter sei Hessi ins Kloster Fulda eingetreten und dort als Mönch gestorben.[322]

Die Veranlassung, von Hassio/Hessi zu sprechen, ergab sich daraus, dass seine Tochter Gisela sich der jungen Liutbirg angenommen und sie nach Sachsen gebracht hatte. Der Verfasser der Lebensbeschreibung äußert sich über Giselas Verwandte ziemlich ausführlich. Nun ist gewiss richtig, dass Hessi sein Leben im Kloster Fulda beschlossen hat. Fraglich bleibt nur, ob er vorher Graf war oder ähnlich wie Tassilo seinen Aufenthalt im Kloster wider Willen nehmen musste. Schon in der zweiten Hälfte des 9. Jhs. waren die kirchlichen Schriftsteller bemüht, Karls Vorgehen in Sachsen in ein verklärendes Licht zu rücken. So ist nicht ausgeschlossen, dass Hessis Grafentum eine nachträgliche Erfindung darstellt. Damit soll nicht gesagt sein, dass es eine Erfindung sein müsse. Hessi hatte sich bereits 775 unterworfen. Da waren die Umstände anders als 785 bei der Unterwerfung Widukinds.

Immerhin erzählt eine Quelle überhaupt etwas von Hessis Dasein nach der Unterwerfung. Im Falle Widukinds findet sich nicht einmal im Bericht von der Übertragung des heiligen Alexander eine entsprechende Nachricht, obwohl dieses Werk vom Enkel des Herzogs in Auftrag gegeben wurde (oben, S. 68 f.).

Vor zwanzig Jahren ist die Vermutung geäußert worden, Widukind sei als Mönch ins Kloster auf der Insel Reichenau im Bodensee verbracht worden.[323] Diese Ansicht hat viel für sich, konnte sich jedoch nicht durchsetzen. Ihre Gegner machen geltend, Karl der Große habe als Pate Widukinds zu diesem Mann in einem andern Verhältnis gestanden als zu Tassilo III. von Baiern oder zu dem 774 abgesetzten langobardischen König Desiderius, die beide ins Kloster verbannt wurden.

Wir haben jedoch schon bemerkt, dass Karl der Große keinen Wert darauf legte, als Widukinds geistlicher Vater in die Geschichte einzugehen. Es ist aber auch vorgebracht worden, dass der Reichenauer Widukind für eine Gleichsetzung mit dem bedeutendsten Gegner des Kaisers zu jung gewesen wäre. Wenn der Einwand richtig ist, legt die Seltenheit des Namens den Schluss nahe, dass der Mönch ein Sohn des Herzogs gewesen sei.

Nun gibt es eine kirchliche Bestimmung, dass „der Zehnt vom Erbgut des seinerzeitigen Herzogs oder Grafen Widukind und seiner Nachkommen" den Bischöfen zufallen solle. Die handschriftliche Überlieferung hat diese Anordnung aus ihrem Zusammenhang gerissen. Es spricht allerhand dafür, dass die Vorschrift zu Beschlüssen gehörte, die im Jahre 922 auf einem Konzil zu Koblenz gefasst wurden.[324] Aus ihr ist nicht zu folgern, dass Widukind nach seiner Taufe als Graf oder gar als Herzog gewirkt hätte. Eine solche Annahme gewinnt auch nicht deshalb den Anschein der Berechtigung, weil seine Nachkommenschaft sein Erbgut besaß.

Wie wir aus anderen Quellen wissen, sind eingezogene Güter nämlich in späteren Jahren an die Nachfahren eines Bestraften und mitunter an ihn selber zurückgegeben worden.

Jedenfalls kommen wir damit zu Widukinds Nachfahren, über die wir zum Teil unterrichtet sind: In seinem Bericht von der Übertragung der Gebeine des heiligen Alexander hat Meginhard ja erzählt, dass Widukind einen Sohn Wikbert und dieser einen Sohn Waltbert hatte (oben, S. 68 f.). Von diesem Enkel Widukinds ist wiederum bekannt, dass er zwei Söhne hinterließ. Einer der beiden hieß Wikbert und wurde Bischof von Verden (reg. 873/4–908?). Den Namen des zweiten Sohnes kennen wir nicht.

Nun teilt der Geschichtsschreiber Widukind von Corvey ausdrücklich Folgendes mit: Dietrich, der Vater der Königin Mathilde (etwa 896–968), und dessen (namentlich genannten drei) Brüder seien aus dem Geschlecht des „Großherzogs" Widukind gewesen, der „fast dreißig Jahre lang einen gewaltigen Krieg gegen Karl den Großen" geführt habe. Den Titel „Großherzog" (*magnus dux*) hat Widukind von Corvey erfunden. Einige Zeilen zuvor hatte er den jüngsten Sohn der Königin Mathilde, den Erzbischof Brun von Köln († 965), in seiner Eigenschaft als Herzog von Lothringen ebenso genannt.[325]

Wie der Corveyer Mönch hebt die um 974 entstandene ältere Lebensbeschreibung der Königin hervor, dass Mathildes Vater ein Nachkomme Widukinds gewesen sei.[326] Inhaltlich dasselbe teilt auch Thietmar von Merseburg († 1018) mit; aber Widukind erscheint bei ihm als König.[327] Thietmar war kein Mann, der mir nichts dir nichts dummes Zeug geschrieben hätte. Er wird sich bei dem Titel etwas gedacht haben. Übrigens nennt er ihn nicht „König der Sachsen," sondern einfach König. Die Führung des bloßen Titels „König" (ohne nähere Angaben) entsprach dem Gebrauch der ostfränkisch-deutschen Könige vor ihrer jeweiligen Kaiserkrönung.

In welcher Weise Mathildes Vater vom Herzog Widukind abstammte, sagt keine der drei Quellen. Vermutlich lief die Verbindung über die weibliche Linie und nicht im Mannesstamm. Auch bildeten die Vorfahren der Königin Mathilde wohl einen anderen Zweig der Widukindschen Nachkommenschaft als Wikbert und Waltbert sowie deren Nachkommen.[328]

Die Ahnen im Mannesstamm waren im Allgemeinen wichtiger als die Vorfahren in der weiblichen Linie. Wenn im Falle der Königin Mathilde und ihres Vaters trotzdem so großer Wert darauf gelegt wurde, die Abstammung vom Sachsenherzog Widukind zu betonen, dann muss dieser Mann im 10. und frühen 11. Jh. in Sachsen noch ein außerordentliches Ansehen genossen haben. Wir haben uns vor Augen zu halten, dass Herrschaftsansprüche vererbt wurden und dass der Verweis auf einen hervorragenden Ahnherrn für die Herrscher jener Zeit von wesentlicher Bedeutung war.

Nun hat man vermutet, dass der Geschichtsschreiber Widukind von Corvey selber ein Nachfahre des Herzogs gewesen sei. Dafür gibt es keine andere Grundlage als die Namengleichheit – woraus keineswegs folgt, dass die Vermutung unberechtigt wäre. Wenn jedoch der Name *Widukind* einen Hinweis darauf bildet, dass sein Träger vom Herzog Widukind abstammte, dann sind alle Träger des Namens dieser Abstammung verdächtig. Den Fragen, die sich daraus ergeben, wollen wir hier nicht nachgehen.

Dem Herzog Widukind war ein glänzendes geistiges Nachleben beschieden: In späteren Jahrhunderten beriefen sich verschiedene Adelsgeschlechter darauf, von ihm abzustammen. Während des zweiten Viertels des 13. Jhs. schrieb der Zisterzienser Alberich von Trois Fontaines sogar, dass der gesamte Adel Sachsens, Italiens, Germaniens und Galliens von Widukind abstamme, und zwar über den Vater und die Onkel der Königin Mathilde.[329]

Zu guter Letzt wurde Widukind als Heiliger verehrt, wenn auch nicht amtlich heilig gesprochen.

9.2.6 Die Sachsen nach 785 und der dritte Abschnitt der Sachsenkriege (792 bis 804)

785 schien die Unterwerfung des Landes tatsächlich vollendet. Schon 787 gehörten sächsische Krieger einer der drei Heeresgruppen an, die Karl der Große gegen den bairischen Herzog Tassilo aufbot; und im nächsten Jahr nahmen sie zu Ingelheim an dem Gerichtsverfahren gegen den unglücklichen Mann teil. Wie die Reichsannalen schreiben, hätten sich die Sachsen ebenso wie die Franken, Baiern und Langobarden sowie die Leute aus allen anderen Reichsteilen darauf besonnen, dass Tassilo gegenüber dem König Pippin das Verbrechen der Fahnenflucht begangen habe, und ihn deswegen zum Tode verurteilt. Jedoch „erreichte der allerfrömmste und allermildeste Herr König Karl" – offensichtlich nur mit größter Mühe – „dass die Todesstrafe nicht vollstreckt wurde."[330] Das angebliche Verbrechen hatte ein Vierteljahrhundert zuvor stattgefunden, als Pippin der Jüngere einen Kriegszug

gegen Aquitanien unternahm. Langobarden waren mit Sicherheit, Sachsen mit größter Wahrscheinlichkeit nicht daran beteiligt. Wie konnten sie sich da an die Begebenheiten erinnern? Man sieht, zu welchen Lügen die regierungsamtliche Geschichtsschreibung unter Karl dem Großen fähig war. Bezeichnenderweise lassen die Einhardannalen von diesem Teil des Verfahrens gegen Tassilo keine Wort verlauten.

789 finden wir folgende Nachrichten: Karl unternahm einen Feldzug gegen die Wilzen „auf den Rat der Franken und Sachsen." Er überschritt den Rhein bei Köln und zog mit fränkischen und sächsischen Truppen zur Elbe, legte zwei Brücken an und überschritt den Fluss. Übrigens waren auch eine friesische Flotte sowie Sorben und Abodriten an dem Unternehmen beteiligt. Die beiden letztgenannten laufen ebenso unter dem Namen der Wenden (*Sclavi*) wie die Wilzen.

Nachdem das Jahr 790 ohne jeden Kriegszug verstrichen war, wie die Quellen ausdrücklich hervorheben, beschloss Karl in Regensburg einen Feldzug gegen die Awaren zu unternehmen, deren Reich nach heutigen Begriffen in Ungarn lag. Der König rückte südlich der Donau vor, während eine zweite Heeresgruppe, in der sich Sachsen und Friesen befanden, „unter Dietrich und Meginfrid" nördlich des Flusses marschierte und nach dem Abschluss des Unternehmens durch Böhmen zurückkehrte, „auf demselben Weg, auf dem sie anmarschiert war." Dass der genannte Dietrich derselbe Mann war wie der umsichtige Befehlshaber des Jahres 782, sagen die Einhardannalen nicht.

792 begann nun der letzte Abschnitt der Sachsenkriege. Das verraten aber weder die Reichs- noch die Einhardannalen. Wir können es jedoch den kleinen Jahrbüchern entnehmen: Die Sachsen hätten sich mit den umwohnenden Heiden verbündet, sogar Gesandte zu den Awaren geschickt, alle Kirchen bei sich zerstört, die Bischöfe und Priester vertrieben, getötet oder gefangen genommen und wären vollständig zum Heidentum zurückgekehrt, schreiben die Lorscher Jahrbücher. In den Annalen von St. Amand findet sich sogar die genaue Nachricht, dass „Sachsen am 6. Juli an der Elbe, nahe am Meer Franken getötet" hätten.[331] Wollten die amtlichen Quellen wieder einmal eine Niederlage verschweigen?

Noch zum Jahre 793 berichten die Reichsannalen in Bezug auf die Sachsen nur, Karl der Große habe die Nachricht empfangen, dass sie wieder vom christlichen Glauben abgefallen seien. Mitteilsamer sind diesmal die Einhardannalen: Als Karl der Große im Begriff war, gegen die Awaren zu marschieren, wurde ihm gemeldet, dass die Truppen, die der Graf Dietrich durch Friesland führte, im Gau *Riustri* an der Weser von den Sachsen abgefangen und vernichtet worden waren. Auf diese Nachricht hin habe der König den Marsch gegen die Awaren abgebrochen. Es bleibt unklar, wohin Dietrich mit seiner Heeresgruppe wollte.

Erst in der zweiten Hälfte des Jahres 794 ergriff Karl der Große Gegenmaßnahmen: Er beauftragte seinen Sohn Karl, von Köln aus in Sachsen einzurücken, während er selber, wie es scheint, über Thüringen marschierte. Die Sachsen hatten sich südlich von Paderborn oder bei der Eresburg versammelt – überliefert ist beides – und unterwarfen sich ohne Kampf. So jedenfalls steht es in unseren Quellen.

Für die folgende Zeit werden die Berichte noch undurchsichtiger: Die Reichsannalen erzählen nichtssagend, die Sachsen hätten in gewohnter Weise das Christentum und den Gehorsam fahren lassen. Genaueres erfahren wir aus den Lorscher Jahrbüchern. Hier ist gar keine Rede davon, dass die Sachsen sich gegen die christliche Religion gewandet hätten. Vielmehr hätten sie es unterlassen, selber bei Karl dem Großen zu erscheinen, als er einen Kriegszug zu unternehmen beabsichtigte. Ebenso wenig hätten sie ihm Hilfstruppen zugesandt. Der Vorwurf, selber nicht erschienen zu sein, muss sich auf vornehme Leute bezogen haben. Weiter heißt es in den Lorscher Jahrbüchern, nach Karls Einmarsch seien einige der Sachsen ihm in friedlicher Absicht entgegengezogen, hätten Hilfstruppen gestellt und am weiteren Feldzug teilgenommen. Andere jedoch, die aus dem Sumpfgebiet der Elbe und aus Wigmodien, fanden sich nicht beim König ein.

Nach den Lorscher Jahrbüchern marschierte Karl der Große nun weiter auf die Elbe zu. Bei Bardowick nahm er eine „solche Menge von Menschen als Geiseln, wie weder in seinen Tagen noch zu Zeiten seines Vaters noch zu Zeiten der fränkischen Könige dorther genommen worden waren."[332] Man möchte an den Ausfall eines Wortes glauben und annehmen, dass der Verfasser von den früheren fränkischen Königen gesprochen hat. „Aber auch diesmal kamen alle zu ihm (also nach Bardowick M. S.) mit Ausnahme derjenigen, von denen wir gesprochen haben, und derer die jenseits der Elbe lebten." Die glaubten nämlich, heißt es weiter, der König werde ihnen nicht verzeihen, dass sie Wizzin, den König der Abodriten getötet hatten, einen Lehensmann (*vassus*) Karls des Großen. Alle anderen jedoch fanden sich bei Karl ein und gelobten, seine Weisungen auszuführen.

Die Mitteilung wird dann verständlich, wenn man weiß, dass nach den Einhardannalen Karl der Große bei Bardowick sein Lager aufgeschlagen hatte, „um die Ankunft der Wenden zu erwarten," die er herbeibefohlen hatte. Dort habe er erfahren, dass Wizzin, als er dabei war, die Elbe zu überschreiten, in einen Hinterhalt der Sachsen geraten und von ihnen getötet worden war. Aus den Reichsannalen wiederum geht hervor, dass Karl die Elbe in der Nähe von Lüneburg erreichte. Von der großen Zahl der weggeschleppten Geiseln sprechen weitere der kleinen Jahrbücher. Die Jahrbücher von der Mosel wollen sogar wissen, dass sich nicht nur vornehme Persönlichkeiten unter denen befanden, die außer Landes gebracht wurden.[333]

Die Berichte lassen erkennen, dass Sachsen politisch geteilt war und dass die Ursache der Auseinandersetzungen wohl in Forderungen lagen, die Karl der Große geltend machte und denen die Leute in Sachsen entweder nicht nachkommen wollten oder nicht nachkommen konnten.

Dabei brauchen wir uns nicht mit Vermutungen zu begnügen: Aus dem Jahre 796 sind mehrere Briefe Alkuins überliefert, in denen er entweder ausdrücklich auf die Hintergründe des Aufruhrs in Sachsen eingeht oder sie deutlich anklingen lässt. Die Schreiben waren durch einen bevorstehenden Feldzug gegen die Awaren veranlasst, die man zu unterwerfen und zu Christen zu machen hoffte.

Im ersten der Briefe wendet sich Alkuin an den Bischof (ab 798 Erzbischof) Arn von Salzburg. Er warnt seinen Briefpartner davor, die zu bekehrenden Awaren mit Zehnten zu beschweren: Arn solle als frommer Prediger und nicht als Eintreiber von Abgaben auftreten. „Die Zehnten haben, wie es heißt, den Glauben der Sachsen untergraben." Es folgt die rednerische Frage: „Wieso darf man Leuten, die im Christentum noch wenig unterwiesen sind (*idiotae*), ein Joch auferlegen, das weder wir noch unsere Brüder hätten ertragen können?"

Der zweite Brief ist an Karl den Großen selber gerichtet: Der König möge bedenken, ob es ein guter Entschluss sei, Leute, die eben erst fürs Christentum gewonnen worden sind, in der Weise mit den Zehnten zu beschweren, dass jeder Haushalt diese Abgabe vollständig zu erbringen habe. Es sei besser, auf den Zehnten zu verzichten als den Glauben zu verlieren. „Sogar wir," schreibt Alkuin weiter, „die wir im katholischen Glauben aufgezogen und gründlich unterwiesen sind, stimmen schwerlich zu, dass unser Besitz voll und ganz mit dem Zehnten belastet wird."

In einem dritten Schreiben sagt Alkuin zum königlichen Schatzmeister Meginfrid: „Wenn das leichte und sanfte Joch Christi dem verhärteten Sachsengeschlecht mit solchem Nachdruck gepredigt würde, wie die Eintreibung der Zehnten und die Bestrafung auch der kleinsten Vergehen erfolgt, dann würden diese Leute das Sakrament der Taufe nicht verabscheuen".[334]

Anscheinend hat der König in Sachsen höhere Leistungen verlangt als in seinem Altreich. Es ist immerhin bemerkenswert und für die Geschichte des Zehnten nicht nebensächlich, dass Alkuin hervorhebt, er und seinesgleichen würden eine vollständige Besteuerung nicht hinnehmen.

799 kam er in einem weiteren Schreiben an Karl den Großen auf seine Anregungen zurück: „Schon vor längerer Zeit habe ich zu Eurer heiligsten Huld in Bezug auf die Eintreibung der Zehnten gesagt, dass es vielleicht besser sei, für einige Zeit auf die öffentlichen Leistungen zu verzichten, wenigstens so lange, bis der Glaube in den Herzen Wurzeln geschlagen hat ..." Alkuin hebt übrigens hervor, dass Sachsen, die außer Landes gebracht worden waren, als beste Christen zurückkehrten.[335] Die Feststellung ist für den Umgang mit den Geiseln oder den sonstwie Verschleppten von Bedeutung.

Der König hat die Auflehnung der Sachsen mit Maßnahmen beantwortet, die nach heutigen Begriffen als Terror zu gelten hätten. Die Verheerung des Landes wurde zum Selbstzweck und erscheint geradezu als Inbegriff der Kriegführung. So schrieb Alkuin 795: „Der König ist zur Verwüstung Sachsens aufgebrochen".[336] Offenbar kümmerte es Karl gar nicht, ob jemand tatsächlich an der Empörung teilgenommen hatte. Die Bestrafungen erfolgten wahllos.

Den sächsischen Anhängern Karls des Großen, die seinetwegen das Land verlassen hatten, ging es kaum besser als den Verschleppten. Sie hatten größte Mühe, sich außerhalb Sachsens ein Besitztum zu sichern, wie mindestens zwei Urkunden aus der Spätzeit des Kaiser verraten, in denen von den Schicksalen solcher Männer die Rede ist.[337]

Wie 794 und 795 zog Karl bis 799 Jahr für Jahr nach Sachsen. 796 nahmen seine Söhne Karl und Ludwig, der später „der Fromme" genannt wurde, an der Heerfahrt teil. Die Petauschen Jahrbücher berichten, dass das Heer eine Brücke über die Weser geschlagen und dann Wigmodien verwüstet habe.

Noch weiter nördlich ging es im Sommer 797. Diesmal stieß Karl an dem Ort Hadeln bis zur Nordsee vor. Kein Kaiser des

Mittelalters hat nach ihm die Küste zwischen der Mündung der Weser und der Elbe berührt. Hadeln (*Haduloha*) wird in den Quellen ausdrücklich als Ort (*locus*) bezeichnet.[338] Es handelt sich nicht um die später bezeugte Landschaft Hadeln (das Südufer der Elbemündung mit ihrem Hinterland). Dass der Punkt, an dem Karl der Große das Meer erreichte, zwischen der Weser- und der Elbemündung lag, stellen die Einhardannalen ausdrücklich fest.

Kriegsgeschichtlich bemerkenswert an diesem Zug ist die Tatsache, dass Karl nicht nur mit einem Heer, sondern auch mit Schiffen vorrückte. Die Schiffe fuhren teils zu Wasser; teils wurden sie zu Lande befördert. So steht es ausdrücklich in den Wolfenbütteler Jahrbüchern. Wie dergleichen geschah, berichtet in einem anderen Zusammenhang und für das Jahr 807 der sogenannte Astronomus in seiner Lebensbeschreibung Ludwigs des Frommen: „Sie bauten Schiffe zum Übersetzen, zerlegten jedes in vier Teile, so dass jeder Teil durch je zwei Pferde oder Maultiere befördert werden konnte." Die Teile sollten sich mit Nägeln leicht wieder zusammenfügen lassen, sobald man zum Fluss käme, wobei die Fugen mit Pech, Wachs und Werg abzudichten waren.[339]

Der Sommerfeldzug endete nach den Reichsannalen damit, dass „ganz Sachsen" durch Geiselstellungen seine Unterwerfung kundtat. Nach den Lorscher Jahrbüchern haben sich die Friesen ebenso verhalten. Wir stoßen wiederum auf die Unschärfe bei der Unterscheidung zwischen Sachsen und Friesland. Offensichtlich waren die Letzteren eingeschlossen, wenn die anderen Quellen nur die Sachsen erwähnten. Wie die Begebenheiten des nächsten Jahres erkennen lassen, wurde auch das Land nördlich der Elbe als unterworfen angesehen.

Am 28. Oktober 797 war Karl der Große in Aachen. Dort erließ er das Gesetz, das unter dem Namen Capitulare Saxonicum läuft (dazu unten, S. 230 f.).

Gleich darauf, im November begab sich der König erneut nach Sachsen. Er handelte wie im Winter 784/85, nur dass er diesmal sein Lager an der Mündung der Diemel in die Weser aufschlug. Wir erfahren sogar, dass Karl höchstpersönlich dem Ort einen Namen gegeben hat, indem er ihn „Neuherstal" nannte. Wie im Falle der Karlsburg geben die Jahrbücher von der Mosel die deutsche Namenform an.[340] Was mit dem Heer geschah, wird nicht klar. Die Einhardannalen berichten, die Krieger seien über ganz Sachsen in die Winterquartiere gelegt worden, während wir anderswo lesen, sie hätten Unterkünfte bei Neuherstal errichtet.

Karl beging in seinem Winterquartier nicht nur Weihnachten, sondern auch das Osterfest des Jahres 798. „Gerade zu dieser Zeit erhoben sich die Nordleute jenseits der Elbe. Sie ergriffen die Beauftragten des Königs, die bei ihnen weilten, um Gericht. zu halten, brachten einigen von ihnen auf der Stelle um und hielten andere in Gewahrsam, um Lösegeld zu erhalten. Von diesen gelang einigen die Flucht. Andere wurden freigekauft," heißt es in den Reichsannalen. Die Einhardannalen fügen hinzu, dass die Aufständischen auch den von Karl dem Großen an den dänischen König Siegfried gesandten Gottschalk bei seiner Rückreise abfingen und ermordeten. Daraufhin brach der König mit einer Truppenmacht auf und rückte bis Minden vor. Anschließend verwüstete er das ganze zwischen Weser und Elbe gelegene Sachsen. So jedenfalls berichten die Reichsannalen.

Unterdessen hatten die Nordleute gegen den Herzog der Abodriten, der mit Karl dem Großen verbündet war, eine Schlacht geschlagen, in der sie besiegt wurden und in der viele von ihnen fielen. Das Treffen soll an einem Ort namens *Suentana* stattgefunden haben, wie die Einhardannalen schreiben. Es wird heute vermutet, dass es sich um die Gegend von Bornhöved (ö. Neumünster) handelte, wo 1227 der dänische König Waldemar III. eine entscheidende Niederlage erleiden sollte.

Die Überlebenden baten um Frieden. Der König ließ sich Geiseln stellen und kehrte ins Frankenland zurück.

Auf die Begebenheiten des Jahres 798 bezieht sich die Bittschrift eines unbekannten Mannes an Ludwig den Frommen (reg. 814–840). Der Zusammenhang ist deswegen gesichert, weil in dem Brief der Gottschalk genannt wird, von dem die Einhardannalen sprechen. Jedenfalls führt der Bittsteller bei Ludwig dem Frommen Beschwerde, da ihm und seiner Schwester das ihnen gehörende Erbgut entzogen und nicht zurückerstattet worden sei: Der Vater der Geschwister namens Richart und dessen Bruder Richolf waren beide Sachsen; und ihr Erbgut lag in Sachsen. Da beide Männer im Dienst Karls des Großen standen und keineswegs vom Christentum lassen wollten, fielen ihre Verwandten und Nachbarn aus Hass aufs Christentum über ihre Häuser her und plünderten sie vollständig aus. Später entsandte Karl der Große den Richolf als Königsboten über die Elbe, zusammen mit den Grafen Rorich, Gottschalk und Had sowie mit Garich. Sie alle wurden am selben Tag erschlagen, weil sie sich um die Festigung des Christentums bemüht hatten. Daraufhin machte sich Richart auf den Weg zum König, um das Vorgefallene zu melden. Während er unterwegs war, wurde seine Ehefrau von eben den Männern festgesetzt, die die Königsboten getötet hatten. Sie ließen die Frau in den Händen von Bürgen zurück. (Was das bedeutet, wird nicht recht klar.) Richart gelang es, seine Ehefrau heimlich zu befreien. Er begab sich mit ihr in den Gau Marstem auf ihr (oder sein?) mütterliches Erbgut. Unter Marstem versteht man das Gebiet zwischen der Weser und der unteren Leine. Dort blieb das Ehepaar, bis Karl der Große die Sachsen zum Teil „umzusiedeln" befahl. (Der Schreiber des Briefes hat für den Vorgang den beschönigenden Ausdruck *transmigratio* gewählt.) In der Fremde fand Richart den Tod. Die Witwe sowie der Bittsteller und seine Schwester blieben zurück. Der Verfasser des Briefes begehrt nun von Ludwig dem Frommen, der Kaiser möge veranlassen, dass ihm sein väterliches Gut zurückgegeben werde.[341]

Karl dem Großen ging es nicht um Schuldige oder Unschuldige, als er die Verschleppung befahl. Er wollte das Land seiner Führungsschicht berauben. Daran kann man erkennen, dass die Vorstellung gänzlich unbegründet ist, der sächsische Adel habe auf der Seite des Kaisers gestanden, während die unteren Schichten „eine Revolution gegen den Adel" unternommen hätten.[342] Auf einem andere Blatt steht, dass es innerhalb der Oberschicht verschiedene Parteien bestanden. Aber das lässt sich zur selben Zeit auch in Baiern beobachten, ohne dass hier auf eine soziale Revolution geschlossen wird.

Leider ist aus der eben behandelten Bittschrift nicht ersichtlich, wann der Antragsteller mit seiner Familie außer Landes gebracht worden ist. Möglicherweise geschah es 804.

Die Berichte über die Kriegshandlungen sind nicht frei von Rätseln und Widersprüchen: Was brachte es, das Land zwischen Weser und Elbe zu verheeren, wenn die Nordalbingier getroffen werden sollten? Oder bildeten die beiden Gebiete eine Art von politischer Einheit?

Nach den Lorscher Jahrbüchern hat sich Karl nach Bardowick begeben und dort die Unterwerfung der Sachsen entgegengenommen. Auch steht hier, dass die Abodriten von fränkischen Königsboten nach Nordalbingien geführt wurden, um das Land zu verwüsten, während die Einhardannalen es so hinstellen, als ob die Sachsen die Angreifer gewesen wären, und zwar aus reinem Übermut.

Die abodritische Waffenhilfe war durchaus anrüchig, denn bei diesen Slawen handelte es sich um Heiden. Die Lorscher Jahrbücher wissen folglich sehr schön zu erzählen, dass die Abodriten trotz ihres Heidentums den Sieg in der Schlacht errungen hatten, weil „die Unterordnung unter die Christen und den Herrn König ihnen half."

In dieser Quelle steht weiter, dass „die Wenden zum Herrn König nach Nordthüringen" gekommen seien und er sie großartig belohnt habe. Eine Landschaft namens *Nordthüringen* wird hier zum ersten Mal genannt. Als die Grenzen des in späterer Zeit vorkommenden Nordthüringgaus werden die Ohre und die Elbe angesehen. Er schloss die Gegend um Magdeburg ein.

Nach den Lorscher Jahrbüchern muss Karl der Große im Jahr 798 noch das östliche Sachsen aufgesucht haben. Dazu passt die Mitteilung der Wolfenbütteler Jahrbücher, der König habe sich von Bardowick an die wendische Grenze begeben und dort einen Reichstag abgehalten. Weihnachten feierte er in Aachen.

In der zweiten Junihälfte des Jahres 799 überschritt der König den Rhein an der Mündung der Lippe – wie 779 und 784. Von dort marschierte er nach Paderborn. Bei ihm waren seine Söhne Karl und Ludwig. In Paderborn teilte er das Heer. Der jüngere Karl zog mit der einen Hälfte der Truppen in den Bardengau bis zur Elbe, um die Angelegenheiten der Wilzen und der Abodriten zu regeln und um einige Sachsen aus Nordalbingien in Empfang zu nehmen, wie die Reichs- und die Einhardannalen nicht sehr aussagekräftig mitteilen.

Unterdessen rückte Paderborn in den Mittelpunkt der europäischen Politik, wenn man sich so ausdrücken darf. Dorthin eilte nämlich der Papst Leo III. (reg. 795–816), nachdem er in Rom einem Anschlag entgangen war. Die Hintergründe haben uns nicht zu beschäftigen.[343] Sie gehören in eine Geschichte Karls des Großen oder der Päpste, nicht aber in eine Geschichte der Sachsen. Kein Papst war bisher so weit nach Norden gelangt; und es sollte wiederum Jahrhunderte dauern, bis ein Inhaber des heiligen Stuhls in Sachsen verweilte. Dass der König den Papst in Paderborn empfing – um nicht zu sagen: ihn dorthin befahl – hatte unter anderem den Zweck, Sachsen als ein dem Christentum gewonnenes Land vorzustellen.

Die Begegnung hat einen namentlich nicht bekannten Dichter zu einem Werk angeregt, in dem sich auch eine Schilderung Paderborns befindet. Damit halten wir die früheste Beschreibung eines sächsischen Wohnplatzes in der Hand: „Es ist da ein berühmter Ort, wo Pader und Lippe fließen; er liegt auf der Höhe in einer kahlen Ebene, ringsum dehnt sich weit das Gelände." Dann übertreibt der Dichter: Nachdem Leo III. in Paderborn eingetroffen und der Gottesdienst gefeiert worden war, „bittet Karl Papst Leo zu sich in den hohen Palast. Herrlich erstrahlt darin mit gewebten Teppichen die Halle, von Gold und Purpur reich geschmückt sind überall die Sitze".[344] An dem Streit, ob das Gedicht 799 oder erst einige Jahre später entstanden ist, wer sein Verfasser war und ob es nur einen Teil einer verloren gegangenen größeren Dichtung bildet, brauchen wir uns nicht zu beteiligen.[345]

Nach neuen Forschungen weilte der Papst nicht etwa mehrere Monate, sondern nur einige Tage in Paderborn. Daraus folgt, dass sein Besuch für die Entwicklung Sachsens von sehr geringer Bedeutung war und dass das Bistum Paderborn nicht während seines Aufenthalts gegründet worden ist.[346]

Über die Regierungshandlungen des Jahres 799, die Sachsen betreffen, sagen die Quellen nicht viel. Wie die Lorscher Jahrbücher berichten, hat Karl der Große „eine Menge Sachsen mit Frauen und Kindern" aus dem Lande geführt und sie „auf verschiedenen Ländereien seines Reichs untergebracht ... Ihren Landbesitz verteilte er unter seinen Getreuen, nämlich den Bischöfen und Priestern, den Grafen und sonstigen Lehensleuten."

Aus dieser Mitteilung ist ersichtlich, dass Angehörige der Oberschicht verschleppt wurden und nicht die Masse der Bevölkerung. Die Äcker, die der König an seine Getreuen verteilte, durften nämlich nicht ihrer Bebauer beraubt werden. Als Ödland wären solche Schenkungen von geringem Wert gewesen.

Weiter teilen die Lorscher Jahrbücher mit, der König habe in Paderborn eine Kirche von wunderbarer Größe errichtet. Bei solchen Nachrichten weiß man nicht, was eigentlich gemeint ist: Da ein umfangreiches Bauwerk nicht innerhalb eines Jahres oder gar einiger Wochen fertig gestellt werden kann, hat der Verfasser vielleicht sagen wollen, dass der Grundstein der Kirche gelegt worden sei. Dass das Bauwerks jemals abgeschlossen worden wäre, ist damit nicht festgestellt. Andererseits kann die Nachricht bedeuten, dass die Kirche geweiht, also sozusagen in Betrieb genommen wurde, woraus nicht die Fertigstellung der Bauarbeiten folgt. Im Falle der Paderborner Kirche nimmt man an, dass das Bauwerk im Jahre 799 schon geweiht war.[347]

Jedenfalls kehrte Karl der Große aus Sachsen nach Aachen zurück. Im August 800 begab er sich nach Italien; und am Weihnachtstag desselben Jahres wurde er in Rom von Leo III. zum Kaiser gekrönt. Nach dem 24. Juni 801 trat er die Rückeise über die Alpen an. Von Sachsen haben wir aus jener Zeit keine Kunde.

Dafür finden wir zum Jahr 802 folgende bemerkenswerte Nachricht in den Einhardannalen: Karl habe ein sächsisches Heer ausgesandt, um das nordalbingische Sachsen zu verwüsten. Man kann daraus ableiten, dass das linkselbische Sachsen nunmehr völlig der Botmäßigkeit des Kaisers unterlag. Das Wort *Saxones* wird hier so verwendet wie das Wort *Sclavi*: Beide Namen dienen als Sammelbezeichnungen. Die politischen Einheiten, die mit ihnen erfasst werden, können im Gegensatz zueinander stehen wie die Wilzen und Abodriten.

804 unternahm der Kaiser also seinen letzten Feldzug nach Sachsen (abgesehen von 810). Nach den Älteren Metzer Jahrbüchern war er zu Beginn des Sommers bei Köln über den Rhein gegangen und hatte in Lippspringe einen Reichstag abgehalten, bevor er in Hollenstedt sein Lager aufschlug. Gemeint ist offensichtlich der betreffende Ort südlich Buxtehude.[348]

Die Reichsannalen berichten nichts vom Anmarsch des Kaisers. Sie erwähnen zwar auch, dass Karl sich „in Hollenstedt an der Elbe" niedergelassen habe; doch tun sie das im Zusammenhang mit dänischen Belangen. Dafür schreiben sie ausdrücklich, Karl habe „alle Sachsen, die jenseits der Elbe und in Wigmodien wohnten, mit Frauen und Kindern" ins Frankenland schaffen lassen. Wir wissen, dass mit solchen Ausdrücken die Oberschicht gemeint war. Übrigens ist es das einzige Mal, dass die Reichsannalen und die Einhardannalen den Namen Wigmodiens gebrauchen.

Bemerkenswert ist die Angabe, der Kaiser habe „rechtselbische Gaue den Abodriten gegeben." Die Übersetzung „*die* rechtselbischen Gaue" ist gewiss falsch. Sie hat zu der Meinung Anlass gegeben, dass ganz Nordalbingien an die Abodriten abgetreten worden sei. Es gehört zu den Absonderlichkeiten der Reichsannalen, in diesem Zusammenhang überhaupt nicht zu erwähnen, dass in Hollenstedt abodritische Große anwesend waren und der Kaiser einen von ihnen zum König ernannt hat.

Weiter berichten die Metzer Jahrbücher, dass Karl „die Treulosen aus dem Land nördlich der Elbe und aus Wigmodien, die mit ihren Übeltaten die Sachsen vom rechten Weg abgebracht hatten, insgesamt von Heeresabteilungen ausheben und über Gallien und andere Reichsteile verteilen ließ, ohne dass die Truppe irgendwelche Verluste erlitten." Auch die Kleine Lorscher Frankenchronik hebt hervor, dass es 804 zu keinem Kampf mehr kam. Der Krieg erstarb. Offensichtlich war der Widerstandswille des Landes gebrochen. Fünfunddreißig Jahre später sollte er im Stellingaaufstand noch einmal aufflammen.

9.2.7 Geiseln und andere Verschleppte

Der Zufall hat uns ein Aktenstück überliefert, das möglicherweise ins Jahr 803 gehört. Es handelt sich um ein Verzeichnis 37 männlicher Personen, „die sich zur Mitte der Fastenzeit in Mainz einfinden sollen." Von ihnen stammten 10 aus Westfalen, 15 aus Ostfalen und 12 aus Engern.[349] Das Verzeichnis nennt jeweils auch die Namen der Männer, in deren Gewahrsam sie sich befanden oder gegeben werden sollten. Allerdings kommt in dem Schriftstück das Wort *Geiseln* (*obsides*) überhaupt nicht vor. Man hat vermutet, dass die betreffenden Sachsen 797 außer Landes gebracht worden waren.[350] Das mag richtig sein, lässt sich aber nicht beweisen.

Die Annahme, das Aktenstück sei 803 angelegt worden, speist sich daraus, dass in jenem Jahre in Mainz ein Reichstag stattfand. Doch ist der zeitliche Zusammenhang zwischen dieser Veranstaltung und der geplanten Zusammenführung der Geiseln in Mainz keineswegs sicher.

Das Verzeichnis ist dreigeteilt. Die Überschriften lauten so: „Die Westfalen. Die sollen der Bischof Haito und der Graf Hitto in Empfang nehmen. / Die Ostfalen. / Die Engern."

Unter den jeweiligen Überschriften finden sich Eintragungen wie diese: „Den Adalrad, den Sohn des Markrad hatte der Bischof Aino" (gedeutet wird: in Verwahrung). Leider sind nicht alle Vermerke so mitteilsam. Vielfach lauten sie einfach so: „Den Erwin, den Sohn des Rano, hatte Richwin."

Indem wir diese Sätze ohne Erläuterungen niederschreiben, haben wir die Angaben der Quelle bereits in eine bestimmte Richtung gedrängt. Wir dürfen nämlich keineswegs behaupten, dass das Schriftstück besage, der Bischof Aino habe den Adalrad in Verwahrung gehabt (*habuit*). In der Handschrift steht *hab*. Das ist eine Abkürzung, die auch bedeuten kann *habebit*: „soll haben." Es mag also gemeint sein, dass der Bischof Aino den Adalrad in Verwahrung nehmen solle (und nicht, dass er ihn Verwahrung gehabt hätte). Von der Auflösung der Abkürzung hängt das Verständnis des gesamten Verzeichnisses ab: Geht es darum, dass Geiseln in Mainz zusammengeführt werden sollten, um einzelnen Persönlichkeiten in Verwahrung gegeben zu werden, oder geht es darum, dass die Leute versammelt wurden, um in ihre Heimat entlassen zu werden? Mit dieser Frage kehren wir zu dem Zeitraum zurück, in dessen Grenzen das Verzeichnisses entstanden ist: Dieser lässt sich anhand der Regierungsdaten der geistlichen Würdenträger festsetzen, die das Schriftstück nennt:

Der in der ersten Überschrift genannte Bischof Haito (oder Hatto) bekleidete sein Amt von 802 bis 823, und zwar in Basel. Außerdem kommen in dem Verzeichnis die Bischöfe Egeno/Aino von Konstanz und Sintbert von Augsburg vor. Der erste regierte von 782 bis 811, der zweite von 801 bis 807. Der Abt Waldo, der den Ostfalen „Hernald, den Sohn des Swithard," in Verwahrung hatte oder nehmen sollte, war von 786 bis 806 Abt des Klosters auf der Reichenau. Dann wurde er nach St. Denis bei Paris versetzt. Gleichzeitig befanden sich alle Würdenträger also nur von 802 bis 806 im Amt. Folglich muss die Aufstellung der Geiseln und ihrer Hüter während jener Jahre angelegt worden sein. Dass Waldo seit 806 Abt in St. Denis war, spielt keine Rolle, denn das Verzeichnis steht in Beziehung zum alten Schwaben.

Der Bischof Haito/Hatto hieß ebenso wie der Mann, der um 805 in Magdeburg die Aufsicht führte (unten, S. 216). Unter den Geiseln aus Engern befand sich ein Hitto, also ein Träger des Namens, den auch der in der ersten Überschrift des Verzeichnis genannte Graf führte. Gleiche Namen lassen Schlüsse auf verwandtschaftliche Beziehungen ihrer Träger zu. Zwischen dem Personenkreis, dem eine Geisel entstammte, und den Leuten, denen sie in Verwahrung gegeben wurde, bestand im Frühmittelalter gewöhnlich eine ältere Beziehung. Es mag befremdlich erscheinen, solche Verbindungen zwischen Sachsen und dem äußersten Südwesten des mittelalterlichen Deutschlands anzunehmen. Deswegen sei daran erinnert, dass die sogenannten Liudolfinger, also die Angehörigen des sächsischen Königshauses, über alte Beziehungen zum Elsass verfügten.

Bei den 37 Geiseln dürfte es sich um Leute handeln, die als Kinder in fränkischen Gewahrsam gebracht worden waren. Dafür spricht die jeweilige Nennung des Vaters. Dem Kaiser kam es darauf an, die Söhne sächsischer Großer im Sinne des Christentums, das heißt, in seinem Sinne aufziehen zu lassen, um sie nach ihrer Rückkehr in Sachsen entweder als Grafen oder als geistliche Würdenträger zu verwenden. Karls Rechnung ging auf, denn, wie Alkuin feststellte, sind viele Sachsen in der Fremde gute Christen geworden (oben, S. 204).

Ausdrücklich hören wir von Hathumar, dem ersten Bischof von Paderborn (reg. 806/7–etwa 815), dass er während seiner Kindheit in Würzburg ausgebildet wurde. Andere Geiseln sind weit in den Westen des Frankenreichs gebracht worden. Im Kloster zu St. Wandrille (nw. Rouen in der Normandie) lebte ein vergeiselter Sachse Abbo „als wahrer Christ".³⁵¹ Vielleicht war er ein Verwandter von Widukinds gleichnamigem Gefährten.

Der Erzbischof Wulfar von Reims erhielt „15 edle Geiseln aus Sachsen zur Verwahrung," woran „das hohe Vertrauen ablesbar ist, das ihm der Kaiser entgegenbrachte," wie 150 Jahre später der Geschichtsschreiber Flodoard von Reims († 966) bemerkte.³⁵² Flodoards Mitteilung ist glaubwürdig, denn er hat die Bestände des Reimser Archivs benutzt. Da Wulfar von 803 bis 816 den Reimser Erzstuhl inne hatte, müssen diese Geiseln zum letzten Aufgebot gehört haben, sofern man nicht annehmen will, dass sie Wulfar vor seiner erzbischöflichen Zeit anvertraut wurden.

806 beschäftigte sich Karl der Große grundsätzlich mit den Geiseln. In jenem Jahr erließ er nämlich ein Gesetz über die nach seinem Tode vorzunehmende Teilung des Reichs unter drei seiner Söhne. Das Gesetz, das unter dem Namen *Divisio regnorum* läuft, wurde gegenstandslos, da nur Ludwig der Fromme den alten Kaiser überlebte. Jedenfalls bestimmte Karl im Abschnitt 13: „Den Geiseln, die als Sicherheit gestellt und von uns über verschiedene Orte zur Verwahrung verteilt worden sind, soll derjenige König, in dessen Reich sie sich befinden, nicht ohne Zustimmung desjenigen Bruders, aus dessen Reich sie stammen, die Rückkehr in ihre Heimat erlauben. Vielmehr sollen die Brüder in Zukunft einander bei der Aufnahme von Geiseln unterstützen, wenn ein Bruder es von einem anderen in nachvollziehbarer Weise verlangt."³⁵³

Wir haben gesehen, dass auch nach dem Tode Karls des Großen Leute, die aus Sachsen weggeführt worden waren, in der Fremde umherirrten. Die Nachrichten über die Geiseln und die anderen Verschleppten lassen mitunter die Schicksale einzelner Menschen, sogar von Kindern vor unseren Augen erscheinen. Schon deshalb sind die betreffenden Quellen wertvoll.

9.2.8 Der angebliche Friede von Salz

Zwischen 888 und 891 hat sich die Sage des Endes der Sachsenkriege bemächtigt, sofern wir mit diesem Wort die verkehrte Schilderung der Vergangenheit bezeichnen: Während jener Jahre machte ein namentlich nicht bekannter Verfasser Karl den Großen zum Gegenstand eines erzählenden Gedichts in lateinischer Sprache. Das Werk besteht aus beinahe dreitausend Versen. Sein Schöpfer wirkte vielleicht im Kloster Corvey oder in Paderborn.

Er wurde von der neuzeitlichen Wissenschaft einfach der Poeta Saxo („der Sächsische Dichter") genannt.

Der Poeta Saxo hat über weite Teile seines Werkes Mitteilungen der Einhardannalen in Hexametern und „elegischen Distichen" wiedergegeben. Es herrscht die Meinung, dass ihm für die Zeit von 802 bis 813 Jahrbücher vorgelegen hätten, die nicht überliefert sind.

Über den künstlerischen Wert seines Tuns braucht man keine Worte zu verlieren. Auch darf man nicht erwarten, in einem derartigen Werk Angaben über die beschriebene Zeit zu finden, die sonst unbekannt sind. Erzeugnisse wie die Karlsdichtung des Poeta Saxo erlauben jedoch Einblicke in ihre Entstehungszeit sowie Rückschlüsse auf die Absichten des Verfassers und seine geistige Umwelt.

Der Poeta Saxo hat gewiss für Arnulf „von Kärnten" (reg. 887–899), einen Ur-urenkel Karls des Großen, und vielleicht geradezu in seinem Auftrag geschrieben, denn er nimmt auf den neuen König ausdrücklich Bezug und preist ihn als den Erneuerer, von dem die Wiederherstellung des Reichs zu erwarten ist.[354]

Was die Schilderung des Krieges gegen die Sachsen angeht, so sieht der Dichter die Güte Gottes am Werk, indem Karl der Große „als Lehrer des Glaubens" das widerspenstige Sachsengeschlecht mit Gewalt zum Christentum brachte. Es wirkt besonders geschmacklos, dass dieses Lob der göttlichen Vorsehung im Zusammenhang mit der Wiedergabe der Nachricht erfolgt, Karl habe in Quierzy den Entschluss gefasst, die Sachsen entweder zu Christen zu machen oder auszurotten.[355] Eine solche Umdeutung der Vergangenheit lässt sich auch bei anderen literarischen Werken beobachten, die in Sachsen entstanden sind.[356]

Für die Ereignisgeschichte ist der Poeta Saxo nun deshalb von Bedeutung, weil er erzählt, Karl der Große habe mit den Sachsen zu Salz an der fränkischen Saale (nö. Bad Kissingen) Frieden geschlossen, und zwar im Jahre 803. Die Nachricht ist offensichtlich falsch, hat aber bei einigen Historikern Glauben gefunden.

Die Geschichtswissenschaft darf sich nicht mit der Feststellung begnügen, dass der Verfasser einer Quelle etwas Falsches geschrieben hat, sondern muss auch darlegen, wie er dazu kam, dieses Verkehrte zu behaupten. Zu diesem Zweck haben wir die Mitteilungen des Poeta Saxo über den angeblichen Frieden näher zu betrachten:

Der Dichter führt Folgendes aus: Karl der Große habe sich nach Salz begeben. Dort sei der gesamte sächsische Adel versammelt worden; und man habe den Frieden auf der Grundlage geschlossen, dass die Sachsen das Heidentum fahren ließen und Christen würden.

Nun wird es interessant: Nach dem Poeta Saxo sei zugleich vereinbart worden, dass die Sachsen den fränkischen Königen (Mehrzahl!) keinen Zins und keine sonstigen Abgaben zu zahlen hätten. Nur den Kirchenzehnten sollten sie entrichten sowie den Bischöfen und der Geistlichkeit gehorsam sein.[357] Man könnte meinen, der angebliche Vertrag sei zwischen den Sachsen und den Bischöfen geschlossen worden.

Dann folgen verräterische Verse: Wem das nicht glaubwürdig erscheine – sagt der Dichter – der solle Einhards Lebensbeschreibung Karls des Großen lesen. Eine merkwürdige Aufforderung! Wieso bedarf es plötzlich der Berufung auf einen Zeugen? Wie schon gesagt, sind Wahrheitsbeteuerungen ein Merkmal der Lüge. Der Poeta Saxo erweist sich obendrein als ein Lügner von besonderer Unverschämtheit. In Einhards Lebensbeschreibung Karls des Großen steht nämlich nichts von einem Frieden zu Salz und erst recht nichts davon, dass dort die Zahlung von Abgaben geregelt worden wäre. Offensichtlich verließ sich der Verfasser darauf, dass die Leser seines Gedichts nicht auf den Gedanken kommen würden, die Angaben zu überprüfen.

Nun haben im Jahre 803 zu Salz an der fränkischen Saale tatsächlich Verhandlungen über einen Frieden stattgefunden – nur nicht mit den Sachsen: An dem bewussten Ort empfing Karl der Große Gesandte des Kaisers aus Konstantinopel, denen der Entwurf eines Friedensvertrages ausgehändigt wurde, wie wir aus mehren Quellen wissen.[358]

Die Reichsanalen berichten regelmäßig von Friedenschlüssen oder Bemühungen, einen Frieden zu erreichen. Man bedenke, dass Karl der Große das Wort „der Friedbringende" (*pacificus*) in seinem Titel führte. Es wäre völlig unbegreiflich, dass sie einen mit den Sachsen förmlich geschlossenen Friedensvertrag verschwiegen hätten und zumal dann, wenn er das Ende des langwährenden Krieges gebracht hätte. Karl der Große konnte mit den Sachsen aber gar keinen Frieden schließen, weil er sie mindestens seit 778 nur noch als Aufrührer ansah.

Der Poeta Saxo hat den Frieden von Salz zu dem Zweck erdichtet, die Unrechtmäßigkeit von Leistungen nachzuweisen, die von sächsischen Grundherren unter Berufung auf königliche Verfügungen eingefordert wurden. Dabei ist vor allem an geistliche Grundherren zu denken.

9.3 Sachsen in der Spätzeit Karls des Großen

Die Ereignisse des Jahres 804 gehen über die Grenzen Sachsens hinaus. In Hollenstedt hatte Karl der Große sowohl mit Abgesandten des dänischen Königs verhandelt als auch die abodritischen Verhältnisse geregelt. 805 entsandte der Kaiser drei Heeresgruppen nach Böhmen. Eine davon bestand aus Sachsen. Die Leitung des Feldzuges hatte sein gleichnamiger Sohn. 806 ging der jüngere Karl nochmals über die Elbe.

Wegen der Feldzüge der beiden Jahre und aus Gründen, die mit ihnen zusammenhängen, sind Orte ins Licht der Überlieferung getreten, die im östlichsten Sachsen lagen, vor allem Magdeburg und Halle. Magdeburg wurde während jener Zeit gleich dreimal erwähnt. Am bekanntesten ist die Nennung des Ortes in einem Diedenhofener Kapitular. Dieses Schriftstück hat seine Bezeichnung von der neuzeitlichen Wissenschaft erhalten, und zwar deswegen, weil die Bestimmungen, die es enthält, offensichtlich im Winter 805/806 zu Diedenhofen (franz. Thionville) ergangen sind.

Ein Abschnitt regelt den Handelsverkehr mit den Wenden und Awaren längs der Ostgrenze Grenze des Karlsreichs nördlich der Alpen. Es heißt da: „Was die Händler angeht, die zu den Wenden und Awaren ziehen, (so wird verfügt,) dass sie mit ihren Waren folgende Orte aufsuchen müssen: In Sachsen Bardowick, wo *Hredi* die Aufsicht führen soll, und *Schezla*, wo Madalgaud die Aufsicht führen soll, und Magdeburg, wo *Aito* die Aufsicht führen soll ..." Weiter geht es mit Erfurt und anderen Orten, bis Lorch an der Ens (nach heutigen Begriffen in Österreich) erreicht ist.

Sachsen ist das einzige Land, dessen Name in dieser Aufzählung vorkommt. Es wird also nicht klar, welche Orte außer Bardowick der Schreiber zu Sachsen gerechnet hat. *Schezla* hat sich bisher nicht bestimmen lassen. Es mag sein, dass der Name völlig verballhornt ist. In anderen Handschriften lautet er *Kesla, Skerba* oder *Skesba*.

Die Überlieferung der Männernamen *Hredi* und *Aito* ist gleichfalls unsicher. Statt *Aito* haben einige Handschriften *Atto/Hatto*.

Wahrscheinlich wurden die Orte nicht aufgeführt, weil sie Grenzposten des fränkischen Reichs bildeten, sondern weil sie Stapelplätze oder vielleicht auch Zolleinnahmestellen waren.[359]

Bemerkenswerter als das Diedenhofener Kapitular sind die Mitteilungen der Chronik von Moissac (nw. Toulouse, an der

Garonne). Das tief im Süden Frankreichs entstandene Geschichtswerk aus dem 9. Jh. weist eine erstaunliche Kenntnis sächsischer Örtlichkeiten auf. So erfahren wir, dass neben den drei Heeresgruppen im Jahre 805 auch eine Flotte die Elbe hinauf bis nach Magdeburg gefahren ist. Zum Jahre 806 teilt die Chronik mit, der jüngere Karl habe sein Heer „in Thüringen bei *Waladala*" versammelt und seine Truppen teils über die Elbe, teils über die Saale vorrücken lassen. Den Ort hat man als Waldau, die Vorstadt Bernburgs links der Saale, gedeutet. Ferner gibt das südfranzösische Geschichtswerk an, dass der jüngere Karl zwei Burgen habe bauen lassen, „eine auf der Nordseite der Elbe gegenüber Magdeburg, die andere aber östlich der Saale bei einem Ort namens Halle."[360] Die Reichsannalen sprechen zwar, davon dass zwei Befestigungen angelegt worden seien, eine über dem Ufer der Saale, die andere an der Elbe. Die Orte, wo das geschehen ist, nennen sie nicht.

Wie wertvoll die Angaben der Chronik von Moissac sind, wird klar, wenn man sich vergegenwärtigt, dass Magdeburg erst wieder 936 erwähnt wird und Halle gar erst im 11. oder 12. Jh.

Kriegszüge, die von Sachsen aus über die Elbe gingen und an denen sächsische Truppen beteiligt waren, haben auch während der Jahre 808 und 809 stattgefunden. Wie schon erwähnt, begab sich Karl der Große 810 noch einmal in das Land. Damit unternahm er seinen letzten Feldzug überhaupt. Die Veranlassung war schlimm genug und ließ künftiges Unheil ahnen: Eine dänische Flotte hatte die friesischen Küsten heimgesucht, die Friesen in mehreren Gefechten geschlagen und ihnen schwere Zwangsabgaben auferlegt. Wie in alten Tagen überschritt der Kaiser den Rhein an der Lippemündung. Dort erwartete er die übrigen Truppen. Hier trat ein Unglück besonderer Art ein, das die Reichsannalen und mehrere andere Jahrbücher eigens verzeichnen: Es verendete der Elefant, den der Kaiser seinerzeit vom Kalifen Harun al Raschid als Geschenk erhalten hatte.

Weiter ging der Marsch zur Mündung der Aller in die Weser, wo 782 das Strafgericht unseligen Angedenkens stattgefunden hatte. Dort erwartete man den weiteren Gang der Dinge. Angeblich hatte sich der dänische König vermessen, gegen den Kaiser eine offene Feldschlacht zu wagen. Ja, er sah Friesland und Sachsen bereits als Bestandteile seines Reichs an – behauptete jedenfalls Einhard später in Karls Lebensbeschreibung. Doch kam es zu keinem Kampf, denn die dänische Flotte war schon zurückgekehrt; und der König Gottfried wurde von einem seiner Leute ermordet.

Doch rissen die Unglücksbotschaften nicht ab: Die Befestigung *Hohbuoki* an der Elbe, die mit einer „ostsächsischen" Besatzung unter dem Befehl eines Mannes namens Odo versehen war, wurde von den Wilzen erobert. Den Platz glauben einige Forscher in Höhbeck (Kr. Lüchow – Dannenberg) ausgegraben zu haben.[361] Doch gilt anderen die Anlage als römerzeitlich.[362]

Der Feldzug muss durch eine Tierkrankheit (die Maul- und Klauenseuche?) schwer beeinträchtigt worden sein. Zu einem Heer gehörten nicht nur Pferde, sondern auch Rinder. Diese wurden während eines Feldzuges zu zwei verschiedenen Zwecken verwendet: Erstens zogen Ochsen die Wagen des Trosses; zweitens nahmen die Truppen Rinderherden als Schlachtvieh mit. Die Reichsannalen bemerken ausdrücklich, dass „fast keines" der Rinder überlebte. Man muss sich fragen, inwiefern das Heer dann überhaupt noch bewegungsfähig war und wie es sich ernährte.

Die letzte Meldung der Reichsannalen, die Sachsen während der Regierungszeit Karls des Großen berührt, stammt aus dem Jahre 813 und steht abermals im Zusammenhang mit dänischen Angelegenheiten: Von der Reichsversammlung, die (im September des Jahres) in Aachen tagte, wurden sechzehn fränkische und sächsische Große über die Elbe ins Grenzland an einen vereinbarten Ort geschickt, um mit den Dänen Frieden zu schließen. Leider wissen wir nicht, nach welchen Gesichtspunkten die einen Großen zu den Franken und die anderen zu den Sachsen gerechnet wurden. Vermuten darf man, dass die Einteilung nach dem Recht erfolgte, „nach dem die Leute lebten" – wie der mittelalterliche Fachausdruck lautete. Darüber werden wir im nächsten Abschnitt mehr hören.

Im 11. Jh. wurde Karl dem Großen die Schöpfung des *Limes Saxoniae* zugeschrieben, worunter einige Forscher eine lineare Grenze zwischen den Sachsen und den Wenden verstehen, die der Kaiser im Jahre 810 habe vermessen und festsetzen lassen.[363]

9.4 Karls des Großen Gesetzgebung für Sachsen

9.4.1 Vorbemerkungen

Wir haben uns hier mit drei Schriftwerken zu beschäftigen. Das sind: 1. die *Capitulatio de partibus Saxoniae*, 2. das *Capitulare Saxonicum* und 3. die *Lex Saxonum*, wie sie gewöhnlich genannt werden. Die unter 1. und 3. genannten Überschriften können sich auf die handschriftliche Überlieferung stützen. Der Titel *Capitulare Saxonicum* ist zur Gänze eine Erfindung der neuzeitlichen Wissenschaft.

Will man die Überschriften auf deutsch wiedergeben, so könnten sie lauten: 1. „Das Sachsen betreffende Kapitular," 2. „Das sächsische Kapitular" und 3. „Das sächsische Recht." Nr. 1 und 2 gehören also der Gattung der Kapitularien an., Nr. 3 einer Gattung, über die gleich mehr zu sagen ist.

Unter den Kapitularien im engeren Sinne versteht die Geschichtswissenschaft Erlasse der karolingischen Hausmeier und Könige. Die Zeitgenossen haben die betreffenden Verfügungen im Allgemeinen nicht *capitularia* genannt. Dagegen hat die neuzeitliche Wissenschaft die Bedeutung des Wortes sehr ausgeweitet, so dass sogar Schriftstücke wie das oben behandelte Verzeichnis der sächsischen Geiseln zu den Kapitularien gerechnet werden.

Im 9. Jh. sind private, aber keine amtlichen Sammlungen königlicher Erlasse angefertigt worden. Es ist zu vermuten, dass die Sammler dabei auch Aufzeichnungen erfasst haben, die überhaupt keine Verfügungen darstellten, sondern Schriftstücke aus dem Geschäftsgang waren. Man kann an Mitschriften einzelner Teilnehmer von Beratungen denken, natürlich geistlicher Teilnehmer. Ebenso dürften in die Sammlungen des 9. Jhs. Entwürfe von Beschlüssen geraten sein, von denen niemand zu sagen weiß, ob sie jemals in Kraft getreten sind.

Was die *Lex Saxonum* angeht, so gehört sie zu einer Gattung von Schriftwerken, die man früher gewöhnlich Volks- oder Stammesrechte nannte. Heute ist diese Bezeichnung weitgehend außer Gebrauch gekommen. Jetzt spricht man vielfach von *Leges Barbarorum*, „Barbarenrechten," oder einfach von *Leges*.

Ich nenne die betreffenden Schriftwerke „die frühmittelalterlichen Rechtsbücher" im Unterschied zu den hoch- und spätmittelalterlichen Rechtsbüchern wie dem Sachsenspiegel des Eike von Repgow, welches Werk zwischen 1220 und 1235 entstanden ist.

Der Bezeichnung *Volks-* oder *Stammesrecht* lag die Auffassung zugrunde, dass jedes Volk oder jeder Stamm sein eigenes Recht gehabt habe. Dieser Gedanke hat insofern seine Berechtigung, als die Frauen und Männer des Frühmittelalters jeweils „nach einem bestimmten Recht lebten," wie der Fachausdruck lautete. Die eine Person lebte zum Beispiel nach bairischem Recht, die andere nach schwäbischem usw. Auf dieser Grundlage konnte man Baiern, Schwaben usw. unterscheiden.

Nur ist die frühmittelalterliche Rechtszugehörigkeit mit der Volkszugehörigkeit im neuzeitlichen Verständnis auf keinen gemeinsamen Nenner zu bringen: Wenn etwa ein Mann, der nach burgundischem Recht lebte, eine Sklavin („Unfreie") heiratete, wurde er zum Sklaven des Eigentümers der Frau. Der Herr konnte das Ehepaar freilassen. Geschah das nach einem römischen Rechtsbrauch, so wurden die Eheleute zu Personen, die nach römischem Recht lebten. Der ehemalige Burgunder wurde somit zum Römer. Der Herr hätte das Ehepaar auch nach salischem Recht freilassen können. Dann wäre der Mann zum Franken geworden. Nach unserem Verständnis hat sich an seiner Volkszugehörigkeit in beiden Fällen nichts geändert.

Man darf sich nicht vorstellen, dass die frühmittelalterliche Rechtsbücher allumfassende Regelungen hätten geben wollen. Sie beschäftigten sich nur mit bestimmten Fragen. Wichtiger als das aufgezeichnete Recht blieb immer das geltende; und das war das mündlich überlieferte. Wenn in den Quellen auf eine *Lex* Bezug genommen wird, braucht damit also keineswegs eines der frühmittelalterlichen Rechtsbücher gemeint zu sein. Das trifft auch auf das sächsische Recht zu: So bezieht sich die Capitulatio de partibus Saxoniae in ihrem Abschnitt 33 auf die Lex Saxonum. Nach der Meinung der Mehrzahl der Gelehrten gab es das Rechtsbuch namens *Lex Saxonum* noch gar nicht, als die Capitulatio erlassen wurde. *Lex Saxonum* meint hier also „das bei den Sachsen geltende Recht."

Beim Umgang mit Gesetzen und anderen Bestimmungen muss man sich vor dem Schluss hüten, dass die Wirklichkeit den Vorschriften hätte folgen müssen. In der Weltgeschichte ist allerhand angeordnet oder verboten, verfügt oder untersagt worden, worum kein Mensch sich jemals gekümmert hat. Das gilt auch für die Zeit Karls des Großen. Der Kaiser selbst beklagte sich am Ende seines

Lebens öffentlich, weil seine seit vielen Jahren erlassenen Verfügungen mit Missachtung gestraft worden waren.[364]

Oftmals erlauben Gesetze und Verordnungen jedoch Schlüsse auf zwei Dinge: Erstens auf die Absichten des Gesetzgebers und zweitens auf die Verhältnisse, mit denen er sich auseinander zu setzen hatte. Darüber hinaus gewähren die frühmittelalterlichen Rechtsbücher an manchen Stellen Einblicke in das Alltagsleben.

9.4.2 Die Capitulatio de partibus Saxoniae

Dieses Gesetz ist in nur einer Handschrift überliefert. Wie schon erwähnt, findet sich dort auch sein Titel. Aber in Wirklichkeit lautet er nicht so, wie er in den wissenschaftlichen Darstellungen angegeben wird, sondern grammatisch fehlerhaft, ja unverständlich: *Capitulatio de partibus Saxoniae constitutae sunt*.[365] Man ist geneigt, folgende Textverbesserung anzubringen: *Capitula quae de partibus Saxoniae constituta sunt*:[366] „Bestimmungen, die Sachsen betreffen."

Das Wort *Capitulatio* ist ungewöhnlich. Es scheint nördlich der Alpen sonst nicht gebräuchlich gewesen zu sein. *Partibus Saxoniae* bildet eine Wortgruppe, die in den erzählenden Quellen häufig vorkam, bevor infolge Lateinreform Karls des Großen unklassische Ausdrücke gemieden wurden. *Partibus Saxoniae* bedeutet dasselbe wie *Saxonia*, nämlich ‚Sachsen' (als Ländername).

Die Gelehrten sind sich uneins, aus welchem Jahr die Capitulatio stammt. Die Zeitansätze schwanken zwischen 775 und 803.[367] Mit Vorliebe wird vorausgesetzt, dass die Verfügung während einer der Reichsversammlungen erlassen wurde, die Karl der Große auf dem Boden Sachsens abhielt. Dabei genießt das Jahr 782 die besondere Gunst der Forscher.

Es ist nicht einzusehen, warum diese Voraussetzung gelten soll. Das Capitulare Saxonicum wurde nachweislich nicht auf dem Boden Sachsens beschlossen, sondern in Aachen. Was zwingt uns zu der Annahme, dass es bei der Capitulatio anders gewesen sein müsse?

Andere Datierungsversuche stützten sich darauf, dass das Gesetz Bischöfe erwähnt. Der erste Bischof für Sachsen wurde 787 geweiht. Es war Willehad. Demnach kann man folgern, dass die Capitulatio nicht vor jenem Jahr ins Leben getreten sein könne. Hiergegen ist wiederum eingewendet worden, es könnten fremde Bischöfe gemeint sein, die mit einem Heer Karls des Großen im Lande weilten. Der Einwand wirkt aber nicht recht überzeugend, weil es doch nicht das Ziel der Capitulatio war, für die Dauer eines Feldzugs zu gelten.

Für einen späteren Ansatz als 782 könnte außerdem ins Feld geführt werden, dass das Gesetz die Einführung des Zehnten bestimmte. Wir haben gesehen, dass Alkuin 796 den Abfall der Sachsen vom wahren Glauben auf diese Maßnahme zurückführte. Zwischen der Einführung des Zehnten und dem Aufruhr, den sie auslöste, dürfte kein allzu großer Zeitraum gelegen haben.

Gewöhnlich meint man auch, dass die Capitulatio älter gewesen sein müsse als das 797 ergangene Capitulare Saxonicum, weil dieses Gesetz die Bestimmungen der Capitulatio mildere. Dagegen ist vorgetragen worden, dass das Capitulare Saxonicum andere Dinge regele als die Capitulatio und folglich gar keine ihrer Bestimmung habe mildern können oder wollen.[368]

Nun wird man zwar zugeben müssen, dass dem Buchstaben nach das Capitulare Saxonicum keine Bestimmung der Capitulatio aufgreift. Seine Strafvorschriften sind jedoch weniger streng. Zum Beispiel belegt es die Tötung eines Königsboten nur mit einem Sühnegeld. Dagegen wurde in der Capitulatio schon die Tötung eines Diakons mit der Todesstrafe bedroht. Nur sei bemerkt, dass die Annahme in der Luft hängt, Karl der Große sei im Verlaufe der Sachsenkriege von zunehmend milderer Stimmung erfüllt worden. Folglich bilden mäßige oder strenge Strafen einen schwachen oder gar keinen Grund für einen Zeitansatz.

Wen die Anhaltspunkte für eine frühere Datierung nicht überzeugen, kann die Verfügung folglich in die Zeit nach 797 setzen.[369]

Das eigentliche Übel bei der Capitulatio de partibus Saxoniae liegt anderswo: Es ist fraglich, ob das Schriftstück, das wir unter dieser Überschrift lesen, überhaupt einen einheitlichen Erlass gebildet hat. Möglicherweise ist es nachträglich aus zwei verschiedenen Vorschriften zusammengefügt worden.[370]

Auch wenn die Capitulatio ein einheitliches Gesetz dargestellt hat, enthält sie Teile, die für das Reich Karls des Großen insgesamt gegolten haben. Das sind zumindest die Abschnitte, die von den Grafen handeln (24–31) sowie der Abschnitt 32, der Eidesleistungen regelt.

Da es uns nicht darum geht, die Rechtsordnung im Karolingerreich insgesamt zu betrachten, werden wir uns auf die Abschnitte beschränken, die sich ausdrücklich auf Sachsen beziehen. Außer der Überschrift erscheint der Name des Landes nur im Artikel 1 und der seiner Bewohner in den Artikeln 8, 22, 33 und 34.

An diesen vier Stellen tritt der Name der Sachsen dreimal in der ungewöhnlichen Genitivform *Saxonorum/Saxanorum* auf, die einen romanischen Schreiber vermuten lässt, der mit dem amtlichen Sprachgebrauch nicht vertraut war. Im amtlichen (und richtigen) Sprachgebrauch müsste die Form *Saxonum* heißen. Nur diese kommt in den Reichsannalen vor.

Aus dem jeweiligen Zusammenhang ergibt sich, dass auch die Abschnitte 2 bis 7 und 9 bis 23 auf Sachsen zielen, obwohl sie den Namen nicht nennen. Nur folgt daraus nicht, dass alle in diesen Abschnitten enthaltenen Regelungen erst durch sächsische Gegebenheiten verursacht worden wären.

In Abschnitt 1 steht, dass die Kirchen, „die jetzt in Sachsen gebaut werden," höhere Ehren genießen sollen, als es den heidnischen Heiligtümer eigen war. Diese Aussage hat der Schreiber der Handschrift anscheinend als das verstanden, was in heutigen Gesetzen die Präambel genannt wird. Er beginnt die Abschnittszählung nämlich erst mit dem folgenden Absatz. Die Herausgeber haben das verändert.[371] Damit keine Verwirrung entsteht, folgen wir der Zählung der Drucke.

Der Artikel 2 bestimmt, dass die Kirchen als Zufluchtstätten zu dienen haben: Dem Missetäter, der in ihnen Asyl sucht, wird Leib und Leben zugesichert.

Die Artikel 3 bis 13 drohen die Todesstrafe für folgende Verbrechen an: Einbruch in eine Kirche und Diebstahl oder Raub dort befindlicher Dinge sowie Inbrandsetzung einer Kirche (Art. 3). Fleischverzehr während der vierzigtägigen Fastenzeit. Jedoch hat der Priester dabei zu beachten, ob der Verzehr aus Not geschehen ist (Art. 4). Tötung eines Bischofs, eines Priesters oder eines Diakons (Art. 5). Verbrennung von Zauberern und Zauberinnen sowie Verzehr ihres Fleisches (Art. 6, dazu oben S. 160f.). Feuerbestattung (Art. 7). Vermeidung der Taufe, also Verharren im Heidentum (Art. 8). Menschenopfer (Art. 9). Es geht weiter:

„Wenn einer mit Heiden einen Plan gegen Christen aushekct oder mit ihnen in Feindschaft gegen die Christen verharren will, werde er mit dem Tode bestraft; und wer einem solchen Tun mit arger List gegen den König und das Christenvolk (*gens Christianorum*) zustimmt, werde mit dem Tode bestraft" (Art. 10).

Schließlich folgen: Untreue gegen den König (Art. 11). Raub der Tochter des Herrn (Art. 12). Tötung des Herrn oder der Herrin (Art. 13).

Bemerkenswert ist nun der Artikel 14, der folgendermaßen lautet: „ Wenn aber einer, der diese todeswürdigen Verbrechen unerkannt begangen hat, aus freien Stücken bei einem Priester Zuflucht sucht, ihm beichtet und Buße tun will, so soll auf das Zeugnis des Priesters hin die Todesstrafe nicht verhängt werden."

Es hat verschieden Versuche gegeben, die Grausamkeit der Bestimmungen hinwegzudeuten: Sie hätten gewissermaßen nur dazu gedient, dem Einfluss der Kirche Raum zu geben. Zum Beispiel habe man nach einem todeswürdigen Verbrechen zu einem Priester fliehen können.[372]

Dass das Ansehen der Kirche durch das ihr zufallende Asylrecht gefördert werden sollte, ist unstrittig. Nur wird damit nicht der Blutdurst aus der Welt geschafft, der daraus spricht, einen Verstoß gegen das Fastengebot mit dem Tode bestrafen zu wollen. Auch konnte das Einschreiten der Priester einen Verbrecher nur dann vor der Hinrichtung bewahren, wenn er seine Übeltat gebeichtet hatte, bevor er ihrer überführt wurde. Das führt zu rechtlichen Schwierigkeiten: Damit eine Tötung als Totschlag und nicht als Mord angesehen wurde, durfte sie nach den frühmittelalterlichen Rechtsvorstellungen gerade nicht verhehlt werden. Auch steht ja nicht in der Capitulatio, dass Leute, die gegen das Fastengebot verstoßen hätten, straffrei geblieben wären, wenn sie ihr Vergehen einem Priester offenbarten. Sie sollten bloß der Todesstrafe entgehen.

Eine weitere Frage ist die, wer von den Strafandrohungen des Artikels 11 betroffen wird. Dem König untreu werden kann nur jemand, der seiner Herrschaft unmittelbar unterworfen ist. Der königlichen Herrschaft unmittelbar (und nicht durch einen Zwischenherrn) unterworfen zu sein war im Frühmittelalter ein Kennzeichen der Freiheit. Ohne dass wir an dieser Stelle klären wollen, wer alles zu den Freien zählte, steht außer Zweifel, dass die Oberschicht dazu gehörte. Die Strafandrohung des Artikels 11 richtete sich also nicht gegen Angehörige der Unterschichten.

Befremdlich wirken in einem Ausnahmegesetz die Artikel 12 und 13: Sie bedrohen die Gewalttaten gegen den Herrn mit der Hinrichtung. Dass derartige Verbrechen Unfreier mit der Todesstrafe geahndet wurden, gehörte zum alltäglichen Rechtsverständnis und bedurfte keiner königlichen Rechtssetzung. Wenn wir Beda dem Ehrwürdigen glauben dürfen, sind die sächsischen Großgrundbesitzer schon hundert Jahre vor Karl dem Großen aus geringeren Anlässen mit äußerster Härte gegen ihre Hintersassen eingeschritten. Warum sollte der König also Selbstverständliches festsetzen?

Eine Lösung der Schwierigkeit liegt in der Annahme, dass es sich bei den hier gemeinten Herren nicht um Herren von Unfreien oder Liten handelte, sondern um Herren von Vasallen („Lehensleuten") und folglich um Amtsträger des Königs, die besonders geschützt werden sollten.

Ein anderer Ausweg legt folgende Voraussetzung zugrunde: Die Lex Saxonum kannte in ihrem § 64 ein Rechtsverhältnis, bei dem sich ein Freier im Schutz eines Edlen befand. Einige Forscher haben deshalb die Ansicht geäußert, die Herren der Artikel 12 und 13 der Capitulatio seien solche Schutzherren gewesen.

Hält man aber daran fest, dass bei den betreffenden Männern doch an Herren Unfreier oder Liten zu denken ist, so kann man unter Heranziehung des Abschnitts 8 des Sächsischen Kapitulars mit aller gebotenen Vorsicht eine Vermutung äußern, warum der König doch veranlasst sein mochte, eigens und noch dazu in einem Ausnahmegesetz die Herren vor ihren Knechten zu schützen: Es ist denkbar, dass Angehörige der Unterschichten glaubten, auf eigene Faust gegen hochgestellte Feinde Karls des Großen vorgehen zu können. Der König mag wie andere Herrscher zu anderen Zeiten geargwöhnt haben, dass in solchen Ausschreitungen der Keim zum allgemeinen Aufruhr steckte, und sie deswegen unterbunden haben. Der Stellingaaufstand sollte zeigen, dass solche Befürchtungen grundsätzlich berechtigt waren.

Die Artikel 15 bis 23 der Capitulatio beschäftigen sich mit kirchlichen Angelegenheiten: Jede Kirche soll mit einem Wirtschaftshof und zwei Hufen ausgestattet werden, die ihr die Bewohner des Pfarrbezirks zu überlassen haben. Jeweils 120 dieser Leute, und zwar Angehörige aller drei Stände haben an ihre Kirche einen Knecht und eine Magd abzugeben (Art. 15). Von sämtlichen Abgaben, die an den König fallen (Geldbußen, Geldstrafen u. ä.), soll der zehnte Teil an die Kirchen und die Priester gehen (Art. 16). Die Angehörigen aller drei Stände haben von ihrem gesamten Vermögen und Einkünften den Zehnten zu leisten (Art. 17).

An den Sonntagen sollen nur ausnahmsweise öffentliche Versammlungen stattfinden. Vielmehr haben die Leute die Kirche zum Gottesdienst aufzusuchen. Dasselbe gilt für die hohen Feiertage (Art. 18).

Die Kinder sind während ihres ersten Lebensjahres zu taufen. Wer dem Gebot ohne Genehmigung des Priesters nicht nachkommt, hat eine Geldbuße zu entrichten: Der Edle zahle 120 Schillinge, der Freie 60, der Lite 30 (Art. 19).

In entsprechender Weise werden Verstöße gegen die kirchlichen Ehevorschriften mit Bußen von 60, 30 und 15 Schillingen geahndet (Art. 20. Zur Erläuterung: Die Kirche verbot die Ehen auch zwischen entfernteren Verwandten).

Geldbußen in derselben Höhe treffen die Leute, wenn sie heidnische Bräuche üben (Art. 21).

„Wir befehlen, dass die Leichen der christlichen Sachsen auf die Kirchhöfe gebracht werden und nicht zu den Hügeln der Heiden" (Art. 22). Auch dieser Abschnitt dürfte sich eher gegen die sächsische Oberschicht als gegen die gewöhnliche Bevölkerung gerichtet haben: „In der germanischen Welt war das Hügelgrab nach allem zu urteilen fast ausschließlich sozial besonders hochstehenden einzelnen Persönlichkeiten vorbehalten".[373] Die Art der Bestattung und das damit verbundene Leichenbegängnis brachten den Führungsanspruch der Verwandten des Toten zum Ausdruck. Möglicherweise stehen die im Abschnitt 9 verbotenen Menschenopfer im Zusammenhang mit Totenfeiern.[374] Dass Sklaven oder auch andere Personen am Grab hochgestellter Leute getötet und ihre Leichen sozusagen als Beigaben bestattet wurden, war ein Brauch, der als solcher durch schriftliche Quellen und durch Ausgrabungen bezeugt ist.[375] Daraus ist nicht abzuleiten, dass er in Sachsen um 770 gang und gäbe gewesen oder überhaupt vorgekommen wäre. Wir haben schon bei der Behandlung des altsächsischen Heidentums darauf hingewiesen, dass die karolingische Gesetzgebung Handlungen verbot, von denen sie annahm, sie wären bei Heiden im Allgemeinen üblich, ohne dass die Gesetzgeber sich darum gekümmert hätten, ob die Bräuche in Sachsen wirklich vorkamen. Grabhügel scheinen während des 8. Jhs. in Sachsen eine Seltenheit gewesen zu sein.[376] Vielleicht ist unser Deutungsaufwand auch übertrieben. Es kann nämlich sein, dass das Wort *tumulus*, das wir als ‚Grabhügel' verstehen, im Latein jener Zeit einfach ‚Grab' bedeutet hat.[377]

Hellseher und Wahrsager sollen den Kirchen und Priestern übergeben werden (Art. 23).

Von den Bestimmungen, die mit dem Abschnitt 15 beginnen und mit dem Abschnitt 32 aufhören, sind nur die der Artikel 15, 16, 22 und vielleicht 19 eigens durch die Einführung des Christentums in Sachsen verursacht. Die anderen Vorschriften dieses Teils der Capitulatio, greifen Bestimmungen auf, die anderswo und eher niedergeschrieben worden waren, auch der Artikel 21 mit seiner Schilderung heidnischer Bräuche sowie der Artikel 23.[378] Es werden also geltende Vorschriften auf Sachsen übertragen. Dass die Höhe der Bußgelder und die Art der Ständegliederung den Verhältnissen des Landes folgt, versteht sich von selber.

Bußgelder und Wergelder waren im Allgemeinen von dem Recht abhängig, nach dem die Leute lebten. (Zum Begriff des Wergelds siehe unten, S. 236f.)

Unserem Verständnis macht es Schwierigkeiten, die Artikel 1 bis 14 und die Artikel 15 bis 23 als zwei Teile eines Ganzen anzusehen. In den schweren Strafbestimmungen des ersten Teils waltet ein anderer Geist als in den Geboten des zweiten. Warum wird einer dann mit dem Tode betraft, wenn er im Heidentum verharrte, jedoch dann nicht, wenn er seine Kinder nicht taufen lässt und selber heidnische Handlungen vollzieht? Doch darf man vielleicht von Karl dem Großen und seinen Kronjuristen keine logische Durcharbeitung ihrer Verfügungen verlangen. Die Artikel 1 bis 23 mögen somit als eine gesetzgeberische Einheit hingehen. Für diese Ansicht wird man geltend machen, dass der Artikel 1 *maiora capitula* „besonders gewichtige Bestimmungen" ankündigt, der Artikel 15 jedoch *minora capitula* „weniger gewichtige Bestimmungen."

Anders sieht es jedoch mit den Artikeln 24 bis 32 aus: Sie lassen überhaupt keinen Bezug zu Sachsen erkennen und ebenso wenig zu religiösen Angelegenheiten. Vielmehr regeln sie die Obliegenheiten der Grafen und Einzelheiten des Rechtslebens. Nun wäre denkbar, dass Karl der Große, wie er in den Artikeln 17 bis 23 auf ältere Bestimmungen zurückgegriffen hat, ebenso in den Artikeln 24 bis 32 frühere und anderswo erlassene Verfügungen wiederholte. Diese Erklärung versagt jedoch.

Mehrere der Artikel 24 bis 32 stehen im Gegensatz zu den vorhergehenden Bestimmungen. So setzt der Artikel 30 fest, dass das Erbgut eines Mannes dem König zufallen soll, wenn der Mann einen Grafen getötet oder dessen Tod beschlossen hat. Hier ist von der Hinrichtung keine Rede, während (wie schon gesagt) im Artikel 5 die Tötung sogar eines Diakons mit dem Tode bestraft wird. Die Geldbußen in den anfänglichen Artikeln werden ständisch abgestuft, während sie in den Artikeln 24 bis 32 auf einheitliche Beträge festgelegt sind Auf diese Ungereimtheiten hat schon Lintzel aufmerksam gemacht und daraus geschlossen, dass die Artikel 24 bis 32 zu einem späteren Zeitpunkt ergangen sein müssen als die ersten 23, dass sie aber doch für Sachsen galten. Auf jeden Fall war Lintzel der Meinung, dass die Capitulatio in Wirklichkeit aus zwei Kapitularien besteht.

Der Artikel 33 legt fest, dass mit Meineidigen nach dem sächsischen Recht zu verfahren sei. Nun bestimmt die Lex Saxonum in ihren Abschnitte 21 und 22, dass, wer vorsätzlich einen Meineid schwört, enthauptet wird, und wer es fahrlässig tut, eine Hand verliert. Gemeint ist die Schwurhand. Solche Vorschriften bildeten keine sächsischen Besonderheiten. Bei der Berufung auf das sächsische Recht ist offensichtlich etwas anderes gemeint: Die karolingische Gesetzgebung bestimmte allgemein, dass der Meineidige außer dem Verlust der Hand auch eine Entschädigung zu leisten hatte, deren Höhe sich nach der Beschaffenheit der Sache richtete, um die es ging, und die nach dem örtlichen Herkommen festgesetzt wurde.[379] Der Eid diente im frühmittelalterlichen Gerichtsverfahren nicht dazu, die Richtigkeit einer Aussage zu bekräftigen, sondern einen Sachverhalt zu bezeugen: Wer zum Beispiel ein umstrittenes Stück Land als sein Eigentum beanspruchte, hatte mit einer vorgeschriebenen Anzahl von Eideshelfern zu beschwören, dass dieses Land ihm gehörte. Daraus ergab sich, dass es im mittelalterlichen Gerichtsverfahren einen großen Vorteil brachte, einen Eid leisten zu dürfen. Hatte die eine Partei geschworen, dann blieb der anderen oftmals nur der Ausweg, sie des Meineids zu überführen.

Der Artikel 34 der Capitulatio verfügte, dass sämtliche Versammlungen von Sachsen verboten sein sollten außer den ordentlichen Gerichtsverhandlungen, die der jeweilige Graf in seinem Amtsbereich durchführte. Über die Ausführung dieser Bestimmung sollten die Priester wachen. Ausnahmen waren nur dann zulässig, wenn ein Königsbote auf Befehl des Königs eine Zusammenkunft einberief.

Wir sind dieser Bestimmung schon im Zusammenhang mit der angeblichen Stammesversammlung von Marklo begegnet. Es sei wiederholt, dass Karl der Große keinen *generalis conventus*, keine Hauptversammlung der Sachsen verboten hat. Vielmehr untersagte er *generaliter conventus publicos* „öffentliche Zusammenkünfte überhaupt." Das Verbot traf *omnes Saxones*. Aus den erzählenden Quellen haben wir die Einsicht gewonnen, dass mit dieser Wortgruppe die maßgeblichen Leute bezeichnet wurden. Wenn es erlaubt ist, denselben Sprachgebrauch für die Capitulatio anzunehmen, richtete sich das Verbot gegen die Handlungsfreiheit der Oberschicht.

Nun steht der Artikel 34 im Widerspruch zum Artikel 18 der Capitulatio. Dieser untersagte nämlich nur an Sonntagen sowie an hohen Feiertagen die öffentlichen Zusammenkünfte und ließ obendrein Ausnahmen im Falle der Not und in Kriegszeiten (*hostilitas*) zu. Folglich bildete auch der Artikel 34 keinen Teil des Kapitulars, das aus den Abschnitten 1 bis 22 der überlieferten Textfassung bestand.

Da die Artikel 33 und 34 nicht mit dem ihnen vorangehenden Teil der Capitulatio zusammengehören, ergibt sich folgendes Bild: Was wir unter der Überschrift „Capitulatio de partibus Saxoniae" lesen, ist wohl nicht ein bestimmtes Kapitular, sondern ein Text, der aus mindestens drei unterschiedlichen Bestandteilen zusammengefügt worden ist: 1. aus einem Kapitular, das die Artikel 1 bis 23 des überlieferten Textes bildet, 2. aus einem Kapitular, das in Gestalt der Artikel 24 bis 32 erscheint, 3. aus zwei einzelnen Vorschriften, die als die Artikel 33 und 34 gezählt werden und die möglicherweise einem dritten Kapitular entstammen.

Das unter 2. fassbar werdende Kapitular muss zu einem anderen Zeitpunkt erlassen worden sein als das erste und galt mit einiger Wahrscheinlichkeit gar nicht für Sachsen.

Die Bestimmung, die als Artikel 34 der Capitulatio erscheint, ist nicht zum selben Zeitpunkt ergangen wie das erste Kapitular, sofern der Artikel 18 zum ursprünglichen Bestand dieses Kapitulars gehört hat.

Im Unterschied zu den (oder wenigstens zu den meisten) Kaiser- und Königsurkunden sind die Kapitularien nicht als Einzelschriftstücke überliefert, sondern als Bestandteile von Sammelwerken. Die Sammler konnten verstreute Bestimmungen zu einem einheitlichen Ganzen zusammenfügen. Offensichtlich hat das der Schöpfer der Sammlung getan, in der die Capitulatio de partibus Saxoniae überliefert ist. Nur diese Handschrift enthält nämlich „die Kapitulariengesetzgebung Karls des Großen für die Sachsen vollständig".[380]

Was die verstreuten Bestimmungen angeht, so bestehen etliche Kapitularien aus Vorschriften, die aneinander gereiht worden sind, ohne dass sie irgendeinen inhaltlichen Zusammenhang erkennen lassen. Zum Beispiel finden wir in einem Kapitular des Jahres 803 die beherzigenswerte Vorschrift, dass es keinem erlaubt sei, einen anderen zum Trinken zu nötigen. Ihr folgt die Bestimmung, dass niemand einem reisenden Königsboten die Beherbergung verweigern dürfe. An diesen Erlass schließt sich die Verfügung an, dass Hunde, die an der rechten Flanke geschoren sind, von ihrem Besitzer dem Kaiser vorgeführt werden müssen.[381] In welchen Zusammenhang mag sie gehört haben?

Oben haben wir darauf hingewiesen, dass Gesetze als Geschichtsquellen dazu dienen können, die Wirklichkeit zu erschließen, mit der der Gesetzgeber sich auseinander zu setzen hatte. Leider vermögen wir anhand der Capitulatio de partibus Saxoniae nur eine Unwirklichkeit zu erfassen: Es kann keine Rede davon sein, dass Sachsen mit einem Netz von Kirchen überzogen gewesen wäre, in denen die Einwohner des Landes sonntags den Gottesdienst hätten besuchen können, um sich von den Predigten einer zahlreichen Priesterschaft erbauen zu lassen, wie es der Abschnitt 18 des Gesetzes vorsieht. Zu dem, was Theodor Mommsen „obrigkeitlichen Wahnsinn" genannt hat, rechnet die Verfügung, je 120 Leute sollten einer Kirche einen Knecht und eine Magd stellen.

Das Bemühen, im alten Sachsen lauter Besonderheiten aufzuspüren, hat vor einiger Zeit dazu geführt, aus der Capitulatio de partibus Saxoniae abzuleiten, dass in Sachsen eine Schicht freier Lohnarbeiter bestanden habe. Das wären die Laten gewesen. Die Capitulatio hätte nämlich bestimmt, dass „der Zehnt ... auch von dem Arbeitsertrag geleistet werden" musste. Folglich müsse es Menschen gegeben haben, „die von ihrer Hände Arbeit lebten ... freie Zuarbeiter, bedrückt nicht durch rechtliche, sondern durch ökonomische Minderstellung." Diese Beweiskette geht von der Tatsache aus, dass laut dem Abschnitt 17 der Capitulatio der Zehnt von der *substantia* und dem *labor* zu erbringen war. Nun lernt man im lateinischen Schulunterricht, dass *labor* ‚die Arbeit' bedeute; aber diese Erkenntnis lässt sich nicht nutzbar machen, wenn man es mit mittelalterlichen Texten zu tun bekommt, die auf die Landwirtschaft oder die Grundherrschaft Bezug nehmen: In ihnen bildet das Wort *labor* einen Fachausdruck, der den Ernteertrag oder die Feldfrüchte bezeichnet. Der Glaube, dass die gesellschaftliche Schichtung im frühmittelalterlichen Sachsen der einer Industriestadt des 19. Jhs. geglichen hätte, beruht ebenso auf der Missdeutung eines Wortes wie die Annahme, dass die Sachsen die parlamentarische Demokratie erfunden hätten.

9.4.3 Das Capitulare Saxonicum

Dieses Gesetz ist in zwei Handschriften überliefert, der uns schon bekannten, die auch die Capitulatio enthält, und einer, die um 945 im Kloster Corvey entstanden ist, also im Geltungsgebiet des Gesetzes.[382] Vielleicht hatte Widukind von Corvey sie in der Hand.

Bei Capitulare Saxonicum stehen wir auf festem Boden, was seine Entstehungszeit angeht: Es teilt in seiner Vorrede mit, dass sich in Aachen am 28. Oktober 797 Bischöfe, Äbte und Grafen und zugleich „Sachsen aus verschiedenen Landschaften (*pagi*)" versammelt hätten, nämlich aus „Westfalen, Engern und Ostfalen." Alle hätten einmütig beschlossen und festgelegt, dass die Sachsen ebenso wie die Franken 60 Schillinge zahlen müssten, wenn sie gegen die Bestimmungen verstießen, die mit dem Königsbann belegt waren. Der Königsbann war eine besondere Form der Strafe.

Es folgen weitere Bestimmungen, die Geldbußen und Sühnegelder betreffen und deren Deutung zum Teil umstritten ist. Vergleiche mit der Capitulatio de partibus Saxoniae drängen sich bei folgenden Vorschriften auf: Wenn jemand einem Priester oder seinen Leuten einen Vermögensschaden zufügt, soll der Täter in der Höhe des doppelten Wertes der Sache Ersatz leisten und eine Geldbuße zahlen (Art. 6). Wer einen Königsboten getötet hat, muss sein Wergeld in dreifacher Höhe zahlen. Ebenso sind die einem Königsboten und seinen Leuten zugefügten Vermögensschäden in dreifacher Höhe zu ersetzen. Zu verdreifachen sind gleichfalls die Geldbußen, mit denen die entsprechenden Übeltaten bestraft werden. Die Berechnungsgrundlage bildet der Betrag, den das Recht festsetzt, nach dem die Geschädigten jeweils leben (Art. 7).

Der Artikel 8 lautet: „In Bezug auf Brandstiftungen wird Folgendes beschlossen: Niemand im Lande unterstehe sich, sie aus Zorn, persönlicher Feindschaft oder sonstigen niederen Beweggründen vorzunehmen. Ausnahmen bilden Fälle, bei denen es um Leute geht, die im Aufruhr verharren und anders nicht gezwungen werden können, dem Recht genüge zu tun und sich bei uns einzustellen. <In einem solchen Fall ist folgendermaßen zu verfahren:> Es wird eine öffentliche Zusammenkunft anberaumt, zu der die Einwohner zu erscheinen haben. Wenn sie einmütig dafür sind, soll das Haus des betreffenden <Aufrührers> angezündet werden. Dergleichen soll also nur auf der Grundlage eines Beschlusses erfolgen, den die Versammlung gemäß dem Recht der Leute gefasst hat, und auch nur, um unsere königlichen Machtgebote durchzusetzen (*pro districtione nostra*) – und nicht etwa aus Rachsucht oder einer sonstigen schlechten Absicht. Wer anders eine Brandstiftung begeht, hat eine Buße von 60 Schillingen zu leisten."

Das spätere Recht des Mittelalters kannte die Strafe der Hauszerstörung. An sie erinnert unsere Redewendung „jemandem aufs Dach steigen." Der Vollzug begann nämlich damit, dass das Dach abgedeckt wurde. Aus dem eben behandelten Abschnitt des Sächsischen Kapitulars hat man gefolgt, dass diese Strafe in Sachsen schon in frühen Zeiten bestanden habe und eben durch das Niederbrennen des Hauses vollstreckt worden sei. Dann wäre sie von Karl dem Großen verboten worden, denn er ließ das Niederbrennen ja nur in dem ausgeführten Sonderfall zu.

Die Leute, deren Häuser man ungestraft anzünden durfte, gehörten wiederum der Oberschicht an. Sonst hätte der König nicht hervorgehoben, dass sie es verachtet hätten (*dispexerit*), vor seinem Angesicht zu erscheinen. Diejenigen Brandstifter, deren Tun das Gesetz unterbinden will, werden persönliche Rechnungen mit dem Verweis darauf beglichen haben, Feinde des Königs zu verfolgen. Übrigens sah die Lex Saxonum für Brandstiftung auf eigene Faust die Todesstrafe vor (§ 38).

Der 10. Abschnitt des Sächsischen Kapitulars handelt von den „Verbrechern, die nach dem Recht der Sachsen den Tod zu erleiden hätten," genauer von denjenigen aus diesem Personenkreis, die beim König Berufung eingelegt hatten (oder die sich in seiner Gewalt befanden?). Leider lässt die schwankende Textüberlieferung mehrere Deutungen zu, wie mit ihnen verfahren werden sollte. Fest steht, dass Karl dem Großen in jedem einzelnen Fall die Entscheidung vorbehalten blieb und dass zwei Möglichkeiten zur Behandlung der Übeltäter vorgesehen waren. Von den beiden Möglichkeiten ist die zweite klar: Der Straffällige wurde mit seiner Ehefrau, seinem Gesinde und seiner gesamten (beweglichen) Habe außer Landes gebracht und verlor in Sachsen alle Rechte. Der König konnte ihm nach Belieben einen Aufenthaltsort in einem seiner Reiche (*infra sua regna*) oder in einer Mark anweisen.

Die erste Möglichkeit sah entweder vor, dass der König die Verbrecher den Sachsen zur Hinrichtung ausliefern oder dass Karl dem Großen die Entscheidung frei stand, die Leute entweder hinrichten zu lassen oder in die Verbannung zu schicken.

Gern wüsste man, um was für Verbrecher es sich handelte. Waren es Leute, die wie der bairische Herzog Tassilo verurteilt worden waren? Waren es gar diejenigen, die Karl während des letzten Abschnitts des Krieges in Massen aus Sachsen hatte verschleppen lassen? Dieser Abschnitt ist der einzige des Kapitulars, der überhaupt keine Geldbußen oder Sühnegelder erwähnt.

Der elfte und letzte Artikel gibt die Umrechnungssätze für die sächsischen Schillinge an: Ein einjähriges Rind sollte einen Schilling wert sein, wenn es im Herbst in den Stall gebracht wurde. Während des nächsten Sommers sollte sein Wert in dem Maße steigen, wie das Rind zunahm. Mit dieser salomonischen Feststellung werden die Leute nicht viel haben anfangen können.

Bei den *Bortrini* (das Wort kommt nur hier vor) sollte ein Schilling 40 Scheffeln *annona* oder 20 Scheffeln Roggen entsprechen. (*Annona* ‚Getreide' ist offensichtlich aus *avena* ‚Hafer' verschrieben.) Bei den Nordleuten (*Septentrionales*) jedoch sollten 30 Scheffel Hafer (hier ist *avena* überliefert) oder 15 Scheffel Roggen für einen Schilling gelten.

Was den Honig angeht, entsprachen bei den *Bortrini* anderthalb Scheffel und bei den Nordleuten zwei Scheffel einem Schilling.

Die Gerste hatte denselben Wert wie der Roggen. Es sei darauf aufmerksam gemacht, dass vom Weizen in dem Kapitular keine Rede ist.

Bei der Umrechnung in Silbergeld sollten 12 Pfennige (*denarii*) auf einen Schilling gehen; und bei der Umrechnung des Wertes anderer Güter in den Betrag des Sühnegelds war darauf Bezug zu nehmen. Etliche Forscher haben aus dieser Stelle den Schluss gezogen, dass damit der neue fränkische Schilling in Sachsen eingeführt worden sei. Im Unterschied dazu sind in der Lex Saxonum zwei verschiedene sächsische Schillinge genannt.

Es ist davor zu warnen, aus den geschilderten Umrechnungssätzen Rückschlüsse auf das Wirtschaftsleben zu ziehen. Karl dem Großen ging es nicht darum, Preise für den Marktverkehr festzulegen oder zu bestimmen, nach welchem Verhältnis Roggen und Hafer getauscht werden sollten.

Dem Geschichtsforscher ist mit der Angabe des Hohlmaßes wenig oder gar nicht geholfen. Zwar hat es seit 793/94 einen karolingischen Scheffel gegeben, dessen Inhalt sich auf 78,4 Liter berechnen lässt;[383] aber der hieß auf lateinisch *modius* und nicht *scapilus* wie der unseres Kapitulars. Obendrein vermögen wir nicht zu sagen, ob die neuen Richtmaße in Sachsen überhaupt bekannt waren. Noch im 19. Jh. schwankte die Größe des Scheffels zwischen annähernd 50 und etwa 180 Litern.

9.4.4 Die Lex Saxonum

Die Lex Saxonum, das geschriebene Sächsische Recht, gehört zu den Schriftwerken, die wir als die frühmittelalterlichen Rechtsbücher bezeichnen wollen. Sie ist in zwei Handschriften überliefert. Die eine stammt aus dem Anfang des 10. Jhs. Sie befindet sich heute in London. Nach ihrem Entdecker wird sie auch die Spangenbergsche genannt. Bei der anderen Handschrift handelt es sich um die Münstersche, die wir im Zusammenhang mit dem Capitulare Saxonicum kennen gelernt haben.[384] Außerdem sind als Textzeugen zwei Drucke des 16. Jhs. heranzuziehen. Den einen hat J. Herold im Jahre 1557, den anderen J. du Tillet im Jahre 1573 veranstaltet. Die Handschrift, die Herold vorlag, ist ebenso verlorengegangen wie die von Du Tillet benutzte.

Wie Einhard in seiner Lebensbeschreibung Karls des Großen ausdrücklich feststellt, hat der Kaiser alle bisher ungeschriebenen Rechte seines Herrschaftsgebiets aufzeichnen lassen. Dabei handelte es sich offensichtlich um die Lex Saxonum sowie um die Lex Thuringorum, das Thüringische Recht, und die Lex Frisionum, das Friesische Recht. In denselben Zusammenhang stellen viele Forscher eine Aufzeichnung, die von ihnen „Lex Francorum Chamavorum" genannt wird und „Das Recht der chamavischen Franken" bedeuten soll. Diese Überschrift ist jedoch erfunden.

Die heutige Wissenschaft bringt die Entstehung der genannten Rechtsbücher mit einem Reichstag zusammen, der im Oktober 802 zu Aachen tagte und der sich nach den Lorscher Jahrbüchern grundsätzlich und eingehend sowohl mit dem kirchlichen als auch mit dem weltlichen Recht beschäftigte. So habe der Kaiser während dieser Veranstaltung unter anderem „die Herzöge, Grafen und das übrige Christenvolk mit ‚Gesetzgebern' (gemeint sind wohl Rechtskundige) gesondert zusammentreten lassen und angeordnet, alle Rechte aus seinem Reich zu verlesen, jedem Mann sein Recht auszuhändigen (?), es gegebenenfalls zu verbessern und die berichtigte Fassung aufzuzeichnen. (Ferner wurde verfügt,) dass die Richter auf der Grundlage des geschriebenen Rechts urteilen und keine Geschenke annehmen sollten. Vielmehr sollte arm und reich gleichermaßen Gerechtigkeit widerfahren." Obwohl der Bericht der Lorscher Jahrbücher im Großen und Ganzen völlig richtig sein wird, enthält er doch unhaltbare Einzelheiten wie das Auftreten von Herzögen.

Dass das Sächsische Recht hier in Aachen erstmals niedergeschrieben worden sei, muss nicht falsch sein, bleibt aber eine Vermutung. Nimmt man die Lorscher Jahrbücher beim Wort, dann sind 802 nur berichtigte Fassungen bereits vorhandener Schriftwerke angefertigt worden, aber keine neuen Rechtsbücher. Folglich hat es auch die Ansicht gegeben, dass die Lex Saxonum schon eher, nämlich um 785 entstanden sei.

Schließlich ist nicht sicher, ob uns das Rechtsbuch in seiner amtlichen Fassung vorliegt. Bei einer solchen möchte man eigentlich eine förmliche Einleitung erwarten, wie sie etwa dem Capitulare Saxoncium vorausgeht. Die Lex Saxonum beginnt aber völlig unvermittelt. Nun tut das die Lex Thuringorum, das thüringische Recht, ganz genauso; und es wäre denkbar, dass jeweils die ersten Blätter des Buches verlorengegangen waren, bevor die uns vorliegenden Abschriften angefertigt wurden. Auffällig bleibt der unvermittelte Anfang trotzdem.

Es ist möglich, dass der überlieferte Text bloß eine Vorstufe der amtlichen Niederschrift gebildet hat. Im Falle des Friesischen Rechts herrscht die Überzeugung, dass lediglich sein Rohentwurf auf uns gekommen ist.[385] Schließlich sei erwähnt, dass es im 19. Jh. die Meinung gegeben hat, die Lex Saxonum stelle lediglich eine Privatarbeit dar.

Eines ist gewiss: Die Lex Saxonum und die anderen erstmals unter Karl dem Großen angefertigten Rechtsbücher waren etwa dreihundert Jahre jünger als das Salische Recht, das unter Chlodwig († 511) niedergeschrieben worden war. Vergleiche zwischen den karlischen Rechtsbüchern und den älteren sollten den zeitlichen Abstand berücksichtigen.

Die Lex Saxonum in der überlieferten Fassung dürfte in der Weise zustandegekommen sein, dass mehrere Aufzeichnungen zu einem Ganzen zusammengefügt wurden. Man ist geneigt, in der Lex Saxonum drei oder wenigstens zwei verschieden Schichten zu erkennen.[386]

Das Rechtsbuch ist folgendermaßen gegliedert:

Die §§ 1 bis 20 regeln die Zahlung des Wergelds und die Sühneleistungen für Wunden.

In den §§ 21 bis 38 (mit Ausnahme der §§ 36 und 37) werden die Verbrechen aufgeführt, die mit der Todesstrafe bedroht sind, einschließlich der mildernde Umstände, die in einigen Fällen eine geringere Strafe eintreten lassen.

Der § 39 steht vereinzelt da. In ihm wird die Beweisführung für den Fall geregelt, dass jemand wahrheitswidrig behauptet, ihm gehöre fremdes Grundeigentum. Der Paragraph ist möglicherweise an die falsche Stelle geraten und gehört vielleicht mit dem § 63 zusammen.

Die §§ 40 bis 49 beschäftigen sich mit dem Eherecht und dem Erbrecht.

Die §§ 50 bis 60 regeln die Haftung für Schäden, die von Unfreien oder Liten, von Tieren oder von Gegenständen angerichtet werden.

In den §§ 61 bis 64 geht es um die Veräußerung von Grundeigentum sowie um Streitfälle, die es betreffen.

Der § 65 enthält eine Bestimmung über die königlichen Liten.

Im § 66, dem letzten des Buches, werden die Umrechnungssätze der Schillinge genannt.

Dem neuzeitlichen Verständnis kommt es unbegreiflich vor, dass die Lex Saxonum sich an keiner einzigen Stelle auf die Capitulatio de partibus Saxoniae oder das Capitulare Saxonicum beruft. Falls die beiden Gesetze jünger sein sollten als die Lex, wäre das Staunen genauso berechtigt, nur aus der entgegengesetzten Blickrichtung. Eine andere Frage ist die, ob der Geist einiger Bestimmungen der Lex Saxonum dem der Capitulatio entspricht, worauf wir bei der Betrachtung der Todesstrafen zurückkommen.

Unser Rechtsbuch beginnt also ohne jede Vorrede, und zwar mit folgendem Paragraphen: „Über den Schlag eines Edlen: 30 Schillinge, und wenn er es bestreitet, soll er mit der dritten Hand schwören." Gemeint ist, dass der Edle, der einem anderen einen Schlag versetzt hat, dem Geschädigten ein Sühnegeld von 30 Schillingen zahlen muss. Leugnet er die Tat, so muss er mit zwei Eideshelfern seine Unschuld beschwören. Es leuchtet ein, dass ein solcher Satz erst dann verständlich wird, wenn man mit der gesamten „Textsorte" vertraut ist, in die er gehört. Jedoch enthalten die frühmittelalterlichen Rechtsbücher auch Verfügungen, über deren Deutung unter den führenden Fachgelehrten keine Einigkeit besteht.

Kommen wir nun zum Wergeld. Das Wort ist mit lateinisch *vir* ‚Mann' verwandt und bedeutet so viel wie ‚Menschengeld.' Im germanischen Altertum hatte jeder Mensch seinen Geldwert. Das hat sich im Sächsischen Recht so widergespiegelt:

„Wer einen Edlen erschlagen hat, sühne mit 1440 Schillingen ..." (§ 14). Wurde die Tat an einer Frau verübt, so galt Folgendes: Wenn sich die Frau im gebärfähigen Alter befand, verdoppelte sich der Betrag. Die Bestimmung galt auch für Jungfrauen. Wenn die Frau nicht mehr gebären konnte, war die Sühne in derselben Höhe zu leisten wie bei einem Mann (§ 15). „Ein erschlagener Lite wird mit 120 Schillingen gesühnt ..." (§ 16). „Ein Unfreier, der von einem Edlen erschlagen worden ist, wird mit 36 Schillingen gesühnt." Wenn der Edle die Tat bestritt, musste er mit zwei Eideshelfern seine Unschuld beschwören. Ein Freier oder ein Lite hatten in diesem Fall mit elf Eideshelfern zu schwören (§ 17).

Das Wergeld war also eine Zahlung, die der Totschläger an die Verwandten des Geschädigten zu leisten hatte. Die Höhe des zu zahlenden Betrags richtete sich nach der Rechtsstellung, dem „Stand," des Erschlagenen. Grundsätzlich finden wir solche Regelungen in allen frühmittelalterlichen Rechtsbüchern. Jedoch wechselte die Höhe der zu zahlenden Beträge von Recht zu Recht.

Es sei daran erinnert, dass die fahrlässige Tötung nicht unbedingt von der vorsätzlichen unterschieden wurde und dass das frühmittelalterlichen Recht auch eine Tat als Totschlag ansah, die heute als Körperverletzung mit Todesfolge betrachtet würde.

Der Mord dagegen war eine Straftat für sich. Er sollte sich vom Totschlag eigentlich dadurch unterscheiden, dass er keine offene Tat war, keine Tat, zu der sich der Täter bekannte. Jedenfalls wurde der Mord nach dem Sächsischen Recht mit dem neunfachen Wergeld gesühnt. Der Mörder und seine Söhne verfielen der Blutrache. Wie die Lex Saxonum festlegte, unterlagen ihr lediglich der Mörder und seine Söhne (und nicht weitere Verwandte). Diese Einschränkung bildete wahrscheinlich eine Neuerung (§ 19).

Unerklärt ist, warum das Sächsische Recht das Wergeld des Freien nicht nennt. Man vermutet, dass es 240 Schillinge betragen habe. Nach dem Nennwert hätte es damit dieselbe Höhe gehabt wie das Wergeld der schwäbischen Freien, der *Primi Alamanni*, wie sie in einer Frühfassung des geschriebenen Schwäbischen Rechts genannt werden.

Regelmäßig bestimmten die frühmittelalterlichen Rechtsbücher auch die Sühnezahlungen für Körperverletzungen, und zwar in allen Einzelheiten. So heißt es in der Lex Saxonum: „Ein vollständig abgeschlagener Daumen wird mit 360 Schillingen gesühnt. Wenn er halb abgeschlagen ist, mit 180 Schillingen. Der kleine Finger, wenn er ganz abgeschlagen ist, mit 240 Schillingen, ein Glied davon mit 80 Schillingen, zwei Glieder davon mit 160 Schillingen. Der Zeigefinger ganz mit 180 Schillingen, seine einzelnen Glieder mit jeweils einem Drittel der gesamten Buße. Der Mittelfinger und der Ringfinger werden jeweils mit 120 Schilligen gesühnt, ihre einzelnen Glieder im eben genannten Verhältnis. Die große Zehe wird mit der Hälfte des Daumenbetrags gesühnt, die drei mittleren Zehen mit der Hälfte der Buße für den Mittel- und den Ringfinger, die kleine Zehe mit der Hälfte des Betrags für eine der drei mittleren Zehen" (§ 13).

Mit entsprechender Genauigkeit werden alle möglichen anderen Körperteile behandelt. Die Bußen, die die Lex Saxonum für verletzte Zehen festlegt, sind im Vergleich zu anderen Rechtsbüchern ungewöhnlich hoch.

360 Schillinge, also die Sühne für den abgeschlagen Daumen machen ein Viertel des Wergelds eines Edlen aus, die Beträge für die anderen Finger ein Sechstel, ein Achtel und ein Zwölftel. Das Rechtsbuch sagt nicht, ob für die Gliedmaßen der Angehörigen der anderen Stände die entsprechenden Bruchteile des jeweiligen Wergelds oder dieselben Beträge wie bei einem Edlen anzusetzen sind. Den Zeitgenossen war das klar.

Die Paragraphen 21 bis 38, in denen die Todesstrafe angedroht wird, weisen allerhand Berührungspunkte mit der Capitulatio auf: Wer in einer Kirche einen Totschlag oder einen Diebstahl verübt, wer in eine Kirche einbricht oder in ihr einen Meineid schwört, hat sein Leben verwirkt (§ 21). Ebenso geht es dem Übeltäter, der jemanden überfällt und erschlägt, falls sich der Geschädigte an einem Festtag auf dem Weg zur Kirche oder auf dem Rückweg von ihr befindet (§ 23).

Auf die Unterwerfung Sachsen deutet die Bestimmung, dass sein Leben verwirkt hat, wer auf den Tod des Königs der Franken oder seiner Söhne sinnt (§ 24).

Die beiden folgenden Paragraphen stehen in innerer Beziehung zu den Bestimmungen der Capitulatio über die Tötung des Herrn und den Raub seiner Tochter. Der § 25 der Lex Saxonum bedroht das erstgenannte Verbrechen mit dem Tode; und wir stehen hier wiederum vor der Frage, was für ein Herr gemeint ist. Der § 26 lautet: „Wer den Sohn seines Herrn erschlägt oder (des Herren) Tochter, Gattin oder Mutter vergewaltigt, werde nach dem Willen des Herrn getötet." Der Sinn der Bestimmung ist entweder, dass die Bestrafung des Täters dem öffentlichen Verfahren entzogen und dem Gutdünken des Herrn überlassen bleiben sollte oder dass wenigstens die Begnadigung nicht gegen den Willen des Herrn stattfinden konnte. Es sei am Rand bemerkt, dass nach dem frühmittelalterlichen Strafrecht zwischen der Vergewaltigung einer (unverehelichten) Frau und dem Raub der Frau mit dem Ziel, sie zu heiraten, nicht unbedingt ein Unterschied bestand. Auf jeden Fall wurde eine Sühnezahlung auch dann fällig, wenn nach späteren Begriffen eine Entführung vorlag, wenn also die Heirat gegen den Willen der Verwandten, jedoch mit Zustimmung der Frau erfolgte (§ 40).

Die Todesstrafe sollte auch bei einer Anzahl von Diebstählen verhängt werden, bei denen andere frühmittelalterliche Rechtsbücher Geldbußen androhten. Als berüchtigtes Beispiel gilt der Fall, dass der Diebstahl eines Bienenstocks aus einem umzäunten Gelände (wohl einem Bienengarten) mit dem Tode gebüßt werden sollte (§ 30). Die Schwere der Strafe hing hier jedoch nicht vom gestohlenen Gegenstand ab. Sie ergab sich aus dem Einbruch in einen umfriedeten Raum. Befand sich der Bienenstock im Freien, so trat eine Geldbuße ein (§ 31).

Man neigt dazu, aus einer Bestimmung wie der des § 30 altsächsische Besonderheiten zu erschließen. Es dürfte aber im Gegenteil so sein, dass die hier und in anderen Paragraphen angedrohte Todesstrafe eine Neuerung darstellte. Im Hochmittelalter wurde der Diebstahl von Bienenstöcken nämlich mit dem Tode bestraft.[387]

Was alt und was neu war, können wir deswegen nicht bestimmen, weil uns einerseits die erforderlichen Quellen aus dem vorkarlischen Sachsen fehlen und weil andererseits nach Karl dem Großen auf dem Gebiet des Frankenreichs und seiner Nachfolgestaaten mehrere Jahrhunderte lang keine Rechtsbücher angefertigt worden sind. Wir ermangeln also der nötigen Vergleichsmöglichkeiten. Wenn das Sächsische Recht für ein bestimmtes Vergehen eine strengere Strafe festsetzt als eines der älteren Rechtsbücher, so folgt daraus nicht, dass wir auf eine altsächsische Besonderheit gestoßen wären. Es kann sich genauso gut um eine von Karl dem Großen eingeführte Neuerung gehandelt haben.

Bei einzelnen Tatbeständen und deren Ahndung bieten die königlichen Kapitularien Ersatz; aber diese Quellen versiegten mit dem Ende der Karolingerzeit fast ganz. Immerhin kann man meinen, dass bestimmte Strafandrohungen Karls des Großen durch spätere Gesetze außer Kraft gesetzt worden sind. So verfügte Ludwig der Fromme 818 oder 819 (offensichtlich für sein gesamtes Reich), dass Tötungen, die in Kirchen verübt wurden, in bestimmten Fällen nicht mit dem Tode gebüßt werden sollten.[388] Damit wäre der § 21 der Lex Saxonum ungültig geworden, der jeden in einer Kirche begangenen Totschlag mit der Hinrichtung bedrohte. Wurde mit Ludwigs Kapitular auch die Bestimmung desselben Paragraphen hinfällig, die einen Diebstahl in einer Kirche mit der Todesstrafe ahndete?

Wir stoßen wiederum auf die Unmöglichkeit, das Verhältnis der Rechtswirklichkeit zu den Vorschriften zu bestimmen. In diesen Zusammenhang gehört eine Äußerung Wipos, der um 1045 eine Lebensbeschreibung Kaiser Konrads II. (reg. 1024–1039) verfasst hat. Wipo schreibt nämlich, Konrad II. habe (wohl im Dezember 1025) den Sachsen auf ihr Verlangen „ihr äußerst grausames Recht" bestätigt.[389] Was ist damit gemeint? Schwerlich das Rechtsbuch aus dem 9. Jh. Das konnten weder der Kaiser Konrad II. noch die weltlichen Großen in Sachsen lesen.

Was das Erbrecht der Lex Saxonum angeht, so sei erwähnt, dass die gesamte Hinterlassenschaft eines Mannes, also auch das liegende Gut, an seine Töchter fiel, falls der Erblasser keine männlichen Nachkommen hatte (§ 44). Nach dem Thüringischen Recht (und nicht nur nach diesem) erbte in diesem Fall der nächste männliche Verwandte des Verstorbenen das Grundeigentum.

Aus den Bestimmungen über das Eherecht geht hervor, dass in Sachsen das Rechtsgeschäft verbreitet war, das als Brautkauf bezeichnet wird: Wer eine Frau heiraten wollte, hatte ihren Verwandten 300 Schillinge zu zahlen (§ 40). Offensichtlich galt dieser Betrag für die Edlen. Abermals können wir uns den Kopf zerbrechen, wie er auf die anderen Stände umgerechnet wurde.

Im Zusammenhang mit dem Eherecht nimmt die Lex Saxonum auf die landschaftliche Dreiteilung Sachsens Bezug. Für die Ausstattung, die die Ehefrau bei der Hochzeit erhielt, galt nämlich in Ostfalen und Engern ein anderes Recht als in Westfalen. In den beiden erstgenannten Landschaften verblieb der Frau dieses Gut während ihres gesamten Lebens. Hinterließ sie bei ihrem Tod Söhne, so erbten es diese. Hinterließ sie keine Söhne, so fiel das Gut ihren nächsten männlichen Anverwandten zu. Hatte die Frau nie Söhne geboren, so erhielt der Geber des Gutes es zurück, falls er noch lebte. Im anderen Fall bekamen es seine nächsten männlichen Anverwandten.

In Westfalen verlor die Frau die Verfügung über ihre Ausstattung, sobald sie Söhne geboren hatte. Anderenfalls verblieb ihr das betreffende Gut bis zum Tode und fiel dann an den Geber zurück oder, wenn der tot war, an seine nächsten männlichen Verwandten (§ 47).

Bei dem Geber der Ausstattung ist wohl an den Ehemann oder an den Vater des Ehemanns zu denken (und nicht an einen männlichen Verwandten der Ehefrau). Wenn das westfälische Recht verfügte, dass die Ausstattung der Frau an ihre Söhne fiel, so folgt daraus nicht, dass die Frau als Witwe vermögenslos dagestanden hätte. Ihr blieb nämlich die Hälfte des Guts, das sie zusammen mit ihrem Mann erworben hatte. Bei den Engern und Ostfalen dagegen hatte sie sich mit ihrer Ausstattung zu begnügen (§ 48).

Die oben gemachte Angabe, dass auch Gegenstände Schäden verursachen konnten, sei anhand des § 58 erläutert: „Wenn eine Grube oder eine Schlinge, die zum Tierfang dienen, jemanden schädigen, soll den Schaden sühnen, wer sie gegraben oder gelegt hat."

Die §§ 61 bis 64 greifen nochmals das Liegenschaftsrecht auf. Die betreffenden Regelungen sind mindestens zum Teil durch die Eroberung Sachsens veranlasst. Laut § 61 sollten alle bisher erfolgten Veräußerungen gültig bleiben, sofern sie rechtmäßig erfolgt waren.

Zum Verständnis des nächsten Paragraphen muss Folgendes bemerkt werden: Veräußerungen von Grundeigentum waren im Frühmittelalter an die Zustimmung der erbberechtigten Verwandten der Person gebunden, die das Gut veräußern wollte. Der § 62 legte nun drei Ausnahmen fest: Die Zustimmung der Erben war dann nicht erforderlich, wenn das Gut dem König übertragen wurde oder der Kirche oder wenn es jemand im Falle einer Hungersnot veräußerte, um sich vom Empfänger des Landes ernähren zu lassen.

Im § 62 wird obendrein eine besondere Schicht der Unfreien fassbar, nämlich die *mancipia*. Man kann darunter so viel wie echte Leibeigene verstehen, Leute, die ihr Herr verkaufen konnte. Die *mancipia* des vorliegenden Paragraphen waren aber nicht irgendwelche Leibeigene, sondern in der Landwirtschaft beschäftigte. Er bestimmte nämlich, dass sich die vorgenannten Veräußerungsbeschränkungen nicht auf die *mancipia* bezogen. Die Klarstellung wäre überflüssig gewesen, wenn man bei dem Begriff der Mancipia nicht sofort an landwirtschaftliches Grundeigentum gedacht hätte. Sie lässt aber auch erkennen, dass es die Rechtsauffassung gab, Menschen dürften nicht ohne das Land veräußert werden, das sie bearbeiteten.

Im § 63 wird geregelt, was geschehen soll, wenn ein Grundeigentümer behauptet, sein Land habe ein anderer widerrechtlich in Besitz genommen. Unter bestimmten Voraussetzungen wird hier der Zweikampf als Beweismittel vorgeschrieben. Übrigens ließ man einen gerichtlichen Zweikampf vielfach durch „Kämpen" (*campiones*) ausfechten, die ihre Tätigkeit als Gewerbe ausübten. Den Rechtsstreit gewann die Partei, deren Kämpe im Zweikampf den Sieg erfocht.

Der § 63 ist der einzige der Lex Saxonum, der den gerichtlichen Zweikampf erwähnt. Dagegen kommt er im Thüringischen Recht mehrere Male vor.

Mit den Zuständen der Entstehungszeit des Sächsischen Rechts hängt der § 64 unmittelbar zusammen: „Ein freier Mann unter dem Schutz eines Edlen, der jetzt in der Verbannung lebt, hat sein

Erbgut, wenn er in die Zwangslage gerät, es zu veräußern, zuerst seinem nächsten männlichen Verwandten anzubieten. Wenn der es nicht kaufen will, hat er es seinem Schutzherrn anzubieten oder demjenigen, der vom König über die Güter gesetzt ist. Wenn auch der nicht will, kann er es jedem Beliebigen verkaufen." Offenbar geht es hier um den Personenkreis, der von Karl dem Großen als Geisel genommen oder einfach verschleppt worden ist. Nur wer befindet sich außer Landes? Der Freie oder der Edle oder beide?

Im § 66 begegnen wir erneut den Umrechnungssätzen, die bei der Zahlung des Wergelds galten. Wir hören, dass es zwei Arten von Schillingen gegeben hat, den kleinen und den großen. Die folgenden Bestimmungen sind nicht geeignet, das Herz eines Mathematikers zu erfreuen:

Der kleine Schilling hatte nämlich den Wert von zwei Drittelschillingen (*Tremisses*). Er entsprach einem einjährigen Rind oder einem Schaf mit einem Lamm. Der große Schilling hatte den Wert von drei Drittelschillingen und entsprach einem Rind im Alter von sechzehn Monaten. Mit dem kleinen Schilling waren die Bußen für einen Totschlag zu leisten, mit dem großen Schilling die anderen Sühnezahlungen.

Die Corveyer Handschrift fügt folgende Angaben hinzu: „Ein vierjähriges Rind: zwei Schillinge. Ein Joch Ochsen (wörtlich: zwei Rinder, mit denen man pflügen kann): fünf Schillinge. Ein guter Ochse: drei Schillinge. Eine Kuh mit einem Kalb: zweieinhalb Schillinge. Ein einjähriges Kalb: ein Schilling. Ein Schaf mit einem Lamm und ein einjähriges Lamm dazu: ein Schilling."

Es bleibt die Frage, welche Nachwirkungen die Lex Saxonum entfaltet hat. Da sie in nur zwei Handschriften überliefert ist, kann sie nicht oft benutzt worden sein. Zum Vergleich sei darauf hingewiesen, dass die unter Karl dem Großen angefertigte Überarbeitung des Salischen Rechts in beinahe 50 Handschriften erhalten ist. Die Überlieferung der Lex Saxonum versickerte schon im 10. Jh. Eike von Repgow († nach 1235), der Schöpfer des Sachsenspiegels, hatte von dem frühmittelalterlichen Rechtsbuch keine Kenntnis.[390]

9.4.5 Die sächsischen Stände

Wir leben in der Vorstellung von der Rechtsgleichheit. Frühere Zeitalter lebten in der Vorstellung der Rechtsverschiedenheit. Das heißt, die Gesellschaft bestand nach eigenem Verständnis aus unterschiedlichen Gattungen von Menschen. Diese Gattungen waren sowohl durch das Recht unterschieden, das jeweils für die ihnen angehörenden Menschen galt, als auch durch die Rechte, über die die einzelnen Menschen verfügten.

Gattungen von Menschen, die durch ihr Recht und/oder ihre Rechte voneinander unterschieden sind, nennt man Stände. Gesellschaften, in denen Stände bestehen, sind ständisch gegliederte Gesellschaften.

Der römische Staat hatte diese Auffassung so durchgebildet, dass jeder Mensch entweder zu den Freien (*liberi*) oder zu den Sklaven (*servi*) gehörte. Das war eine zwingend vorgeschriebene, aber für das alltägliche Leben keineswegs hinreichende Einteilung der Leute. Unter den Freien wurde zwischen (römischen) Bürgern und Nichtbürgern unterschieden, unter den römischen Bürgern zwischen Freigeborenen und Freigelassenen, unter den freigeborenen römischen Bürgern zwischen Senatoren, Rittern und anderen. So etwa stellte sich die ständische Gliederung der Freien während der späten Republik und der frühen Kaiserzeit dar.

Die Zuordnung der römischen Bürger zu einem Stand hing unter anderem von ihrem Vermögen ab. Wer nicht von Senatoren abstammte, konnte sehr wohl in den Senatorenstand aufsteigen. Umgekehrt war es möglich, dass jemand aus diesem Stand ausgestoßen wurde.

Im spätrömischen Reich hatte sich die Einteilung der Freien sehr geändert. Da unterschied man unter anderem zwischen *honestiores* ‚Vornehmen' und *humiliores* ‚niedrigen Leuten,' was im Strafrecht erhebliche Folgen hatte.

In den frühmittelalterlichen Rechtsbüchern begegnen uns vielfach *liberi* und *servi*. Man könnte meinen, dass die römische Zweiteilung in Freie und Sklaven sich erhalten hätte. Doch nennen die frühmittelalterlichen Rechtsbücher den Freien oftmals *ingenuus* und nicht *liber*. Ursprünglich hatte das Wort *ingenuus* nur den Freigeborenen bezeichnet – im Unterschied zum Freigelassenen (*libertus*).

Die alten lateinischen Wörter wurden also weiter gebraucht; jedoch hatten sie ihren Inhalt verändert, wie bereits das Beispiel von *ingenuus* zeigt. Wichtiger war jedoch ein anderer Wandel: Zwischen die *liberi/ingenui* einerseits und die *servi* andererseits schob sich ein Stand, dessen Angehörige oftmals *liti* oder *litones* genannt wurden. In den Rechtsbüchern, die unter Karl dem Großen geschaffen wurden, also auch in der Lex Saxonum, kam ein weiterer Stand hinzu. Diesen lassen wir einstweilen unberücksichtigt.

Die Weiterverwendung der lateinischen Wörter bringt erhebliche Schwierigkeiten beim Übersetzen mit sich. Obwohl sich scheinbar bequem für *Liberi/Ingenui* das deutsche Wort „die Freien" anbietet, ist diese Gleichsetzung keineswegs ungefährlich. Sie lässt nämlich den Nebengedanken aufkommen, dass die *Liberi* die große Masse der Bevölkerung gebildet hätten. Nun gewann aber spätestens in der Karolingerzeit das Wort *liberi* eine Bedeutung, die mit dem Wort „Freiherren" wiedergegeben werden könnte. Obendrein kommen Fügungen vor wie *liberi regis*. Diese Wortgruppe hat vor einigen Jahrzehnten zu der Lehre Anlass gegeben, es hätte eine besondere Schicht, nämlich die „Königsfreien" gegeben. Man wird *liberi regis* jedoch als „Freigelassene des Königs" übersetzen müssen. Einer ähnlichen Wortgruppe begegnen wir auch in Karls des Großen Gesetzgebung für Sachsen.

Bei den *Servi* des Mittelalters wäre es am bequemsten, sie ebenso Sklaven zu nennen wie ihre Vorgänger im Altertum. Aber dann treten uns wahrscheinlich Bilder aus der Sklaverei der Neuzeit vor Augen: Heere von „Arbeitssklaven", die sich auf Zuckerrohr- oder Baumwollfeldern abmühen müssen, sofern sie nicht als Hausknechte und – wenn es Sklavinnen waren – als Dienstmädchen verwendet werden. Solche Vorstellungen werden den frühmittelalterlichen *Servi* noch weniger gerecht als denen des Altertums.

Nennen wir die *Servi* unserer Rechtsbücher aber Knechte, wie es in den wissenschaftlichen Darstellungen der Vergangenheit häufig geschehen ist, dann denken wir entweder an „Geknechtete und Unterdrückte" oder besserenfalls an die Mitarbeiter eines Bauern der Vergangenheit, den Großknecht und den Kleinknecht, die sich in den seltensten Fällen geknechtet vorgekommen sein dürften.

Das Übel liegt darin, dass wir die Begriffe des Sklaven und des Knechts, sofern wir sie nicht in einen moralischen Zusammenhang einordnen, mit dem Wirtschaftsleben in Verbindung bringen. Die *Servi* brauchten sich jedoch keineswegs in der Landwirtschaft zu betätigen. Sie mochten am Hofe ihres Herrn gehobene Dienste verrichten. Eine bestimmte Schicht der *servi*, die tatsächlich mit der Landwirtschaft in Verbindung gebracht werden konnte, haben wir in Gestalt der Mancipia kennen gelernt.

Da die Wörter *Sklave* und *Knecht* also unhaltbare Nebenvorstellungen hervorrufen, halten wir trotz aller Bedenken daran fest, die *liberi* oder *ingenui* Freie, die *servi* aber Unfreie zu nennen.

Welches Wort der heutigen Sprache sollen wir aber für die *Liti/Litones* gebrauchen? In den wissenschaftlichen Darstellungen werden sie oftmals „Halbfreie" genannt. Das weckt jedoch den Eindruck, als ob die Stände der Rechtsbücher eine Stufenleiter gebildet hätten. Ihre Stellung zueinander muss man sich jedoch anders veranschaulichen. Wir wollen das mit folgendem Beispiel tun:

Im 18. Jh. gab es Edelleute, Bürger und Bauern. Die Edelleute standen im gesellschaftlichen Ansehen am höchsten, die Bauern am niedrigsten – aber nur innerhalb dieser Dreiergliederung! Die Bürger befanden sich dazwischen. Trotzdem ergäbe es einen Witz, die Bürger als „Halbedelleute" zu bezeichnen. Ebenso abwegig ist es, von den liti/litones als „Halbfreien" zu sprechen. Es bleibt uns nichts anderes übrig, als liti/litones mit Liten wiederzugeben. Vermutlich ist dieses Wort lateinischer Herkunft. Es war in Sachsen vor Karl dem Großen nicht heimisch und wurde offensichtlich aus der fränkischen Rechtssprache übernommen.[391]

Die ständische Dreiteilung schloss das Vorhandensein rechtlich abgegrenzter Schichten innerhalb eines jeden dieser Stände keineswegs aus. So haben wir bereits die Mancipia kennen gelernt. Obendrein ist darauf hinzuweisen, dass eine bestimmte Ständegliederung durchaus nicht die gesamte Bevölkerung eines Landes zu umfassen brauchte und dass neben der einen Ständegliederung mehrere andere bestehen konnten. Im 18. Jh. gab es außer den Bauern, Bürgern und Edelleuten u.a. die Soldaten (zu denen die Offiziere nicht gehörten); und ein Edelmann konnte Offizier oder Gutsbesitzer sein. Auf dem flachen Land lebten zahlreiche Leute, die keine Bauern waren, und in den Städten solche, die nicht zu den Bürgern rechneten.

Das gesamte katholische Mittelalter wies neben allen möglichen Standesgliederungen die Einteilung der Menschen in Geistliche und Laien auf. In der Lex Saxonum ist nirgendwo gesagt, dass ihre Bestimmungen für die Geistlichen Geltung hätten. Dagegen kommen geistliche Personen mit ihrer besonderen Rechtsstellung in der Capitulatio de partibus Saxoniae und im Capitulare Saxonicum vor. Das letztere bestimmt im Abschnitt 6, dass den Priestern jede Sühne doppelt geleistet werden müsse.

Wenn wir uns nun den angeblichen oder tatsächlichen Besonderheiten der sächsischen Stände zuwenden, so ist zunächst Folgendes festzustellen: Die Rechtsbücher, die aus der Zeit Karls des Großen stammen, kennen im Unterschied zu den älteren Rechtsbüchern einen höheren Stand als die Freien. Rein lateinisch werden seine Angehörigen *nobiles* genannt. Wir geben dieses Wort als „die Edlen" wieder.

Im Sächsischen Recht erscheinen somit in absteigender Reihenfolge *nobiles, liberi, liti* und *servi*, im Thüringischen dagegen *adalingi, liberi und servi*. Das Friesische Recht unterscheidet *nobiles, liberi, liti* und *servi*[392] während es in der sogenannten Lex Chamavorum den *Francus*, den *ingenuus*, den *lidus* und den *servus* gibt. Damit ist abgesehen von der Lex Thuringorum die Anzahl der Stände von drei auf vier vermehrt. Jedenfalls sind die Edlen keine Besonderheit des Sächsischen Rechts, sondern der Rechtsbücher der Zeit Karls des Großen überhaupt.

Wenn wir die *Liberi* Freie nennen, liegt der Schluss nahe, dass die *Nobiles* Nicht-Freie gewesen wären. Die ältere Wissenschaft hat sich aus der Schwierigkeit geholfen, indem sie die Bezeichnungen „Edelfreie" (für die *Nobiles*) und „Gemeinfreie" für die *Liberi* oder *Ingenui* erfand. Damit weckte sie aber die Vorstellung, als ob die beiden so bezeichneten Gattungen die zwei Teile eines Ganzen gewesen wären, was der Auffassung des Frühmittelalters gar nicht gerecht wird.

Da der über den Freien befindliche Stand in der Lex Saxonum als *nobiles* bezeichnet wird, in der Lex Thuringorum jedoch *adalingi* heißt, könnte man *nobilis* auch mit „Edeling" wiedergeben. Das ist eine jüngere Form von *adaling*. Der Geschichtsschreiber Nithard hielt in der Mitte des 9. Jhs. *Edeling* für eine Bezeichnung, die in Sachsen üblich gewesen sei.

Verfechter der Lehre von der sächsischen Eroberung wollten in den sächsischen Edlen, den *Nobiles*, die Nachkommen der Eroberer sehen. Das müsste jedoch den Schluss erlauben, entsprechendes für die Edlen der Thüringer und der Friesen anzunehmen.

Wahrscheinlich handelte es sich bei den Edlen um eine zahlenmäßig sehr geringe Schicht. Dass sie trotzdem in einem Rechtsbuch gesondert behandelt werden, mag uns befremden, bildete im Mittelalter jedoch nichts Auffälliges. Jenes Zeitalter unterschied die Menschen nach ihrer Beschaffenheit und nicht nach ihrer Menge. So enthielt das Bairische Recht, die Lex Baiuvariorum, Sonderbestimmungen für sechs namentlich genannte Geschlechter. Wir könnten diese die bairischen Edlen nennen. Doch versieht das Rechtsbuch die Leute nicht mit einer solchen Standesbezeichnung. Es spricht einfach von den „Geschlechtern" (*genealogiae*). Vielleicht gehörten die sächsischen Edlen auch nur einem halben Dutzend von Familien an.

Die altenglische Entsprechung des Wortes *edeling* bezeichnete die Söhne des Königs. Daraus folgt nicht, dass das altsächsische Wort eine ebenso enge Bedeutung gehabt hätte. Das Beispiel soll nur zeigen, dass nicht hinter allen Standesbezeichnungen große Menschenmassen vermutet werden müssen.

Die geringe Menge der Edlen bildet ein Hindernis, von ihnen als dem Adel zu sprechen. Bei diesem Wort denkt man an die verhältnismäßig umfangreiche Schicht der „Adligen," also an den niederen Adel. Einen solchen Stand gab es jedoch erst seit dem Spätmittelalter. Man könnte die Geschlechter der Lex Baiuvariorum sowie die sächsischen, thüringischen und friesischen Edlen eher als Fürsten ansehen. Eines der sechs Geschlechter der Lex Baiuvariorum, nämlich die Agilolfinger, stellte die bairischen Herzöge. Die Einführung der Wörter *Nobiles* oder *Adalingi* in die Rechtsbücher dürfte eine von Karl dem Großen oder seinen Ratgebern veranlasste Neuerung gewesen sein – was nicht bedeutet, dass die Wörter als solche neu gewesen wären.

Die neuere Sprachwissenschaft ist darauf aufmerksam geworden, dass der Sprachgebrauch in verschiedenen „Textsorten" verschieden war. Die erzählenden Quellen bilden eine andere Textsorte als die Rechtsbücher. Die Leute, die in der Lex Saxonum *nobiles* hießen, wurden in einigen erzählenden Quellen *nobilissimi* genannt. Um die Angehörigen eben dieses Standes handelte es sich, wenn die Lorscher Jahrbücher mitteilen, Karl der Große hätte 782 Grafen aus den edelsten (*nobilissimis*) Geschlechtern Sachsens eingesetzt.

Die zweite Steigerungsstufe konnte im sogenannten Vulgärlatein, also dem gesprochenen Latein, durch die erste ausgedrückt werden. *Nobiliores* vermochte daher dasselbe zu bezeichnen wie *nobilissimi*. Von *nobiliores* ist im Capitulare Saxonicum die Rede, übrigens auch von *ingenui* statt von *liberi*. Beide Wörter verraten den ungereinigten Sprachgebrauch. Die Capitulatio de partibus Saxoniae verwendet zwar *ingenuus* statt *liber*, aber *nobiles* wie die Lex Saxonum.

Einen Stand oder wenigstens eine Schicht hat Karl der Große in Sachsen mit Sicherheit geschaffen, nämlich die königlichen Liten. Sie werden im § 65, dem vorletzten des Sächsischen Rechts, erwähnt. Dieser Paragraph erlaubte einem königlichen Liten, sich seine Ehefrau zu nehmen („zu kaufen"), woher er wolle, verbietet ihm aber, eine seiner weiblichen Angehörigen anderswohin zu verheiraten („eine Frau zu verkaufen"). Wahrscheinlich sollte die Bestimmung verhindern, dass der Besitz des Königs geschmälert wurde, denn, wenn eine königliche Litin einen Mann heiratete, der nicht zu den königlichen Leuten gehörte, ging ihre Habe in fremde Hände über. Im umgekehrten Fall nahm der Besitz des

Königs zu. Wie die Schicht der königlichen Liten entstanden ist, lässt sich leicht erklären: Karl der Große hat in Sachsen die Güter vieler seiner Feinde eingezogen. Damit fielen auch ihre Liten an ihn. Wer dem König nahe stand, dessen Stellung erhöhte sich.

Die sächsischen Liten fallen im Vergleich zu denen anderer Rechtsbücher durch Besonderheiten auf: Der § 8 der Lex Saxonum kennt eine Form des Eides, die sonst nicht bezeugt ist: Wenn einer (offensichtlich ein Edler) beschuldigt wird, mit gezücktem Schwert auf einen anderen losgegangen zu sein, jedoch von jemandem zurückgehalten wurde, bevor Schaden entstanden war, musste er 12 Schillinge bezahlen oder sich durch einen besonderen Eid vom Tatvorwurf frei schwören. Diesen Eid hatte er entweder auf seine Waffen oder „in die Hand seines Liten" zu leisten.

Der auf die eigenen Waffen geleistete Schwur war unter Germanen allgemein verbreitet. Dagegen steht der „Eid in die Hand des eigenen Liten" vereinzelt da. Ähnliche Handlungen finden sich im langobardischen, bairischen und friesischen Recht. Nach diesen Rechten war der Schwur jedoch in die Hand eines Standesgleichen oder eines Verwandten zu leisten. Bei der Art von Liten, um die es im § 8 des Sächsischen Rechts geht, handelte es sich wahrscheinlich um Leute aus dem kriegerischen Gefolge des Edlen.[393] Sie standen ihrem Herrn persönlich nahe und befanden sich in einer gehobenen Stellung. Dreihundert und vierhundert Jahre später begegnen uns vergleichbare Personen in Gestalt der Dienstleute oder Ministerialen. Diese waren ständisch unfrei, konnten aber äußerst einflussreiche Stellungen in der unmittelbaren Umgebung des Königs oder der Fürsten bekleiden.

Außerhalb der Rechtsbücher finden sich während des 9. Jhs. zwei zusammenfassende Aussagen über die sächsischen Stände. Die eine steht bei Nithard, die andere bei Rudolf von Fulda. Nithards Ausführungen werden im Zusammenhang mit dem Stellinga-Aufstand behandelt.

Rudolf von Fulda äußert sich in der „Übertragung des heiligen Alexander" auf merkwürdige Weise: Zunächst schreibt er dem Tacitus nach, was dieser über die Germanen gesagt hatte, und wendet es auf die Sachsen an: „Sie seien kaum *durch Heiraten mit* fremden oder minderen *Leuten befleckt* und hätten auf diese Weise versucht, *ein eigentümliches, reines und nur sich selbst ähnliches Geschlecht* zu erzeugen. *Daher ist auch die äußere Erscheinung, soweit das bei einer so großen Menge von Menschen möglich ist, bei fast allen dieselbe.*" Das Kursivgedruckte gibt das wörtlich aus dem Tacitus Übernommene wieder.

Dann fährt Rudolf fort: „Aus vier Ständen also besteht dieses Geschlecht, nämlich aus den Edlen (*nobiles*), den Freien (*liberi*), den Freigelassenen (*liberti*) und den Unfreien (*servi*). Und durch Gesetze (*legibus*) ist bestimmt, dass kein Stand bei Eheschließungen über seine Grenzen hinausgeht. Vielmehr hat der Edle eine Edle, der Freie eine Freie, der Freigelassene eine Freigelassene und der Unfreie eine Unfreie zur Frau zu nehmen. Wenn aber jemand von ihnen eine ihm nicht zustehende und standeshöhere Frau heiratet, dann büße er mit dem Verlust seines Lebens." Es ist auch behauptet worden, dass die Strafbestimmung bedeutet: „Dann büße er mit seinem Wergeld."

Offensichtlich übernahm Rudolf von Fulda die vierteilige Standesgliederung der Lex Saxonum, wobei er das Wort *liti* durch *liberti* ersetzte. Nur steht in diesem Rechtsbuch nichts von den Eheverboten, die der Fuldaer Mönch aufführt. Wie wir wissen, braucht der Verweis auf eine Lex nicht zu bedeuten, dass mit diesem Wort ein Rechtsbuch gemeint sei. Rudolf könnte sich daher auf das geltende sächsische Recht beziehen. Aber er redet nicht von einer Lex oder *ewa*, sondern von *Leges* in der Mehrzahl. Das lässt schon eher an schriftliche Verfügungen denken.

Jedenfalls haben die Anhänger der Lehre von der sächsischen Eroberung aus Rudolfs Mitteilung herauslesen wollen, dass in Sachsen seit alters her eine „kastenartige Absonderung" der Stände geherrscht hätte. Von einer solchen hören wir jedoch aus älteren Zeiten kein Wort. Übrigens würde sie sehr schlecht zur demokratischen Mitbestimmung der unteren Stände passen, die sich angeblich im Markloer Parlament verkörperte.

Man hat deswegen sehr mit Recht darauf verwiesen, dass der von Rudolf geschilderte Zustand, wenn er tatsächlich bestanden hat, eine Folge des Stellingaaufstands gewesen sein dürfte: „Die ‚historische' Begründungen der sächsischen Ständegliederung tauchen erst nach dem Stellinga-Aufstand auf, d. h. erst, als die Vorherrschaft des sächsischen Adels sehr entschieden in Frage gestellt worden ist. Eine jahrhundertelange ungebrochene und unveränderte Tradition anzunehmen, ohne die Infragestellung überhaupt zu berühren, muss schwerste Bedenken erwecken".[394]

Wahrscheinlich hat Rudolf von Fulda sich diese Bestimmungen aber ausgedacht. Er war ja über Sachsen nicht gut unterrichtet. Sonst hätte er auf seinen an Tacitus verübten geistigen Diebstahl verzichten können. Dass Männern die Heiraten mit Frauen höherer Stände verboten waren, stellte keine sächsische Besonderheit dar. Übrigens behauptet Rudolf nicht, dass die sächsischen

Ständeverhältnisse auf die Unterwerfung der Thüringer oder sonst eine Eroberung zurückzuführen wären.

Widukind von Corvey jedoch bringt die Entstehung der sächsischen Stände mit dem Ende des Thüringerreichs in Verbindung. Bei ihm heißt es, dass „bis heute" das Sachsengeschlecht abgesehen vom Stand der Unfreien in drei Stände gegliedert sei. Wie diese Stände hießen, sagt er nicht. Weil er jedoch im selben Atemzug von *manumissi* spricht und weil *manumissi* eine Bezeichnung Freigelassener ist, wird er bei dem einen der drei Stände an *liberti* oder *Liten* gedacht haben. Wollte man Widukinds Angaben mit den Ständen der Lex Saxonum in Übereinstimmung bringen, dann müsste sich die Folge ergeben, dass nur die Edlen Sachsen gewesen wären, der Stand der Freien jedoch auf die „verbündeten Hilfstruppen" und der Stand der Liten auf Leute zurückgegangen wäre, die am Ende des Kriegs freigelassen worden wären. Wir wissen, dass der Corveyer Mönch die „verbündeten Hilfstruppen" eigens erfunden hat, damit seine Spielereien mit der Dreizahl aufgingen, denen er sich in dem betreffenden Abschnitt hingegeben hatte.

Es war eine beliebte Denkweise, ständische Unterschiede aus Eroberungen abzuleiten. Noch im 18. Jh. ist in Frankreich mit viel Geist die Meinung vertreten worden, die lebenden Adligen seien Nachkommen der Krieger des Königs Chlodwig, wobei die Vertreter dieser Ansicht übrigens annahmen, der fränkische König und sein Anhang hätten französisch gesprochen.

Jedenfalls kommen wir zu dem Schluss, dass die Lehre von der sächsischen Eroberung auch nicht mit angeblichen oder tatsächlichen Besonderheiten der sächsischen Stände zu begründen ist. Die Edlen bildeten keine sächsische Besonderheit, sondern eine Besonderheit der unter Karl dem Großen geschaffenen Rechtsbücher.

9.5 Die Landesteile

9.5.1 Die Dreiteilung Sachsens

Zur Zeit Karls des Großen wird erstmals der Zustand fassbar, dass Sachsen von West nach Ost in drei Gebiete gegliedert erscheint. Die Dreiteilung des Landes blieb durch mehrere Jahrhunderte bestehen; doch wechselte die Bezeichnung zumindest des östlichen Gebiets.

Unter Karl dem Großen und Ludwig dem Frommen wurden die Landesteile *Westfalen*, *Engern* und *Ostfalen* genannt. Anstelle des Wortes *Ostfalen* erschienen schon damals jedoch auch andere Namen.

Die Dreiteilung Sachsens ist zuerst für 775 belegt, und zwar in ost-westlicher Richtung. Wie wir bei der Schilderung der Begebenheiten jenes Jahres gesehen haben, kamen „alle östlichen Sachsen (*omnes Austreleudi Saxones*)" mit Hassio/Hessi an die Oker, um sich zu unterwerfen. In der Landschaft namens *Bucki* erschienen dann die Engern (*Angrarii*) unter Bruno, die ebenso Geiseln stellten wie die Ostleute (*Austrasii*). Letzten Endes ergaben sich auch die Westfalen (*Westfalaos*) (oben, S. 182 f.). Abgesehen von den sachlichen Berichtigungen, die die Einhardannalen zum Bericht über das Jahr 779 vornehmen, bezeichnen sie die Bewohner des östlichen Sachsens als *Ostfalai*. Das *–ai* ist getrennt zu sprechen, als ob *Ostfalahi* dastünde.

Zum Jahr 779 verwenden die Einhardannalen wiederum die Namen *Westfalen*, *Engern* und *Ostfalen*, und zwar in dieser Abfolge. Die Reichsannalen hatten nur von den Westfalen und „den übrigen" gesprochen, „die jenseits der Weser waren". Man kann diese Äußerung so verstehen, dass der Schöpfer der Reichsannalen die Weser als die Ostgrenze Westfalens ansah. Zwingend ist der Schluss aber nicht. Vielleicht wollte der unbekannte Verfasser lediglich sagen, dass „die übrigen" sich rechts der Weser versammelt hätten. Die Ostgrenze Westfalens wäre dann westlich des Flusses zu suchen.[395]

Der älteste Abschnitt der Reichsannalen wurde um 790 oder kurz zuvor niedergeschrieben. Die sogenannten Einhardannalen sind dagegen nach 814 entstanden. Da die Reichsannalen den Namen *Ostfalen* weder zu 775 noch zu 779 nennen, könnte man meinen, dass dieses Wort erst nach dem Tode Karls des Großen aufgekommen sei. Doch ist ein solcher Schluss aus mehreren Gründen unhaltbar. Er wäre schon deshalb verkehrt, weil die Reichsannalen zu 784 sehr wohl von Ostfalen (und Westfalen) sprechen. Dagegen erscheinen im Bericht der Einhardannalen zu jenem Jahr neben den Westfalen nicht die Ostfalen, sondern „die östlichen Sachsen" (*orientales Saxones*). Die Engern werden zu 784 in keiner der beiden Quellen genannt.

Da der Bericht über das Jahr 784 zum ältesten Abschnitt der Reichsannalen gehört, muss das Wort *Ostfalen* um 790 aufs Pergament gebracht worden sein. Der Beleg für 784 ist also einige Jahrzehnte älter als die Belege für 775 und 779.

Zu 775 erwähnen auch die Älteren Metzer Jahrbücher die Ostfalen (im Wechsel mit *Austrasii*) sowie die Engern und die Westfalen. 784 nennen sie Ostfalen und Westfalen.[396] Sie sind in den betreffenden Abschnitten zwar von den Reichsannalen bzw. den Einhardannalen abhängig, sprechen 775 aber ausdrücklich von den „drei Teilen" (oder gar Dritteln) der Sachsen.

Die Dreiteilung Sachsens in Westfalen, Engern und Ostfalen findet sich nicht nur in erzählenden Quellen, sondern auch im Capitulare Saxonicum und im Rechtsbuch „Lex Saxonum" sowie in dem oben behandelten Verzeichnis der Geiseln (oben S. 211–213).

Wie das Capitulare Saxonicum in seiner Einleitung ausdrücklich verkündet, kam es dadurch zustande, dass 797 in Aachen außer Bischöfen, Äbten und Grafen „auch Sachsen aus den verschiedenen Gebieten (*pagi*) zusammengekommen waren – sowohl aus Westfalen und Engern als auch aus Ostfalen" und dass alle Versammelten einmütig einen Beschluss gefasst hatten. Der Urtext ist insofern unklar, als die lateinische Sprache keinen Artikel kennt und man folglich nicht weiß, ob von „*den* verschiedenen Gebieten" oder bloß von „verschiedenen Gebieten" die Rede ist. Da die gefassten Beschlüsse aber für Sachsen insgesamt gelten sollten, darf man folgern, dass das gesamte Land nach der Auffassung des Königshofs aus genau den drei genannten Teilen bestand.

Das Wort *pagus* (Mehrzahl: *pagi*) meint hier nicht einen Gau im Sinne der Urkundensprache, sondern eine Landschaft oder ein Gebiet. Dazu ist Folgendes auszuführen: In den Urkunden der deutschen Könige und Kaiser (und nicht nur dort) werden bis zum Ende des 11. oder bis in die erste Hälfte des 12. Jhs. die Orte, von denen die Rede ist, gewöhnlich mit der Angabe versehen: „*in pago* X *in comitatu* Y". Das kann man so wiedergeben: (Der Ort N. N.), „der im Gau X unter der Grafengewalt des Y gelegen ist." Statt X tritt jeweils ein Örtlichkeitsname ein, statt Y jeweils der Name eines Mannes. Solche Lageangaben bilden also eine Besonderheit der Urkundensprache. Sie erscheinen aber nur in den erzählenden und den verfügenden Abschnitten der Urkunden. Der Ausstellungsort einer Urkunde wird regelmäßig in ihrem Schlussteil angegeben, jedoch nur ausnahmsweise einem Gau oder dem Machtbereich eines Grafen zugeordnet.

In literarischen Quellen konnte das Wort *pagus* sowohl ‚Gau' im Sinne der Urkundensprache als auch ‚Landschaft' oder ‚Gebiet' bedeuten. Es herrschte ein ähnliches Verhältnis wie beim heutigen Wort *Land*: Einerseits bildet dieses Wort einen Fachausdruck des deutschen Staatsrechts. In diesem Sinne wird es mit „Bundesland" verdeutlicht. Aber das Grundgesetz der Bundesrepublik Deutschland kennt keine „Bundesländer", sondern nur Länder. Andererseits kann *Land* einen beliebigen Staat oder völlig unpolitisch irgendeine Landschaft bezeichnen.

Außer den genannten und von ihnen abhängigen Stellen ist während der Zeit Karls des Großen und Ludwigs des Frommen von den drei Landesteilen keine Rede. Übrigens erscheinen die Wörter *Westfalen*, *Engern* und *Ostfalen* hier nur als Bezeichnungen von Personengruppen. Trotzdem sind wir berechtigt, sie wie Bezeichnungen von Ländern zu behandeln. Unsere heutigen Ländernamen *Sachsen*, *Schwaben*, *Polen*, *Schweden* usw. sind nämlich auch nichts anderes als erstarrte Dative der entsprechenden Völkernamen. Sie sind aus Fügungen hervorgegangen wie „bei den Sachsen", „bei den Schwaben" usw. Die Sprecher der älteren Stufen unserer Muttersprache erfasslten ein Land von seinen Bewohnern her.

Der uns bekannte Dichter, den die Wissenschaft den *Poeta Saxo* nennt, äußerte sich zwischen 888 und 891 ziemlich ausführlich über die Gliederung Sachsens, wie sie angeblich vor dem Eingreifen Karls des Großen bestanden hätte: Das Sachsengeschlecht habe nicht einem einzigen König unterstanden, sondern sei in viele Teile zerfallen. Es hätte fast so viele Herzöge wie Gaue gegeben. Bei dieser Aussage dienten Bedas Angaben über die sächsischen Zustände unmittelbar oder mittelbar als Vorbild.

Dann fährt der Dichter fort: Ehemals habe sich Sachsen dadurch ausgezeichnet, dass es in drei „staatliche Gebilde" oder „Gruppen" (*populi*) unterteilt gewesen wäre. Von diesen seien nur noch die inhaltsleeren Namen übrig, nämlich Westfalen, Engern und „*Osterliudi* („Ostleute"), die von einigen als Ostfalen (*Ostvalos*) bezeichnet werden." Man muss den Poeta Saxo so verstehen, dass die drei Teile zu seiner Zeit politisch bedeutungslos waren. Wenn er sich zusammenreimte, sie hätten vor 772 irgendwelche Staatswesen gebildet, so beweisen seine Gedanken natürlich nichts für die tatsächlichen Verhältnisse. Von denen hatte der Dichter keine Kunde.

Immerhin äußert sich der Poeta Saxo über die Grenzen der Landesteile. Allerdings erfahren wir von ihm auch nichts Genaues und eigentlich nur Selbstverständlichkeiten: „*Westfalen* werden die

Bewohner des Westens genannt, deren Grenze nicht weit vom Rhein entfernt ist." Anscheinend ist die Westgrenze gemeint.
Wie die nächsten Verse verraten, bewohnen die Ostleute oder Ostfalen den Osten. Ihre Grenzen werden von den heidnischen Wenden bedroht. In der Mitte zwischen den Westfalen und den Ostleuten sind die Engern ansässig, „die dritte Gruppe der Sachsen" (*populus Saxonum tertius*). „Deren Land (*patria*) grenzt im Süden an die Gebiete (*terris*) der Franken und im Norden ans Meer".[397]

Bei der Schilderung der Begebenheiten des Jahres 775 übernimmt der Poeta Saxo die Dreiteilung seiner Vorlagen, und zwar benutzt er die Bezeichnungen *Osterliudi*, *Angarii und Westfalhi*. Zum Jahre 779 ist bei ihm von *Westfalhi*, *Angarii* und *Ostfalhi* die Rede.[398] Übrigens sind dem Dichter an der ersten dieser beiden Stellen die „Ostleute" eine *Gens* und an der zweiten die Sachsen insgesamt. Ein solcher Sprachgebrauch sollte vor dem Schluss warnen, das Wort *gens* als einen Fachausdruck anzusehen. Von den Westfalen spricht der Poeta Saxo noch zu 783 und 784, aber nicht von den Engern und den Ostfalen. Eine Stelle aus der Erzählung zum letztgenannten Jahr könnte übrigens den Eindruck erwecken, als ob die Weser die Grenze zwischen Westfalen und Thüringen gebildet hätte, was der Dichter gewiss nicht sagen wollte.[399]

9.5.2 Das Ostfalenproblem

Die bisher behandelten Quellenbelege sind die einzigen, die einerseits Sachsen in drei Teile untergliedern und andererseits die Wörter *Westfalen*, *Engern* und *Ostfalen* nebeneinander zur Bezeichnung der drei Teile verwenden (sofern sie es tun). Streng genommen ist zum Jahre 784 nur von zwei Teilen die Rede. Die Ausbeute bleibt also dürftig.

Außer den genannten Stellen wird die Dreiteilung Sachsens während des 9. Jhs. nicht erwähnt. Wenn von ihr im 10. Jh. oder in späterer Zeit die Rede ist, kommt das Wort *Ostfalen* nicht vor; und wenn in späterer Zeit der Name *Ostfalen* verwendet wird, dient er nicht zur Bezeichnung des einen der drei sächsischen Gebiete.

Nun führte dieser Name bereits unter Karl dem Großen ein unsicheres Dasein. An seiner Stelle kamen auch *Austrasii* und *Osterliudi* vor. Beide Wörter bedeuteten nichts anders als „die im

Osten" und hatten von Hause aus nichts mit Sachsen zu tun. *Austrasii* wurde vornehmlich für die östlichen Franken gebraucht, für die „Austrasier," die von den Neustriern und den Burgundern zu unterscheiden waren.

Schon vor längerer Zeit wurde die Meinung geäußert, dass das Wort *Ostfalen* eine „fränkische", das heißt, karolingische Neuprägung gewesen sei.[400]

9.5.3 Die sogenannten Heerschaften

Die Wörter *Westfalen* und *Engern* sind vor 775 ebenso wenig belegt wie *Ostfalen*. Das führt zur Frage nach dem Alter und der Vorgeschichte dieser Namen überhaupt.

Ehemals schienen die Dinge ganz einfach zu sein: Man glaubte, Westfalen, Engern und Ostfalen wären „die drei sächsischen Stammesprovinzen" gewesen und hätten schon vor Karl dem Großen bestanden. Dabei wurde übersehen, dass der Begriff einer Stammesprovinz einen Widerspruch in sich selbst enthält: Nur ein Land oder ein Staat kann aus Provinzen bestehen, nicht aber ein Volk oder ein Stamm. Denkbar wäre also allenfalls, dass das Land Sachsen vor 772 in drei Provinzen gegliedert gewesen wäre. Nun setzt der Begriff der Provinz den Begriff einer Obergewalt voraus, die das ihr unterstehende Gebiet aufteilt. Welche Obergewalt hätte Sachsen vor 772 in drei Teile aufgliedern können?

Wenn man die drei Landsteile als vorkarlisch ansieht, muss man zu dem Schluss kommen, dass der Kaiser die alten Zustände ehrfürchtig bewahrt hätte. Eroberer tun jedoch das Gegenteil: Sie gliedern das unterworfene Gebiet nach ihrem Gutdünken auf und schaffen neue Einheiten. Die neuen Gebilde können durchaus mit alten Namen bezeichnet werden wie das von Napoleon 1807 errichtete Königreich Westfalen. So bildeten Westfalen, Engern und Ostfalen in der Gestalt, in der sie uns seit 775 begegnen, offensichtlich Schöpfungen Karls des Großen.

Viele heutige Vertreter der Meinung, dass die drei Landesteile vor 772 bestanden hätten, bezeichnen die Gebiete als „Heerschaften". Die Lehre von den sächsischen „Heerschaften" ist 1947 in die Fassung gebracht worden, in der sie heute gewöhnlich vorgetragen wird.[401] Sie hat folgende Grundlagen:

1019 erscheint in eine Urkunde Kaiser Heinrichs II. der Ausdruck *in pago Westfalo-heriscefse* <so! M. S.>. 1065 heißt es in einer

Urkunde Heinrichs IV. *in pago Engere herescephe*. 1113 kommt schließlich in einer Corveyer Urkunde die Wendung *secundum ritum Ostersahson hereschaph in pago Sulbirgowe* vor.[402] Es müsste erst einmal geklärt werden, ob *herescephe* mit „Heerschaft" oder mit ‚Herrschaft' wiederzugeben ist. Doch stellen wir diese Frage zurück.

Die drei Stellen kann man folgendermaßen verdeutschen: 1019: „im Gau Heerschaft/Herrschaft Westfalen", 1065: „im Gau Heerschaft/Herrschaft Engern" und 1113 „gemäß dem Brauch der Heerschaft/Herrschaft Ostsachsen im Gau Sülberggau". Weitere Beispiele für einen solchen Sprachgebrauch scheint es nicht zu geben. Die Anhänger der Lehre von den „Heerschaften" setzen wohl immer *Ostersahson/Ostsachsen* mit Ostfalen gleich. Diese Gleichsetzung ist für die nachkarolingische Zeit nicht statthaft, denn das Wort *Ostfalen* lebte zur Bezeichnung eines Gaus um Hildesheim weiter; und der Name Ostsachsen griff seit dem 10. Jh. weit über die Ostgrenze des karolingischen Ostfalens hinaus.

Jedenfalls folgern die Vertreter der Lehre von den „Heerschaften" aus den drei Belegen des 11. und 12. Jhs., dass die drei Teile Sachsens vor 772 eben als „Heerschaften" bestanden hätten.

Vor allem wüsste man gern, was man sich unter einer „Heerschaft" vorzustellen hat. Das Wort bildet im Neuhochdeutschen ein Fremdwort. Folglich ist es unklar. Wer darunter eine Heerschar oder eine Heeresgruppe versteht, sollte es aussprechen. Dann müsste aber dargelegt werden, auf welchem Wege ein Wort, das ursprünglich ‚Heeresgruppe' bedeutet hatte, die Bedeutung ‚Landschaft' oder ‚Gebiet' erlangte – wobei ein solcher Vorgang nicht von vorn herein ausgeschlossen werden soll. Sehr wenig glaubhaft ist allerdings, dass die Wörter *Ostfalen* und *Westfalen* ursprünglich die Bezeichnungen bestimmter Heeresgruppen und später Einwohner- oder Ländernamen gewesen wären. Bei diesen Namen ist die Entwicklung nur umgekehrt denkbar. Die Angabe der Himmelsrichtungen in den Namen *Ostfalen* und *Westfalen* bezeugt nämlich, dass beide Wörter ursprünglich Einwohnernamen gewesen sein müssen.

An den drei Stellen, an denen *herescephe* o. ä. vorkommt, ist zunächst verwunderlich, dass das Wort in hochdeutscher Gestalt erscheint, obwohl es in niederdeutschen Bezügen steht. Seine altsächsische, also altniederdeutsche Entsprechung *heriskepi* ist belegt. Sie bezeichnet im „Heliand" den Chor der Engel.[403] Das erinnert an die neuhochdeutsche Prägung „die himmlischen Heerscharen". Dieser Ausdruck hat eine Grundlage dafür gebildet, *heresce-*

phe als „Heerschaft" wiederzugeben. Unter dem „Heliand" versteht die Wissenschaft eine altsächsische Stabreimdichtung (wohl der zweiten Hälfte) des 9. Jhs., die das Leben Jesu Christi nacherzählt.

Nun bedeutet *heriskepi* im „Heliand" aber auch ‚Herrschaft' (v. 5285). In einer Glosse aus Werden von etwa 850 wird „*principatum* mit *herscepias* gleichgesetzt".[404] *Principatus* heißt geradezu ‚Fürstentum', ‚Herrschaftsbezirk'. Daraus folgt, dass *herescephe* in den drei Urkunden von 1019, 1065 und 1113 wohl nicht als „Heerschaft", sondern als „Herrschaft" zu verstehen ist. Möglicherweise sahen die Menschen vor eintausend und mehr Jahren in den beiden Bedeutungen gar keinen Gegensatz. Wir mit unserer anderen Begriffswelt müssen uns jedoch für eine Bedeutung entscheiden. „Heerschaft" bildet jedenfalls in unserer Sprache kein geeignetes Wort für die Bezeichnung von Gauen oder Landesteilen. Die ältere Forschung hat die drei Urkundenstellen ganz selbstverständlich als „Herrschaften" aufgefasst.

Im Grunde geht es nur um Folgendes: Auf die drei vereinzelt dastehenden und obendrein hochdeutschen Belege aus dem 11. und 12. Jh. kann man keineswegs die Lehre stützen, dass das vorkarlische Sachsen in drei „Heerschaften" oder „Herrschaften" gegliedert gewesen wäre.

Es ist vielmehr zu vermuten, dass die Dreiteilung ein Werk des Kaisers ist. Anscheinend benutzte er im Falle Engerns und Westfalens ältere Namen, um neue Gebilde zu bezeichnen. Im Falle Ostfalens erfand er vielleicht sogar einen neuen Namen.

Die Lehre von der sächsischen Eroberung hat zu der Behauptung geführt, dass die Namen *Westfalen*, *Engern* und *Ostfalen* von Nord nach Süd ausgedehnt worden wären. Dafür gibt es nicht den geringsten Anhaltspunkt. Mindestens im Falle Ostfalens lässt sich aber das Umgekehrte beweisen. Unter Karl dem Großen ist nämlich das Land nördlich der Elbe zu Ostfalen gerechnet worden.[405] Dieser Zustand kann nicht darauf zurückgeführt werden, dass Holstein ursprünglich *Ostfalen* geheißen hätte – was bei der angeblichen Ausdehnung des Namens von Nord nach Süd vorauszusetzen wäre.

9.5.4 Kleinere Landschaften

Mit der Nennung des Gebiets nördlich der Elbe kommen wir zu sächsischen Landschaften, die innerhalb der drei Hauptteile oder unterhalb dieser Ebene bestanden haben. Von ihnen können hier nur einige betrachtet werden:

Im Zusammenhang mit den Ereignissen des Jahres 780 war von den *Bardongavenses* „den Einwohnern des Bardengaus," und den *Nordleudi*, „den Nordleuten" die Rede (oben, S. 186). Wie schon gesagt, scheinen zu den sonst üblichen drei Teilen Sachsens hier zwei weitere hinzuzukommen. Nun beschreiben aber die Einhardannalen die Bekehrungen des Jahres 780 mit den Worten, dass in Ohrum „sehr viele Sachsen aus den östlichen Landesteilen" getauft worden wären. Der Verfasser dieser Jahrbücher hat also das Land nördlich der Elbe zum östlichen Sachsen gerechnet und damit dessen Grenzen bis an die holsteinische Nordseeküste ausgedehnt. Wenn man „die östlichen Landesteile" mit Ostfalen gleichsetzen darf, muss das Gebiet von Holstein, also auch dessen Nordseeküste in Ostfalen gelegen haben. Damit hätte der äußerste Westen Ostfalens westlicher gelegen als die östlichsten Teile Westfalens. Politische Einteilungen sind eben nicht dasselbe wie Raumangaben im Sinne der Erdkunde – vor 1200 Jahren ebenso wenig wie heute.

Der nordelbische Teil des karolingischen Sachsens erscheint in den amtlichen und halbamtlichen Quellen auch unter dem lateinischen Namen *Transalbiani* „Die jenseits der Elbe". Erst im Bremer und Corveyer Sprachgebrauch ist von *Nordalbingi* die Rede: „Die nördlich der Elbe".[406] Die Bezugnahme auf die Flussgrenze lässt die Wörter als Schöpfungen der Karolingerzeit erkennen.

Andere Einteilungen Sachsens nahmen auf die Elbe keine Rücksicht. So umfasste die Landschaft Wigmodien Gebiete sowohl südlich als auch nördlich des Flusses.[407]

Mitunter kommen in den Quellen der Karolingerzeit ungewöhnliche Namen vor, z.B. *Bortrini* im Capitulare Saxonicum. Der Ausdruck ist sonst nicht belegt. Als sein Gegenwort erscheint *Septentrionales* „Die im Norden". Man könnte *Bortrini* als Sammelbezeichnung der Sachsen südlich der Elbe verstehen. Ob das gemeint war, bleibe dahingestellt.

9.5.5 Etymologie

Das Wort *Engern* lautete in seiner älteren Gestalt *Angeron* oder lateinisch *Angri*. Es gibt auch Orte und Flüsse dieses Namens. Das nächstliegende Beispiel bildet die Stadt Enger, wo das Grab des Herzogs Widukind vermutet wurde.

Engern wird mit dem Wort *Anger* in Verbindung gebracht. Tacitus und Ptolemäus erwähnen die *Angrivarii* als ein Volk Germaniens. Der Name kommt auch im Anhang zum Provinzenverzeichnis von Verona vor (vgl. oben, S. 34). Es mag sein, dass er mit dem Wort *Engern* verwandt ist. Daraus folgt aber nicht, dass die Engern dasselbe Volk gewesen wären wie die Angrivarier.

Bei den Wörtern *West-falen* und *Ost-falen* bereitet der jeweils erste Bestandteil keine Schwierigkeiten. Er bezeichnet die Himmelsrichtungen. Nun sind germanische Personengruppennamen, die die Bezeichnung einer Himmelsrichtung als Bestimmungswort mit einem Namen verbinden, keine alten Schöpfungen. Wenn hier von alt und jung gesprochen wird, ist als Zeitrahmen das erste Jahrtausend der christlichen Zeitrechnung anzusetzen. Das heißt, die entsprechenden Bildungen kommen erst nach 500 vor. Auf dem Festland sind *Westfalen* und *Ostfalen* wohl die frühesten Vertreter dieser Art überhaupt. (Die Bezeichnungen *Ost-* und *Westgoten* beruhen auf einer schon im 6. Jh. aufgekommenen Missdeutung der Namen *Austro-* und *Visi-gothi*.)

Das Grundwort *Falen* bereitet den Gelehrten viel Kopfzerbrechen. Am wahrscheinlichsten ist die Meinung, dass es mit dem Namen *Polen* urverwandt ist – woraus ganz und gar nicht folgt, dass die Polen dasselbe Volk wären wie die Falen.

9.6 Schlussbetrachtung

Die allerletzte Urkunde Karls des Großen wurde am 9. Mai 813 ausgestellt. Ihr Empfänger war ein Mann namens „Asig, der auch Adalrich genannt wird." Sein Vater Hiddi hatte das Land verlassen, „als die anderen Sachsen untreu" gegen den Kaiser handelten. Von seinem Vater war Asig ein Stück Land zwischen der Werra und der Fulda als Erbe zugefallen, das jedoch Königsboten zugunsten des Kaisers eingezogen hatten. Karl der Große erstattete nun den Besitz zurück. Die Reihe der mehr als 200 Urkunden, die Karl der Große ausstellen ließ, schließt also mit einer Rechtshandlung, die auf die Sachsenkriege Bezug nimmt. Es wirkt wie ein Gleichnis.

Der Kaiser hat die Unterwerfung Sachsens wohl als seine größte Leistung betrachtet. Viele heutige Wissenschaftler sehen in ihr „neben der Begründung des mittelalterlichen Kaisertums Karls folgenreichste Tat".[408] Wer zu weltgeschichtlichen Betrachtungen neigt, kann darauf verweisen, dass Karl der Große dort Erfolg hatte, wo der Kaiser Augustus achthundert Jahre zuvor gescheitert war.[409]

Man wird nicht behaupten können, dass die Wissenschaft der letzten Jahrzehnte der Unterwerfung Sachsens die gebührende Aufmerksamkeit gewidmet hätte. Unter den zahlreichen Sammelwerken, die sich mit Karl dem Großen beschäftigen, sind nicht wenige, die das Ereignis gar nicht behandeln. Das blutige Wüten passt nicht zu dem Bild, das heute von dem Kaiser gemalt wird. Es fragt sich, ob das heutige Bild von Karl dem Großen zu Karl dem Großen passt.

Warum brauchte Karl zweiunddreißig Jahre, ehe er die Sachsen niedergekämpft hatte, während ihm im Langobardenreich und in Baiern ein rascher Erfolg beschieden war? Jüngst ist sehr mit Recht darauf hingewiesen worden, dass die Sachsen so lange Widerstand leisten konnten, weil sie politisch zersplittert waren: „Es gab keine Hauptstadt, deren Eroberung den Widerstand des gesamten Landes hätte brechen können" – wie Pavia in Italien. „Es gab keinen König oder Herzog, dessen Gefangennahme das Volk weitgehend handlungsunfähig gemacht hätte" – wie 774 die Gefangennahme des langobardischen Königs Desiderius und 788 die Verhaftung des bairischen Herzogs Tassilo. „Die zahllosen Unterwerfungshandlungen, Treueidleistungen und Geiselstellungen banden jeweils nur einige sächsische Gruppen ... niemals aber die Gesamtheit der Sachsen," wie Karl irrtümlich glauben mochte.[410]

Daraus ergeben sich Rückschlüsse: Vor Karl dem Großen hatte das Land keine Einheit gebildet – weder unter einem König noch unter einem Herzog und erst recht nicht unter einer Stammesversammlung. Im fränkischen Reich wurde vor 772 das Wort *Saxones* als Sammelbezeichnung für die nordöstlichen Nachbarn gebraucht. Erst infolge der Eroberung, die Karl der Große vornahm, entstand die politische Einheit namens Sachsen, lateinisch *Saxonia*. Vergleichbares geschah während des 10. Jhs.: Die ostfränkisch-deutschen Könige schufen in Gestalt der Sclavinia, des Wendenlands, ein neues politisches Gebilde.

Die Unterwerfung Sachsens hatte Bestand, obwohl das karolingische Königtum wenige Jahrzehnte nach dem Tod Karls des Großen in Verfall geriet. Dagegen gingen Ottos I. Eroberungen im Wendenland 983 weitgehend verloren, nur weil das ottonische Königtum eine einstweilige Schwächung erlitt. Der Vergleich zeigt, wie einschneidend die Veränderungen gewesen sein müssen, die Karl in Sachsen herbeiführte.

Einhard bemerkte in seiner Lebensbeschreibung Karls des Großen, dass im Endergebnis des Krieges die Sachsen mit den Franken zu einem *populus* geworden seien.[411] Man übersetzt *populus* hier gern mit ‚Volk'; aber das dürfte der Vorstellungswelt des 9. Jhs. schwerlich gerecht werden. Der Sinn von Einhards Rede ist wohl eher der, dass die Sachsen und die Franken in einer staatlichen Einheit verschmolzen wären. Es gibt auch die Ansicht, dass *populus* an dieser Stelle das Christenvolk meine oder dass Einhard das sächsisch-fränkische Heer vor Augen gehabt habe.[412] Jedenfalls entwickelte sich Sachsen seit Karl dem Großen als ein Bestandteil des Fränkischen, später des Ostfränkischen und schließlich des Deutschen Reichs. In diesen Zusammenhängen wäre die Geschichte des Landes und seiner Bewohner nach Karl dem Großen zu behandeln.

10 Anhang: Der Stellingaaufstand

Noch einmal regte sich in Sachsen der Geist der Unabhängigkeit und des Widerstands. Zu Beginn der vierziger Jahre des 9. Jhs. erhoben sich zumindest in Teilen des Landes Angehörige der Unterschichten gegen ihre Herren. Ein solches Ereignis war im Frühmittelalter ganz ungewöhnlich. „Es ist das erstemal in der Geschichte der Germanen, dass die Beherrschten als Masse und mit eigenem Willen sich geltend machten."[413] Abgesehen von Kämpfen gegen fremde Eroberer kennen wir aus jener Zeit nur Kriege von Herrschenden gegen andere Herrschende, z.B. von Herzögen gegen Könige. Dazu gehörten auch Aufstände, die sich nach dem Tode eines Königs gegen seinen Nachfolger entwickelten, denn sie wurden von den Machthabern des aufrührerischen Landes angeführt.

Die sächsische Erhebung der vierziger Jahre des 9. Jhs. wird von der neuzeitlichen Forschung der Stellingaaufstand genannt. Die Bezeichnung lehnt sich an ein Wort an, das in den Quellen vorkommt.

Der Stellingaaufstand hatte folgenden Hintergrund: Im Jahre 840 verstarb Kaiser Ludwig der Fromme. Um seine Hinterlassenschaft entbrannte ein erbitterter Kampf zwischen seinen drei Söhnen: dem Kaiser Lothar I. († 855) einerseits sowie Ludwig dem Deutschen († 876) und Karl dem Kahlen († 877) andererseits. 843 endete der Krieg mit dem Vertrag von Verdun. Das Karolingerreich wurde in das Westfränkische Reich unter Karl dem Kahlen, das Mittelreich unter Lothar I. und das Ostfränkische Reich unter Ludwig dem Deutschen geteilt. Die Reichsbezeichnungen sind so nicht zeitgenössisch.

Die Grenze zwischen dem Mittelreich und dem Ostfränkischen Reich bildete auf weiten Strecken, aber nicht durchgehend der Rhein. Nun hatte Ludwig der Deutsche schon seit 826 in Baiern als Unterkönig regiert. Noch zu Lebzeiten seines Vaters versuchte er mit wechselndem Erfolg, seine Macht auf einen großen Teil der anderen Gebiete auszudehnen, die ihm 843 zufallen sollten und zu denen Sachsen gehörte.

Nach dem Tode Ludwigs des Frommen wollte Lothar I. Ludwig den Deutschen auf Baiern beschränken. In diesen Zusammenhang gehört der Stellingaaufstand.

Über die Begebenheiten berichten vier Verfasser: Nithard sowie die Schöpfer der Jahrbücher von St. Bertin, der Jahrbücher von Fulda und der von Xanten. Die Lage ist dieselbe wie bei den Sachsenkriegen Karls des Großen: Wir verfügen nur über die Äußerungen der einen Partei. Die Aufständischen sind nicht zu Wort gekommen. Obendrein hat keiner der Verfasser aus der Sicht Lothars I. berichtet.

Wir wollen zunächst die Aussagen der betreffenden vier Quellen nebeneinander stellen und in einem zweiten Schritt erörtern, welche Fragen sich aus ihnen ergeben:

Nithard († 845) war durch seine Mutter Bertha ein Enkel Karls des Großen. Er kämpfte an der Seite Karls des Kahlen gegen Lothar I. und verfasste auch sein Geschichtswerk im Auftrag des westfränkischen Königs. Nithard war einer der ganz wenigen Laien des Frühmittelalters, die sich als lateinische Schriftsteller betätigten. Den Gegenstand seines kleinen Buches bildet der Bruderkrieg der Söhne Ludwigs des Frommen.

Die Jahrbücher von St. Bertin setzten auf dem Boden des Westfränkischen Reichs die Reichsannalen fort. Auch sie vertraten also den Standpunkt Karls des Kahlen. Der Verfasser des Abschnitts, der uns angeht, war der Bischof Prudentius von Troyes († 861).

Das ostfränkische Gegenstück der Annalen von St. Bertin bildeten die Jahrbücher von Fulda. Sie galten lange Zeit als eine Schrift des uns bekannten Rudolf von Fulda. Seine Verfasserschaft ist jedoch nicht sicher; und vor wenigen Jahren sind ihm die Fuldaer Annalen wieder abgesprochen worden.[414]

Die sogenannten Jahrbücher von Xanten sind gewiss nicht an dem Ort entstanden, nach dem sie benannt sind, und vielleicht überhaupt nicht auf dem Boden des Mittelreichs, sondern in Worms oder Lorsch, die zum Ostfränkischen Reich gehörten. Doch ist das nicht sicher. Auf jeden Fall stellten die Xantener Annalen im Unterschied zu den Jahrbüchern von St. Bertin und denen von Fulda keine amtliche oder wenigstens halbamtliche Geschichtsschreibung dar.

Die ausführlichste Erzählung über den Stellingaaufstand findet sich bei Nithard:[415] Die Vorgeschichte stellt sich bei ihm folgendermaßen dar: 841 erlitt Lothar I. bei Fontanetum (Fontenoy, s. Auxerre) eine schwere Niederlage gegen seine Brüder. 842 bekräftigten Ludwig der Deutsche und Karl der Kahle ihr Bündnis während einer Zusammenkunft in Straßburg, wo sie die berühmten Straßburger Eide schwuren. Während desselben Jahres trafen sich beide Könige erneut, diesmal in Aachen. Dort vereinbarten sie, Lothars I. Herrschaftsgebiet nördlich der Alpen unter sich aufzuteilen.

Von Aachen zog Karl der Kahle über die Maas. Ludwig der Deutsche aber „begab sich wegen der Sachsen nach Köln." Nithard schreibt weiter, er glaube, die sächsischen Verhältnisse beschreiben zu müssen, weil sie offensichtlich von hervorragender Bedeutung waren. Dazu führt er aus:

Karl der Große habe die Sachsen zum Christentum bekehrt. Sie seien in ihrer Gesamtheit in drei Stände geteilt. „Es gibt bei ihnen nämlich die Edelinge, die Frilinge und die *Lazzi*, wie sie in ihrer Sprache heißen." Die lateinischen Entsprechungen dieser Bezeichnungen seien *nobiles*, *ingenuiles* und *serviles*.

Im Bruderkrieg habe sich ein Teil der *Nobiles* Lothar I. angeschlossen, während der andere Teil auf die Seite Ludwigs des Deutschen getreten sei. Nach der Schlacht von Fontanetum habe Lothar I. befürchtet, dass sein Kriegsvolk ihn verlassen könne.

Es ist nicht klar, ob damit alle Leute des Kaisers gemeint sind oder nur die sächsischen Krieger, die sich in seinem Heer befanden. Dass Lothar I. vor der Schlacht von Fontanetum Zuzug aus Sachsen bekommen hatte, war von Nithard früher ausdrücklich festgestellt worden.

Jedenfalls habe Lothar reiche Belohnungen ausgeteilt, um seine Leute bei der Stange zu halten. Er hätte auch (Beauftragte) „nach Sachsen geschickt, wobei er den Frilingen und *Lazzen*, deren Anzahl ungeheuer groß ist, folgendes Versprechen gab: Wenn sie auf seine Seite träten, werde er ihnen zugestehen, künftig nach dem Recht zu leben, das ihre Vorfahren in der Zeit des Heidentums gehabt hatten. Das begehrten sie über alle Maßen. So legten sie sich einen neuen Namen zu, nämlich Stellinga, und rotteten sich zusammen. Nachdem sie ihre Herren beinahe aus dem Reichsteil vertrieben hatten, lebten sie auf alt hergebrachte Weise, jeder nach dem Recht, nach dem er leben wollte." Lothar I. hätte auch heidnische Normannen zu Hilfe geholt. Gemeint sind offensichtlich Dänen.

Ludwig der Deutsche habe nun befürchtet, dass sich die Normannen und die Wenden mit den Sachsen, die sich Stellinga genannt hatten, verbünden und einen Einfall unternehmen würden, um den Reichsteil in ihre Gewalt zu bringen. Zugleich hätten sie in diesen Gebieten das Christentum beseitigen können.

Wie Ludwig der Deutsche gegen die drohende Gefahr zunächst vorgegangen ist, bleibt uns verborgen. Viel kann der König von Köln aus nicht unternommen haben, denn er begab sich gleich wieder nach Verdun, um von neuem mit Karl dem Kahlen zu verhandeln. Nachdem beide Könige eine grundsätzliche Vereinbarung mit Lothar I. über die Dreiteilung des Reichs getroffen hatten, zog Ludwig der Deutsche noch im Spätsommer 842 nach Sachsen. Dort „bezwang er die Aufständischen, die sich, wie oben erwähnt, Stellinga genannt hatten, in rühmlicher Weise, jedoch unter Abhaltung eines blutigen Strafgerichts."

Nach Nithard ist es 842 zu einem nochmaligen Aufstand gekommen: „Auch erhoben sich zur selben Zeit die Stellinga in Sachsen wiederum gegen ihre Herren; aber sie wurden in einem offenen Kampf unter fürchterlichem Blutvergießen niedergeworfen." Es folgt der unklare lateinische Satz *ac sic auctoritate interiit, quod sine auctoritate surgere praesumpsit*. Vielleicht soll er bedeuten: „Und es erlag der Obrigkeit, was sich gegen die Obrigkeit empört hatte." Man versteht Nithard vielfach so, dass die letzte Erhebung der Stellinga von den sächsischen Herren selber ohne Zutun des Königs niedergeworfen worden sei.

Prudentius schreibt in den Jahrbücher von St. Bertin zum Jahre 841 unter anderem Folgendes:[416] Nach der Schlacht von Fontanetum sei Lothar I. nach Aachen marschiert und habe sich bemüht, die Sachsen und die übrigen Nachbarn (oder Grenzlandbewohner?) für sich zu gewinnen, um den Kampf fortzusetzen. „Den Sachsen, die *Stellingi* genannt werden und deren Anzahl in ihrem Volk als äußerst groß gilt, stellte er sogar frei, zwischen einem beliebigen Recht oder den Gewohnheiten der Sachsen der Vorzeit nach eigenem Gutdünken zu wählen. In ihrer ständigen Neigung zum Bösen zogen sie es vor, lieber die heidnische Bräuche nachzuahmen als an den Gnadenmitteln des christlichen Glaubens festzuhalten."

Nachdem Prudentius von Lothars I. Begünstigung der Dänen gesprochen hat, führt er aus, dass Ludwig der Deutsche die Mehrzahl der Sachsen sowie alle „Austrasier" (die östlichen Franken), die Thüringer und die Schwaben teils durch Zwangsmaßnahmen, teils durch Güte seiner Herrschaft unterwarf. Zum Jahr 842 heißt es dann von Ludwig dem Deutschen: „Er durchstreifte ganz Sachsen und bezwang alle, die ihm bisher Widerstand geleistet hatten, mit einer solchen Gewalt des Schreckens, dass er nach Gefangennahme der sämtlichen Anführer der ruchlosen Empörung, die ja beinahe den christlichen Glauben preisgegeben und gegen ihn (Ludwig) und seine Getreuen im äußersten Aufruhr verharrt hatten, 140 köpfen, 14 an den Galgen hängen sowie unzählige durch

Abschneiden der Gliedmaßen verstümmeln ließ und keiner übrig blieb, der ihm irgendwie zu trotzen wagte."

In den Xantener Jahrbüchern steht zu 841:[417] „Im selben Jahr nahm in ganz Sachsen die Widersetzlichkeit der Unfreien (oder Sklaven oder Knechte) gegenüber ihren Herren außerordentlich zu. Sie maßten sich den Namen *Stellingas* an und verübten viele unvernünftige Taten. Die Edlen (*nobiles*) des Landes wurden von den Unfreien sehr in Mitleidenschaft gezogen und erniedrigt." Nachdem die Jahrbücher 842 von der Dreiteilung des Reichs gesprochen haben, führen sie aus, dass Ludwig der Deutsche nach Sachsen gezogen sei. „Die Unfreien der Sachsen, die sich frech überhoben hatten, warf er rühmlich nieder und beschränkte sie auf ihre naturgegebene Stellung." Aus dem Bericht wird nicht ersichtlich, in welchen Zusammenhang die Unruhen gehören.

Die Jahrbücher von Fulda erwähnen den Namen der Stellinga nicht. Es heißt nur, dass Ludwig der Deutsche 842 „nach Sachsen zog und mit großer Tatkraft eine ungeheure Verschwörung der Freigelassenen niederwarf, die versucht hatten, ihre rechtmäßigen Herren zu überwältigen. Die Rädelsführer wurden zum Tode verurteilt."[418] Die Fuldaer Jahrbücher lassen ebenso wenig wie die Xantener den Zusammenhang mit dem Bruderkrieg erkennen.

Offensichtlich haben weder Nithard noch Prudentius noch der Verfasser der Jahrbücher von Xanten etwas mit dem Wort *Stellinga* anfangen können. Alle drei Verfasser scheinen es für einen Eigennamen gehalten zu haben. Im Gegensatz zu den anderen „sächsischen" Wörtern, die Nithard im selben Atemzug mitteilt, übersetzt er es nicht ins Lateinische.

Die Bezeichnung der sächsischen Aufständischen ist bis in unsere Tage ein Rätsel geblieben und erst 1980 von Norbert Wagner erklärt worden: Sie bedeutete „'Gefährten, Genossen', gewiss eine passende und treffende Bezeichnung für die Gesamtheit der Mitglieder jener zu Zwecke des Aufstandes beschworenen Vereinigung ..."[419]

Die Oberschicht des Karolingerreichs sprach Althochdeutsch oder verstand es zumindest. Da ist es erstaunlich, dass weder Nithard noch Prudentius noch der Verfasser der Xantener Jahrbücher das Wort *stellinga* kannten. Nithard sagt ausdrücklich, dass „der Name neu" gewesen wäre. Möglicherweise war *stellinga* auf das Altsächsische beschränkt; oder es gehörte einer Schichtensprache (einem „Soziolekt") an, die den hohen Herren nicht geläufig war.

Sonderbar sind aber auch die anderen „sächsischen" Wörter

und ihre lateinischen Entsprechungen, wie sie sich bei Nithard finden: *Lazz*i bildet auf keinen Fall eine altsächsische Sprachform. Die müsste *lati* o. ä. heißen. Das Wort ist nicht dasselbe wie *Liten* und muss so viel wie „Freigelassene" bedeutet haben. Nun ist aber das seltene *Friling* in althochdeutschen Glossen mit der Bedeutung ‚Freigelassener' bezeugt.[420] Man begreift also nicht, wieso Nithard die beiden Wörter auf verschiedene Personengruppen angewendet hat.

Die lateinischen Wörter *ingenuiles* und *serviles* sind als Personenbezeichnungen ungewöhnlich. Zu erwarten wären *ingenui* und *servi*. *Ingenuiles* und *serviles* kommen dagegen regelmäßig in Bestandverzeichnissen von Grundherrschaften vor. Diese Beschreibungen unterschieden „freie Höfe" (*mansi ingenuiles*) von „unfreien Höfen" (*mansi serviles*). Was sich hinter diesen Bezeichnungen verbirgt, brauchen wir nicht zu erörtern.

Es sieht so aus, als ob Nithard nur eine verworrene Kunde von den Zuständen in Sachsen hatte und dass er meinte, die sächsischen Ständeverhältnisse hätten sich von den ihm bekannten beträchtlich unterschieden.

Nun sind aber auch die Aussagen der anderen drei Quellen nicht auf einen Nenner zu bringen: Prudentius drückt sich so aus, dass man meinen könnte, er hätte unter den Stellinga die Bewohner eines bestimmten sächsischen Gebiets verstanden (wie unter den Austrasii einen Teil der Franken). Die Rechtsstellung der Aufständischen bleibt bei ihm unklar.

Nach dem Verfasser der Jahrbücher von Xanten hätte es sich bei den Stellinga um Sklaven oder Knechte gehandelt, die sich gegen ihre jeweiligen Herren erhoben hätten, während die Jahrbücher von Fulda die Aufrührer ausdrücklich als Freigelassene (*liberti*) bezeichnen, die über ihre „rechtmäßigen Herren" hergefallen wären.

Ebenso bleibt unklar, was für Ziele die Aufständischen überhaupt verfolgten. Nithard sagt, sie hätten das Recht (*lex*) haben wollen, das in der heidnischen Zeit gegolten hatte. Es fällt bei ihm sogar der Fachausdruck, dass „jeder – wie es ehemals üblich gewesen war – nach dem Recht lebte, nach dem er wollte," als die Stellinga zeitweilig die Oberhand gewonnen hatten. Der Satz kann nicht bedeuten, dass jeder einzelne hätte tun und lassen können, was ihm gerade einfiel. Vielleicht meinte Nithard, die Stellinga hätten die Wiederherstellung einer vormals bestehenden Rechtsvielfalt angestrebt und sich gegen das weitgehend vereinheitlichte Recht gewandt, wie es dem Land durch Karl den Großen z. B. in Gestalt der „Lex Saxonum" aufgezwungen worden war. Von der Wahl zwischen verschiedenen Rechten spricht auch Prudentius.

Eine Neuerung, die mit der Einführung des Christentums einherging und die, wie wir wissen, viel böses Blut machte, war die Eintreibung des Zehnten. Wäre die Rechtslage der heidnischen Zeit wieder eingeführt worden, so hätten die Sachsen diese Abgabe nicht mehr leisten müssen. In der Tat haben einige Forscher in der Abschaffung des Zehnten die Hauptforderung der Aufständischen gesehen.[421] Der Zehnte war an den jeweiligen Kirchenherrn zu entrichten. Unter der Voraussetzung, dass viele Kirchen adligen Grundbesitzern gehört hätten, wäre dieser Personenkreis von der Verweigerung der Abgabe schwer getroffen worden. Nun haben sich in Sachsen aber weit eher königliche und bischöfliche Eigenkirchen als adlige nachweisen lassen. Doch mag dieser Zustand wiederum eine Folge des Stellingaaufstands gewesen sein.

Nithard sagt nicht, dass die Aufrührer das Heidentum erneuert hätten. Allerdings vermochte im Frühmittelalter das Wort *lex* mitunter so viel wie ‚Religion' zu bedeuten. Folglich könnte der Satz, die Aufständischen hätten die *Lex* der heidnischen Zeit haben wollen, als das Streben nach der Wiederherstellung des Heidentums verstanden werden. Doch kann Lothar I. den Sachsen auf keinen Fall die Abschaffung des Christentums zugesagt haben, als er sie zum Aufstand ermunterte und versprach, er werde ihnen die alte *Lex* zugestehen. Ein solches Verhalten des christlichen Kaisers ist gegenüber Reichsangehörigen undenkbar. Dass er sich mit reichsfremden Heiden wie den Wenden und den Dänen verbündete, bildet keinen Gegenbeweis. Auch Karl der Große hatte es nicht verschmäht, Bündnisse mit den heidnischen Elbslawen einzugehen. Während des 10. Jhs. zogen christliche Herrscher wiederholt heidnische Ungarn zur Unterstützung heran.

Allerdings mögen die sächsischen Empörer verbotene heidnische Bräuche geübt haben, wie Prudentius hervorhebt. Doch geschah das auch zu anderen Zeiten als während des Stellingaaufstands und anderswo als in Sachsen.

Wenn die Quellen von einer Verschwörung sprechen, so ist das wörtlich zu verstehen. Am Beginn einer Erhebung stand eine Versammlung, in der sich die Teilnehmer durch einen Eid zum gemeinsamen Vorgehen und zu gegenseitiger Unterstützung verpflichteten. Durch den Schwur wurden sie zu Genossen, „Stellinga". Die anschaulichste Vorstellung von einem solchen Ereignis gibt die Rütli-Szene in Schillers „Wilhelm Tell".

Die marxistisch-leninistische Geschichtswissenschaft warf sich mit Begeisterung auf den Stellingaaufstand, denn er schien einen Beleg für die Lehre vom Klassenkampf abzugeben. Dabei wurde übersehen, dass die Ziele der Aufständischen doch offensichtlich auf die Wiederherstellung vergangener Zustände und nicht auf den „gesellschaftlichen Fortschritt" gerichtet waren, wie die Theorie es verlangt hätte.

Jedenfalls meinten oder meinen die marxistisch-leninischen Historiker (und nicht nur diese), die Stellinga hätten sich der „Feudalisierung" widersetzt. Unter diesem Vorgang wurde oder wird Folgendes verstanden: Angeblich wären infolge der Angliederung Sachsens an das Frankenreich die „freien Bauern" zu „feudalabhängigen Bauern" geworden. Unter „freien Bauern" im Sinne der marxistischen Theorie werden Bauern verstanden, die Eigentümer des von ihnen bewirtschafteten Grund und Bodens waren. Als „feudalabhängige Bauern" gelten folglich Bauern, deren Land einem Grundherrn gehörte und die demnach Dienste und Abgaben an den jeweiligen Grundeigentümer zu entrichten hatten. Innerhalb dieses Bezeichnungsgefüges erscheint der Grundherr als „Feudalherr". Folgen wir der marxistisch-leninischen Theorie weiter, dann hätte vor der Zeit Karls des Großen in Sachsen die „Urgesellschaft" bestanden, in der es logischerweise keine „feudalabhängigen Bauern" geben konnte, denn diese hätten ja eine der zwei „Hauptklassen" der „ökonomischen Gesellschaftsformation des Feudalismus" gebildet. Die andere „Hauptklasse" wären die „Feudalherren" gewesen.

Nun hat es lange vor Karl dem Großen in Sachsen einerseits Großgrundbesitzer und andererseits abhängige Leute gegeben, wie Bedas Erzählung von den beiden Ewalden und der Bestrafung ihrer Mörder erkennen lässt (oben S. 131 f.). Die „feudalabhängigen Bauern" wurden also nicht von den Karolingern im Lande eingeführt.

Was nun die Teilnehmer des Stellingaaufstands angeht, so werden unter ihnen Leute gewesen sein, die nach der neuzeitlichen Begriffsbildung als Bauern zu gelten haben. Es ist jedoch darauf hinzuweisen, dass „Bauern" in der Begriffswelt des 9. Jhs. gar nicht vorkamen. Ein Bauer ist für uns eine Erscheinung des Wirtschaftslebens. Die Ständegliederungen des Frühmittelalters beruhte jedoch auf ganz anderen Einteilungen als wirtschaftlichen. Die Nichtbeachtung dieses Sachverhalts hat zu erheiternden Missgriffen geführt, und zwar keineswegs nur bei marxistischen Historikern. So hat man die „Freien" (*liberi*), deren Kriegsdienst bestimmte Kapitularien zu regeln versuchen, mit Bauern gleichgesetzt, was leicht zu dem Schluss führen könnte, dass es sich bei den Unfreien (*servi*) um Grundherren gehandelt hätte.

Jedenfalls ist es nicht haltbar, die Empörung der Stellinga als „Bauernaufstand" anzusehen, wie es jüngst wieder geschehen ist.[422] Auch wissen wir von den Zielen der Empörer nicht mehr, als in den oben wiedergegebenen Quellenaussagen steht.

Die Dürftigkeit unserer Kenntnisse ändert jedoch nichts an der Berechtigung der Aussage, dass der Stelligaaufstand ein höchst ungewöhnliches Ereignis war.

Anmerkungen

1. Bowlus 1995.
2. Tümmler 1979, S. 24.
3. Capelle 1998, S. 10
4. Quellen zur Geschichte der Siebenbürger Sachsen 1191–1975, 1981, S. 12.
5. Timpe, Entdeckungsgeschichte, in: RGA, Bd. 7, S. 381.
6. Griechische und lateinische Quellen, Bd. 3, S. 219.
7. Griechische und lateinische Quellen, Bd. 3, S. 221.
8. Griechische und lateinische Quellen, Bd. 3, S. 227.
9. Jäger, Elbe. I, in: RGA, Bd. 7, S. 98.
10. Mildenberger, Elbe. IV, in: RGA, Bd. 7, 1989, S. 103.
11. Stichtenoth 1956.
12. Hansen, in: Griechische und lateinische Quellen, Bd. 3, 567.
13. Drögereit 1959, S. 365 f.
14. Wenskus, Chalusos. § 2, in: RGA, Bd. 4, S. 367
15. Hansen, in: Griechische und lateinische Quellen, 3, S. 561.
16. Altes Germanien, 1. Teil, S. 176, Anm. 1.
17. Jüngst z.B. Eggers, Myrgingas. § 1, in: RGA, Bd. 20, S. 458.
18. So Bernecker 1989, S. 427
19. Kahrstedt 1952, S. 43 f. Bernecker, S. I u. 432.
20. Wagner, 1983.
21. Hansen, in: Griechische und lateinische Quellen, Bd. 3, S. 568.
22. Deininger 1997, S. 55
23. Griechische und lateinische Quellen, Bd. 3, S. 553.
24. Nierhaus 1981, S. 499. Bernecker 1989, S. 455.
25. Kahrstedt 1934. Kahrstedt 1935.
26. Castritius, Nerthusstämme § 2 , in: RGA, Bd. 21, S. 90.
27. Geograph von Ravenna 1940, S. 100.
28. Griechische und lateinische Quellen, Bd. 4, S. 230 f. u. 507.
29. Cicero 1987, S. 580.
30. Seebold 1995, S. 158. Reichert, Kobandoi, in: RGA, Bd. 17, S. 71.
31. Pohl 2002-2, S. 154.
32. Germanen 1983–1986, Bd. 1, S. 11. Handbuch der europäischen Geschichte, Bd. 1, S. 98. Demandt 1993, S. 387. Kehne, Markomannenkrieg. § 1, in: RGA, Bd. 19, S. 314.
33. Springer 1984. Castritius 1990. Geuenich 1997, S. 18–21.
34. Wolfram 1985, S. 106.
35. Die Belege sind verzeichnet bei Reichert, 1987–1990, Bd. 1, S. 587–589.
36. Griechische und lateinische Quellen, Bd. 3, S. 474 f. u. 667.
37. Griechische und lateinische Quellen, Bd. 4, S. 526.

38 Griechische und lateinische Quellen, Bd. 4, S. 130.
39 Scriptores artis metricae 1884, S. 474, Z. 15 u. 18. Siehe die ausführlichen Begründung bei Springer 2002, S. 169f.
40 Griechische und lateinische Quellen, Bd. 3, S. 400. Springer 2002, S. 170.
41 Griechische und lateinische Quellen, Bd. 3, S. 418f.
42 Griechische und lateinische Quellen, Bd. 4, S. 390f.
43 Griechische und lateinische Quellen, Bd. 4, S. 398f. u. 573f.
44 Griechische und lateinische Quellen, Bd. 4, S. 88f. und 458.
45 Griechische und lateinische Quellen, Bd. 4, S. 97 u. 459.
46 Griechische und lateinische Quellen, Bd. 4, S. 130f. und 469.
47 Griechische und lateinische Quellen, Bd. 4, S. 459.
48 Hegesippus, Bd. 1, S. 319f.
49 Griechische und lateinische Quellen, Bd. 4, S. 166–169, 172f., 180f. u. 481ff.
50 Griechische und lateinische Quellen, Bd. 4, S. 174f., 178–181 u. 484f.
51 Griechische und lateinische Quellen, Bd. 4, S. 104f.
52 Griechische und lateinische Quellen, Bd. 4, S. 104–107; vgl. S. 462.
53 Griechische und lateinische Quellen, Bd. 4, 132 u. 471.
54 Griechische und lateinische Quellen, Bd. 4, S. 146–149.
55 Griechische und lateinische Quellen, Bd. 4, S. 244f. u. 515.
56 Eusebius-Hieronymus, S. 246f.
57 Griechische und lateinische Quellen, Bd. 4, S. 518.
58 Griechische und lateinische Quellen, Bd. 4, S. 122f.
59 Griechische und lateinische Quellen, Bd. 4, S. 286f. u. 526.
60 Griechische und lateinische Quellen, Bd. 4, S. 338f. u. 546.
61 Griechische und lateinische Quellen, Bd. 4, S. 243 u. 513f.
62 Brugisser 2002, S. 251
63 Griechische und lateinische Quellen, Bd. 4, S. 240f. u. 511f.
64 Griechische und lateinische Quellen, Bd. 4, S. 310 u. 324f.
65 Notitia dignitatum, S. 204 u. 207.
66 Polaschek, Notitia dignitatum, in: RE, 33. Halbband, Sp. 1113.
67 Notitia dignitatum, S. 180f.
68 Johnson 1978, S. 64.
69 Demandt 1989, S. 421, Anm. 4.
70 Eggers, Litus Saxonicum, in: RGA, Bd. 18, S. 524.
71 Haverfield, Saxonicum Litus, in: RE, Bd. 2A, 1, Sp. 333.
72 Polaschek, Notitia dignitatum, in: RE, 33. Halbband, Sp. 1086.
73 Johnson 1978, S. 63.
74 Notitia dignitatum 1876, S. 68.
75 Bagnell-Palme 1996.
76 Böhme 1999.
77 MGH SS rer. Langobard., S. 124, Anm. 1.
78 Beowulf 1994, S. 5
79 Griechische und lateinische Quellen, Bd. 4, S. 538.
80 Wolfram 1998, S. 335–340
81 Trier 1942, S. 147.

82 Udolph 1999, bes. S. 447.
83 Udolph 1995, S. 266.
84 Beda 1969, S. 50, Anm. 1.
85 Yorke 2003, S. 387.
86 Z.B. Schwarz 1956, S. 123
87 Beda 1969, S. 48–51.
88 Kuhn 1978, S. 226.
89 Gregor von Tours, 2, 18f. 1955, Bd. 1, S. 100f.
90 Fredegar, 3, 12. Quellen zur Geschichte des 7. und 8. Jahrhunderts, S. 96f.
91 Liber historiae Francorum, 7, in: MGH SS rer. Merov., Bd.2, S. 250
92 Castritius 1984, S. 28. Zustimmend z.B. Demandt 1989, S. 177 und jüngst Grahn-Hoek 2001, 47ff. Ablehnend z.B. Wolfram, Odowakar, in: RGA, Bd. 21, S. 574.
93 Griechische und lateinische Quellen, Bd. 4, 378f. u. 565f., auch zum Folgenden.
94 Eugippius, 44, 4. 1963, S. 112f.
95 Wagner 1979, S. 30.
96 MGH AA, Bd. 5, 1, S. 44 u. 120.
97 Geograph von Ravenna 1940, S. 60.
98 Last 1985, S. 559.
99 Z.B. Wenskus 1961, S. 544. Wenskus 1967, S. 153. J. Ehlers, Sachsen. I, in: LdM, Bd. 7, Sp. 1223.
100 Wenskus 1967, S. 146 u. 172.
101 Stöbe 1956/57, S. 156.
102 Ehlers wie Anm. 99.
103 Gregor von Tours, 3, 7f. 1955, Bd. 1, S. 152–155.
104 Prokop, Bella, 5, 13, 1. 1966, S. 105.
105 Prokop, Bella 8, 25, 11f. 1966, S. 917.
106 Prokop, Bella 5, 12, 10f. u. 8, 20, 1–10. 1966, S. 95 u. 863–865.
107 Last 1985, S. 552–557.
108 Weddige 1989, S. 20.
109 Wenskus 1967, S. 161–163.
110 Vgl. „Origo gentis", in: RGA, Bd. 23, S. 174–210.
111 Wenskus 1967, S. 168. Hauck 1970. Weddige 1989, S. 20.
112 Graf 1988.
113 Röckelein 2002, S. 127–135, 241–264 u. 304–315
114 Quellen zur karolingischen Reichsgeschichte, Bd. 1, S. 67.
115 Colgrave, in: Beda 1969, S. LXV.
116 Drögereit 1973-1, S. 39, auch zum Folgenden.
117 Das Leben der Liutbirg, S. 11.
118 Stengel 1914, S. 66f.
119 Graus 1972, S. 520.
120 Widukind 1935, S. 1f. Ich zitiere im Folgenden Widukinds Werk unter Angabe des Buches und des Abschnitts. Übersetzungen finden sich in: Quellen zur Geschichte der sächsischen Kaiserzeit, S. 1–183 und in Widukind 1981.

121 Althoff 1993, jedoch mit teilweise anderen Ansichten.
122 Widukind 1, 34.
123 Widukind 1, 2.
124 MGH AA, Bd. 13, S. 189f.
125 Wagner 1978, S. 389.
126 Schmidt-Thielbeer 1987, S. 62.
127 Widukind 1, 22 und 2, 15.
128 Widukind 1, 38.
129 Liudprand, Antapodosis, 2, 17, 46. Quellen zur Geschichte der sächsischen Kaiserzeit, S. 314f.
130 Dazu Becher 1996.
131 MGH SS, Bd. 3, S. 31f.
132 MGH SS, Bd. 3, S. 31.
133 MGH SS rer. Merov., Bd. 2, S. 277.
134 Gregor von Tours, 4, 10. 1955, Bd. 1, S. 204f.
135 Gregor von Tours, 4, 14. 1955, Bd. 1, S. 212–215.
136 MGH AA, Bd. 11, S. 236f. Marius von Avenches 1991, S. 76.
137 MGH SS, Bd. 3, S. 30.
138 Gregor von Tours, 4, 16. 1955, Bd. 1, S. 218f.
139 Gregor von Tours, 5, 26 u. 10, 9. 1955, Bd. 1, S. 334f. u. Bd. 2, S. 342–345.
140 Gregor von Tours, 7, 3; 8, 18 u. 10, 22. 1955, Bd. 2, S. 96f.; 184–187 u. 380f.
141 Gregor von Tours, 4, 41f. 1955, Bd. 1, S. 252f.
142 J. Richard, Mummolus, in: LdM, Bd. 6, Sp. 897.
143 Yorke 2002, S. 120.
144 Z.B. Schwarz 1956, S. 130.
145 Gregor von Tours, 5, 15. 1955, Bd. 1, S. 306–309.
146 MGH SS rer. Merov., Bd. 1, 2, S. 134.
147 Gregor von Tours, 1, 32 u. 2, 2. 1955, Bd. 1, S. 36–39 u. 60–63.
148 Fredegar, 3, 68. Quellen zur Geschichte des 7. und 8. Jahrhunderts 1982, 136f.
149 Ewig 2001, S. 40f.
150 So schon Stöbe 1956/57, S. 166.
151 MGH AA, Bd. 11, S. 239. Marius von Avenches 1991, S. 84.
152 MGH SS rer. Langobard., S. 75f.
153 MGH SS rer. Langobard., S. 154f.
154 MGH SS rer. Langobard., S. 70.
155 MGH Die Urkunden der deutschen Könige und Kaiser, Bd. 1, S. 70.
156 Neuß 1995, S. 100 u. 105.
157 Heßler 1957, S. 148–151.
158 Siehe die Belege bei Neuß 1995, S. 101, Anm. 9.
159 Heßler 1957, S. 85.
160 Timm 1954/55.
161 Heßler 1957, S. 58.
162 MGH SS, Bd. 1, S. 307.
163 Sperber 1970, S. 188f.

164 MGH AA, Bd. 4,1, S. 129.
165 Grahn-Hoek 2001, S. 48 zu MGH AA, Bd. 4,1, S. 126.
166 MGH SS rer. Merov., Bd. 2, S. 292, Anm. 3.
167 Pohl 2002-1, S. 45 ff.
168 Fredegar, 4, 38. Quellen zur Geschichte des 7. und 8. Jahrhunderts, S. 194 f.
169 MGH SS rer. Merov., Bd. 2, S. 46.
170 Ebling 1974, S. 42–44.
171 Fredegar, 4, 54 f. u. 78. Quellen zur Geschichte des 7. und 8. Jahrhunderts, S. 216–221 u. 250–253.
172 Fredegar, 4, 68. Quellen zur Geschichte des 7. und 8. Jahrhunderts, S. 234–239.
173 Fredegar 4, 74. Quellen zur Geschichte des 7. und 8. Jahrhunderts, S. 244–247.
174 Stöbe 1956/57, S. 163.
175 MGH SS rer. Merov., Bd. 2, S. 311–313. Quellen zur Geschichte des 7. und 8. Jahrhunderts, S. 360–363.
176 Steuer, in: Sachsen und Angelsachsen 1978, S. 472.
177 MGH SS rer. Merov., Bd. 2, S. 159 u. 164 f. Quellen zur Geschichte des 7. und 8. Jahrhunderts 1982, S. 248 f. u. 260–263.
178 Liber historiae Francorum, c. 43. Quellen zur Geschichte des 7. und 8. Jahrhunderts 1982, S. 364.
179 MGH SS. rer. Merov., Bd. 4, S. 437, 440 u. 445
180 Beda, 5, 11. 1982, S. 460–463
181 Beda, 5, 9. 1982, S. 452–455.
182 Beda 1969, S. 477 u. 485.
183 Der Neue Pauly, Bd. 2, Sp. 795.
184 Tacitus 1990, S. 110 f. u. 216 f.
185 Griechische und lateinische Quellen, Bd. 3, S. 398 f. u. Bd. 4, S. 482 f.
186 Griechische und lateinische Quellen, Bd. 3, S. 390–392. Gregor von Tours, 2, 9. 1955, Bd. 1, S. 86 f.
187 So Kahl 1982, S. 67
188 Nonn, Hattuaria, in: RGA, Bd. 14, S. 48 f.
189 Vitae sancti Bonifatii 1905, S. 32 f. Willibald 1968, S. 494–497.
190 Vitae sancti Bonifatii, S. . Willibald 1968, S. 500
191 J. Trier, Etymologie, in: HWP, Bd. 2, Sp. 816.
192 MGH SS, Bd. 12, S. 229.
193 Tiefenbach, in: RGA, Bd. 26 (im Druck).
194 Tiefenbach (wie Anm. 193).
195 Beowulf, v. 1541-1549. 1994, S. 120
196 Beowulf, v. 2703. 1994, S. 184
197 Gregor von Tours, 4, 51. 1955, Bd. 1, S. 271-273
198 Liber historiae Francorum 35. Quellen zur Geschichte des 7. und 8. Jahrhunderts 1982, S 352 f.
199 Lindenschmit 1880–1889, S. 204–217
200 Krogh 1996, S. 91 f.
201 RGA, Bd. 2, S. 433. Hübener 1988, S. 225

[202] Siegmund 1997, S. 701
[203] Martin 2000, S. 152
[204] Martin 2000, S. 160
[205] Martin 2000, S. 160
[206] RGA, Bd. 9, S. 398; Bd. 1, S. 153
[207] Martin 2000, S. 163
[208] Mühlpfordt 1997, S. 14
[209] Tacitus Germania 44, 1. 1990, S. 120f.
[210] E. Meineke, Messer, in: RGA, Bd. 19, S. 607.
[211] Förstemann 1913- 1916, Sp. 654f.
[212] Isidor 1984, S. 999.
[213] Hrotsvith 1902, S. 204. 1973, S. 288. 2001, S. 276.
[214] MGH SS Bd. 11, S. 198.
[215] Widukind von Corvey, 1, 7. Quellen zur Geschichte der sächsischen Kaiserzeit, S. 24f.
[216] MGH SS, Bd. 16, S. 311
[217] Beda 1969, S. 481.
[218] Beda, 5, 10. 1982, S. 458f.
[219] Tacitus 1988, S. 35ff. Tacitus 1990, S. 152f.
[220] Becher 1999-2, S. 10.
[221] MGH Epistulae, Bd. 1, S. 424.
[222] Arbeo 1920, S. 41, 76, 203 u. 230f. mit Anm. 8.
[223] Beda, 5, 10. 1982, S. 460f.
[224] Schäferdiek 1996, S. 12.
[225] Becher 1999-2, S. 15f.
[226] Becher 1999-2, S. 11f.
[227] Lintzel 1961, S. 202.
[228] Tiefenbach 1997, S. 170f. u. 174f.
[229] Vitae Sancti Liudgeri 1881, S. 17-19. Senger 1984, 30f.
[230] Springer 1999, auch zum Folgenden.
[231] Kronshage 1964, S. 17f.
[232] Löwe 1990, S. 826.
[233] Kronshage 1964, S. 9.
[234] MGH Poetae, Bd. 4, 1, S. 171.
[235] MGH SS, Bd. 30, 2, S. 793.
[236] PL, Bd. 132, S. 553–558.
[237] Kronshage 1964, S. 23f.
[238] MGH SS, Bd. 30, 2, S. 791f.
[239] MGH SS, Bd. 30, 2, S. 793.
[240] Ausführlich zum Gebrauch des Wortes: Springer 1999, S. 233-237.
[241] Widukind von Corvey, 1, 14. Quellen zur Geschichte der sächsischen Kaiserzeit, S. 43.
[242] Fried 1994, S. 604.
[243] Annales de Saint Bertin 1964, S. 171 u. 169. Quellen zur karolingischen Reichsgeschichte, Bd. 2, S. 207-209.
[244] MGH SS, Bd. 30, 2, S. 793.
[245] Gysseling 1960, Bd. 1, S.664.

246 Vitae Sancti Liudgeri, S. 18. Senger 1984, S. 30.
247 Wood 1994.
248 MGH SS, Bd. 15, S. 73f. Senger 1984, S. 63 u. 65.
249 Vitae Sancti Liudgeri 1881, S. 19f.
250 Annales Fuldenses, S. 99. Quellen zur karolingischen Reichsgeschichte, Bd. 3, S. 118f.
251 Kronshage 1964, S. 20.
252 PL, Bd. 132, S. 887.
253 Löwe 1965, S. 360.
254 Genzmer 1950/51.
255 Berschin 1991, S. 59.
256 MGH SS, Bd. 30, 2, S. 794.
257 Leges Saxonum, S. 43f.
258 MGH Conc., Bd. 2, 1, S. 168 u. 403.
259 MGH Capit., Bd. 1, S. 222. Kleinere altsächsische Sprachdenkmäler 1899, S. 3. Schröder 1933, S. 161f.
260 Tiefenbach, Sachsen, in: RGA, Bd. 26 (im Druck).
261 Kuhn 1978, S. 310.
262 Polomé 1996, S. 1840.
263 Tiefenbach, Saxnot, in: RGA, Bd. 26 (im Druck), dem auch die vorhergehenden Ausführungen verpflichtet sind.
264 Gedruckt in: MGH Capit., Bd. 1, S. 222f..
265 H. Homann, Indiculus superstitionum et paganiarum, § 1, in: RGA, Bd. 15, S. 369–379.
266 Homann (wie Anm. 265), S. 371f.
267 Homann (wie Anm. 265), S. 376f.
268 Leges Saxonum, S. 38.
269 His, 1920–1935, Bd. 2, 24.
270 K. W. Alt, Kannibalismus, in: RGA, Bd. 16, S. 228–231.
271 Jankuhn 1968.
272 Leges Saxonum 1918, S. 38.
273 Leges Saxonum 1918, S. 41 (Abschnitt 21).
274 Leges Saxonum 1918, S. 41 (Abschnitt 23).
275 A. Pesch u. E. Dickmann, Orakel, in: RGA, Bd. 22, S. 134–141, auch zum Folgenden.
276 Homann (wie Anm. 265), S. 375.
277 M. Springer, Irminsul § 1, in: RGA, Bd. 15, S. 504f.
278 Translatio Sancti Alexandri 1933, S. 426.
279 Widukind, 1, 12. Quellen zur Geschichte der sächsischen Kaiserzeit 1977, S. 41.
280 Wagner 1978, S. 390f.
281 Annales Mettenses priores z. J. 688, S. 4.
282 Annales Mettenses priores, S. 12f.
283 MGH SS, Bd. 1, S. 6f.
284 MGH SS, Bd. 1, S. 7 u. 9.
285 MGH SS rer. Merov., Bd. 2, S. 175 u. 177. Quellen zur Geschichte des 7. und 8. Jahrhunderts, S. 289.

286 McKitterick 2002, S. 155.
287 Annales Mettenses priores, S. 35.
288 Erbe 1969, S. 24 (mit Literaturangaben).
289 MGH SS rer. Merov., Bd. 2, S. 180. Quellen zur Geschichte des 7. und 8. Jahrhunderts, S. 297.
290 Annales regni Francorum, S. 6 f. Quellen zur karolingischen Reichsgeschichte, Bd. 1, S. 13.
291 MGH SS rer. Merov., Bd. 2, S. 181. Quellen zur Geschichte des 7. und 8. Jahrhunderts, S. 298 f.
292 Annales Mettenses priores, S. 40 f.
293 Annales regni Francorum, S. 10 f. Quellen zur karolingischen Reichsgeschichte, Bd. 1, S. 15. Annales Mettenses priores, S. 44.
294 MGH SS rer. Merov. Bd. 2, S. 182 f. Quellen zur Geschichte des 7. und 8. Jahrhunderts, S. 300 f.
295 Annales regni Francorum, S. 16 f. Quellen zur karolingischen Reichsgeschichte, Bd. 1, S. 18 f.
296 Krüger 1998. Tischler 2001.
297 MGH SS, Bd. 15, S. 155.
298 Einhard 1911, S. 9. Quellen zur karolingischen Reichsgeschichte, Bd. 1, S. 172–177.
299 Kahl 1982.
300 Annales regni Francorum, S. 41. Die Stelle fehlt in: Quellen zur karolingischen Reichsgeschichte, Bd. 1, S. 30 f..
301 Ewig 1975, S. 119.
302 Annales regni Francorum, S. 40 f. Quellen zur karolingischen Reichsgeschichte, Bd. 1, S. 30 f.
303 Hägermann 2000, S. 150.
304 Fichtenau 1994, S. 241.
305 MGH SS, Bd. 1, S. 16 (Annales Petaviani) u. S. 31 (Annales Laureshamenses).
306 Poncelet, in: Acta Sanctorum, November, Bd. 3, Brüssel 1910, S. 835.
307 Drögereit 1977, S. 53.
308 MGH SS, Bd. 16, S. 497.
309 Schmitt 1940, S. 251.
310 Schmitt 1940, S. 252–257.
311 Drögereit 1977, S. 67.
312 Cartellieri 1927, S. 199.
313 Reimitz 2000, S. 143.
314 Annales regni Francorum, S. 68 Quellen zur karolingischen Reichsgeschichte, Bd. 1, S. 48 f.
315 B.-M. Nr. 268i.
316 Annales regni Francorum, S. 71.
317 MGH, Epist., Bd. 3, S. 608.
318 Kuhn 1983, S. 220.
319 Wagner 1997, S. 56 f.
320 Vitae Sancti Liudgeri, S. 24 f.

321 Vitae Sancti Liudgeri 1881, S. 69f. Vita Sancti Liudgeri 1999, S. 15. u. 40f.
322 Das Leben der Liutbirg, S. 10.
323 Althoff 1983.
324 MGH Concilia, Bd. 6,1, S. 58 u. 72.
325 Widukind von Corvey, 1, 31. Quellen zur Geschichte der sächsischen Kaiserzeit, S. 63.
326 Die Lebensbeschreibungen der Königin Mathilde, S. 113.
327 Thietmar 1935, S. 14. Thietmar von Merseburg 1957, S. 13.
328 Darüber sowie über die Nachfahren Abbis/Abbios siehe Schmidt 1964 und zu weiteren verwandtschaftlichen Verflechtungen Wenskus 1976, S. 119 ff u. 131 ff..
329 MGH SS, Bd. 23, S. 756 z. J. 921.
330 Annales regni Francorum, S. 80–83 Quellen zur karolingischen Reichsgeschichte, Bd. 1, S. 54–57.
331 MG SS, Bd. 1, S. 14.
332 MGH SS, Bd. 1, S. 36.
333 MGH SS, Bd.16, S. 498 (unter dem Jahr 794).
334 MGH Epistolae, Bd. 4, S. 154, 158 u. 161.
335 MGH Epistolae, Bd. 4, S. 289.
336 MGH Epistulae, Bd. 4, S. 89.
337 MGH Die Urkunden der Karolinger, Bd. 1, Nr. 213 u. 218, S. 284f. u. 290f.
338 Drögereit 1973-1, S. 29.
339 Astronomus, S. 326f.
340 MGH SS, Bd. 16, S. 499.
341 MGH Epistolae, Bd. 5, S. 300f.
342 So wörtlich Lintzel 1961, S. 122.
343 Zu ihnen Jarnut 2000.
344 De Karolo rege 1999, S. 39, 41 u. 47.
345 Hentze 1999.
346 Jarnut 2000, S. 202f.
347 Gai 2001, S. 77.
348 Über die dort durchgeführten Ausgrabungen siehe Schmauder, S. 57f.
349 MGH Capit., Bd. 1, Bd. 233f.
350 Freise 1985, S. 39.
351 MGH, Bd. 15, 1, S. 407.
352 Flodoard von Reims 1998, S. 172f.
353 MGH Capit., Bd. 1, S. 129.
354 MGH Poetae, Bd. 4, 1, 58, 135 ff. u. 65, 415 ff.
355 MGH Poetae, Bd. 4, 1, S. 11.
356 Beumann 1982.
357 MGH Poetae, Bd. 4,1, S. 48 u. 95 ff.
358 B.-M. Nr. 398b.
359 Brunner, Diedenhofener Kapitular, in: RGA, Bd. 5, S. 408. Schmauder 2000, S. 81.
360 MGH SS, Bd. 2, S. 258.

361 Hardt 2000, S. 43f.
362 Saile, Höhbeck, in: RGA, Bd. 15, S. 37–39.
363 Hardt 2000, S. 46ff.
364 Mordek 1995, S. 990 u. 994.
365 Mordek 1995, S. 770.
366 Leges Saxonum, S. 37.
367 Waitz 1883, S. 207. Theuerkauf 1968, S. 47. Schubert 1993, S. 7.
368 Schubert 1993, S. 17.
369 Z.B. Eckhardt 1960, S. 62 (zumindest für einen Teil der Capitulatio).
370 Lintzel, S. 384. Eckhardt 1960, S. 62. Dagegen Theuerkauf 1968, S. 47.
371 Mordek 1995, S. 770.
372 Schubert 1993, S. 12f.
373 Capelle, Hügelgrab, in: RGA, Bd. 15, S. 180.
374 Effros 1997.
375 A.Hultgård, Menschenopfer, in: RGA, Bd. 19, 543f.
376 Ament 1986.
377 Uslar 1972, S. 438f.
378 siehe die Nachweise in: Leges Saxonum, S. 39–41.
379 MGH Capit., Bd. 1, S. 49.
380 Mordek 1995, S. 769.
381 MGH Capit., Bd. 1, S. 116.
382 Mordek 1995, S. 378.
383 Witthöft, Maße und Gewichte, in: RGA, Bd. 19, S. 408.
384 Mordek 1995, S. 228 u. 379.
385 Lex Frisionum 1982, S. 21.
386 Theuerkauf 1968, S. 51.
387 Warnke, Bienen I., in: LdM, Bd. 2, Sp. 130.
388 MGH Capit., Bd. 1, S. 281.
389 Wipo 1915, S.29. Quellen des 9. und 11. Jahrhunderts zur Geschichte der Hamburgischen Kirche und des Reiches, S. 556–559.
390 Theuerkauf 1991.
391 Olberg 1991, S. 173.
392 Lex Frisionum, S. 34–36.
393 Landwehr 1982, S. 122.
394 Graus 1972, S. 520.
395 So Lintzel 1961, S. 307.
396 Annales Mettenses priores, S. 63 u. 71.
397 MGH Poetae, Bd. 4, 1, 8.
398 MGH Poetae, Bd. 4,1, 12f. u. 17.
399 MGH Poetae, Bd. 4,1, 21 u. 22.
400 Aubin, zit. bei Becher 1999-2, 26.
401 Bauermann 1947.
402 MGH Die Urkunden der deutschen Könige und Kaiser, Bd. 3, 534 u. Bd. 6, 229 sowie Kaminsky 1972, S. 249.
403 Dazu und zum Folgenden Schmidt-Wiegand, Heriskepi, in: RGA, Bd. 14, S. 419–421.
404 Drögereit 1973-2, S. 435.

405 Lintzel 1961, S. 293–305.
406 Drögereit 1977, S. 53, Anm. 2.
407 Drögereit 1977, S. 53.
408 Fleckenstein 1990, S. 43.
409 Delbrück 1923, S. 64–80.
410 Becher 1999-1, S. 72.
411 Einhard 1911, S. 10. Quellen zur karolingischen Reichsgeschichte, Bd. 1, S. 174–177.
412 Rosenstock-Huessy 1957, S. 40.
413 Neckel 1916, S. 155.
414 Staab 1998, S. 644–654.
415 Nithard 4, 1f., 4 u. 6. Quellen zur karolingischen Reichsgeschichte, Bd. 1, S. 446–449, 454f. u. 458f.
416 Annales de Saint Bertin 1964, S. 38f. u. 42f. Quellen zu karolingischen Reichsgeschichte, Bd., 2, S. 54–59.
417 Annales Xantenses, S. 12f. Quellen zur karolingischen Reichsgeschichte, Bd. 2, S. 344–347.
418 Annales Fuldenses, S. 33f. Quellen zur karolingischen Reichsgeschichte, Bd. 2, S. 30f.
419 Wagner 1980, S. 133.
420 DRWB, Bd. 3, Sp. 791f. (Freiling).
421 Neckel 1916, S. 154.
422 Goldberg 1995.

Abkürzungen

ae.	altenglisch
ahd.	althochdeutsch
anord.	altnordisch
AUF	Archiv für Urkundenforschung.
BDLG	Blätter für deutsche Landesgeschichte
B.-M.	J. F. Böhmer, Die Regesten des Kaiserreichs unter den Karolingern 751–918, neubearb. v. E. Mühlbacher
BNF NF	Beiträge zur Namenforschung. Neue Folge.
CSEL	Corpus scriptorum ecclesiasticorum latinorum
DA	Deutsches Archiv für Erforschung des Mittelalters
d. i.	das ist
DRWB	Deutsches Rechtswörterbuch
FMSt	Frühmittelalterliche Studien
hg.	herausgegeben
Hg.	Herausgeber
HWP	Historisches Wörterbuch der Philosophie
HZ	Historische Zeitschrift
LdM	Lexikon des Mittelalters
MGH	Monumenta Germaniae Historica
AA	Auctores antiquissimi
Capit.	Capitularia
Conc.	Concilia
Epist.	Epistolae
Font. iur. Germ ant.	Fontes iuris germanici antiqui in usum
in us. schol.	scholarum separatim editi
LL	Leges
SS	Scriptores
SS rer. germ in us. schol.	Scriptores rerum germanicarum in usum scholarum separatim editi
SS rer. germ. N. S.	Scriptores rerum germanicarum. Nova Series
SS rer. Langobard.	Scriptores rerum Langobardicarum
SS rer. Merov.	Scriptores rerum Merovingicarum
MIÖG	Mitteilungen des Instituts für Österreichische Geschichtsforschung
n.	nördlich
NA	Neues Archiv der Gesellschaft für ältere deutsche Geschichtskunde
nhd.	neuhochdeutsch
ngr.	neugriechisch

nö.	nordöstlich
Nom.	Nominativ (Werfall)
nw.	nordwestlich
PL	J. P. Migne, Patrologiae cursus completus. Series latina
RE	Paulys Realencyclopädie der classischen Altertumswissenschaft. Neue Bearbeitung begonnen von Georg Wissowa
reg.	regierte
RGA	Reallexikon der germanischen Altertumskunde
sog.	sogenannt
s.	südlich
sw.	südwestlich
tschech.	tschechisch
u.	und
urgerman.	urgermanisch
v.	von
w.	westlich
WZ	Westfälische Zeitschrift
ZVThG	Zeitschrift des Vereins für Thüringische Geschichte

Zeichenerklärung

*	Ein Sternchen vor einem Wort oder einer Wortform bedeutet, dass dieses Wort oder diese Wortform nicht überliefert, sondern nur erschlossen ist.
$a > b$	bedeutet: a wird zu b.
$b < a$	bedeutet: b ist aus a entstanden.

Quellen

Adam von Bremen 1961: Bischofsgeschichte der Hamburger Kirche neu übertragen von W. Trillmich, in: Quellen des 9. und 11. Jahrhunderts zur Geschichte der Hamburgischen Kirche und des Reiches, (Ausgewählte Quellen zur deutschen Geschichte des Mittelalters. Freiherr-vom-Stein-Gedächtnisausgabe, Bd. 11), Darmstadt ⁷2000, S. 137–503.

Altes Germanien 1995: Auszüge aus den antiken Quellen über die Germanen und ihre Beziehungen zum Römischen Reich, 1. und 2. Teil, hg. und übersetzt von H.-W. Goetz und K.-W. Welwei, (Ausgewählte Quellen zu deutschen Geschichte des Mittelalters, Bd. 1a, 1. und 2. Teil), Darmstadt.

Ammianus Marcellinus 1968–1971: Römische Geschichte. Lateinisch und deutsch und mit einem Kommentar versehen von W. Seyfarth, Bd. 1–4, (Schriften und Quellen der Alten Welt, Bd. 21, 1–4), Berlin.

Ammianus Marcellinus 1978: Ammiani Marcellini rerum gestarum qui supersunt, hg. von W. Seyfarth, Bd. 1 und 2, Leipzig.

Annales de Saint Bertin 1964: Hg. von F. Grat† u. a., Paris.

Annales Fuldenses 1891. Hg. v. F. Kurze (MGH SS rer. germ. in us. schol. [, Bd. 7]), Nachdruck Hannover 1978.

Annales Mettenses priores 1905: Hg.v. B. v. Simson (MGH SS rer. germ. in us. schol.[, Bd. 10]), Nachdruck Hannover 1979.

Annales regni Francorum 1895: Hg. von F. Kurze. (MGH SS rer. germ. in us. schol.), Nachdruck Hannover 1950.

Annales Xantenses et Annales Vedastini 1909 : Hg. v. B. v. Simson (MGH SS rer. germ. in us. schol.), Nachdruck Hannover 1979.

Astronomus 1995: Thegan, Die Taten Kaiser Ludwigs. / Astronomus, Das Leben Kaiser Ludwigs, hg. u. übers. v. E. Tremp, (MGH SS rer. germ. in us. schol, Bd. 64), Hannover, S. 278–555.

Beda 1969: Bede's Ecclesiastical History of the English People, hg. von B. Colgrave und R. A. B. Mynors, Oxford, Nachdruck 1998.

Beda 1982: Kirchengeschichte des englischen Volkes, übers. von G. Spitzbart, Bd. 1 u. 2, Sonderausgabe, Darmstadt 1997.

Beowulf 1994: A Student Edition. Hg. v. G. Jack, Oxford..

Cicero 1987: M. Tulli Ciceronis epistulae ad Atticum, hg. von D. R. Shackleton Bailey, Bd. 2, Stuttgart.

De Karolo rege et Leone papa 1999: Hg. u. übers. von F. Brunhölzl, Paderborn .

Duodecim Panegyrici latini 1964: Hg. von R. A. B. Mynors, Oxford.

Eigil 1980: Eigil: Das Leben des Abtes Sturmi (hg. u. übers. v. P. Engelbert), in: Fuldaer Geschichtsblätter, Jg. 56, S. 17–49.

Einhard 1911: Einhardi Vita Karoli Magni hg. v. O. Holder-Egger, 6. Aufl., Nachdruck Hannover 1965.

Eugippius 1963: Das Leben des heiligen Severin, hg. und übersetzt von R. Noll, (Schriften und Quellen der Alten Welt, Bd. 11), Berlin.

Eusebius-Hieronymus 1984: Eusebius Werke, 7. Bd.: Die Chronik des Hieronymus hg. von R. Helm, 3. unveränderte Auflage mit einer Vorbemerkung von U. Treu, Berlin.

Eutrop 1979. Eutropii Breviarium ab urbe condita, hg. von Carolus Santini, Leipzig.

Flodoard von Reims 1998: Die Geschichte der Reimser Kirche, hg von M. Stratmann, (MGH SS, Bd. 36), Hannover.

Fredegar 1888: Chronicarum quae dicuntur Fredegarii Scholastici libri IV cum continuationibus, in: MGH SS rer. Merov., Bd. 2, Nachdruck, Hannover 1984, S. 1–193.

Fredegar 1982: Hg. v. A. Kusternig, in: Quellen zur Geschichte des 7. und 8. Jahrhunderts, (Ausgewählte Quellen zur Geschichte des Mittelalters. Freiherr-vom-Stein-Gedächtnisausgabe, Bd. IVa), Darmstadt, S. 3–271.

Geograph von Ravenna 1940: Itineraria Romana, Bd. 2: Ravennatis Anonymi Cosmographia et Guidonis Geographica, hg. v. J. Schnetz, 2. Aufl., Stuttgart 1990.

Gregor von Tours 1951: Gregorii episcopi Turonensis libri historiarum X, hg. v. B. Krusch und W. Levison, (MGH SS rer. Merov., Bd, 1,1, 2. Aufl.), Nachdruck, Hannover 1965.

Gregor von Tours 1955: Zehn Bücher Geschichten, hg. und übersetzt von R. Buchner, Bd. 1 und 2, (Ausgewählte Quellen zu deutschen Geschichte des Mittelalters. Freiherr vom Stein-Gedächtnisausgabe, Bd. 2 und 3), 8. u. 9. Aufl., Darmstadt 2000.

Griechische und lateinische Quellen zur Frühgeschichte Mitteleuropas bis zur Mitte des 1. Jahrtausends u. Z. 1988–1992: Hg. von J. Herrmann, Bd. 1–4, (Schriften und Quellen der Alten Welt, Bd. 37, 1–4), Berlin.

Hegesippus 1932–1960: Hegesippi qui dicitur historiae libri V, hg. von V. Ussani und K. Mras, Bd. 1 und 2, (CSEL, Bd. 66, 1 und 2), Wien (Bd. 1 als Nachdruck, New York – London).

Hrotsvith 1902: Hrotsvithae opera hg. v. P. v. Winterfeld (MGH SS rer. germ. in us. schol.[, Bd. 34]), Nachdruck München 1978.

Hrotsvith 1973: Hrotstvitha von Gandersheim, Werke in deutscher Übertragung von H. Homeyer, München u. a.

Hrotsvith 2001: Hrotsvit, Opera omnia, hg. v. W. Berschin, München.

Isidor von Sevilla 1984: Etymologies, Bd. 4, hg. v. M. Reydellet, Paris.

Die Kleine Lorscher Frankenchronik 1911: Chronicon Laurissense breve, hg. v. H. Schnorr von Carolsfeld, in: NA, Bd. 36, S. 15–39.

Kleinere Altsächsische Sprachdenkmäler 1899: Hg. v. E. Wadstein, Norden u. Leipzig.

Laterculus Veronensis 1982: Hg. von Timothy D. Barnes, in: Ders., The New Empire of Diocletian and Constantine, Cambridge – London, S. 201–224.

Das Leben der Liutbirg 1937: Hg. von O. Menzel, (MGH Deutsches Mittelalter, Bd. 3), Nachdruck Stuttgart 1978.

Die Lebensbeschreibungen der Königin Mathilde 1994. Hg. v. B. Schütte, (SS rer. germ. in us. schol., Bd. 66), Hannover.

Leges Saxonum und Lex Thuringorum 1918: Hg. v. C. Freiherrn von Schwerin, (MGH Fontes iuris germanici antiqui in us. schol.), Hannover und Leipzig.

Lex Frisionum 1982: Hg. u. übers. von K. A. Eckhardt (†) u. A. Eckhardt, (MGH Fontes iur. Germ. ant. in us. schol., Bd, 12), Hannover.

Liudprand 1915: Werke, hg. von J. Becker, (MGH SS rer. germ. in us. schol.), 3.Aufl., Nachdruck, Hannover 1993.

Marius von Avenches 1991: La Chronique de Marius d'Avenches (455–581), hg. v. J. Favrod, Lausanne.

Notitia dignitatum 1876: Hg. von O. Seeck, Berlin

Prokop 1962–1963: Procopii Caesariensis opera omnia, Bd. 1–4, hg. v. J. Haury. Editio stereotypa correctior v. G. Wirth, Leipzig.

Prokop 1966: Gotenkriege, hg. u. übers. v. O. Veh, 1. Aufl., München.

Quellen des 9. und 11. Jahrhunderts zur Geschichte der Hamburgischen Kirche und des Reiches 1961 (Ausgewählte Quellen zur deutschen Geschichte des Mittelalters. Freiherr-vom-Stein-Gedächtnisausgabe, Bd. 11), Darmstadt 7 2000.

Quellen zur Geschichte der sächsischen Kaiserzeit 1977: Hg. v. A. Bauer u. R. Rau, (Ausgewählte Quellen zur deutschen Geschichte des Mittelalters. Freiherr-vom-Stein-Gedächtnisausgabe, Bd. 8), Darmstadt 5 2002.

Quellen zur Geschichte der Siebenbürger Sachsen 1191–1975. 1981: Hg. von E. Wagner, 2. Aufl., Köln – Wien.

Quellen zur karolingischen Reichsgeschichte 1955: Hg. v. R. Rau, Bd. 1–3, (Ausgewählte Quellen zu deutschen Geschichte des Mittelalters. Freiherr-vom-Stein-Gedächtnisausgabe, Bd. 5–7), Nachdruck, Darmstadt 1993 ff.

Scriptores artis metricae 1884: Hg. von H. Keil, Leipzig.

Senger, B. (Hg.) 1984: Liudger in seiner Zeit. Altfrid über Liudger. Liudgers Erinnerungen, 3. Aufl., Münster.

Tabula Peutingeriana 1976: Hg. von E. Weber, Graz.

Tacitus 1988: P. Cornelius Tacitus, Germania, hg. v. A. A. Lund, Heidelberg.

Tacitus 1990: Germania, hg. v. G. Perl, Berlin.

Thietmar von Merseburg 1935: Die Chronik des Bischofs Thietmar von Merseburg und ihre Korveier Überarbeitung, hg. v. R. Holtzmann, (MGH SS rer. germ. N. S., Bd. 9), Nachdruck, München 1980.

Translatio Sancti Alexandri 1933: In: Krusch 1933, S. 423–436.

Translatio Sancti Alexandri 1977: In: Quellen zur Geschichte der sächsischen Kaiserzeit, S. 12 –15. (Gedruckt und übersetzt ist nur ein kurzer Auszug!).

Die Vita Sancti Liudgeri 1999: Text, Übersetzung und Kommentar, Forschungsbeiträge hg. v. E. Freise, Graz – Bielefeld.

Vitae Sancti Bonifatii 1905. Hg. v. W. Levison, (MGH SS rer. Germ. in us. schol.[, Bd. 57]), Nachdruck, Hannover 1977.

Vitae Sancti Liudgeri 1881: Hg. v. W. Diekamp, Münster.

Widukind 1935: Die Sachsengeschichte des Widukind von Corvey, 5. Aufl., hg. von H.-E. Lohmann u. P. Hirsch, (MGH SS rer. germ. in us. schol.[, Bd. 60]), Nachdruck, Hannover 1989

Widukind von Corvey 1981: Res gestae saxonicae / Die Sachsengeschichte, übers. u. hg. v. E. Rotter u. B. Schneidmüller, durchgesehene u. bibliographisch ergänzte Ausgabe, Stuttgart 1992.

Willibald 1968: Das Leben des Bonifatius, in: Briefe des Bonifatius / Willibalds Leben des Bonifatius, hg. v. R. Rau, (Ausgewählte Quellen zur deutschen Geschichte des Mittelalters. Freiherr-vom-Stein-Gedächtnisausgabe, Bd. IVb), 3. Aufl., Darmstadt 1994, S. 451–525.

Wipo 1915. Die Werke Wipos, hg. v. H. Breßlau, (MGH SS rer. germ. in us. schol.[, Bd. 61]), 3. Aufl., Nachdruck 1993.

Ausgewählte Darstellungen

Nicht in dieses Verzeichnis aufgenommen sind die Beiträge aus Nachschlagewerken.

Althoff, G. 1983: Der Sachsenherzog Widukind als Mönch auf der Reichenau, in: FMSt, Bd. 17, S. 251–279.

Althoff, G. 1993: Widukind von Corvey, in: FMSt, Bd. 27, S. 253–272.

Bagnell, Roger S. - Palme, Bernhard 1996: Franks in Sixth-Century Egypt, in: Tyche, Bd. 11, S. 1–9.

Ament, H. 1986: Merowingische Grabhügel, in: Althessen im Frankenreich, hg. v. W. Schlesinger, Sigmaringen, S. 63–93.

Barnes, T. D. 1982: The New Empire of Diocletian and Constantine, Cambridge Mass. – London.

Bauer, R. 1992: Frühmittelalterliche Grenzbeschreibungen als Quelle für die Namenforschung, in: F. Debus (Hg.), Frühmittelalterliche Grenzbeschreibungen und Namenforschung, Heidelberg, S. 35–60.

Bauermann, J. 1947: ‚herescephe'. Zur Frage der sächsischen Stammesprovinzen, in: WZ, Bd. 97, S. 38–68.

Becher, M. 1996: Rex, Dux und Gens, Husum.

Becher, M. 1997: Vitus von Corvey und Mauritius von Magdeburg. Zwei sächsische Heilige in Konkurrenz, in: WZ, Bd. 147, S. 235–249.

Becher, M. 1999-1: Karl der Große, München.

Becher, M. 1999-2: Non enim habent regem idem antiqui Saxones ..., in: Studien zur Sachsenforschung, Bd. 12, S. 1–32.

Bernecker, A. 1989: Die Feldzüge des Tiberius und die Darstellung der unterworfenen Gebiete in der „Geographie des Ptolemaeus", Bonn.

Berschin, W. 1991: Biographie und Epochenstil im lateinischen Mittelalter, Bd. 3, Stuttgart.

Bowlus, Ch. R. 1995: Ethnogenesis Models and the Age of Migrations: A Critique, in: Austrian History Yearbook, Bd. 26, S. 147–164.

Beumann H. 1982: Die Hagiographie bewältigt, in: Ders., Ausgewählte Aufsätze aus den Jahren 1966–1986, Sigmaringen 1987, S. 289–323 (zuerst 1982).

Böhme, H. W. 1999: Sächsische Söldner im römischen Heer, in: Über allen Fronten, S. 49–73.

Brugisser, P. 2002: Rarissimes Païens, in: Historia, Bd. 51, S. 238–253.

Capelle, T.: Die Sachsen des frühen Mittelalters, Darmstadt 1998.

Cartellieri, A. 1927: Weltgeschichte als Machtgeschichte, Bd. 1: Die Zeit der Reichsgründungen 382–1911, Nachdruck, Aalen 1972.

Castritius, H. 1984: Zur Sozialgeschichte des Heermeister des Westreichs, in: MIÖG, Bd. 92, S. 1–33.

Castritius, H. 1990:Von politischer Vielfalt zur Einheit. Zu den Ethnogenesen der Alemannen, in: Typen der Ethnogenese unter besonderer Berücksichtigung der Bayern, Teil 1, hg. von H. Wolfram und W. Pohl, Wien, S. 71–84.

Deininger, J. 1997: Flumen Albis, Hamburg.

Delbrück, H. 1923: Geschichte der Kriegskunst im Rahmen der politischen Geschichte, Bd. 3. Das Mittelalter, 2. Aufl., Neuausgabe des Nachdrucks von 1964, Berlin – New York 2000.

Demandt, A. 1989: Die Spätantike, (Handbuch der Altertumswissenschaft, 3. Abtlg., 6. Teil), München.

Demandt, A. 1993: Die westgermanischen Stammesbünde, in: Klio, Bd. 75, S. 387–406.

Deutsches Rechtswörterbuch, Bd. 1 ff., Weimar 1914 ff.

Drögereit, R. 1959: Fragen der Sachsenforschung in historischer Sicht, in: Entstehung und Verfassung des Sachsenstammes, hg. von W. Lammers, (Wege der Forschung, Bd. 50), Darmstadt 1967, S. 361–401 (zuerst 1959).

Drögereit, R. 1973-1: Die „Sächsische Stammessage, in: Stader Jahrbuch 1973 (Stader Archiv. N. F., Heft 63), S. 7–58.

Drögereit, R. 1973-2: Wigmodien. Der „Stader Raum" und seine Eroberung durch Karl den Großen, in: Ders., Sachsen – Angelsachsen – Niedersachsen. Ausgewählte Aufsätze, hg. v. C. Röper u. H. Huster, Bd. 1, Hamburg und Otterndorf 1978, S. 413–512 (zuerst 1973).

Drögereit, R. 1977: Die Christianisierung Wigmodiens, in: Studien zur Sachsenforschung[, Bd.1], S. 53–88.

Ebling, H. 1974: Prosopographie der Amtsträger des Merowingerreichs, München.

Eckhardt, K. A. 1960: K. v. Amira, Germanisches Recht, 4. Aufl. bearb. v. K. A. Eckhardt, Bd. 1. Rechtsdenkmäler, Berlin.

Effros, B. 1997: De partibus Saxoniae and the Regulation of Mortuary Custom, in: Revue Belge de philologie et d'histoire, Bd. 75, S. 267–286.

1200 (Eintausendzweihundert) Jahre Widukinds Taufe 1985: Hg. v. G. Kaldewei, Paderborn.

Erbe, M. 1969: Studien zur Entwicklung des Niederkirchenwesens in Ostsachsen vom 8. bis zum 12. Jahrhundert, Göttingen.

Ewig, E. 2001: Die Merowinger und das Frankenreich. Mit Literaturbeiträgen von U. Nonn, (Urban-Taschenbücher, Bd. 392), 4. Aufl., Stuttgart u. a.

Fichtenau, H. 1994: „Stadtplanung" im früheren Mittelalter, in: Ethnogenese und Überlieferung, hg. von K. Brunner und B. Merta, München, S. 232–249.

Fleckenstein, J. 1990: Karl der Große, 3. Aufl., Göttingen – Zürich.

Förstemann, E. 1913–1916: Altdeutsches Namenbuch, Bd. 2: Orts- und sonstige geographische Namen, hg. v. H. Jellinghaus, Nachdruck, Hildesheim u. a. 1983.

Die Franken – Wegbereiter Europas 1996: Die Franken – Wegbereiter Europas, Bd. 1 u. 2, Mannheim.

Freise, E. 1985: Widukind in Attigny, in: 1200 Jahre Widukinds Taufe, S. 12–45.

Fried, J. 1994: Der Weg in die Geschichte, Berlin.

Gai, A. S. 2001: Die karolingische Pfalzanlage. Von der Dokumentation zur Rekonstruktion, in: Deutsche Königspfalzen, Bd. 5: Splendor palatii. Neue Forschungen zu Paderborn und anderen Pfalzen der Karolingerzeit, hg. v. L. Fenske u.a., Göttingen, S. 71–100.

Genzmer, F. 1950/51: Liobwins Dingfahrt, in: Germanisch-Romanische Monatsschrift, N. F., Bd. 1, S. 161–171.

Germanen, Die 1983–1986: Ein Handbuch in zwei Bänden, Bd. 1, 4. Aufl. u. Bd. 2, 2. Aufl., Berlin.

Geuenich, D. 1997: Geschichte der Alemannen, Stuttgart.

Goldberg, E. J. 1995: Popular revolt ... the Saxon Stellinga reconsidered, in: Speculum, Bd. 70, S. 467–501.

Graf, K. 1988: Thesen zur Verabschiedung des Begriffs der ‚historischen Sage', in: Fabula, Bd. 29, S. 21–47.

Grahn-Hoek, H. 2001: Gab es vor 531 ein linksniederrheinisches Thüringerreich? In: ZVThG, Bd. 55, S. 15–55.

Graus F., 1972: Besprechung von Hauck, Goldbrakteaten aus Sievern, in: BDLG, Bd. 108 S. 517–521.

Grenze und Differenz im frühen Mittelalter 2000: Hg. v. W. Pohl u. H. Reimitz, Wien.

Gysseling, M. 1960: Toponymisch woordenboek van België, Nederland, Luxemburg, Nord-Frankrijk en West-Duitsland (vóór 1226), Bd. 1 u. 2, Tongern.

Hägermann, D. 2000: Karl der Große. Herrscher des Abendlandes, Berlin – München.

Handbuch der bayerischen Geschichte 1981: Hg. von M. Spindler, Bd. 1, 2. Aufl., München.

Handbuch der europäischen Geschichte 1992: Bd. 1, 3. Aufl., Stuttgart.

Hardt, M. 2000: Linien und Säume, Zonen und Räume an der Ostgrenze des Reiches im frühen und hohen Mittelalter, in: Grenze und Differenz im frühen Mittelalter, S.39–56.

Hauck, K. 1970: Goldbrakteaten aus Sievern, München

Hentze, W. (Hg.) 1999: De Karolo rege et Leone papa, Paderborn.

Heßler, W. 1957: Mitteldeutsche Gaue, Berlin.

His, R. 1920–1935: Das Strafrecht des deutschen Mittelalters, Bd. 1 u. 2, Leipzig.

Hübener, W. 1988: Materialien zur Geschichte des merowingerzeitlichen Saxes, in: B. Hardt u.a. (Hgg.), Trade an Exchange in Prehistory, Lund, S. 225–236.

Jankuhn, H. 1968: Spuren von Anthropophagie in der Capitulatio de partibus Saxoniae? In: Nachrichten der Akademie der Wissenschaften in Göttingen. Phil.-Hist. Kl., 3, Nr. 74, Göttingen, S. 57–72.

Jarnut, J. 2000: 799 und die Folgen. Fakten, Hypothesen und Spekulationen, in: Westfälische Zeitschrift, Bd. 150, S. 191–209.

Johnson, St. 1978: Die Sachsen als Vorläufer der Wikinger – Litus Saxonicum, in: Sachsen und Angelsachsen, S. 61–69.

Kahl, H.-D. 1982: Karl der Große und die Sachsen. Stufen und Motive einer historischen „Eskalation", in: Politik, Gesellschaft, Geschichtsschrei-

bung. Gießener Festgabe František Graus zum 60. Geburtstag, Köln – Wien, S. 49–130.
Kahrstedt, U. 1934: Die politische Geschichte Niedersachsens in der Römerzeit, in: Entstehung und Verfassung des Sachsenstammes, hg. von W. Lammers, (Wege der Forschung, Bd. 50, Darmstadt 1967), S. 232–250 (zuerst 1934).
Kahrstedt, U. 1935: Nachwort zur Frage vom Ursprung der Sachsen, in: Nachrichten aus Niedersachsens Urgeschichte, Bd. 9, S. 84–85.
Kahrstedt, U. 1952: The Roman frontier on the Lower Rhine in the early imperial period, in: E. Birley (Hg.), The congress of Roman frontier studies 1949, Durham, S. 41–54.
Kaminsky, H. H. 1972: Studien zur Reichsabtei Corvey in der Salierzeit, Köln/Graz.
Krogh, St. 1996: Die Stellung des Altsächsischen im Rahmen der germanischen Sprachen, Göttingen.
Kronshage, W. 1964: Die Entstehung der Vita Lebuini, in: Niedersächsisches Jahrbuch für Landesgeschichte, Bd. 36, S. 1–27.
Krüger, K. H. 1998: Neue Beobachtungen zur Datierung von Einhards Karlsvita, in: Frühmittelalterliche Studien, Bd. 32, S. 124- 145.
Krusch, B. 1933: Die Übertragung des H. Alexander von Rom nach Wildeshausen durch den Enkel Widukinds 851. Das älteste niedersächsische Geschichtsdenkmal, in: Nachrichten von der Gesellschaft der Wissenschaften zu Göttingen, Phil.-Hist. Kl. 1933, Fachgruppe 2, 13, Göttingen, S. 405–436.
Kuhn, H. 1974: Das Rheinland in den germanischen Wanderungen II., in: Ders., Kleine Schriften, Bd. 4, Berlin – New York 1978, S. 489–522 (zuerst 1974).
Kuhn, H. 1978: Philologisches zur altgermanischen Religionsgeschichte, in: Ders., Kleine Schriften, Bd. 4, Berlin – New York, S. 223–321.
Kuhn, H. 1983: Das Dróttkvaett, Heidelberg.
Lammers, W. (Hg.) 1970: Die Eingliederung der Sachsen in das Frankenreich, (Wege der Forschung, Bd. 185), Darmstadt.
Landwehr, G.1982: Die Liten in den altsächsischen Rechtsquellen, in: Studien zu den germanischen Volksrechten, Frankfurt am Main, S. 117–142.
Langen, R. 1989: Die Bedeutung von Befestigungen in den Sachsenkriegen Karls des Großen, in: Westfälische Zeitschrift, Bd. 139, S. 181–211.
Last, M. 1978: Die Sozialordnung der Sachsen nach den Schriftquellen, in: Sachsen und Angelsachsen, S. 449–454.
Last, M. 1985: Niedersachsen in der Merowinger- und Karolingerzeit, in: Geschichte Niedersachsens, hg. von Hans Patze, Bd. 1, (Veröffentlichungen der Historischen Kommission für Niedersachsen und Bremen, XXXVI, Bd. 1), 2. Aufl., Hildesheim, S. 543–652.
Lindenschmit, L. 1880–1889: Handbuch der deutschen Altertumskunde, Braunschweig.
Lintzel, M. 1961: Ausgewählte Schriften, Bd. 1, Berlin.
Löwe, H. 1965: Entstehungszeit und Quellenwert der Vita Lebuini, in: DA, Bd. 21, S. 345–370.

Löwe, H. 1990: Wattenbach-Levison, Deutschlands Geschichtsquellen im Mittelalter, 6. Heft. Die Karolinger vom Vertrag von Verdun bis zum Herrschaftsantritt der Herrscher aus dem Sächsischen Hause. Das ostfränkische Reich, Weimar.

Marcus, P. 1993: Herzog Bernhard von Anhalt (um 1140 bis 1212) und die frühen Askanier in Sachsen und im Reich, (Europäische Hochschulschriften, Reihe III, Bd. 562), Frankfurt u. a.

Martin, M. 2000: Mit Sax und Gürtel ausgestattete Männergräber des 6. Jahrhunderts in der Nekropole vom Kranj (Slowenien), in: Slowenien und die Nachbarländer zwischen Antike und karolingischer Epoche, hg. v. R. Bratož, Bd. 1, Laibach, S. 141–196.

McKitterick, R. 2002: Die Anfänge des karolingischen Königtums, in: Integration und Herrschaft, hg. v. W. Pohl u. M. Diesenberger, Wien, S. 151–168.

Mordek, H. 1995: Bibliotheca capitularium regum Francorum manuscripta, (MGH Hilfsmittel, Bd. 15), München.

Mühlpfordt, G. 1997: Die Sachsen – Weltwanderung eines Stammesnamens, in: Landesgeschichte als Herausforderung und Programm, hg. v. U. John u. J. Matzerath, Leipzig – Stuttgart, S. 11–40.

Müller, G. 1986: Der Name Widukind, in: FMSt, Bd. 20, S. 535–540.

Neckel, G. 1916: Adel und Gefolgschaft, in: Ders., Vom Germanentum, Leipzig 1944, S. 139–186 (zuerst 1916).

Neuß, E. 1995: Besiedlungsgeschichte des Saalkreises und des Mansfelder Landes, bearbeitet v. E. Schwarze-Neuß, Weimar.

Nierhaus, R. 1981: Zu den topographischen Angaben der „Geographie" des Klaudios Ptolemaios über das heutige Süddeutschland, in: Fundberichte aus Baden-Württemberg, Bd. 6 (= Festschrift für H. Zürn), Stuttgart, S. 475–500.

Olberg, G. v.: Die Bezeichnungen für soziale Stände, Schichten und Gruppen in den Leges Barbarorum, Berlin – New York 1991.

Olshausen, Eckart: Einführung in die historische Geographie der Alten Welt, Darmstadt 1991.

Pohl, W. 2002-1: Die Awaren, 2. Aufl., München.

Pohl, W. 2002-2: Die Völkerwanderung. Eroberung und Integration, Stuttgart.

Polomé, E. C. 1996: Götternamen der Germanen, in: Namenforschung, Bd. 2, hg. von E. Eichler u. a., Berlin – New York, S. 1838–1846.

Provinz Sachsen. Anhalt 1987: Hg. v. B. Schwineköper, (Handbuch der historischen Stätten Deutschlands, Bd. 11), 2. Aufl., Stuttgart

Reallexikon der germanischen Altertumskunde, 2. völlig neu bearbeitete und stark erweiterte Auflage, Bd. 1 ff., Berlin – New York 1973 ff.

Reichert, H. 1987–1990, Lexikon der altgermanischen Namen, Bd. 1–2, Wien.

Reimitz, H. 2000: Grenzen und Grenzüberschreitungen im karolingischen Mitteleuropa, in: Grenze und Differenz im frühen Mittelalter, S. 105–166.

Röckelein, H. 2003: Reliquientranslationen nach Sachsen im 9. Jahrhundert, Stuttgart.

Rosenstock-Huessy, E. 1957: Frankreich – Deutschland. Mythos oder Anrede, Berlin.

Sachsen und Angelsachsen 1978: Ausstellung des Helms-Museums, hg. von C. Ahrens, Hamburg.

Schäferdiek, K. 1996: Der schwarze und der weiße Hewald, in: Westfälische Zeitschrift, Bd. 146, S. 9–24.

Schieffer, R. 1992: Papsttum und Bistumsgründung im Frankenreich, in: Studia in honorem Eminentissimi Cardinalis Alphonsi M. Stickler, Rom, S. 517–528.

Schieffer, R. 2000: Die Karolinger, ³Stuttgart u. a.

Schmauder, M. 2000: Überlegungen zur östlichen Grenze des karolingischen Reiches unter Karl dem Großen, in: Grenze und Differenz im frühen Mittelalter, S. 57–97.

Schmid, K. 1964: Die Nachfahren Widukinds, in: Ders., Gebetsgedenken und adliges Selbstverständnis im Mittelalter, Sigmaringen 1983, S. 59–105 (zuerst 1964).

Schmitt, W. 1940: Das Gericht zu Verden 782, in: Lammers 1970, S. 243–257 (zuerst 1943).

Schröder, F. R. 1933: Quellenbuch zur germanischen Religionsgeschichte, Berlin u. Leipzig.

Schubert, E. 1993: Die Capitulatio de partibus Saxoniae, in: Geschichte in der Region, hg. v. D. Brosius u. a., Hannover, S. 3–28.

Schwarz, E. 1956: Germanische Stammeskunde, Heidelberg.

Seebold, E. 1995: Völker und Sprachen in Dänemark zur Zeit der germanischen Wanderungen, in: Nordwestgermanisch, hg. von E. Marold und Ch. Zimmermann, Berlin – New York, S. 155–186.

Siegmund, F. 1997: Kleidung und Bewaffnung der Männer im östlichen Frankenreich, in: Die Franken – Wegbereiter Europas, S. 691–706.

Sperber, R. 1970: Das Flußnamengebiet des Mains, Wiesbaden.

Springer, M. 1984: Der Eintritt der Alemannen in die Weltgeschichte, in: Abhandlungen und Berichte des Staatlichen Museums für Völkerkunde Dresden, Bd. 41, S. 99–137.

Springer, M. 1998: Riparii – Ribuarier – Rheinfranken nebst einigen Bemerkungen zum Geographen von Ravenna, in: Die Franken und die Alemannen bis zur „Schlacht bei Zülpich" (496/97), hg. von D. Geuenich, Berlin – New York, S. 200–269.

Springer, M. 1999: Was Lebuins Lebensbeschreibung über die Verfassung Sachsens wirklich sagt oder warum man sich mit einzelnen Wörtern beschäftigen muß, in: Studien zur Sachsenforschung, Bd. 12, S. 223–240.

Springer, M. 2002: Saxones und Saxonia im Altertum und im Frühmittelalter, in: Namenkundliche Informationen, Bd. 81/82, S. 155–178.

Staab, F. 1998: Klassische Bildung und regionale Perspektive in den Mainzer Reichsannalen (sog. Annales Fuldenses) ..., in: Gli umanesimi medievali, hg. von C. Leonardi, Florenz, S. 637–668.

Stengel, E. E. 1914: Fuldensia, in: AUF, Bd. 5, S. 41–152.

Stichtenoth, D. 1956: Zwei Teillösungen der Sachsenfrage, in: Niedersächsisches Jahrbuch für Landesgeschichte, Bd. 28, S. 215–231.
Stiegemann, Ch. u. Wemhoff, M. (Hgg.) 1999-1: 799–Kunst und Kultur der Karolingerzeit. Karl der Große und Papst Leo III. in Paderborn, Bd. 1 u. 2, Mainz.
Stiegemann, Ch. u. Wemhoff, M. (Hgg.) 1999-2: 799–Kunst und Kultur der Karolingerzeit. Karl der Große und Papst Leo III. in Paderborn. Beiträge zum Katalog der Ausstellung, Mainz.
Stöbe, Hermann 1956/57: Die Unterwerfung Norddeutschlands durch die Merowinger und die Lehre von der sächsischen Eroberung, in: Wissenschaftliche Zeitschrift der Friedrich-Schiller-Universität Jena, Jahrgang 6 (1956/57), Gesellschafts- und Sprachwissenschaftliche Reihe, S. 152–190 und S. 323–336.
Theuerkauf, G. 1968: Lex, Speculum, Compendium iuris. Rechtsaufzeichnung und Rechtsbewußtsein in Norddeutschland vom 8. Bis zum 16. Jahrhundert, Köln – Graz.
Theuerkauf, G. 1991: Sachsenrecht im Übergang von der Lex Saxonum zum Sachsenspiegel, in: St. Weinfurter (Hg.), Die Salier und das Reich, Bd. 3, Sigmaringen, S. 415–423.
Tiefenbach, H. 1997: Zur frühen Werdener Sprachgeschichte, in: E. Glaser u. a. (Hgg.), Grammatica Ianua Artium, Heidelberg, S. 169–183.
Timm, A. 1954/55: Das Friesenfeld und die Friesen, in: Wissenschaftliche Zeitschrift der Universität Rostock, 4. Jg., Gesellschafts- und sprachwissenschaftliche Reihe, Heft 2, S. 124–127.
Trier, J. 1942: Edward Schröder, in: Jahrbuch der Akademie der Wissenschaften zu Göttingen, 1942, S. 101–150.
Tümmler, H.: Goethes staatliche Umwelt, in: HZ, Bd. 228 (1979), S. 23–69.
Udolph, J. 1995: Die Landnahme Englands durch germanische Stämme im Lichte der Ortsnamen, in: E. Marold u. Ch. Zimmermann (Hgg.), Nordwestgermanisch, Berlin – New York, S. 223–270.
Udolph, J. 1999: Sachsenproblem und Ortsnamenforschung, in: Studien zu Sachsenforschung, Bd. 13, S. 427–448.
Über allen Fronten 1999: Über allen Fronten. Nordwestdeutschland zwischen Augustus und Karl dem Großen. Sonderausstellung, Oldenburg.
Uslar, R. v. 1972: Zu den tumuli paganorum und corpora flamma consumpta, in: E. Ennen u. G. Wiegelmann (Hgg.), Festschrift Matthias Zender, Bd. 1, Bonn, S. 481–489.
Wagner, N. 1978: Irmin in der Sachsen-Origo, in: Germanisch-Romanische Monatsschrift, N. F., Bd. 18, S. 385–397.
Wagner, N. 1979: Ostgermanisch-alanisch-hunnische Beziehungen bei Personennamen, in: R. Schützeichel (Hg.), Studien zur deutschen Literatur des Mittelalters, Bonn, S. 11–33.
Wagner, N. 1980: Der Name der Stellinga, in: BNF N. F., Bd. 15, S. 128–133.
Wagner, N. 1983: Chali und Chalitani, in: BNF NF, Bd. 18, S. 62–66.

Wagner, N. 1997: Ostgotische Personennamengebung, in: Nomen et gens, hg. v. D. Geuenich, W. Haubrichs, J. Jarnut, Berlin – New York, S. 41–57.

Weddige, H. 1989: Heldensage und Stammessage, Tübingen.

Wenskus, R. 1961: Stammesbildung und Verfassung, Köln – Graz.

Wenskus, R. 1967: Sachsen – Angelsachsen – Thüringer, in: Ders., Ausgewählte Aufsätze zum frühen und preußischen Mittelalter. Festgabe zu seinem siebzigsten Geburtstag, hg. von Hans Patze, Sigmaringen 1986, S. 138–200 (zuerst 1967).

Wolfram, H. 1985: Ethnogenese im frühmittelalterlichen Donau- und Ostalpenraum (6. bis 10. Jahrhundert), in: H. Beumann u. W. Schröder (Hgg.), Frühmittelalterliche Ethnogenese im Alpenraum, Sigmaringen, S. 97–152.

Wolfram, H. 1998: Das Reich und die Germanen, Berlin.

Wood, I. 1994: Missionary Hagiography in the Eigth and Ninth Centuries, in: K. Brunner u. B.Merta (Hgg.), Ethnogenese und Überlieferung, München, S. 172–179.

Yorke, B. 2002: Gregory of Tours and Sixth-Century Anglo-Saxon England, in: K. Mitchel u. I. Wood (Hgg.), The World of Gregory of Tours, Leiden u. a., S. 113–130.

Yorke, B. 2003: Anglo-Saxon Gentes and Regna, in: H.-W. Goetz, J. Jarnut u. W. Pohl (Hgg.), Regna and Gentes, Leiden u. a., S. 381–407.

Stammtafeln

Die Stammtafel verzeichnet keineswegs alle Merowinger. Da die Lebensjahre der merowingischen Könige nicht in jedem Fall feststehen, treten Abweichungen gegenüber den im Text gemachten Angaben auf.

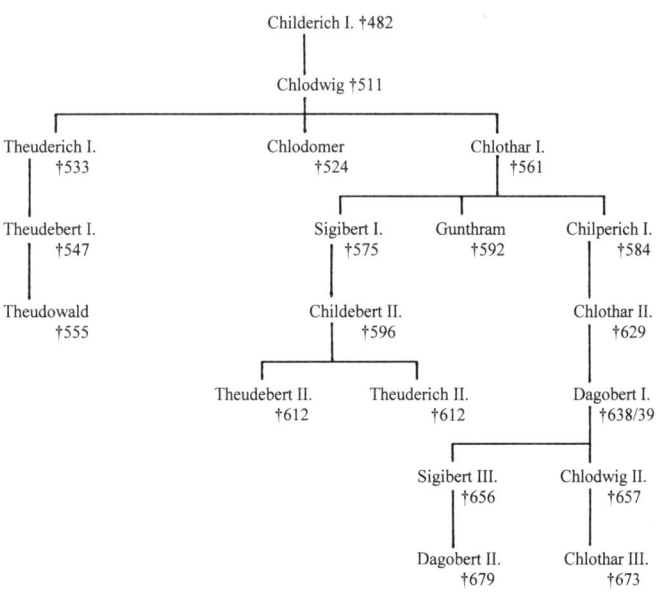

Stammtafel 1: Die im Text erwähnten Merowinger.
(Nach Eugen Ewig, Die Merowinger und das Frankenreich, 4. Aufl., Stuttgart 2001)

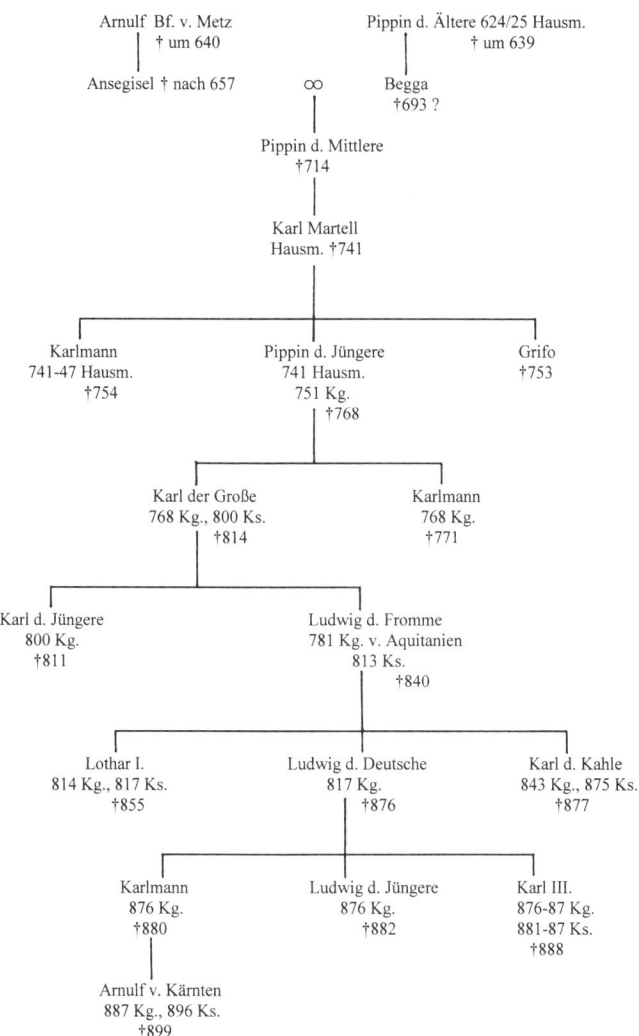

Stammtafel 2: Die im Text erwähnten Arnulfinger oder Karolinger.
(Nach Rudolf Schieffer, Die Karolinger, Stuttgart 1992, S. 244–248)

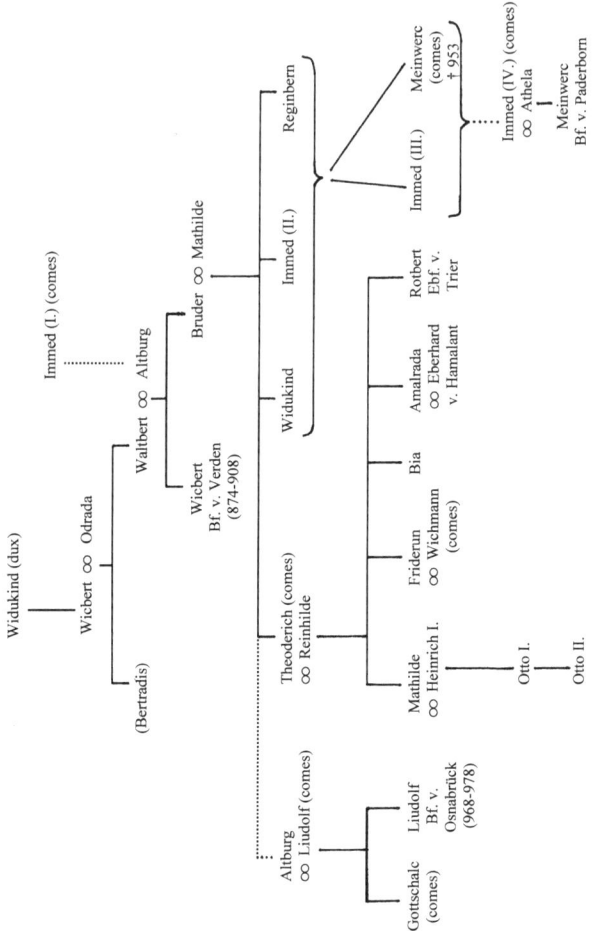

Stammtafel 3: Vermutete Nachkommen des Herzogs Widukind.
(Nach Sabine Krüger, Studien zur sächsischen Grafschaftsverfassung im 9. Jahrhundert, Göttingen 1950, S. 91)

Es wird darauf hingewiesen, dass die Angaben keineswegs unstrittig sind und das in der Stammtafel Personen fehlen, von denen angenommen wird, sie wären Nachkommen des Herzogs Widukind, z.B. der Geschichtsschreiber Widukind von Corvey.

Namenverzeichnis

Nicht aufgenommen sind die Namen Sachsen und Deutschland.

Aachen 147, 182, 205, 208f., 218, 221, 230, 234, 252, 264f.
Abbio 194f.
Abbo 213
Abodriten 72f., 201f., 206–208, 210
Adalgis 188f.
Adalrad 211
Adam von Bremen 63
Aegidius 53
Afrika 106
Agrippa 78
Aëtius 39
Ägypten 45
„Aighyna" 111
Aino/Egeno 211f.
Aito/Atto/Hatto 216
Alanen 41f.
Alberich 144
Alberich von Trois Fontaines 200
Albert von Stade 129
Albertiner 14
Alboin 101, 102–104, 106–109
Albrecht I. (Askanier, Herzog von Sachsen) 14
Albrecht (Wettiner, Herzog von Sachsen) 14
Aldhelm 48
Alemannen 30, 33, 35, 39, 41, 45, 53, 62, 103–106, 108, 112
Alexander der Große 78
Alexander (Heiliger) 63, 68f., 71, 198f., 248
Alexandria, 17, 20, 40
Alkuin 178, 203f., 212, 222
Allectus 44
Aller 190f., 217
Alpen 101, 106, 181, 209, 216, 264
Altfrid 135–139, 144f., 196
Altmann von Passau 12

Amalaberga 61, 90
Amalafrid 61f.
Amalburga: siehe Amalaberga
Amalwin 194
Ambrosius 38
Ammianus Marcellinus 36–38, 40
Ampsivarii 117
Anastasius 92
Andreas II. (König von Ungarn) 16
Angeln 47f., 51f., 62, 70, 117
Angelsachsen (vgl. Engländer) 12, 47, 55, 81, 107
Angers 53f., 56
Angrivarii 259
Ansgar 145
Ansgisel 166
Apollo 163f.
Aquitanien 167, 169, 174, 201
Araber 168f.
Arbeo von Freising 133
Ardennen 114, 194
Ares 164
„Arhen" 91
Ärmelkanal 50
Arn 203
Arnulf von Kärnten 214
Arnulf von Metz 166
Arnulfinger 166, 168, 172, 174, 179
Asig (Adalrich) 259
Astronomus 205
Attacotti 36
Attigny 141, 194
Attila 67, 91–93
Augsburg 212
Augustus 260
Austrasien/Austrasier 111–115, 168, 255, 265, 267
„Austrasii" (in Sachsen): siehe Ostleute

Auxerre 263
„Avaehild" 136
Avignon 101
Avionen 27f.
Askanier 14
Augustinus 40
Awaren 111f., 117, 182, 201–203, 216

Baden 103
Baiern 11, 16, 108, 117, 166f., 169–171, 187, 196, 198, 200, 207, 220, 260, 262
Balderich 145
Balthild 116
Barby 92
Bardengau 186, 194, 208, 258
Bardowick 186, 202f., 207f., 216
Basel 212
Bastarnen 118
Batavia 35
Bayeux 100, 102
Beckum 115
Beda 51f., 71, 76, 81, 116–118, 120f., 131–135, 143, 149, 151f., 224, 253, 269
Belgien 50
Belisar 61f.
Beowulf 48, 62, 123
Berlin 15
Bernburg 108, 159, 217
Bernhard (von Aschersleben) 13f.
Bernhard von Clairvaux 181
Bertha 263
Berthachar 61
Berthari/„Perctarit" 107
Berthold siehe Bertoald
Bertoald 99, 114
Bethlehem 41
Bocholt 185
Bode 102, 108f.
Bodensee 198
Böhmen 117, 201, 216
Boier 117
Bokassa I. 160
Bonifatius 119, 121, 144, 146
Bonn 174

Bordeaux 34
Bornhöved 206
„Bortrini" 233, 258
Boruktuarier 116–118, 121
Boulogne 33, 102
Brabant 40
Bremen 145, 174, 187, 190
Bretagne 43, 103, 167
Britannien (vgl. England) 20, 32f., 35f., 38, 42–44, 47–51, 55, 57, 62, 70f., 76, 80f., 107f., 111, 119f., 138
Briten 62, 80, 81
Brukterer 17, 117f., 120f.
Brun 199
Brunichildis 110
Brunisberg 182
Brünn 117
Bruno 182, 251
Bückeburg 182
Bucki 182, 251
Büraburg 181
Burgscheidungen 82–88, 91, 163
Burgunder 40, 62, 220, 255
Butilin 105f.
Buto 149
Buxtehude 210

Caesar 28
Callinicum (Raqqa) 38
Carausius 33
Chaler 17, 21
Chalusos 18, 20
Chamaven 35f.
Champagne 102f.
Charuden 18
Chauken 17
Cherusker 30, 118
Chemnitz 13
Childebert 90, 99
Childerich 53, 97
Chilperich 110, 123
Chlodomer 90
Chlodwig I. 53, 81f., 90, 97, 235, 250
Chlodwig II. 116

300

Chlothar I. 60f., 90, 95, 97–99, 101–107, 109f., 112f., 120, 172
Chlothar II. 99, 111, 113–115, 120
Chlothar III. 113
Chulderich 100
Cicero 28f.
Claudius Claudianus 37
Clermont 102
Coburg 14
Constantius II. 34, 39, 45
Corvey 213, 230

Dagobert I. 111–116, 120, 182
Dagobert II. 107
Daker 41, 58
Daleminzien 88
Dänemark Dänen 50, 55, 58, 77, 100, 117, 184, 187, 190, 217f., 264f.
Demer 40
Dervan 112
Desiderius 198, 260
Dessau 108
Detmold 179, 191
Deuso 40
Deutz 99, 185
Deventer 136, 139, 143f., 145, 147
Diedenhofen 191, 216
Diemel 205
Diessen 40
Diest 40
Dietrich/Theodericus (sächsischer Großer) 170f.
Dietrich (fränkischer Graf) 188f., 201 (?), 202
Dietrich (Vater der Königin Mathilde) 199
Diokletian 33, 44f.
Dionysius 90
Dithmarschen 19f.
Doesburg 40
Donar 154, 156–158
Donau, 22, 36, 39, 62, 107, 201
Dortmund 182
Dover 50
Dresden 13 – 15
Du Tillet 234

Duisburg 40
Düren 182
Dyle 40

Eberhard 89
Eder 185
Egeno: siehe Aino
Eider 20
Eike von Repgow 63, 220, 242
Einhard 71, 175, 177–179, 215, 217, 234, 261
Eisleben 170
Elbe, 12, 18–20, 22f., 27f., 45, 50, 57, 59f., 92, 94, 110, 186f., 192, 201–203, 205–208, 210, 217f., 258
Elsaß 103, 173, 212
Embrun 101
Ems 17, 45, 118
Enger 259
Engern 182, 186, 211, 212, 231, 240, 251–257, 259
England (vgl. Britannien) 47–50, 52, 55, 71, 100, 110, 116, 119, 121, 136, 143f., 165, 178, 186
Engländer (vgl. Angelsachsen) 48, 52f., 55, 70f., 80, 107f., 111, 116, 119, 121
Ens 216
Eresburg 162, 180, 182–184, 186, 193f., 202
Erfurt 216
Erminonen 51
Ernst (Kurfürst von Sachsen) 14
Ernestiner 14
Erwin 211
Erzgebirge 112
Essex 48, 81
Etzel: siehe Attila
Eugippius 54
Eunomios
Eusebios 39f.
Eutrop 33, 35
Ewald 131–134, 146, 269

Fangones 28
Farodiner 18, 21

301

Flandern 50
Flavius Iosephus: siehe Iosephus
Flodoard von Reims 213
Folkbert 138f., 141, 147–149
Fontanetum 263–265
Franken/Frankenreich 11, 16, 28f., 30, 33–36, 38–43, 45, 53, 57, 60–62, 70f., 73, 83f., 86, 89–91, 99, 105–107, 111–115, 118f., 125, 132, 136, 166–168, 173, 178 -180, 185, 189, 200f., 206, 218, 220, 231, 238f., 254, 261
Frankenberg 185
Frankenwald 94
Frankreich 50, 103, 115, 250
Franzosen 115
Fredegar 53, 61, 105, 111–113, 16f, 171–174
Freising 133
Freyr 156
Friedeburg 108
Friedrich I. 195
Friedrich der Streitbare 14
Friesen/Friesland 17, 51, 62, 72f., 99, 117f., 132, 146, 149, 167–169, 171, 192, 196, 201f., 205, 217
Friesenfeld 110, 120, 171f.
Fritzlar 181
Fulda 68f., 71, 110, 145, 197f., 259
Funusier 18, 21

Gaetuler 41
„Galauler" 41
Galizien 104
Gallien 32–36, 38, 41–43, 49f., 100–102, 104, 106, 120, 168, 187, 200, 210
Garamanten 41
Garich 206
Garonne 100, 216
Gascogne 167
Geilo 188f.
Geograph von Ravenna 28
Gepiden 41
Germanien 102, 103, 117, 179, 200

Gesecg 156
Geten 58
Gibraltar 164
Gisela (Schwester Karls des Großen) 166
Gisela (Tochter des Hassio/Hessi) 197f.
Godehard von Hildesheim 128
Goten 42
Gotonen 125
Gottfried (Godofridus) 217
Gottschalk 206
Göttweig 122
Gregor von Tours 53, 56, 61, 97–109, 123, 130
Gregor von Utrecht 136, 143f.
Grendel 123
Grenoble 101
Griechen 59, 77f., 164
Grifo 169, 171, 174
Grimoald 107f.
Gunthram 101f.
„Guorthigern" 80f.

Had 206
Hadeln 70f., 78, 81, 88, 91, 204
Hadrian I. 195
Hadugoto 70, 84f.
Haito/Hatto (Bischof) 211f.
Halberstadt 73, 75
Halle (an der Saale) 83, 108f., 170, 216f.
Haltern 174
Hamburg 145
Hameln 188
Hamm 115
Haruden 110
„Harudengau" siehe Harzgau
Harun al Raschid 217
Harz 72, 91, 197
Harzgau 110
Harzwipper 108
Hase 179, 191
Hassio/Hessi 182, 197f., 251
Hathagat: siehe Hadugoto
Hathumar 212
Hatto 212, 216

302

Hattuarien/Hattuarier 118, 120f., 167f., 174
Havel 109
Heden 119
Hegesippus 36f., 78
Heinrich I. (König) 75f., 83, 89, 95, 108
Heinrich (ein Sohn Heinrichs I. und Bruder Ottos I.) 83, 87
Heinrich II. 255
Heinrich IV. 255
Heinrich (Askanier) 14
Heinrich der Löwe 13
Helko 141, 148
Hellenen: siehe Griechen
Helmstedt 171
Hengest 76, 80f.
Herkules 163–165
Hermannstadt 16, 127
Hermes („Hermis") 164f.
Hernald 212
Herold 234
Hersfeld 73, 110, 187
Herstal 187, 191
Heruler 54
Hessen 110, 118, 181, 185, 197
Hessi siehe Hassio
Hessisch Oldendorf 188
Hewald: siehe Ewald
Hiddi 259
Hieronymus 39–41
Hilarion 38
Hildebert: siehe Childebert
Hildegar 173
Hildesheim 256
Hildtrud 69
Hitto 211f.
Hochseeburg 170
Höhbeck 218
Hohensyburg 182f.
„Hohsingi" 110
Hollenstedt 210, 216
Holstein/Holsteiner 12, 19f., 30, 49f., 57–60, 94, 125, 186f., 257f.
Honorius 37, 49
Horsa 76
Höxter 75, 182

„Hredi" 216
Hrotsvith von Gandersheim 128
Hugo 90
Hugonen 90
Hukbald von St. Amand 135, 137, 139, 143, 145, 147
Hünenburg 184
Hunnen 41f., 92, 117, 125
Husum 19

Iburg (Bad) 173
Ilmenau (Fluß) 186
Ingelheim 200
Ingwäonen 51
Ijssel 40, 118f., 136
Ilberstedt 159
Ionisches Meer 28
Iosephus 36, 78
Iring 82, 84–86, 91
Irmin 163, 165
Irminfrid 61, 70, 74f., 81, 83–86, 90f., 93
Isidor von Sevilla 85, 128f., 165
Israel 45
Istwäonen 51
Italien 49, 53, 100–102, 104–107, 109, 119f., 174, 181, 183, 187, 209, 260
Iuppiter 158

Jerusalem 36
Jordanes 54f.
Juden 36–37, 78
Julian (Kaiser) 34f., 40, 45
Justin I. 92
Justinian I. 62, 90, 105, 108
Jüten 51f., 58
Jütland 17, 19, 21f.

Kaaden 112
Karl (ein Sohn Karls des Großen) 192f., 202, 204, 208, 216f.
Karl der Große 12f., 47, 57, 59, 69, 71, 95, 113, 131f., 134, 136, 142, 146, 149, 151–153, 160–162, 165–168, 171f., 174, 177–210, 212–222, 224f., 228, 232–234,

239, 242f., 247, 250, 254f., 257, 259f., 263f., 269
Karl der Kahle 141, 262–265
Karl Martell 167–170, 174f., 179
Karlmann (Hausmeier) 169–171
Karlmann (König) 178f.
Karlsburg 184, 187, 205
Karolinger 166, 269
Karlsbad 112
Kimbern 118
Kimbrische Halbinsel, 17, 19, 22f., 28–30
Kissingen (Bad) 214
Klearchos 40
Kobander 17, 21
Koblenz 198
Kölbigk 159
Köln 118, 134, 173, 188, 201f., 210, 264f.
Königsberg 15
Konrad I. 83, 89
Konrad II. 239f.
Konradiner 95
Konstantin I. 184
Konstantinopel 39f., 61, 184, 215
Konstanz 212
Kroaten 124
Kynewulf 133

Laisa 185
Langobarden 100f., 106, 112, 129, 180, 186, 198, 200f., 260
Lebuin 131, 135–140, 143–149, 151
Leine 207
Leipzig 13, 15
Lemovier 125
Leo III. 208f.
Leowigild 103
Leuthari 105f.
Liafwin: siehe Lebuin
Libanon 45
Liesborn 184
Lippe 118, 168, 183–185, 192f., 208, 217
Lippspringe 183, 186f., 210
Liudger 135f., 138, 144, 148, 196f.

Liudolfinger 95, 212
Liudprand von Cremona 89
Liutbirg 72, 94, 197
Loire 53
Lorch 216
Lorsch 263
Lothar: vgl. Chlothar
Lothar I. 69, 262–265, 268
Lothringer 89
„Louvia" 91, 94
Lübbecke 183
Lübeck 19
Ludwig der Deutsche 141, 262–266
Ludwig der Fromme 151, 175, 204–208, 262f.
Lügde 193
Lukan 28, 78, 85
Lul(lus) 133
Lüneburg 186, 203
Lüttich 187

Maas 40, 264
Madelgaud 216
„Maerstem" 91
Magdeburg 77, 92, 109, 115, 186f., 208, 212, 216f.
Magnentius 34, 45
Magnus Maximus 38
Mähren 117
Main 109
Mainwenden 186f.
Mainz 41, 73, 112, 211
Makedonien 36
Malchus (Geschichtschreiber) 54
Marius von Avenches 98f., 105
Mark Aurel 17, 22
Markelo 143
Markhelm 143–145
Markianos 28
Marklo 135, 137, 139–143, 146f., 149f., 152, 228
Marklohe 135, 143
Markomannen 22f.
Markrad 211
Markwin 144
Mars 163–165
Marseille 101

Marstem 207
Mathilde (Königin) 76f., 199
Mathilde (Äbtissin) 75–77, 82, (89), 90, 95
Mauren 106
Maximian 33
Mecklenburg, 18, 20, 109
Medofulli 186
Meefeld 186
Meginfrid 201, 204
Meginhard 68f., 71
Melle 191
Merkur 158
Merowinger 53, 61, 95, 97, 104–106, 109–111, 113, 115, 120, 166f.
Merseburg 87
Middlesex 48
Minden 173, 182f., 192, 206
Moissac 110, 216f.
Moritz (Mauritius: Heiliger) 77
Mosel 185
Mummolus 101f.
Münder (Bad) 188
Mursa 34

Napoleon 255
Narses 106
Nebra 83
Nennius 80f.
Neuherstal 205
Neumünster 206
Neustrien/Neustrier 112f., 168, 255
Niederlande 50, 109, 136, 144
Niedersachsen 20, 50
Nienburg an der Saale 108
Nienburg an der Weser 135
Nithard 147, 248, 263–268
Nizza 101
Nordalbingien/Nordalbingier (vgl. Nordleute) 207f., 210, 258
Nordleute (vgl. Nordalbingien) 186, 205, 206, 233, 258
Nordschwaben 108, 172f.
Nordsee 12, 19, 21, 49, 55, 81, 204
Nordthüringgau 208

Normandie 100, 119, 145, 212
Normannen (vgl. Wikinger) 37, 55, 72f., 77, 100, 119, 145, 149, 264
Northumbrien 178
Norweger 51

Obermarsberg 180
Obersachsen 52
Oder 20
Odilo 169
Odo 218
Odowakar 52–56, 67, 92, 94, 97, 99
Oeynhausen (Bad) 173
Ohre 186, 192, 208
Ohrum 171, 186, 258
Oker 91, 113, 171f., 182, 251
Oldenburg 69
Oldesloe (Bad) 20
Onoulfus 54
Orleans 53
Orosius 33, 40f.
Osnabrück 173, 189, 191
Ostfalen (vgl. Ostleute) 182f., 186, 211f., 231, 240, 251–258, 259
Ostfranken 185, 188
Ostgoten 92f., 105, 106, 259
Ostleute *(auch Austrasii)* 251–254
Ostpreußen 58
Ostsachsen 256
Otto I. 75–77, 83, 87, 89, 95, 261
Otto II. 77
Overijssel 143

Pacatus 34, 36
Pader 208
Paderborn 180, 184–186, 191, 193, 202, 208f., 212f.
Pannonien 107
Paris 212
Paulus (röm. Würdenträger) 53
Paulus Diaconus 47, 106–108, 129
Pavia 260
Peene 20
Perser 45
Petershagen 192
Petrus (Bischof von Alexandria) 40

Philister 133
Phönikien 45f.
Pikten 36, 49
Pippin der Ältere 166
Pippin der Jüngere 167, 169–174, 178, 200, (202)
Pippin der Mittlere 116, 132, 134, 166–168
Plectrud 168
Plotius Sacerdos 34
„Poeta Saxo" 213–215, 253
Poitiers 100
Polen 253, 259
Pompeius 28, 111
Portsmouth 43
Portugal 104
Prag 115, 117
Prokop 61f., 106
Prudentius 41
Prudentius von Troyes 263, 265–268
Ptolemäus, 17–23, 27–30, 33, 38, 42, 46, 49, 57, 59f., 73
Pyrenäen 185
Pyrmont (Bad) 193

Quaden 35
Quedlinburg 63- 66, 75–77, 89–96, 99, 170
Quierzy 181, 214

Radbod (Friesenfürst) 168
Radbod (Bischof von Utrecht) 138f., 145f.
Radegunde 61
Radulf 116, 120
Rano 211
Ravenna 92
Recknitz 20
Regensburg 201
Rehme 173, 193
Reichenau 198, 212
Reims 43, 213
Rhein 13, 34f., 39, 50, 62, 99, 109, 111f., 114, 116, 118, 132, 168f., 173, 185, 187, 192, 201, 208, 210, 217, 253

Rhone 102
Ribuarien 18
Richart 206f.
Richolf 206
Richwin 211
Riez 101
Riustri 202
Rom 36, 38, 59, 68f., 144, 208f.
Romulus Augustulus 52, 54, 56
Ronneberg 83
Rorich 206
Rouen 100, 212
Rudolf von Fulda 63–66, 68–75, 81–84, 87, 94f., 120, 163, 248f., 263
Rügen 58, 117
Rugier 117, 125
Ruhnsburg 83
Ruhr 118
Rutiklier 18, 21

Saale (Nebenfluß der Elbe) 12, 91f., 94, 108, 192
Saale (Nebenfluß des Mains) 214f.
Sabalingier 17, 21, 23, 30
Saken 58
Salier 35, 50
Salvian 42
Salz 213–215
Samo 112f.
Sarmaten 41
Saxnot 154, 156f., 165
Schafstädt 109
Scheidungen: siehe Burgscheidungen
Schelde 40
„Schezla" 216
Schiederburg 193
Schlenze 108
Schleswig (Land) 12
Schleswig (Stadt) 19
Schleswig-Holstein 18f., 49f., 57, 59, 109
Schöningen 171, 174, 192
Schotten 36, 49
Schwaben (vgl. Sueben) 11, 16, 29, 39, 62, 102 (?), 103f., 107–109,

306

166f., 169f., 172, 185, 212, 220, 253, 265
Schwabengau 108f., 120, 172
Schweden 51, 53
Schweiz 103, 173
Sclavinia 261
Seeburg 170
Severinus 54
Sidiner 18, 21
Siebenbürgen 12, 16, 127
Siebenbürger Sachsen, 12, 16, 47
Siegfried 206
Siegismund 14
Sigibert I. 101–104, 107, 109–111, 120, 123
Sigibert III. 116
Sigulonen, 17, 21, 23, 30
Sintbert 212
Skiren 54
Slawen 112
Slowenien 125
Soissons 28, 111
Sol 163–165
Sorben 112, 113, 187, 201
Spangenberg 234
Spanien 49, 104
St. Denis 212
St. Wandrille 212
Steinfurt 19
Stilicho 37
Stoiboi 36f.
Straßburg 263
Sueben 18, 29, 102 (?), 103f., 108f.
„Suentana" 206
Sueton 178f.
Suffolk 51
Sundrolt 69
Süntel 188–190
Sussex 48, 81
Sutton Hoo 50f.
Swanhild 169
Swithard 212
Swithbert/Suidberct 116
Syagrius 53
„Syebos" 18
Symmachus 38, 41
Sythen 174

Tacitus, 17, 21–23, 27, 70, 72, 118, 125, 133, 162, 248f.
Tassilo III. 196, 198, 200f., 232, 260
Teutonoarer 18
Thale 72, 197
Theoderich (Ostgotenkönig) 67, 92f.
Theoderich (fränkischer Graf): siehe Dietrich
Theodericus (sächsischer Großer): siehe Dietrich
Theodosius (röm. Feldherr) 36f.
Theodosius I. 36, 38
Theudebald: siehe Theudowald
Theudebert I. 105f., 108
Theudebert II. 111
Theudehad 61
Theuderich I. 60, 62, 70–72, 74f., 81–86, 90–94, 105
Theuderich II. 111
Theudowald 97, 105
Theutbald 119
Thiadrich: siehe Theuderich
Thietmar von Merseburg 90, 95, 199
Thorkilinger 54f.
Thüringen/Thüringer 14f., 54f., 57, 59–64, 67, 70–72, 74, 78f., 80–84, 87–90, 93, 95, 97–99, 110–112, 116, 118–121, 128f., 163, 171f., 187, 192, 202, 208, 217, 250, 254f.
Thüringerwald 94
Toulon 101
Toulouse 216
Tox(i)andria 40f.
Trave 20
Tschechische Republik 112, 117

Uffeln 186
Ungarn 83, 107, 125, 201
Unstrut 60f., 72f., 83, 87, 91, 94f., 109, 116, 120
Utrecht 145

Valens 40
Valentinian I. 40f.
Valentinian III. 44
Vandalen 41, 104
Veit (Vitus: Heiliger) 77
Venantius Fortunatus 61, 110f.
Verden 175, 190f.
Verdun 262, 265
Verona 34, 259
Vespasian 36
„Viaduas" 18
Viruner 18
Vouziers 194

Waldau 217
Waldemar III. 206
Waldo 212
Waldrich 82, 84
Wales 80
Waltbert 68f., 71, 199
Warnen 62, 110
Warnow 20
Wash 43
Weddersleben 170
Weichsel 18, 39
Weimar 14f.
Weißgau 193
Wenden 112, 122, 149, 171f., 181, 186f., 201f., 208, 216, 254, 261, 264
Werden 136, 147f.
Werngau 110
Werra 259
Weser 114, 118, 135, 140, 142, 156, 162, 167, 173, 180, 182f., 187–193, 202, 204–207, 217, 251
Wessex 48, 133
Westfalen 182f., 186, 191f., 211, 231, 240, 251, 252, 253, 254, 255, 256, 257, 258f.

Westgoten 103f., 259
Wettiner 14
Widukind (Herzog) 68, 71, 184f., 187f., 190, 194–200, 213, 250
Widukind von Corvey 63–66, 75–89, 93, 95, 100, 128–130, 163–165, 199, 200, 230
Wiehengebirge 189
Wien 115
Wigmodien 187, 202, 204, 210, 258
Wikbert (ein Sohn Widukinds) 71, 199
Wikbert (Bischof von Verden) 199
Wikinger (vgl. Normannen) 12, 37, 78, 99f.
Wildeshausen 68f.
Wilihar 167
Willehad 145, 186, 221
Willibald 119–121
Willibrord 119, 132, 143, 146
Wilzen 201, 208, 210, 218
Winniler 129
Wipo 239
Wittenberg 14f.
Wizzin 202f.
Wogastisburg 112
Wolfenbüttel 171
Wolfhere 128
Worad 188f.
Worms 179, 192f., 263
Wotan 129, 154, 156–158
Wulfar 213
Würzburg 212

Xanten 263

Ziu 156f.
Zosimos 35f., 49f.
Zülpich 61, 91, 111